esotera

Taschenbuch
im Verlag Hermann Bauer

W0065072

Erlendur Haraldsson wurde 1931 in Island geboren. Er studierte Deutsch und Philosophie. Während dieser Zeit war er zunächst als freier Journalist in Berlin, Indien und im Mittleren Osten tätig. Es folgte das Studium der Psychologie in Freiburg, wo er 1972 promovierte (mit Prof. H. Bender). Danach arbeitete er im Forschungsbereich an verschiedenen Instituten und Universitäten: Institute for Parapsychologie in Durham, American Society for Psychical Research, University of Iceland, Department of Psychiatry at the University of Virginia Medical School.

Erlendur Haraldsson

Sai Baba –
ein modernes Wunder

Die paranormalen Phänomene
des spirituellen Meisters Sathya Sai Baba

Verlag Hermann Bauer
Freiburg im Breisgau

Die Deutsche Bibliothek – CIP-Einheitsaufnahme

Haraldsson, Erlendur:
Sai Baba – ein modernes Wunder: die paranormalen
Phänomene des spirituellen Meisters Sathya Sai Baba /
Erlendur Haraldsson. [Ins Dt. übertr. von Christine
Bendner]. –
3. Aufl. – 13.–15. Tsd. – Freiburg im Breisgau: Bauer, 1993
  (esotera-Taschenbuch)
  ISBN 3-7626-0631-5

Deutsch von Christine Bendner

Die Reihe *esotera-Taschenbuch* erscheint im
Verlag Hermann Bauer KG, Freiburg im Breisgau

3. Auflage 1993
© für die deutsche Ausgabe 1986 by
Verlag Hermann Bauer KG, Freiburg im Breisgau
Alle Rechte der deutschen Ausgabe vorbehalten
Umschlagfoto: Erwin Pfaff
Umschlag: Seliger & Krafft, Freiburg im Breisgau
Satz: Typo Tausend, Nürnberg
Druck und Bindung: Clausen & Bosse, Leck
Printed in Germany

ISBN 3-7626-0631-5

Inhalt

Danksagung

Zuerst danke ich den vielen Menschen in Indien, die mir erlaubten, sie in ausführlichen Interviews über ihre Erfahrungen mit Sai Baba zu befragen. Viele von ihnen zählen heute zu meinen Freunden. Darüber hinaus gebührt mein Dank folgenden Personen:

Dr. Karlis Osis, der mich auf den ersten beiden Reisen zu Sai Baba begleitete, für die anregenden Gespräche und für seine Vorschläge während der Vorbereitung dieses Buches;

Dr. Ian Stevenson und der Belegschaft der Abteilung für Parapsychologie der University of Virginia, Charlottesville. Dr. Stevenson für die großzügige Erlaubnis, während der Arbeit an verschiedenen Teilen dieses Buches die Büro- und Bibliothekseinrichtungen zu benutzen; Mrs. Emily Williams Cook für die wertvolle redaktionelle Hilfe und Mr. Carlos Alvarado für seine Unterstützung bei der bibliographischen Arbeit;

meinen Kollegen an der Fakultät für Sozialwissenschaften der Universität Island für die Unterstützung meiner beiden Gesuche um Beurlaubung, um an diesem Projekt arbeiten zu können;

Dr. Michael Thalbourne, jetzt an der Universität von Adelaide, Australien, der einige Monate mit mir in Indien verbrachte und mir bei der Befragung vieler Zeugen half;

Dr. M. Narasimhachary von der Abteilung für Sanskrit der Universität von Madras für die Übersetzung von Telugu-Texten und anderem Informationsmaterial.

Außerdem danke ich noch folgenden Personen, die mich auf ganz verschiedene Weise unterstützten: Dr. S. Roerich aus Bangalore; M. Sherif von Nandi International Travels in Bangalore; Professor Vinoda Murthy von der Abteilung für Psychologie an der Universität von Bangalore; V. Srinivasan und N. S. Sethuramon aus Madras; und D. K. Hirlekar, Honorarkonsul für Island in Bombay.

Erlendur Haraldsson

Vorwort

»Sai Baba – ein modernes Wunder« ist ein einzigartiges Buch. Obwohl es seit altersher Berichte über wunderbare übernatürliche Phänomene im Zusammenhang mit religiösen Führern gibt, ist Erlendur Haraldssons Dokumentation die erste ihrer Art, denn sie stützt sich auf unmittelbare Beobachtungen eines Wissenschaftlers und auf die sorgfältige Befragung zahlreicher Augenzeugen. Haraldsson beschreibt die außerordentlich beeindruckenden und vielfältigen paranormalen Phänomene, die einem der bemerkenswertesten Männer unseres Jahrhunderts zugeschrieben werden.

In Indien, dem traditionellen Land der »Guru-Verehrung«, wimmelt es von heiligen Männern, die oft »Babas« genannt werden. Sathya Sai Baba ist eine einzigartige Persönlichkeit – eine Art Genius, der weit über die Masse hinausragt. Er sieht seine Mission vorrangig in der moralischen und spirituellen Erneuerung seines Landes – in der Befreiung Indiens aus seinem gegenwärtigen Chaos. Babas starker Einfluß berührt die gesamte Struktur der indischen Gesellschaft – die soziale Gerechtigkeit ebenso wie politische Probleme oder das Schulsystem. In seinem Ashram scharen sich die Armen und Unterdrückten, aber auch die Mächtigen und Reichen seines Landes in einem unaufhörlichen Strom um ihn. Ich war anwesend, als ihm einer der höchsten Amtsträger Indiens, begleitet von einem Dreisternegeneral, seinen Besuch abstattete. Beide Männer fielen vor ihm nieder und berührten seine Füße mit der Stirn.

Während die meisten Besucher aus dem Westen in einem indischen Ashram spirituelle Führung und Erleuchtung suchen, waren Haraldssons Beweggründe anderer Art: er war fasziniert von den Berichten über Babas paranormale Fähigkeiten, die übernatürliche Kräfte von solcher Intensität, Mannigfaltigkeit und Kontinuität schilderten, wie sie in unserer Zeit nirgendwo sonst auf der Erde beobachtet wurden. Auf den Titelseiten fast aller indischen Zeitungen konnte ich eine heftige Kontroverse über dieses Thema verfolgen. Die indischen Reporter sind nicht weniger aggressiv als ihre Kollegen überall auf der Welt, und doch war keiner von ihnen imstande, hinter den berichteten Phänomenen betrügerische Machenschaften oder Tricks zu entdecken.

Handelt es sich bei diesen Vorgängen also um authentische Phänomene? Dieses Buch ist die Aufzeichnung einer zehnjährigen Forschungsarbeit, durchgeführt von einem hochqualifizierten europäischen Psychologieprofessor, der sich ernsthaft bemühte, verläßliche Antworten zu finden. Es war keine leichte Aufgabe. Legenden gedeihen gut auf dem fruchtbaren Boden Indiens, und Beobachtungen werden oft in religiöse Begriffe gekleidet; so wird zum Beispiel ASW (Außersinnliche Wahrnehmung) zu »Babas Allwissenheit«. Taschenspielerei und andere Zauberkünste sind in Indien hoch entwickelt, und einige berühmte Swamis scheuen sich nicht, davon Gebrauch zu machen, wie ich persönlich beobachten konnte. Haraldsson ist sich dieser »anderen Erklärungen« sehr wohl bewußt. Der Leser wird bemerken, mit welcher Entschlossenheit er das Dickicht der Fabeln durchdringt und wie freimütig er über das Resultat seiner Suche berichtet.

Weder Haraldsson noch mir gelang es, Sai Baba zur Teilnahme an Experimenten zu überreden. Nichts hätte die Sache so klar entschieden wie eine ein- oder zweiwöchige Experimentenreihe in den besten parapsychologischen Laboratorien der Welt – und genau das hatten wir vorgeschlagen. Doch ich konnte verstehen, daß ein Mann, der religiöser Führer für Millionen ist, zögerte, sich einem experimentellen Programm zu unterwerfen, das noch dazu von Menschen aus einem völlig anderen Glaubenssystem und Kulturkreis entwickelt worden war. Schließlich wurde auch der Papst bisher niemals aufgefordert, an Laboruntersuchungen teilzunehmen, um seine Heiligkeit unter Beweis zu stellen.

In Anbetracht fehlender wissenschaftlicher Beweise drückt Haraldsson seine Vorbehalte aus. In der westlichen Tradition experimenteller Wissenschaft wird nichts als erwiesen betrachtet, was nicht zuvor kontrollierten Experimenten standhielt. Viele Sozialwissenschaftler, ich selbst eingeschlossen, lernten jedoch später, mehr den unmittelbaren Beobachtungen in der realen Situation zu vertrauen, die oft etwas enthüllt, das im Laborexperiment verzerrt wird. Haraldsson läßt beide Seiten zu Wort kommen und fordert den intelligenten Leser auf, selbst zu urteilen.

Millionen von Babas Anhängern – im Osten wie im Westen – nennen ihn einen Avatar, was soviel bedeutet wie eine Inkarnation Gottes. Dies ist in Indien durchaus nicht allgemein akzeptiert, so wie Jesus, der ja auch als Inkarnation Gottes gilt, im Westen ebenfalls nicht allgemein akzeptiert wird. Die Erörterung von Glaubensfragen und theologischen Schlußfolgerungen fällt ganz sicher nicht in den Bereich der Parapsychologie, und Haraldsson vermeidet es wohlweislich, Schlüsse über den religiösen Aspekt dieser Phänomene zu ziehen.

Was Haraldsson zu verstehen und zu dokumentieren versucht ist das Paranormale, das Übersinnliche, und selbst dies ist, wie der Leser bemerken wird, nicht einfach. Obwohl einige der berichteten Phänomene mit den westlichen Konzepten von Zukunftsvisionen, Telepathie, Hellsehen und Psychokinese übereinstimmen, gibt es noch andere Phänomene, auf die wir nicht vorbereitet sind. Translokationen von Objekten und flüssigen Substanzen (die sich wiederholt materialisiert haben sollen), kommen in der modernen parapsychologischen Literatur nicht vor. Einige der außerkörperlichen Erfahrungen Sai Babas scheinen dem zu ähneln, was wir in unseren Experimenten beobachten und worüber viele Menschen im Westen berichten; andere sind wesentlich substanzieller, wie zum Beispiel die angebliche Translokation seines Körpers oder sein gleichzeitiges Erscheinen – in Fleisch und Blut – an zwei verschiedenen Orten.

Soweit reichen die Konzepte der wissenschaftlichen Parapsychologie nicht. Etwas derart Unfaßbares bedarf stichhaltigerer Beweise als der üblichen. Haraldsson berichtet über das, was er bisher gefunden hat, und läßt Raum für weiterführende Forschungen. Ich hätte es als einen Mangel an Mut betrachtet, hätten wir die Aussagen so vieler Zeugen und unsere eigenen Beobachtungen einfach ignoriert, nur weil sie so weit von Vertrautem und Bekanntem abweichen, und ich hoffe, daß die Forschung auf diesem Gebiet weiter vorangetrieben wird, wohin sie uns auch führen mag. Für einige der Beobachtungen werden sich vielleicht ganz einfache Erklärungen finden, andere dagegen mögen zu einem tieferen Verständnis der Realität des menschlichen Geistes führen, dem eigentlichen Wunder hinter den Wundern.

Ich glaube, für die meisten aufgeschlossenen Leser wird Haraldssons Art, direkt an die Türen des Unbekannten zu klopfen, höchst inspirierend sein. Aber auch jene, die für solche Möglichkeiten des Unerforschten – sei es übernatürlich oder spirituell – nicht empfänglich sind, werden nicht leer ausgehen. Sie werden zumindest etwas haben, worüber sie spotten können.

Ein so wagemutiges Buch wie *Sai Baba – ein modernes Wunder* wird für viele vieles bedeuten, denn es gibt nicht Meinungen, sondern sorgfältig zusammengetragene Daten und Informationen über einen der bemerkenswertesten Männer unseres Jahrhunderts wieder. Manchen Leser wird es auf unvergeßliche Weise im Herzen berühren, für andere wird es Stoff zum Nachdenken liefern. Ich selbst spürte eine prickelnde Faszination beim Lesen dieses Buches, das so viele unausgesprochene Möglichkeiten birgt.

Karlis Osis, Ph.D.
Chester F. Carlson Research Fellow
American Society for Psychical Research
New York

Einleitung

In der westlichen Welt gilt Indien als das Land der Geheimnisse und der mit scheinbar übernatürlichen Fähigkeiten ausgestatteten Yogis. Diese paranormalen (oder übersinnlichen) Phänomene werden im allgemeinen mit heiligen Männern oder religiösen Gruppen der verschiedensten Schattierungen assoziiert, die in Indien in großer Zahl zu finden sind. Im Laufe der letzten hundert Jahre konnten einige dieser Bewegungen auch im Westen Fuß fassen, und die meisten schrieben der Person ihres Führers oder Gründers übernatürliche Kräfte zu (wie zum Beispiel die Selbstverwirklichungsgemeinschaft Paramhansa Yoganandas, der Ramakrishna-Orden Vivekanandas und bis zu einem gewissen Grade auch die theosophische Bewegung oder in jüngerer Zeit die TM Siddhu-Bewegung des Yogi Maharishi Mahesh). Dies mag ein Grund für den Ruf Indiens sein, ein anderer ist vielleicht in den Berichten vieler Indienreisender zu finden.

Bei Untersuchungen von Personen mit angeblichen übernatürlichen Fähigkeiten durch westliche Wissenschaftler bestand von jeher der Hauptzweck und die Hauptschwierigkeit darin, zwischen echten übersinnlichen Phänomenen und Übertreibungen oder betrügerischen Nachahmungen, wie sie zum Beispiel mit den Techniken der Zauberkünstler erreicht werden können, zu unterscheiden.

In Europa wurden berühmte Medien wie Daniel Dunglas Home, Indridi Indridason, Eusapia Palladino und Rudi Schneider von erfahrenen Wissenschaftlern umfassend und sorgfältig untersucht; daher kann man sich über sie ein ziemlich klares Urteil bilden. Dagegen wurden die angeblich in Indien auftretenden paranormalen Phänomene bisher kaum wissenschaftlich erforscht.

In den vergangenen zwanzig oder dreißig Jahren führten einige angesehene Wissenschaftler Untersuchungen an indischen Yogis durch, die sich jedoch auf die rein physiologische Ebene beschränkten – zum Beispiel auf die erstaunliche Fähigkeit, den Atem, Herzschlag und Kreislauf oder die Gehirnwellenaktivität willentlich zu beeinflussen und zu kontrollieren. Umfassende, detaillierte Untersuchungen einzelner indischer Medien stehen jedoch noch aus.

Tatsächlich wurden bis heute, trotz des legendären Rufs Indiens, nur sehr wenige Versuche unternommen, die angeblichen übersinnlichen Fähigkeiten außergewöhnlicher Männer und Frauen wissenschaftlich zu untersuchen. Ein Grund dafür liegt vielleicht in der in Indien üblichen engen Verflechtung von Übersinnlichem und Göttlichem, von Wunder und Religion. Scheinbar übernatürliche Phänomene werden oft als Zeichen der Göttlichkeit oder Heiligkeit eines Swami oder Yogi betrachtet. Auf diesem religiösen Hintergrund grenzen wissenschaftliche Untersuchungen der angeblichen übernatürlichen Kräfte eines Swami für viele Inder schon fast an ein Sakrileg, was die Bemühungen eines Forschers natürlich erheblich erschwert. Eine solche Haltung und der religiöse Rahmen können daher leicht als Deckmantel dienen, hinter dem sich betrügerische Individuen vor »ungläubigen Thomasen« verbergen.

Wir waren uns also der Schwierigkeiten einer wissenschaftlichen Erhebung über paranormale Phänomene sehr wohl bewußt, als wir im Jahre 1972-73 während eines Forschungsprojekts zum erstenmal von Sai Baba erfuhren.

Mein Kollege Dr. Osis und ich hörten immer wieder von verblüffenden »Wundern«, die sich angeblich unzähligemal in Gegenwart eines gewissen Sri Say Baba ereigneten – eines Menschen, den ich später als die schillerndste religiöse Persönlichkeit des heutigen Indien kennenlernte, und der imstande war, solche Massen von Menschen um sich zu scharen, wie es außer ihm nur noch die verstorbene Indira Gandhi vermocht hatte.

Viele der berichteten, angeblich übernatürlichen Phänomene erinnern an die Wunder, die im neuen Testament beschrieben werden, wie zum Beispiel die Vermehrung von Nahrungsmitteln, »das Verwandeln von Wasser in Wein«, wunderbare Heilungen oder das Lesen von Gedanken (das heißt, das unmittelbare Erkennen der verborgensten Gedanken eines Menschen bei der ersten Begegnung).

Hochgebildete Inder erklärten uns begeistert, diese Phänomene träten nicht nur vereinzelt auf, sondern ereigneten sich jahraus, jahrein mehrere Male täglich. Unsere Gesprächspartner waren hauptsächlich Ärzte und hohe Universitätsangestellte. Manche berichteten von persönlichen Erfahrungen, wie Sai Baba begonnen habe, sie zu faszinieren, und nicht zuletzt auch davon, wie sie oft schon nach einer einzigen kurzen, persönlichen Begegnung mit ihm zum Jünger wurden. Mythen – ungeprüfte Gerüchte – sind eine fester Bestandteil der Guru-Szene in Indien – das wußte ich aufgrund meiner früheren Bekanntschaft mit diesem Land. Aber die Gerüchte und persönlichen Erzählungen über Sai Baba übertrafen in ihrem Ausmaß und ihrer Häufigkeit alles, was ich bis dahin gehört oder gesehen hatte.

Wir arbeiteten zu jener Zeit an einem Projekt für die American Society for Psychical Research (Amerikanische Gesellschaft für parapsychologische Forschung) in Nordindien. Sai Baba lebte in einem abgelegenen Dorf

14

in Südindien. Als sich unsere Arbeit ihrem Ende näherte, beschlossen wir, den angeblichen Wundertäter kennenzulernen, obwohl man uns gewarnt hatte: es hieß, er sei unberechenbar, und außerdem sei er von so vielen Menschen umlagert, daß es wahrscheinlich sehr schwierig sein würde, überhaupt bis zu ihm vorzudringen.

Wir hatten Glück; wir trafen den Swami an, und die Phänomene, von denen man uns berichtet hatte, existierten offenbar ebenfalls. Einige konnten wir selbst beobachten, andere wurden uns von einer Reihe von Augenzeugen bestätigt. Es waren allerdings informelle Beobachtungen, beeindruckend, aber für uns Wissenschaftler hätten nur kontrollierte Laborexperimente und Beobachtungen einen zufriedenstellenden Beweis erbringen können. Andere Erklärungen für diese Phänomene hätten mit ausreichender Sicherheit ausgeschlossen werden müssen. Taschenspielertricks und andere Zauberkünste sind seit jeher eine ständige Begleiterscheinung in der Geschichte der Psi-Forschung (oder Parapsychologie, um einen etwas moderneren Begriff zu verwenden).

Wir hatten während dieses kurzen Besuchs einige lange Inteviews mit Sai Baba. Auch uns entging sein Charisma nicht, das so viele Menschen fasziniert hatte, und wir stellten fest, daß er nicht nur ein religiöser Führer und angeblicher Wundertäter war, sondern gleichermaßen ein Aktivist, der sehr gut über soziale Probleme informiert ist.

Der erste Besuch führte zu einem weiteren im darauffolgenden Jahr. Diesmal waren wir auf Laborexperimente vorbereitet. Wir diskutierten lange über die Bedeutung von Wissenschaft und Forschung, aber das letzte Wort des Swami war, daß seine Kräfte nicht dazu da seien, zur Schau gestellt zu werden. Er erlaubte uns weiterhin großzügig, ihn »in Aktion« zu beobachten und unterstützte uns dabei, mit Menschen in Kontakt zu kommen, die wiederholt Zeugen seiner angeblichen Wunder geworden waren.

Das anekdotenhafte Beweismaterial war beeindruckend, und wir waren fasziniert von unseren Beobachtungen, aber reichte das wirklich aus, um weitere Bemühungen, Babas Phänomene zu enträtseln und ihre wahre Natur zu enthüllen, zu rechtfertigen? Nach der Rückkehr von unserer zweiten Reise im Jahre 1975 entzog uns die American Society for Psychical Research ihre Unterstützung. Also entschloß ich mich, nach reiflichen Überlegungen und langem Hin und Her, die Untersuchungen auf eigene Faust weiterzuführen. Ich stand nicht ganz allein da – die University of Iceland, an der ich seit kurzem lehrte, unterstützte mich bis zu einem gewissen Grad. Nachdem Baba sich geweigert hatte, an Experimenten teilzunehmen, blieb mir als einzige Möglichkeit die ausführliche, intensive Befragung einer Reihe von Augenzeugen. Ich wollte allerdings nicht nur seine Jünger und andere ihm nahestehende Personen zu Wort kommen lassen, sondern auch seine Kritiker und jene, die ihm – aus welchen Gründen auch immer – den Rücken gekehrt hatten.

Ich unternahm sechs weitere Reisen nach Indien, die erste im Jahre 1976 und die letzte 1983, und hielt mich jeweils zwischen einem und vier Monaten dort auf. Auf vier dieser acht Reisen wurde ich von Kollegen begleitet, zweimal von Dr. Osis, einmal, bei einem dreimonatigen Aufenthalt, von Dr. Michael Thalbourne von der University of Washington, St. Louis, und einmal, bei einem vierwöchigen Aufenthalt von Dr. Joop Houtkooper von der Amsterdamer Universität.

Ich interviewte Dutzende von Menschen, die Sai Baba kennengelernt und seine Kunststücke beobachtet hatten; Menschen, die ihm in verschiedenen Lebensabschnitten nahegestanden hatten, und zwar besonders in seiner Jugend, als die Menschen, die er um sich versammelt hatte, praktisch Tag und Nacht mit ihm zusammen waren. Ich versuchte Beweise zu erhärten, tat mein Bestes, auch kritische Hinweise zu verfolgen, ja eigentlich alles, von dem ich glaubte, es könne etwas Licht auf die verblüffende Phänomene werfen, die Sai Baba kühn behaupten ließen »Wunder« sind meine Visitenkarte«.

Das Ergebnis ist dieses Buch. Es besteht aus zwei Teilen. Der erste Teil enthält die Schilderung meiner Begegnungen mit Sai Baba und die Aufzeichnungen der ausführlichen Interviews, die ich mit Anhängern, ehemaligen Jüngern und Kritikern durchführte. Unter den Befragten sind auch eine Reihe von Babas persönlichen Helfern, die ihm ab den späten vierziger Jahren bis Mitte der siebziger Jahre gedient hatten. Sie zeichneten ein höchst aufschlußreiches Bild seines Lebens und Wirkens.

In fast allen Fällen interviewte ich die Personen mehrmals, wobei der Abstand zwischen den einzelnen Gesprächen gewöhnlich ein Jahr oder mehr betrug. Alle Gespräche wurden auf Tonband aufgenommen. Ich tat dies hauptsächlich, um die Genauigkeit der mir berichteten Einzelheiten überprüfen zu können, aber auch, um meine Gesprächspartner besser kennenzulernen. Ich habe praktisch jede einzelne der im endgültigen Text wiedergegebenen Aussagen überprüft und mit den Interviewten nochmals durchgesprochen. Außerdem habe ich versucht, zeitgenössische Dokumente, Tagebücher und Briefe heranzuziehen, um die Aussagen der Zeugen zu untermauern.

Im ersten Teil des Buches versuche ich noch nicht, die verschiedenen Angaben der Interviewpartner auszuwerten. Dies geschieht im zweiten Teil, in dem mehrere Hauptkategorien der Sai Baba zugeschriebenen paranormalen Phänomene ausführlich erörtert werden.

Das Hauptmotiv für dieses Buch war mein Wunsch, Basisinformationen zu liefern und die Aussagen verschiedener Zeugen weiterzugeben. Es ist nicht Ziel dieses Buches, den Leser von der Echtheit der paranormalen Phänomene im Zusammenhang mit Sai Baba zu überzeugen. Der Leser möge sich sein eigenes Urteil bilden und vielleicht an das enorme Potential erinnert werden, das möglicherweise in jedem von uns schlummert.

Erster Teil

Unsere Neugier ist geweckt

»Wenn Sie Wunder sehen wollen, müssen Sie Sai Baba besuchen«.
Dr. Karlis Osis und ich hörten dies mehr als einmal während unseres Indienaufenthaltes im Jahre 1972. Wir hatten damals hauptsächlich mit Fachleuten zu tun – Ärzten, Krankenhauspersonal und Universitätsangestellten – von denen die meisten ausgezeichnet Englisch sprachen. Viele dieser Herren im mittleren oder fortgeschrittenen Alter hatten in England oder Amerika studiert. Ihr wissenschaftliches Umfeld stand der Existenz übersinnlicher Phänomene ebenso ablehnend gegenüber, wie es auch in westlichen Wissenschaftlerkreisen üblich ist. Dagegen war das kulturelle Umfeld für diese Dinge wesentlich aufgeschlossener – man war eher geneigt, die Existenz von Psi-Phänomenen zu akzeptieren – und so fanden wir uns häufig in höchst interessante Gespräche vertieft wieder.

Unsere Gesprächspartner berichteten von den Erfahrungen ihrer Freunde, Bekannten oder anderer Menschen. Manche erzählten uns von einer wunderbaren Heilung, einer Prophezeiung oder von einem Fall von Gedankenlesen oder von der Materialisierung irgendeines kleinen Gegenstandes, den Sai Baba dann jemandem geschenkt habe. Unser Erstaunen bezog sich anfangs auf die Erzählenden selbst, aber als wir mehr von ihnen trafen und die Zahl dieser außergewöhnlichen Berichte zunahm, begann sich unsere Verwunderung auf jenen Mann zu konzentrieren, der in Indien bereits zur Legende wurde: Sathya Sai Baba.

Im Februar 1973 trafen wir zum ersten Mal einen Mann, der Sai Baba persönlich kennengelernt hatte. Es war der ehemalige oberste Amtsarzt von Uttar Pradesh (dem Staat mit der höchsten Bevölkerungsdichte Indiens). Dieser Mann war Sai Baba auf einer Party begegnet, die man für den Swami anläßlich eines seiner seltenen Besuche in Delhi gegeben hatte. Es waren sehr viele Menschen anwesend, und die Begegnung mit Sai Baba war nur kurz. Der Doktor war erst kürzlich in den Ruhestand getreten und glaubte, daß die Tage seines aktiven Dienstes nun vorüber seien. Ganz nebenbei ließ Sai Baba die Bemerkung fallen, der Doktor werde sich bald wieder einer neuen und interessanten Aufgabe zuwenden. Arbeitslosigkeit ist in Indien ein großes Problem, und es wäre dem Doktor gar nicht in den Sinn gekommen, noch einmal irgendeine andere Stellung anzunehmen. Er glaubte nicht, daß sich diese Prophezeiung erfüllen würde.

Zu seiner Überraschung bot ihm das Erziehungsministerium kurze Zeit später das Amt des Präsidenten der neuen medizinischen Hochschule, die in Meerut gebaut werden sollte, an. Er sagte zu. So hatte sich Sai Babas Prophezeiung ganz unvermutet innerhalb weniger Monate erfüllt. Der Doktor berichtete uns außerdem, daß er gesehen habe, wie Baba kleine Gegenstände, wie Ringe und Anhänger, aus seinen Händen hervorzauberte, als kämen sie aus dem Nichts.

Während dieses Indienaufenthalts trafen wir einige Zeit später in der überfüllten Industriestadt Kanpur eine aktive Gruppe von Sai-Anhängern. Ein pensionierter Major der Luftwaffe, ein gewisser Mr. Kapur, hatte uns mit ihnen bekannt gemacht. Mr. Kapur war Sai Baba persönlich begegnet und hatte einige außergewöhnliche Dinge erlebt, die er uns mit großer Begeisterung schilderte. Ich gebe hier die Einzelheiten einer ganz bestimmten Begebenheit wieder.

Eines Tages, als der Major allein in seinem Wagen auf einer einsamen Landstraße unterwegs war, bemerkte er plötzlich einen Gegenstand, der vor seiner Windschutzscheibe hin und her baumelte, ohne jedoch an die Scheibe zu schlagen. Er fuhr an den Straßenrand und hielt an. Der Gegenstand rutschte auf die Kühlerhaube, denn er war nicht am Scheibenwischer befestigt gewesen. Er entpuppte sich als eine *Jappamala*, eine Halskette aus kleinen Perlen, die manche Leute als Zeichen ihrer Religiosität um den Hals tragen, ähnlich wie viele Christen ein Kettchen mit einem Kreuz tragen.

Mr. Kapur erzählte, er habe Sai Baba vor einiger Zeit gedrängt, ihm eine ganz bestimmte Art von *Jappamala* zu schenken, und Sai Baba habe ihn zum besten gehalten, indem er es versprochen, dann aber nicht getan habe. Als Mr. Kapur uns die Jappamala zeigte, bemerkte er, daß es genau die Art war, die er sich gewünscht hatte.

Mr. Kapur war überzeugt, daß Sai Baba die Mala für ihn materialisiert hatte, um ihm in einer Zeit großer persönlicher Schwierigkeiten ein Zeichen seiner Gnade und seines Segens zu geben.

Der Major erzählte uns auch von einem Haus in Kanpur, in dem auf mysteriöse Weise *Vibuti* (heilige Asche) und *Amrith* (eine honigartige Substanz) auf Fotografien von Sai Baba erschienen seien. (Vibuti und Amrith haben im Hinduismus etwa die gleiche Bedeutung wie Weihwasser, Brot und Wein im Christentum). Er sagte, man könne sie noch immer sehen. In diesem Haus wohnte eine Familie von Sai-Anhängern, und als wir den Wunsch äußerten, sie zu besuchen, brachte man uns sofort dorthin. Wir schlugen vor, erst einmal anzurufen oder einen Termin zu vereinbaren, aber das wurde als unnötig betrachtet. »Alle Jünger Sai Babas sind eine Familie«, hieß es, und schon fuhren wir durch die schmutzigen, verstopften Straßen von Kanpur, bis wir vor einem Einfamilienhaus in einem der Vororte hielten. Offensichtlich handelte es sich um eine recht wohlhabende Familie, denn das Haus war für indische Verhältnisse sehr geräumig.

Wir wurden sehr freundlich empfangen und in einen besonderen Raum geführt, den man in den Häusern von Hindus häufig findet und der ausschließlich für religiöse Zeremonien, genannt *Puja*, vorgesehen ist. An den Wänden des Puja-Raumes hingen mehrere Fotografien von Sai Baba. Man sagte uns, wir könnten die Fotos gerne genau anschauen und untersuchen. Sie waren von verschiedener Größe, einige waren sehr groß, etwa 60 cm in der Diagonale. Manche waren hinter Glas, andere nicht. Bei den meisten handelte es sich um Glanzdrucke von Sai Baba – sitzend, stehend, ernst oder lächelnd, mit seinem kräftigen, runden Gesicht und seinem buschigen Haar im Afro-Stil, bekleidet mit der üblichen, hellsafranfarbenen Robe. Er war auf jeden Fall leicht von anderen Männern zu unterscheiden, das konnte jeder sehen.

Auf einigen Fotografien sah man Flecken dieser grauen, staubigen Substanz, Vibuti genannt. Man erklärte uns, daß sie vor längerer Zeit zum erstenmal aufgetaucht seien und daß sich seitdem, auch wenn man die Fotos sauber abwische, nach kurzer Zeit immer wieder neues Vibuti bilde. Auf einigen Fotografien konnte man außerdem schmale Rinnsale einer honigartigen Substanz erkennen, die allerdings nicht so deutlich sichtbar waren wie das Vibuti. Es bestand jedoch kein Zweifel, daß irgendeine Flüssigkeit über die Fotografien gelaufen war, und man versicherte uns, sie habe den süßen Geschmack von Amrith. »Dies alles ist Babas Gnade«, sagte man uns.

Für die Jünger in Kanpur waren diese Phänomene ein Zeichen für Sai Babas Präsenz, obwohl Mitglieder dieser Gruppe und andere Menschen, die ich später kennenlernte, gewöhnlich schnell hinzufügten, daß den übersinnlichen Phänomenen keine oder nur geringe Bedeutung zukomme. Sai Babas Liebe und Allgegenwart und seine Botschaft – das allein zähle. Sie verehrten ihn als ihren Gott.

Aus verschiedenen Gründen war es uns nicht möglich, diese Phänomene mit der Sorgfalt zu untersuchen, die nötig gewesen wäre, um ihre Echtheit zweifelsfrei zu beweisen – aber selbst wenn es möglich gewesen wäre hätten wir kein positives Ergebnis erwartet. Wir verließen Kapur, ohne uns die Mühe weiterer Untersuchungen zu machen.

Mr. Kapur und seine Freunde brannten darauf, uns mit einigen befreundeten Sai-Anhängern in Delhi bekannt zu machen. Wir wurden zu einer kleinen Party in das Haus eines wohlhabenden Geschäftsmannes, Mr. Sohan Lal, eingeladen, der in einem der modernen Vororte Neu

Delhis lebte. Vor einiger Zeit hatte Sai Baba während eines Aufenthalts in Delhi bei den Sohan Lals gewohnt. Einer der Partygäste war Mr. Nakul Sen. Er war der erste indische Gouverneur in Goa, nachdem dieses Gebiet politisch ein Teil Indiens geworden war.

Einmal hatte Sai Baba Goa besucht und einige Tage im Gouverneurspalast verbracht. Bei dieser Gelegenheit war der Gouverneur, wie er uns erzählte, mehrmals Zeuge von Materialisierungen. Er zeigte uns einen außerordentlich schönen, kostbar aussehenden Ring, den Sai Baba ihm geschenkt hatte. Sowohl er als auch Sohan Lal waren offenbar überzeugt, daß der Swami nicht nur Wunder vollbringen könne, sondern daß er ein Erleuchteter sei, der zu jeder Zeit über jeden Menschen alles wissen könne, was er wissen wolle.

Offensichtlich waren einige der Mächtigen und Reichen ebenso schnell bereit, Baba zu akzeptieren, wie viele der zahllosen Armen des Landes. Er schien sie, einen nach dem anderen, von seiner Authentizität und Einzigartigkeit zu überzeugen.

Ganz gleich, auf welche Weise ihm das gelingen mochte, dachten wir – wie interessant mußte es doch sein, einen solchen Mann zu treffen! Selbst wenn nur ein winziger Bruchteil der wunderbaren Geschichten, die wir gehört hatten, der Wahrheit entsprach, schien uns eine Reise zu Sai Baba der Mühe wert zu sein.

Baba lebte in einem abgelegenen Teil des Staates Andhra Pradesh in Südindien, nördlich von Bangalore. Nach unserer Ankunft in dieser Stadt mieteten wir uns im West-End ein, zu jener Zeit ein Hotel von altem englischen Stil. Wir fanden bald heraus, daß dieses Hotel als Ausgangspunkt für viele Menschen aus dem Westen diente, die auf dem Weg zu Sai Baba waren. Baba hielt sich meistens in Puttaparti auf, einem abgelegenen kleinen Dorf, drei Autostunden von Bangalore entfernt. Das Dorf liegt in einem spärlich besiedelten Gebiet nahe der Grenze zwischen den Staaten Karnataka und Andhra Pradesh. Die Straßen auf dem letzten Teil der Strecke waren erst vor wenigen Jahren ausgebaut worden.

Ausgerüstet mit Bettzeug und Moskitonetzen, einigen Konserven und anderen für die Reise notwendigen Dingen machten wir uns am nächsten Morgen nach Puttapari auf und fuhren durch trockenes, doch fruchtbares flaches Land, das allmählich von felsigen Landstrichen abgelöst wurde. Je weiter wir uns von Bangalore entfernten, um so größer wurden die Abstände zwischen den Dörfern, und auf dem letzten Streckenabschnitt waren die Straßen ungepflastert.

Nach einer fast vierstündigen Fahrt befanden wir uns unvermittelt in Puttaparti, das in einem Tal zwischen Hügeln und Bergen, unweit den Ufern des Chitravati-Flusses eingebettet liegt. In diesem winzigen, abge-

24

legenen Dorf, mitten im Niemandsland, wurde Sai Baba im Jahre 1926 geboren, und dort lebt er noch heute, abgesehen von seinen kurzen Besuchen in anderen Teilen Indiens.

Der Ort, an dem Sai Baba lebt und seine Besucher empfängt, sein Ashram, liegt nur einige Minuten Fußweg vom alten Dorf entfernt und hat inzwischen weit mehr Einwohner als das Dorf selbst. Mehrere dreistöckige Betongebäude, von denen jedes eine Anzahl kleiner Appartements für Besucher und Jünger enthält, bilden ein Viereck um eine riesige Versammlungshalle und eine kleinere Gebetshalle, genannt *Mandir*. In diesem zweistöckigen Gebäude mit seinen drei schönen Türmen wohnt Sai Baba und empfängt die Menschen, die gekommen sind, ihn zu sehen. Der Mandir ist das Zentrum des Ashrams. Auf dem Vorplatz, der morgens und abends peinlich saubergefegt wird, versammeln sich zweimal täglich Hunderte von Menschen und lassen sich auf dem reinen, weichen Sand nieder. Nach indischer Sitte sitzen die Männer auf der linken Seite des Platzes und die Frauen auf der rechten. Sie warten und hoffen, daß Sai Baba sie zu einem Gespräch hereinruft. Alles ist peinlich sauber. Freiwillige Ordner und Hilfskräfte sorgen hingebungsvoll für einen Grad an Ordnung und Disziplin, wie er sonst in Indien nur selten zu finden ist.

Wir kamen am späten Nachmittag an. Mr. Kutum Rao, ehemaliger Richter am Hohen Gericht von Madras und jetzt ein Jünger Sai Babas, führte uns in ein Einzimmer-Appartement, das im zweiten Stock eines der dreistöckigen Gebäude lag. Als wir um einen Termin für den Besuch beim Swami baten, wurde uns mitgeteilt, daß keinerlei Termine ausgegeben würden. Alles, was wir tun konnten, war, Sai Baba einen Brief zu übergeben, als er vor dem Mandir seine Runde machte. Er tat dies einmal am Morgen und einmal am Abend. Da noch einige Hundert andere Menschen im Ashram darauf warteten, dem legendären Swami gegenüberzutreten, schien es um unsere Chancen nicht allzu gut bestellt zu sein. Dessenungeachtet überreichten wir Kutum Rao unsere Visitenkarten und einen kurzen Brief in der Hoffnung, er werde beides dem Baba zeigen.

In unserem Zimmer befanden sich keine Möbel, aber wir hatten fließendes Wasser und eine Toilette in einem kleinen angrenzenden Raum. Als wir gerade zu Bett gehen wollten und noch über unsere Aussichten auf eine persönliche Begegnung mit dem Swami nachsannen, klopfte es an der Tür. Es war Kutum Rao, der uns eine Botschaft von Sai Baba überbrachte: »Er wird Sie morgen früh gegen neun Uhr empfangen. Und außerdem«, fügte Mr. Rao hinzu, »werden Sie in ein besseres Appartement im ersten Stock umziehen.«

Das hörte sich gut an. Ich erinnere mich noch daran, daß ich an diesem Abend mit einem Gefühl freudiger Erwartung einschlief.

Angesicht zu Angesicht mit dem Wundertäter

Als wir am nächsten Morgen aus dem Gebäude traten, saßen bereits viele Menschen auf dem freien Platz vor der Mandir-Halle. In einem respektvollen Abstand bildete die Menge einen Halbkreis, an dem Sai Baba vorüberschreiten würde.

Einer der freiwilligen Ordner – man konnte sie an ihren safranfarbenen Halstüchern erkennen, die an Pfadfinder erinnern – führte uns auf eine schattige, sauber gefegte Veranda neben dem Eingang zu Sai Babas Empfangsraum. Dort saß bereits eine Gruppe von Männern, die so ernst und wichtig dreinschauten wie die Besucher im Vorzimmer eines Premierministers.

Da der Boden vor dem Mandir leicht abschüssig ist, konnten wir die Menge überblicken, die dort auf dem sandigen Vorplatz saß. Als Sai Baba am Eingang erschien, wurde es totenstill. Er war nicht schwer zu erkennen, nachdem wir so viele Fotografien von ihm gesehen hatten. Er trug eine rot-orange-farbene Robe, hatte buschiges Haar im Afro-Stil, eine ziemlich dunkle Hautfarbe, einen starken, kräftigen Nacken und ein rundes, kräftiges Gesicht. Er ist nicht groß, aber gut proportioniert und hat kleine Hände und Füße.

Er sprach ein paar Worte zu einem oder zwei der Männer auf der Veranda. Sein Gang war langsam und sicher. Man gewann sofort den Eindruck, eine außergewöhnlich wachsame und starke Persönlichkeit vor sich zu haben – einen Herrscher. Er begann seinen Rundgang gewöhnlich bei den Männern und nahm einige Briefe entgegen, die ihm eifrig aus den vorderen Reihen entgegengestreckt wurden. Ab und zu hielt er inne, um mit einigen Männern ein paar Worte zu wechseln. Manchmal brachte er mit einer Bewegung seiner rechten Hand diese grauweiße, fein pulverisierte Substanz hervor, die Vibuti genannt wird, und gab einigen Männern etwas davon. Manche erhoben sich auf die Knie, um das Vibuti zu empfangen, und sie schluckten es oder rieben sich damit ein oder verwahrten es.

Vibuti ist der feinste Teil der Asche, der übrigbleibt, wenn man Kuhmist vollständig verbrennt. Seine Verwendung ist in Indien uralte Tradition. Bereits Marco Polo, der im Jahre 1300 Südindien bereiste, beschrieb es in seinem Reisebericht: »Sie verbrennen Kuhmist und machen ein Pulver daraus. Daraus stellen sie eine Salbe her, mit der sie sich einreiben. Dies tun sie mit großer Hingabe, so wie Christen es mit dem Weihwasser tun.« (Polo, 1929, S. 365).

Die meisten der mehreren Hundert Menschen waren Inder – die Männer traditionell in Weiß gekleidet; aber hier und da konnte man auch ein paar Leute aus dem Westen sehen. Einer der Ordner folgte Sai Baba. Wenn der Swami ein Bündel Briefe eingesammelt hatte, gab er sie dem Wächter. Dieser reichte ihm manchmal ein Stück Tuch, mit dem sich Sai Baba ab und zu die Hand abwischte, nachdem er Vibuti produziert hatte. Der Ordner diente auch als Leibwächter für den Fall, daß jemand versuchen sollte, an Babas Kleidung zu zerren. Viele Inder schienen versessen darauf, seine Füße zu berühren, und einige legten ihre Köpfe und Hände auf die Fußspuren, die er im Sand hinterlassen hatte.

In Indien ist es auch heute noch Sitte, vor einem spirituellen Meister niederzuknien und seine Füße zu küssen. Dies ist eine allgemein akzeptierte, traditionelle Form, Achtung und Hingabe auszudrücken, die sich aber auch häufig mit dem Glauben vermischt, daß ein besonderer Segen oder eine besondere Kraft auf denjenigen übergehe, der die Füße eines heiligen Mannes berührt. Wie ich später beobachtete, wurde dieser Glaube manchmal zu einem kleinen Problem für Baba, denn einige Inder waren zu versessen darauf, seine Füße zu berühren – ein Umstand, der ihm offensichtlich manchmal ein Ärgernis war.

Er ging hinüber zu den Frauen und hielt sich dort auf die gleiche Weise etwa zehn bis fünfzehn Minuten auf. Während er durch die Reihen ging, lud er einige von ihnen zu einem Gespräch ein, entweder mit Worten oder indem er den betreffenden Personen mit einer Geste bedeutete, sich auf die Veranda zu begeben. Dort sollten sie warten, bis er sie später hereinrufen würde. Auf diese Weise wählte er jeden Morgen und jeden Nachmittag etwa zwanzig bis vierzig Personen aus, die er nach seinem Rundgang in kleinen Gruppen in seinem Besucherzimmer empfing.

Der Swami kam zurück auf die Veranda, führte einige der dort sitzenden Männer zum Eingang des Gebäudes und verschwand mit ihnen im Inneren. Nach einer Weile kamen sie wieder heraus, und er forderte uns auf, in sein Empfangszimmer zu kommen. Er fragte die Anwesenden, ob jemand als Dolmetscher dienen könne. Ein älterer Herr, dem Anschein nach ein Mann aus Nordindien, erhob sich und ging mit uns hinein. Er hieß Khera, war ehemals Gefängnisdirektor in Bengalen und stammte aus dem Teil Punjabs, der heute in Pakistan liegt.

Sai Baba spricht ein wenig Englisch und braucht gewöhnlich keinen Dolmetscher, wie ich später erfuhr. Während er uns willkommen hieß, brachte er sofort mit einer Handbewegung etwas Vibuti hervor, das er dann unter uns aufteilte. Nach der gegenseitigen Begrüßung setzten wir uns alle im Schneidersitz auf den blanken Steinboden. Außer einem hölzernen Armsessel in einer Ecke befanden sich keinerlei Möbelstücke im Raum. Es lagen auch keine Teppiche auf dem Boden, und die Wände waren bis auf eine Uhr und einen Kalender ebenfalls leer. Das Zimmer war verhältnismäßig klein. Eine Türöffnung führte zu einem Raum im Inneren des Gebäudes und eine andere zu einer schmalen Treppe, über die Sai Baba in sein Appartement im oberen Stockwerk gelangte. Diese Türöffnungen waren anstelle von hölzernen Türen nur mit dünnen Vorhängen versehen, die an einer Schnur aufgehängt waren.

Wir sagten ihm, daß wir Wissenschaftler seien und übersinnliche Phänomene erforschten und daß wir viele Geschichten über Wunder gehört hätten, die angeblich in seiner Gegenwart geschähen. Während wir sprachen, machte er wieder diese typischen, kleinen, kreisförmigen Bewegungen mit der rechten Hand, die etwa zwei bis drei Sekunden dauern, und siehe da – auf seiner Handfläche lag ein großer, glänzender, goldener Ring. Er steckte ihn an Dr. Osiś Ringfinger und sagte, dieser Ring sei für ihn. Er paßte genau. In den Ring war ein großes farbiges Bild von Sai Baba in einem Stein (oder einem ähnlichen Material) eingelassen, der auf allen Seiten fest von dem Ring umschlossen war. Das Bild war oval und zeigte eine gute Aufnahme von Sai Babas Gesicht.

Wir drückten unsere Bewunderung aus, aber wir sagten ihm, daß wir hauptsächlich an einer wissenschaftlichen Untersuchung interessiert seien, was bedeutete, daß wir die Situation bis zu einem gewissen Grade kontrollieren müßten. Wir wollten, daß er an überwachten Experimenten teilnahm. Selbstverständlich waren wir sehr gut darüber informiert, was ein gut ausgebildeter Zauberkünstler durch Taschenspielertricks zuwege bringen kann; deshalb war es wichtig, daß die Experimente in einer kontrollierten Situation stattfänden. Wir waren besonders an Experimenten mit außerkörperlichen Erfahrungen interessiert, denn wir hatten Berichte von Leuten gehört, denen er an Orten, weit entfernt von seinem offiziell bestätigten eigentlichen Aufenthaltsort, erschienen war.

Es folgte eine lange Diskussion über den Wert der Wissenschaft. Er setzte die Naturwissenschaften nicht herab, aber er schien der Ansicht zu sein, daß sie mit ihren Methoden niemals imstande sein würden, die übernatürlichen Phänomene zu erklären – sie spielten sich auf einer anderen Ebene jenseits der Wissenschaft ab. Das sei nur deshalb so, versuchten wir zu argumentieren, weil die Wissenschaftler bisher versäumt hätten, diese Phänomene zu untersuchen. Er, mit seinen außergewöhnlichen Fähigkeiten, könne neue Erkenntnisse über diese mysteriösen Phänomene beisteuern, falls einige der wunderbaren Geschichten, die wir gehört hatten, wahr seien.

So diskutierten wir hin und her. Er erwiderte, er sei kein Schausteller und er könne seine übernatürlichen Fähigkeiten nur zum Wohle seiner Jünger einsetzen. Immer wieder schweifte er ab zu seinen Lieblingsthemen – spirituellen und ethischen Fragen. Bei einer solchen Gelegenheit sagte er, das tägliche Leben und das spirituelle Leben müßten »zusammenwachsen wie eine Doppel*rudraksha*«. Da ich nicht im geringsten wußte, was eine Rudraksha war, geschweige denn eine Doppelrudraksha, fragte ich ihn danach. Aber weder er noch Mr. Khera konnten mir die Bedeutung des Wortes klarmachen. Er nahm Mr. Kheras Hilfe als Dolmetscher nur selten in Anspruch. Offenbar verstand er uns gut genug, und sein leicht gebrochenes Englisch erwies sich zumeist als ausreichend.

Doch ich war noch nicht zufrieden und fragt wieder und wieder nach der Bedeutung des Wortes Doppelrudraksha. Mein stures Beharren und ihre Unfähigkeit, mir trotz ihrer Bemühungen die Bedeutung zu erklären, wurden allmählich peinlich. Dr. Osis begann sich unbehaglich zu fühlen. Plötzlich schloß Sai Baba mit allen Anzeichen von Ungeduld seine Hand zur Faust und schwang sie ein oder zwei Sekunden hin und her. Als er sie öffnete, wandte er sich mir zu und sagte: »Das ist es.« Auf seiner Handfläche lag ein Gegenstand, der einer Eichel ähnelte und an seiner breitesten Stelle etwa drei Zentimeter dick war. Er war von bräunlicher Farbe und hatte eine feinstrukturierte Oberfläche wie ein Aprikosenkern. Dies hier waren zwei zusammengewachsene Rudrakshas wie eine Zwillingsorange oder ein Zwillingsapfel.

Er gab sie uns, so daß wir sie anfassen und betrachten konnten. Sie strahlte die besondere Frische und Sauberkeit aus, die, wie ich später beobachtete, charakteristisch für alle Objekte war, die er hervorbrachte. Nacheinander nahmen wir sie in die Hand, betrachteten sie sorgfältig und bewunderten sie. Nachdem sie die Runde gemacht hatte, nahm er sie wieder an sich, wandte sich zu mir und sagte: »Ich möchte Ihnen ein Geschenk machen.« Er schloß beide Hände um die Rudraksha, blies darüber und öffnete seine Hände in meine Richtung. Auf seiner Handfläche sahen wir ein wunderschönes Schmuckstück. Die Doppelrudraksha war nun an ihrem oberen und unteren Ende von zwei winzigen, ovalen, goldenen Plättchen eingefaßt, die auf beiden Seiten von je einer kurzen goldenen Kette zusammengehalten wurden. An der Spitze des oberen Goldplättchens befand sich ein goldenes Kreuz, an dem ein kleiner Rubin befestigt war, und dahinter war eine winzige Öffnung, so daß man sie auf ein Kettchen auffädeln und um den Hals tragen konnte. Gewöhnliche Zauberkünstler können ohne sorgfältige Vorbereitung keine Objekte durch Taschenspielertricks hervorbringen. Könnte es sein, daß Baba geplant hatte, mir auf jeden Fall eine Doppelrudraksha zu schenken , daß

29

er das Ganze inszeniert und daher zwei bei sich hatte, eine mit und eine ohne die Goldplättchen? Wie auch immer, das Ganze erschien uns beiden ein spontanes und unvorbereitetes Resultat unserer hitzigen Debatte gewesen zu sein. Sicher konnten wir in keinem Fall sein. Später wurde ich von Botanikexperten jahrelang in dem Glauben gelassen, eine Doppelrudraksha sei eine äußerst seltene Anomalie der Natur[1]. Ein Goldschmied in London stellte fest, daß die Einfassung der Rudraksha aus mindestens 22-karätigem Gold bestand.

Wir fragten ihn, wie er solche schönen und kostbaren Dinge anscheinend aus dem Nichts hervorzuzaubern könne. Wieso konnte er so etwas und wir nicht? »Wir sind alle wie Streichhölzer«, sagte er, »der Unterschied zwischen euch und mir besteht nur darin, daß mein Streichholz angezündet ist.« Er liebte es, in Metaphern zu sprechen. Einige davon waren wirklich bemerkenswert, aber entsprachen sie auch der Wahrheit? Wie konnten wir dies beurteilen? Langsam dämmerte uns, daß sich Sai Babas Vortrag auf einer spirituellen Ebene und nicht im Bereich emprischer Wissenschaft bewegte.

Unser sympathischer Swami war kein Mann der Wissenschaften. Auf der wissenschaftlichen und kulturellen Ebene klaffte zwischen uns ein breiter Graben, und ich fragte mich bald, ob es überhaupt möglich war, ihn zu überbrücken. Auf der persönlichen Ebene war dies jedoch ganz und gar nicht der Fall. Es war nicht schwer, ihn zu mögen. Er war von einer anziehenden und bewundernswerten Frische und Spontaneität. Wenn er über Religion oder Philosophie sprach, tat er es nicht mit intellektueller Raffinesse; seine Bemerkungen waren eher kurz und direkt und klangen manchmal wie Platitüden, obwohl dieser Eindruck auch durch sein etwas gebrochenes Englisch entstanden sein mag.

Er sprach stets mit der Sicherheit eines Wissenden und nicht wie jemand, der Wissen aus zweiter Hand vermittelt. Auch schien mir, daß er ein Mann war, der jede Situation beherrschen würde, ganz gleich, wo er sich befände. Man mußte nicht sehr lange mit ihm zusammensein, um sein Charisma zu bemerken. Er hatte eine besondere Art, Menschen zu faszinieren. Die angeblichen Wunder trugen zweifellos ihren Teil dazu bei, aber das war nicht alles.

Ein paarmal haben wir herzlich mit ihm gelacht. Er wirkte niemals sentimental, und manchmal war er jovial. Obwohl wir außer einigen unmittelbaren Beobachtungen seiner berühmten Materialisierungen eigentlich nichts gewonnen hatten, fühlten wir uns erfrischt und waren in guter Stimmung, als er uns am Ende des langen Interviews zur Tür begleitete. Er sagte uns, daß wir uns am nächsten Morgen wieder treffen würden. Mr. Khera, sagte er, solle unser Führer und Dolmetscher sein;

er werde uns zu verschiedenen Jüngern führen, die im Zusammenhang mit ihm übersinnliche Erlebnisse gehabt hatten.

Das Hervorbringen von Gegenständen, wie der Ring und die Rudraksha, sind für Sai Baba etwas ganz Gewöhnliches. Ich konnte das während weiterer Interviews feststellen und hörte es auch von fast jedem meiner Gesprächspartner, der Baba persönlich begegnet war. Diese Dinge geschehen offensichtlich viele Male täglich. Ich werde, nachdem ich noch weitere Beobachtungen angeblicher Materialisierungen wiedergegeben habe, ausführlich verschiedene erklärende Hypothesen über das Für und Wider ihrer Echtheit erörtern.

Sai Babas Ashram trägt den Namen Prashanti Nilayam, was soviel wie Ort des Großen Friedens bedeutet. Er unterschied sich in vielen Dingen von anderen Ashrams, die ich besucht hatte. Es lebten viel mehr Menschen dort, und etwa 95 Prozent von ihnen waren Inder. In den meisten nordindischen Ashrams, die ich bis dahin gesehen hatte, lebten relativ wenige Menschen. Normalerweise kamen die meisten von ihnen aus dem Westen – junge Amerikaner und Europäer, die ihren Glauben an den westlichen Lebensstil und die westliche Denkweise verloren zu haben schienen. Junge Inder sah man selten in diesen Ashrams. Sie waren, so sagte man uns, mehr an Komfort, an westlichem Lebensstil oder an der Wissenschaft interessiert. Ihre Unzufriedenheit mit ihrer jahrtausendealten Kultur war wahrscheinlich noch viel größer als die Unzufriedenheit der jungen Leute aus dem Westen mit der ihren.

In den meisten dieser Ashrams lag der Schwerpunkt auf langen Meditations- oder Hatha-Yoga-Übungen, die den größten Teil des Tages in Anspruch nahmen. Die Mitglieder der Gemeinschaft blieben im allgemeinen lange Zeit im Ashram und hatten ihre weltlichen Verpflichtungen und Bindungen hinter sich gelassen. In Prashanti Nilayam bestand ein wichtiger Teil des religiösen Lebens im Singen von *Bhajans* (uralten, religiösen Liedern, die morgens und abends je eine halbe Stunde lang gesungen wurden), und für die besonders Eifrigen fand noch eine kurze, stille Morgenmeditation um 4.30 Uhr in der Mandirhalle statt. Baba legte Wert auf die Reinheit des täglichen Lebens, auf Hingabe und kurze Meditationen, und er ermunterte seine Jünger nicht nur, ihre täglichen Pflichten in Familie und Gemeinde zu erfüllen, sondern forderte sie auf, darüberhinaus durch ein begeistertes Engagement in sozialer und wohltätiger Arbeit dem Nächsten zu dienen. Aus diesem Grunde blieben die Besucher nur für kurze Zeit im Ashram; die ständigen Bewohner waren größtenteils im Ruhestand lebende ältere Menschen.

Viele kamen, um das zu erleben, was man in Indien *Darshan* nennt. Sie glauben, daß ihnen schon allein dadurch, daß sie einen Mann sehen, der als heilig gilt, ein besonderer Segen zuteil wird. Die beiden Male, die Baba täglich aus der Mandirhalle kommt, so daß alle ihn sehen können, werden Darshan genannt. Es waren die beiden wichtigsten Ereignisse im Tagesablauf, bei denen stets jedermann anwesend war.

Babas Jünger schienen aus allen Teilen Indiens zu kommen, obwohl die meisten aus Südindien stammten. Sie waren unter ganz verschiedenen Umständen und aus unterschiedlichen Beweggründen zu ihm gekommen, und fast alle behaupteten, im Zusammenhang mit ihm irgendein paranormales Erlebnis gehabt zu haben. Fast alle waren überzeugt, Materialisationen gesehen zu haben, und die meisten besaßen einen Anhänger oder einen Ring, den sie uns voller Stolz zeigten. All diese Schätze waren aus den anscheinend leeren Händen des Swami aufgetaucht, und er hatte sie ihnen geschenkt. Es waren die verschiedensten Gegenstände aus unterschiedlichen Materialien einschließlich Gold und Edelsteinen – einige der Stücke waren Juwelen von vorzüglicher Qualität.

Viele waren in der Hoffnung gekommen, von einer Krankheit geheilt zu werden, und von einigen berichtete man, ihre Anwesenheit sei auf bestimmte wundersame Ereignisse in ihrem Leben zurückzuführen, die sie als geheimnisvolle Interventionen des Swami interpretierten. So wie im Falle eines älteren wohlhabenden Herren, Mr. D.D.Gupta, aus der nordindischen Stadt Meerut.

Zwei Jahre vor unserer Begegnung hatte Mr. Gupta an Lungenkrebs gelitten. Er war damals schon drei bis vier Monate bettlägerig und wog nur noch 38 Kilogramm. Sein Krebs hatte bereits ein fortgeschrittenes Stadium erreicht. Kurz bevor er sein außergewöhnliches Erlebnis hatte, ging es ihm sehr schlecht, und man mußte ihn in ein Krankenhaus in Kanpur bringen. Er erwartete seinen baldigen Tod. Da er sich in einem so schlechten Zustand befand, schlief sein Bruder, B. D. Gupta, im gleichen Zimmer. Nachdem das Licht gelöscht worden war, konnte er vor Schmerzen nicht einschlafen. Plötzlich hörte er eine fremde Stimme, die in englischer Sprache in sein Ohr zu flüstern schien: „Laß' dich nicht operieren. Wende dich an Radhey Shiam."

Da er in seinem ganzen Leben noch niemals irgendeine Halluzination gehabt hatte, war er vollkommen verblüfft. Er rief seinen Bruder und erzählte ihm von dem Vorfall. Mr. Gupta brannte darauf, etwas zu tun, aber es war gar nicht so einfach, Radhey Shiam anzurufen. Dieser Name ist in Indien weit verbreitet, und selbst im Telefonverzeichnis von Meerut gab es drei Radhey Shiams. Mr. Gupta dachte, er müsse sowieso bald sterben, und so entschloß er sich, es am nächsten Morgen zu versuchen, denn es war schon nach Mitternacht. Am nächsten Morgen riefen sie den Radhey Shiam an, der zuoberst im Telefonbuch stand und erzählten dem

Mann am anderen Ende der Leitung, was geschehen war. Radhey Shiam erwiderte, er wisse nichts über den Vorfall, aber er erzählte Mr. Gupta, daß er ein Jünger Sai Babas sei. Er war sogar ein sehr wichtiges Mitglied der Sai-Baba-Gruppe in Meerut. Er und ein anderer Jünger kamen sofort ins Krankenhaus, um Mr. Gupta Vibuti zu geben, dem es bereits besser zu gehen begann, als er die Stimme hörte. Er bekam wieder Appetit, und noch am gleichen Tag fühlte er sich kräftig genug, um im Hause Radhey Shiams an den Bhajans teilzunehmen. Nach einer Woche hatte sich sein Zustand fast normalisiert. Er genas vollständig und konnte bald wieder seinen täglichen Pflichten nachgehen.

Durch Radhey Shiam und die kleine Gruppe von Sai-Anhängern erfuhr Mr. Gupta mehr über Sai Baba, und einige Monate darauf beschloß er, den Swami in Puttaparti zu besuchen. Laut Mr. Gupta waren Sai Babas erste Worte: »Ich habe schon einmal mit Ihnen gesprochen.«

Der wohlhabende Mr. Gupta war von der wunderbaren Heilung seiner tödlichen Krankheit so beeindruckt, daß er dem Sathya Sai Educational Trust ein großes Stück Land in der Nähe von Meerut stiftete. Dort soll im Namen Sai Babas ein College gebaut werden[2].

Als Mr. Gupta uns diese Geschichte im November 1973 erzählte, waren seit jener Begebenheit zwei Jahre vergangen, und der Krebs war seit langem verschwunden. Er war überzeugt, daß Sai Baba ihm das Leben gerettet hatte.

Wir konnten den Wahrheitsgehalt von Mr. Guptas Bericht bisher nur anhand der Aussage seines Bruders, Mr. B. D. Gupta, überprüfen. Ein Kollege, Dr. Michael Thalbourne, fuhr in meinem Auftrag im November 1981 nach Meerut und traf sich mit Mr. Guptas Bruder, aber es war ihm nicht möglich, während seines eintägigen Aufenthalts auch die beiden Ärzte zu treffen, die Mr. Gupta behandelt hatten. Einer hielt sich gerade außerhalb der Stadt auf, und der andere war nicht aufzufinden. Als wir ihn trafen, schien Mr. D. D. Gupta bei guter Gesundheit zu sein.

Soweit die Geschichte von Mr. Gupta. Außer ihm vertrauten uns noch verschiedene andere Personen ihre Erlebnisse an, die nicht weniger eindrucksvoll waren.

Ein früherer Hochschulprofessor und Autor, Mr. N. Kasturi, der seit den fünfziger Jahren in enger Verbindung mit Sai Baba steht, rühmte den Swami in einer Biographie, die im Juli 1982 auf vier Bände angewachsen war. Außerdem brachte er eine zehnbändige Sammlung von Vorträgen und Aphorismen Sai Babas heraus.

Professor Kasturi, der uns sehr herzlich empfing, schien mehr Verständnis für unseren Wunsch nach beweisbarem Material zu haben. Er berichtete uns über eine Reihe außergewöhnlicher Ereignisse, von denen ich einige an anderer Stelle dieses Buches wiedergebe. Einer dieser Vorfälle ereignete sich in Manjeri, einer kleinen Stadt im Distrikt Kerala an der Westküste Indiens, wo Sai Baba, wie berichtet wird, eines Tages an die Tür eines kleinen Hauses klopfte und eintrat. Die Mitglieder der Familie Mohan Raos, die in diesem Haus lebte, waren Anhänger eines verstorbenen Heiligen namens Sai Baba von Shirdi.

Sie hatten Sai Baba von Puttaparti nie zuvor persönlich getroffen, aber sie kannten ihn von Fotografien und hatten ihn im Radio singen hören. Der Swami forderte sie auf, einige Nachbarn herbeizurufen, und er hielt Puja in ihrem Haus, sang, nahm einige Erfrischungen zu sich, gab ihnen ein paar Ratschläge bezüglich einiger schwieriger Familienangelegenheiten und überreichte ihnen, wie es seine Art ist, ein paar Geschenke, bevor er aus dem Haus trat und verschwand.

Später erfuhr die Familie, daß Sai Baba in Wirklichkeit gar nicht in Kerala gewesen war. Er hatte sich zu diesem Zeitpunkt im Venkatagiri-Distrikt, nahe der Ostküste Südindiens, aufgehalten, der etwa 350 Meilen nordöstlich von Manjeri liegt. Dort hatte er im Palast des Radscha von Venkatagiri gewohnt, hatte wie immer ein ausgefülltes Tagesprogramm und war ständig von Menschen umgeben.

Der Manjeri-Fall schien einer genaueren Untersuchung wert, denn es gab einige Zeugen, und das Datum des Vorfalls stand ziemlich genau fest. Ein genauer Bericht dieses Ereignisses folgt in einem späteren Kapitel.

Sai Baba gab uns noch zwei weitere Interviews, und wir beharrten weiterhin auf Experimenten. Er wollte ein paar Tage später nach Bangalore fahren und versprach, sich dort einen Tag lang für Experimente zur Verfügung zu stellen. Die Experimente sollten in Gegenwart von Dr. S. Bhagavantam stattfinden, einem hervorragenden indischen Atomwissenschaftler und früheren Leiter des renommierten Indian Institute of Science in Bangalore.

Er war jahrelang ein enger Vertrauer Sai Babas gewesen. Sai Baba teilte uns mit, daß Dr. Bhagavantam in wenigen Tagen von einer Auslandsreise zurückkehren würde. Während der zwei folgenden Interviews, die wir in Puttaparti mit ihm durchführten, gab Sai Baba uns eine gehörige Portion seiner Lehre und Philosophie zu schlucken, obwohl wir ständig versuchten, das Gespräch auf die für uns interessante Ebene zurückzubringen. Wir beobachteten ihn, während er bei beiden Gelegenheiten einige Gegenstände hervorbrachte, darunter eine Handvoll köstlicher, traditioneller indischer Süßigkeiten.

Die Art, wie er diese hervorbrachte, war ebenso verblüffend wir zuvor.

Einmal fragen wir ihn, ob er nach Amerika kommen würde. Er antwortete lebhaft: »Nachdem ich in Indien aufgeräumt habe.« Sicher keine leichte Aufgabe, die er sich da gestellt hatte! Als wir ihn nach diesem Interview verließen, bewegte er noch einmal seine rechte Hand. Wir sahen zwei Visitenkarten in seiner Hand. Er gab jedem von uns eine. Auf der linken Seite der Karten befand sich ein Foto von ihm, auf der rechten Seite standen Namen und Adresse. Sie sahen so frisch und sauber aus, als kämen sie gerade aus der Druckerpresse.

Nachdem wir einige Tage in Puttaparti verbracht hatten, fuhren wir nach Bangalore. Dr. Bhagavantam kehrte nicht zu dem von Sai Baba angegebenen Datum von seiner Reise zurück. Es gelang uns, Baba über einen ihm nahestehenden Jünger eine Nachricht zu schicken, und wir bekamen zur Antwort, daß unsere Experimente ausfallen müßten, da Dr. Bhagavantam nicht rechtzeitig zurück sein würde. Das war wirklich eine Enttäuschung. Wir konnten verstehen, daß Baba einen indischen Wissenschaftler dabei haben wollte. Aber war dies eine glaubhafte Entschuldigung oder nur eine höfliche indische Art, *nein* zu sagen?

Anmerkungen
zu den Seiten 30 und 33:

1. Einzelne Rudrakshas kann man auf jedem Marktplatz kaufen, aber eine Doppelrudraksha ist, wie mir von verschiedenen indischen Botanikern versichert wurde, eine seltene Anomalie der Natur, so selten, daß tatsächlich noch keiner von ihnen je ein solches Exemplar zu Gesicht bekommen hatte, obwohl sie gehört hatten, daß solche Exemplare existierten. Rudrakshas haben in Indien eine besondere religiöse Bedeutung, denn Lord Shiva, eine der höchsten Hindu-Gottheiten, wird stets mit einer Kette aus Rudrakshas um den Hals abgebildet.

Im Jahre 1980 besuchte ich mit einem holländischen Physiker, Dr. Joop Houtkooper, den Botanical Survey of India (botanisches Zentralinstitut) in der Nähe von Kalkutta, wo es eine spezielle Abteilung für Pflanzen von besonderer folkloristischer oder religiöser Bedeutung gibt. Wir trafen den Direktor, Dr. Sathyanarayan Rao, der den Chef der Abteilung rief, die die größte Sammlung verschiedener Arten von Rudrakshas in Indien besitzt. Diese beiden Männer waren hervorragende Kenner von Rudrakshas (der botanische Name ist *elaecarpus ganitrus*) und hatten eine ausgezeichnete Sammlung davon angelegt. Trotzdem hatten sie weder jemals eine Doppelrudraksha gesehen, noch waren sie in der Lage gewesen, eine für den Botanical Survey of India zu erwerben. Sie betrachteten unser Stück als echt.

Nach vielen Anfragen bei indischen Botanikern traf ich schließlich im Jahre 1983 eine Botanikerin, die mir erzählte, sie habe Doppelrudrakshas gesehen, die in einem Geschäft in Madras zum Verkauf angeboten würden. Da waren sie – in Khadi Granodygog Bhavan auf der Mount Road – erhältlich zum Preis von 272 Rupien, was für den durchschnittlichen indischen Käufer wahrscheinlich so viel ist, wie 272 Dollar für uns. Laut der Aussage des Ladenbesitzers hatte ein Swami diese Exemplare in Nepal gesammelt und einige davon an dieses Geschäft verkauft. Sie waren klein und verformt, einige von ihnen berührten einander kaum. Verglichen mit meinem schönen Exemplar sahen diese häßlich und armselig aus; vielleicht hatte man sie mit Gewalt dazu gebracht, zusammenzuwachsen. Hatten sich die Botaniker-Experten hinsichtlich der Seltenheit von Doppelrudrakshas geirrt?

2. Die Erziehung der Jugend liegt Sai Baba seit langem sehr am Herzen. Bereits im Jahre 1973 hatte er drei Colleges gegründet, die unter seiner Aufsicht geführt wurden. Im Jahre 1983 gehörten dem Sathya Sai Educational Trust fünf Colleges und eine Universität in Puttaparti an, die von Dr. V. K. Gokak, dem früheren Vizekanzler der Universität von Bangalore, geleitet wird.

»Sieh, dein Ring!«

Wir fanden es schwierig, unseren westlichen Kollegen die Eindrücke zu vermitteln, die wir aus Indien mitgebracht hatten. Die Berichte über Sai Baba waren selbst für unsere Kollegen von der parapsychologischen Fakultät zu außergewöhnlich, um ernst genommen zu werden. Das Direktorium der American Society for Psychical Research (in der Dr. Osis die Stelle eines Forschungsleiters innehatte) lehnte Dr. Osis' Vorschlag, weitere Untersuchungen durchzuführen, ab, aber nach einigem Hin und Her konnten wir schließlich unter der gemeinsamen Schirmherrschaft der A.S.P.R. und der University of Iceland nach Indien zurückkehren.

Dies würde also unser zweiter Versuch sein, Sai Baba zur Teilnahme an wissenschaftlichen Experimenten zu bewegen, aber wir hegten gewisse Zweifel, ob er tatsächlich bereit sein würde, an einem Projekt teilzunehmen, das die strengen wissenschaftlichen Kontrollen erforderte, die wir für nötig hielten. Das war unser Dilemma.

Kutum Rao hatte offenbar bemerkt, daß Baba uns bei unserem letzten Besuch in Puttaparti mit großer Aufmerksamkeit behandelt hatte, denn diesmal wies man uns die beste der verfügbaren Unterkünfte zu – ein Zweizimmerappartement, in dem es sogar Betten gab. Als Baba uns am späten Nachmittag zur Bhajan-Zeit in der überfüllten Halle erblickte, begrüßte er uns mit einem warmen Lächeln und einem Händedruck, was bei ihm ein Zeichen besonderer Aufmerksamkeit ist.

Am folgenden Morgen führte Baba Dr. Osis und mich allein in sein Empfangszimmer. Mit einer Handbewegung brachte er sogleich ein ziemlich großes Stück Kandiszucker hervor, das er entzwei brach und unter uns aufteilte. Es sah ganz frisch und rein aus. Wir brachen beide etwas von unserem Stück ab und aßen es, den Rest bewahrten wir auf. Als wir ihn fragten: »Wie machen Sie das?«, antwortete er: »Durch Geisteskraft. Ich denke an etwas, stelle es mir vor, und dann ist es da.« Aber gleich darauf schweifte er ab in seine philosophischen Betrachtungen: »Geistige Liebe ist das Wesentliche, Wunder sind Nebensächlichkeiten. Liebe gibt und vergibt.«

Es war ein kurzes Interview. Er wollte am nächsten Tag nach Bangalore fahren, wo Dr. Bhagavantam ein oder zwei Tage später erwartet wurde. Dort würden wir vier dann reichlich Zeit haben.

Als Sai Baba am nächsten Morgen nach Sonnenaufgang aus dem Mandir kam, um sich auf die Reise nach Bangalore zu machen, verabschiedeten ihn seine Jünger herzlich und wie einen König. Nach altem indischen Brauch, Glück zu wünschen, zerbrach ein Brahmin Pujari eine Kokosnuß auf dem weißen Mercedes, in dem Baba nach Brindavan, seinem Sitz in Whitefield (etwa 15 Meilen von Bangalore entfernt) gefahren wurde. (Ein Pujari ist gemäß der indischen Tradition ein Mitglied der Brahmanengemeinschaft, der höchsten und angesehensten Klasse in Indien. Heute wird mit dem Begriff Pujari jeder bezeichnet, der eine öffentliche Andacht abhält. Es kann sich heutzutage also auch um einen Nicht-Brahamen handeln.) Baba hatte für seinen Ashram in Whitefield diesen Namen wahrscheinlich deshalb gewählt, weil der legendäre Krishna an einem Ort namens Brindavan gelebt hatte. In Brindavan, seinem zweiten Wohnsitz, unterhält Baba ein College für Jungen. Er empfängt dort auch Besucher und gibt Audienzen, wenn auch in viel kleinerem Rahmen als in Puttaparti. Den schönen Mercedes hatte ihm eine reiche Industriellenfamilie aus Bombay, die Kamanis, geschenkt. Es wurde erzählt, der Swami habe ein Mitglied dieser Familie auf wunderbare Weise von einer schweren Krankheit geheilt. Diese Familie (eine der reichsten Indiens, wie uns berichtet wurde) hatte auch die riesige Poona-Chandra-Halle mitten in Babas Ashram errichten lassen. Hier gibt Baba seine Darshans und hält seine Vorträge, und hier finden auch die Vorstellungen und Vorträge von Musikern, Rednern und Theatergruppen statt, die er zu besonderen Festlichkeiten einlädt (wie zum Beispiel Dasara, Sivaratri und Babas Geburtstag, zu dem Tausende von Besuchern nach Puttaparti strömen). Man schätzt, daß sich bei manchen dieser Festlichkeiten mehr als 100.000 Besucher in Prashanti Nilayam versammeln.

Wenn Baba Puttaparti verläßt, gehen auch die meisten anderen, und so machten auch wir uns auf den Weg. Noch am gleichen Nachmittag fuhren wir von unserem Hotel in Bangalore aus mit einem Taxi nach Whitefield, in der Hoffnung, einen Termin für unser nächstes Treffen mit dem Swami zu bekommen. Wir kamen gerade rechtzeitig zum Nachmittagsdarshan an und ließen uns in der langen Reihe von Anhängern und Besuchern auf dem Boden nieder. Nach einer Weile erschien Baba und schritt die Reihe entlang. Er sprach nur mit wenigen und nahm einige Briefe in Empfang, die ihm eifrig entgegengestreckt wurden. Als er bei uns angelangt war, klopfte er mir auf die Schulter und murmelte: »Gute Jungens«, und schon wandte er sich an die Männer zu unserer Linken, Dr. D.K. Banerjee vom Indian Institute of Science, den wir bereits kannten, und seinen Freund Mr. G.D. Hazra, einen Pharmazeuten. Er blieb vor Mr. Hazra stehen und machte mit der einen Hand diese schnellen, kreisförmigen Bewegungen, die stets ankündigen, daß etwas darin erscheinen wird. Da er vor uns stand und wir auf dem Boden saßen, befand sich seine Hand etwas über unserer Augenhöhe.

Seine geöffnete Hand zeigte mit der Handfläche nach unten und die Finger waren gestreckt, als er die Hand ein paarmal schnell im Kreis bewegte. Während er dies tat, beobachteten wir, wie eine graue Substanz nahe seiner Handfläche auftauchte. Diese Substanz erschien in der Luft, direkt unter seiner Handfläche, und Sai Baba schien sie mit einer schnellen Handbewegung nach unten zu ergreifen, so als wolle er verhindern, daß sie zu Boden fiel. Dr. Osis, der etwas näher bei Sai Baba saß, beobachtete, daß diese Substanz zuerst in grobkörniger Form erschien – wie grobkörniger Sand. Dann schüttete Baba die Körnchen in Mr. Hazras und Dr. Banerjees Handflächen, wo sie sich auflösten und zu feinpulverisierter Vibutiasche wurden, mit der sich beide Männer die Stirn einrieben. Die Körnchen schienen bei der Berührung zu zerfallen und hätten sich, wenn Baba sie für uns unsichtbar mit Hilfe eines Zaubertricks hervorgebracht hätte, vielleicht schon vorher aufgelöst. Ich war sehr häufig Zeuge solcher Vorgänge, aber nur sehr selten gelang es mir, sie aus so geringer Entfernung und einem so günstigen Blickwinkel zu beobachten.

Erst zwei Tage später kam Baba wieder auf uns zu. Er teilte uns mit, daß Dr. Bhagavantam am Nachmittag des nächsten Tages in Bangalore sein würde. Wir hatten in der Zwischenzeit dort mehrere Personen besucht, die der Swami in seinen Bann gezogen hatte.

Alle von uns interviewten Personen schilderten Beobachtungen und Erlebnisse bezüglich angeblicher paranormaler Phänomene im Zusammenhang mit Sai Baba. Gewöhnlich beeilten sie sich jedoch hinzuzufügen, das Wunderbarste sei die positive Wirkung, die Sai Baba auf ihr Leben ausübe und die oft zu einer radikalen Änderung ihrer Lebensweise geführt habe. Die meisten von ihnen, oftmals mehrere Mitglieder ein und derselben Familie, trugen irgendeinen Gegenstand bei sich – wie zum Beispiel einen Talisman, einen Ring, ein Halsband, ein Medaillon oder eine kleine Statue – die Sai Baba ihnen geschenkt hatte. Von allen Berichten über angebliche paranormale Phänomene waren die über Materialisierungen in der Mehrzahl. Es war ein tägliches Ereignis, nein, es geschah viele Male täglich und ergab sich oft spontan aus einer bestimmten Situation. Die meisten dieser Vorfälle lieferten keinen Anhaltspunkt, der ihre Echtheit oder paranormale Natur beweisen könnte, aber in einer Beschreibung der Sai-Phänomene würde ein wichtiger Teil fehlen, würde ich dem Leser diese Begebenheiten vorenthalten.

Einer dieser Vorfälle wurde uns von Dr. V. K. Gokak, dem früheren Vizekanzler (Präsident) der Universität von Bangalore geschildert. Er trug sich im April 1971 beim Krishna-Tempel von Dwarka an der Westküste Gujarats zu. Sai Baba hielt sich dort auf, um das Tor eines anderen Tempels an diesem Ort einzuweihen. Dr. Gokak berichtete:

Er muß noch nicht einmal seine Hand bewegen. Wissen Sie, wie die Krishna-Figur entstand? .. Nach der Einweihung machten sich einige von uns auf, um den Krishna-Tempel zu besichtigen, aber auf dem Tempelgelände drängten sich Tausende von Menschen, die den Bhagavan [Sai Baba] sehen wollten, denn es hatte sich herumgesprochen, daß er zum Tempel kommen würde. Als wir den Tempel betraten, war es wegen der großen Menschenmenge unmöglich, vorwärts zu kommen. So konnten wir noch nicht einmal bis zum Schrein vordringen und kamen zurück, ohne die berühmte Krishnastatue, die in diesem Tempel aufbewahrt wird, gesehen zu haben. Nach dem Essen fuhren wir mit sechs Autos in Richtung Jamnagar, das etwa zwanzig Meilen von Dwarka entfernt ist. Dort hatten wir unser Quartier.
Als wir uns der Küste näherten, ließ der Swami die Autos anhalten, und wir gingen hinunter zum Meer. Wir setzen uns im Halbkreis auf den sauberen Sandstrand, nur ein paar Meter vom Wasser entfernt. Sai Baba saß in der Mitte. Viele von uns waren von sehr weit her gekommen und waren enttäuscht, daß sie keine Gelegenheit gehabt hatten, die Krishnastatue im Tempel zu sehen. »Macht euch nichts daraus«, sagte der Swami, »ich werde sie euch zeigen.« Dann zeichnete er mit dem Finger eine Figur vor sich in den Sand – den sehr skizzenhaften Umriß eines Mannes. Darauf steckte er seine Hand in den Sand und ließ sie dort etwa eineinhalb bis zwei Minuten. »Aha, jetzt ist sie fertig«, sagte er auf Englisch, denn es war eine mehrsprachige Gruppe. Und dann zog er diese riesige Krishnastatue aus dem Sand.
Sie war so schwer, daß er sie mit beiden Händen festhalten mußte. Es war eine goldene Statue. Sie können Sie bei der Rajamata [frühere Königin] von Nawanagar in Bombay sehen. Die Statue wurde herumgereicht und jeder von uns brauchte beide Arme, um sie heben zu können. Zum Schluß überreichte er die Statue der Rajamata von Nawanagar zur Andacht, denn wir waren ihre Gäste.
Ich fragte ihn: »Wie geht das vor sich? Du zeichnest so etwas wie eine Figur in den Sand, aber was herauskommt, ist eine wunderschöne Statue, Krishna, auf der Flöte spielend, mit gekreuzten Beinen, und man kann alle Falten seines Gewandes wunderbar sehen; und dieser feine Ausdruck auf seinem Gesicht und diese wunderbare handwerkliche Arbeit.« Ich stellte ihm die Frage ... Er sagte, da sei nichts in seiner Hand. »Alles passiert hier«, sagte er und deutete auf seinen Kopf.

Die Statue sah aus wie die traditionellen Krishnastatuen, und er sagte zu uns, wir würden Krishna gar nicht erkennen, wenn er ihn uns zeigte, wie er wirklich ausgesehen hatte.

»Ich sagte mir«, sagte Baba, »laß das traditionelle Bild Krishnas, so wie es in den Köpfen all dieser Menschen ist, in der Form einer goldenen Statue erscheinen.« Das war sein Befehl, und schon ist die Statue da. Es ist getan. Sai Baba sagt, daß sie dort im Sand geschaffen, materialisiert wurde.

Dr. Gokak nannte mir die Namen anderer Personen, die diesem Ereignis beigewohnt hatten. Ich habe seitdem zwei von ihnen interviewt, die Rajamata von Nawanagar und Professor Kasturi, und die Schilderungen dieser beiden stimmten im wesentlichen mit Dr. Gokaks Beschreibung überein. Dr. Kasturi erzählte mir, daß Baba das Meer liebt und gerne am Strand spazierengeht oder mit den Wellen spielt: »Er springt und läuft den Wellen davon und fordert die anderen auf, es ihm gleich zu tun. Er ist dann einfach wie ein ausgelassener, glücklicher junger Mann.«
Prof. Kasturi fuhr fort:

Dann saßen wir auf dem Sand, und natürlich wissen Sie, daß, wenn wir auf dem Sand sitzen, Baba gewöhnlich etwas aus dem Sand hervorbringt. Er fordert die anderen auf, den Sand vor ihm zu einem Haufen zusammenzuschieben, so daß niemand den Eindruck haben kann, er hätte etwas hineingelegt. Wenn der Sandhaufen etwa dreißig Zentimeter hoch ist, ebnet er die Spitze mit der Hand und zeichnet mit dem Finger eine Figur oder ein Zeichen darauf. Wenn man sich die Zeichnung ansieht, kann man vielleicht schon erkennen, was er kreieren wird. Dann, direkt nachdem er die Zeichnung fertig hat, sagt er sofort: »Oh, es ist schon fertig« und steckt seine Hand in den Sand, um den Gegenstand herauszuholen, den er mehr oder weniger nach der Zeichnung auf dem Sandhaufen geschaffen hat.

Mr. Ratan Lal, der an jenem Tag ebenfalls anwesend war, fotografierte Baba am Strand sitzend, mit der Statue im Arm. Sie war aus Gold, etwa 45 cm groß und glänzte wie frisch poliert.

Schließlich traf Dr. Bhagavantam in Bangalore ein – etwa ein Woche später, als Baba ihn eigentlich erwartet hatte. Wir fuhren zum Wohnsitz von Dr. Bhagavantams Sohn, einem neuen zweistöckigen Gebäude in einem der Vororte von Bangalore. Wir saßen auf dem Boden und warteten, eine Gruppe von etwa sechzehn Männern und Frauen. Dann kam Baba, setzte sich in einen Sessel und begann eine allgemeine Rede über

Wissenschaftler zu halten, die Dr. Bhagavantam für uns übersetzte. Es ging um den Unterschied zwischen dem spirituellen Weg (also Babas Weg) und dem wissenschaftlichen Weg. Wir hatten das Gefühl, daß sein Vortrag auf uns abzielte. Seiner Ansicht nach beschäftigt sich die Wissenschaft mit der materiellen Realität, während es beim spirituellen Weg um höhere Ebenen des Geistes geht. Auf dem spirituellen Weg ist es wesentlich, Kontrolle über den Geist zu erlangen, denn der Geist kann praktisch alles erschaffen. Er sprang ziemlich hart mit den Wissenschaftlern um. Nach seiner Meinung sind sie materialistisch und neigen dazu, ihren gesunden Menschenverstand zu verlieren. Er bemängelte, es herrsche eine zu große Freiheit und Nachlässigkeit im Erziehungs- und Schulsystem, mit dem Ergebnis, daß die Studenten das College mit 70 Prozent falschem und 30 Prozent richtigem Wissen verließen und deshalb zweihundertprozentig versagten, wenn sie im späteren Leben Verantwortung zu tragen hätten. Hier, so sagte er, könne der spirituelle Weg regulierend wirken. Der Geist sollte kultiviert werden, um rein und unbelastet von Alltagsbedürfnissen wirken zu können. Der wissenschaftliche Ansatz und der spirituelle Ansatz sind grundsätzlich verschieden. Auf dem spirituellen Weg lernt man durch persönliche Erfahrung und Disziplin und nicht, wie in der Wissenschaft, durch Anhäufung von Informationen oder Wissen über materielle Phänomene. Er fuhr noch zehn oder fünfzehn Minuten auf diese Weise fort.

Kurz darauf wurden wir in einen kleinen Raum geführt, wo er uns eine weitere kurze Lektion über seine Philosophie erteilte. Dann durften wir einige Fragen stellen und über unsere Forschungsarbeit sprechen. Er würde uns Gegelenheit geben, ihn »in Aktion« zu beobachten, aber er war nicht bereit, an Experimenten teilzunehmen. Als Dr. Osis ihm von unserem Forschungsprojekt über außerkörperliche Erfahrungen erzählte, erklärte er, er habe solche Erfahrungen schon häufig gehabt, aber er sei nicht bereit, sie für uns zu demonstrieren.

Er veranschaulichte seinen Standpunkt, wie er es oft tut, mit einer Art Gleichnis: »Ein Premierminister hat große Macht. Unter bestimmten Umständen kann er Menschen festnehmen lassen, aber er kann dies nicht einfach tun, um seine Macht zu beweisen.« Mit ihm sei es das gleiche. Er könne seine Macht nicht für Demonstrationen mißbrauchen. »Göttliche Kräfte können nur zum Wohlergehen und Schutze der Jünger eingesetzt werden.« Wir versuchten ihm begreiflich zu machen, wie notwendig es sei, die Forschung auf diesem Gebiet voranzutreiben und das Wissen über solche Phänomene, wie er sie hervorruft, zu erweitern. Er erwiderte, die Menschen könnten nur durch die Reinigung und Veredelung des Geistes das wahre Wissen erlangen, das ihnen helfen könnte. Er gab uns folgendes

Gleichnis: wenn Feuer (die spirituelle Kraft) Holz (den unreinen Geist) verbrennt, wird daraus Holzkohle, die, wenn sie vollständig verbrennt, zu weißer, leichter Asche wird. Wenn der Geist so durch spirituelle Weisheit weiß und leicht geworden ist, kann er alles erschaffen. Wenn er Dinge materialisiere, erklärte Baba, müsse er nicht über deren chemische Zusammensetzung nachdenken. Wenn er Süßigkeiten produziert, denkt er nicht darüber nach, aus was sie bestehen – er bekommt sie einfach.

Er erhob sich aus seinem Stuhl, womit er uns zu verstehen gab, daß das Interview beendet war. Obwohl er noch andere Besucher erwartete, ließ er uns nicht gehen. Wir waren überrascht, als wir erfuhren, daß der Besucher kein Geringerer war als der Vizepräsident von Indien in Begleitung eines Gefolges von acht bis zehn Leuten, darunter ein Dreisternegeneral, ein Ministerpräsident oder Gouverneur, einige Damen und mehrere Leibwächter. Sie wurden unverzüglich in das kleine Zimmer geführt. Einigen der Männer schien die Gegenwart der zwei Fremden zu mißfallen, aber sie akzeptierten uns. Baba setzte sich nicht, während er mit ihnen sprach. Er war ganz offensichtlich derjenige, der die Situation beherrschte: der Vizepräsident und der General fielen vor ihm nieder und berührten seine Füße. Danach taten die anderen es ihnen gleich, und es sah aus, als ob sie es genießen würden.

Da sie Hindi sprachen, konnten wir nicht verstehen, was sie sagten. Es schien, als würden sie ihn um etwas bitten. Er behandelte sie sehr freundlich und antwortete lebhaft. Mit der typischen Bewegung seiner rechten Hand produzierte er Vibuti und verteilte es großzügig, angefangen bei den Damen. Als er nichts mehr übrig hatte, bat ihn einer der Männer, der durch Zufall nichts abbekommen hatte, um eine Portion. Schnell und mühelos wie immer produzierte Baba mehr davon.

Das Gespräch dauerte nur etwa fünf Minuten. Es verlief sehr herzlich, und alle schienen in glücklicher Stimmung, als sie ihn verließen. »Alles ist eins«, sagte Baba, als wir wieder mit ihm allein waren.

Er nahm mich beiseite und wollte mit mir über mein Privatleben sprechen, was er, soweit ich weiß, mit seinen Besuchern häufiger tut. Seine Bemerkungen bezogen sich auf mein Eheleben, aber sie enthielten keine speziellen Einzelheiten, die für mich ein besonders guter oder beeindruckender Beweis für Hellsichtigkeit oder Gedankenlesen gewesen wären. Was er sagte, war jedoch richtig. Er stellte fest, ich sei mehr als einmal verheiratet gewesen, aber das trifft auf viele Leute aus dem Westen zu. Ich versuchte, ihm keine Hinweise in bezug auf mein Privatleben zu geben. Seine Feststellungen waren interessant und zutreffend, aber nicht besonders beeindruckend, da sie wahrscheinlich gleichermaßen auf viele Männer um die Vierzig aus dem westlichen Kulturkreis zutreffen würden.

Er bemerkte weiterhin, meine Frau sei unglücklich darüber gewesen, daß ich diese Reise nach Indien unternommen hätte, und wir hätten deshalb gestritten. Das stimmte ebenfalls, aber ich fragte mich, wieviele Männer, die sich auf eine weite, mehrwöchige Reise in ein unterentwickeltes Land begeben, darüber keinen Streit mit ihren Ehefrauen gehabt hätten. Dennoch fand ich es interessant, daß seine Aussagen in beiden Punkten zutrafen.

Er war sehr freundlich zu uns und wiederholte sein Angebot, ihn »in Aktion« zu beobachten, was bedeutete, wenn er Besucher empfing. Er schien in dieser Hinsicht nun eher bereit, mit uns zusammenzuarbeiten als vorher. Schließlich lud er uns ein, zwei Tage später mit ihm in seinem Wagen von Whitefield nach Puttaparti zurückzufahren. Eigentlich waren wir mit diesem Interview recht zufrieden. Er hatte uns vielversprechende Zusagen gemacht und war sehr freundlich gewesen. Aber wir hatten noch immer nicht bekommen, was wir uns am meisten wünschten: Experimente. Wir freuten uns darauf, ihn in seinem Wagen zu begleiten, denn das bedeutete, daß wir mehrere Stunden mit ihm verbringen konnten.

Am 29. Januar kamen wir morgens um 8.30 Uhr in einem Taxi in Whitefield an und fuhren in Brindavan vor. Wir waren eine halbe Stunde früher gekommen als vereinbart, aber der Ort wirkte verlassen. Dieser Schlag traf heftig auf unsere freudige Erwartung. Zwar hatten wir uns in Indien an einen Mangel an absoluter Pünktlichkeit gewöhnt, aber dies war etwas anderes, etwas, das wir von einem selbsternannten Wahrheitsapostel nicht erwartet hätten. Es erinnerte uns daran, was wir über die Behandlung gehört hatten, die er angeblich seinen Jüngern angedeihen läßt, wenn er ihnen eine Lektion erteilen will, »um ihr Vertrauen und ihre Losgelöstheit zu prüfen«. Aber wir waren keine Jünger, warum also behandelte er uns auf diese Weise? Handelte es sich vielleicht um ein Mißverständnis? War er eine spontane, unberechenbare Persönlichkeit, für die das Gebot oder die Bedürfnisse des Augenblicks alle früher eingegangenen Verpflichtungen über den Haufen warfen? War etwas Unvorhergesehenes geschehen? Oder war er einfach ein kapriziöser, launischer Charakter, der durch die ständige Bewunderung und Unterwürfigkeit seiner Jünger verdorben war? Wir fanden keine Lösung für das Rätsel seiner Persönlichkeit.

Als wir an diesem Nachmittag in der langen Schlange von Menschen standen, die zur Darshan-Zeit auf ihn warteten, schaute er uns nicht an. Das hatte jedoch nicht viel zu bedeuten, denn es kam nur selten vor, daß er jemandem zulächelte oder zunickte, während er durch die Menge ging. Unsere Gefühle waren gemischt, aber wir wollten kein vorschnelles Urteil fällen. Manchmal wirkte er auf uns wie eine Primadonna – völlig eigenwillig und ein wenig jungenhaft und verspielt. Aber weitaus öfter strahlte er jenen bezaubernden Charme und jene Liebenswürdigkeit und echte Herzlichkeit aus, die fast jeden seiner Besucher in guter Stimmung weggehen ließ. Es war nicht schwer zu erkennen, daß er die Menschen faszinierte und sie fast unmittelbar dazu brachte, ihn zu achten. Viele Leute berichteten mir, sie seien in seiner Gegenwart von Gefühlen der Ehrfurcht und Hingabe überwältigt worden. Ich fragte mich, ob die Erleichterung und Freude, die viele Leute in einem Gespräch mit ihm oder nur durch ein paar Worte von ihm empfanden, sich nicht zumindest teilweise durch die Spannung aufgebaut hatten, in der die Leute dadurch, daß sie nie wußten, ob es ihnen gelingen würde, mit ihm zu sprechen, gehalten wurden. Es warteten stets Hunderte, ja Tausende von Menschen auf ihn, manche verzweifelt. Einmal, als die Menge relativ klein war, versuchten wir sie zu zählen. Es waren etwa achthundert Personen.

Am nächsten Morgen rief Baba uns zusammen mit mehreren anderen Leuten in sein Empfangszimmer: ein Rechtsanwalt aus Los Angeles mit seiner Frau, Mr. und Mrs. Sydney D. Krystal; ein junger Doktor aus Bombay, ein Ingenieur aus Varanasi, Mr. Roy, der bei Bedarf als Dolmetscher fungierte; Dr. D. Sabnanai, ein Arzt aus Hongkong, und Mrs. L. Hirdaramani, eine Singalesin.

Zuerst produzierte er schnell ein wenig Vibuti für die singalesische Dame. Dann wandte er sich dem amerikanischen Paar zu, das seit mehreren Jahrzehnten verheiratet war und etwa um diese Zeit seinen Hochzeitstag hatte. Sai Baba hatte dies anscheinend schon vorher gewußt und schien erfreut über diese Gelegenheit. Er beschloß, sie noch einmal zu trauen, nach einem alten indischen Brauch, nach dem eine zweite Hochzeit gefeiert wird, wenn einer der Partner das sechzigste Lebensjahr erreicht hat. Er machte eine Handbewegung, und als er die Hand öffnete, sahen wir einen goldenen Ring. Er reichte ihn Mrs. Krystal und forderte sie auf, ihn ihrem Mann anzustecken, so, wie es für die Braut bei einer traditionellen indischen Hochzeit Sitte ist. Sai Baba hielt seine geöffnete Hand noch immer ausgestreckt in der Luft – er hatte weder seine Kleidung noch irgendeinen anderen Gegenstand berührt. Wir beobachteten den Vorgang aufmerksam.

Unmittelbar darauf bewegte Baba seine Hand noch einmal zwei oder drei Sekunden lang mit nach unten gerichteter Handfläche. Dann schloß er schnell die Hand. Er hielt seinen Arm fast waagerecht, also in einer Position, die nicht geeignet ist, einen Gegenstand vom Ärmel in die Hand fallen zu lassen. Wir beobachteten aus nächster Nähe, wie Sai Baba seine Faust öffnete, so daß er die schwere Halskette, die in seiner Hand erschien, festhalten konnte. Es war eine Mangalasutra, ein traditionelles Schmuckstück, das eine Frau in Indien bei der Hochzeit erhält. Die Halskette war achtzig Zentimeter lang und mit neun verschiedenen Arten von Steinen verziert, die in neun Reihen angeordnet waren. Die einzelnen Reihen waren durch je eine goldene Perle voneinander abgesetzt. Auf dem Halsband war ein Bild Sai Babas in einem rosettenförmigen Rahmen von etwa vier Zentimetern Durchmesser zu sehen. Dieses Schmuckstück wurde Mrs. Krystal überreicht. Es war so groß, daß ein Mann es unmöglich in seiner Faust hätte verstecken können, besonders nicht Sai Baba in seiner kleinen Hand. Das plötzliche Erscheinen der Halskette versetzte die Anwesenden in höchstes Erstaunen.

Baba begann eine lebhafte Rede zu halten, die offenbar auf uns abzielte – er attackierte Wissenschaftler. Wissenschaftler, so sagte er, könnten das Spirituelle nicht verstehen, und er bestand darauf, daß die Spiritualität da beginne, wo die Wissenschaft endete. Wir fanden uns zum wiederholten Male in der Lage, ihm einen Vortrag über die Notwendigkeit empirischer und experimenteller Forschung auf dem Gebiet der paranormalen Phänomene, auf dem er ein Meister war, zu halten.

Als wir Baba die wenigen Dinge zeigten, die wir mitgebracht hatten, um damit die Echtheit seiner Materialisierungsphänomene experimentell zu untersuchen, legte er sie höflich beiseite. Würde er seine Kräfte auf diese Weise zur Schau stellen, wäre das schwarze Magie, behauptete er.

Mitten in unserer erhitzten Diskussion sagte Sai Baba plötzlich ungeduldig zu Dr. Osis: »Schauen Sie, Ihr Ring!« Wir schauten. Das emaillierte Bild Sai Babas war verschwunden. Der große goldene Ring, den Sai Baba Dr. Osis bei unserem ersten Besuch geschenkt hatte, befand sich am Ringfinger seiner linken Hand. Auf dem Stein, der in den Ring eingelassen war, war ein großes, farbiges Bild Sai Babas befestigt gewesen. Der Stein mit dem Bild war oval, etwa zwei Zentimeter lang, eineinhalb Zentimeter breit und auf allen Seiten vom Rand des Ringes umschlossen gewesen. Die Ränder des Ringes ober- und unterhalb des Bildes und vier kleine Zacken, die darüber hinausragten, hatten den Stein fest in seiner Position gehalten. Auf diese Weise war das Bild so fest mit dem Ring verbunden gewesen, als bestünde beides aus einem Stück.

Und nun war der Stein mitsamt dem Bild verschwunden und wir konnten durch das Loch die blanke Haut von Dr. Osis' Ringfinger sehen. Wir suchten am Boden nach dem Stein, aber er war nirgends zu finden. Um den Stein aus dem Ring herauszulösen, hätte man mindestens einen der Zacken und wahrscheinlich auch den Rahmen an irgendeinem Punkt verbiegen müssen; aber sowohl der Rahmen als auch die Zacken waren völlig unbeschädigt.

Als wir das Bild nicht finden konnten, sagte Sai Baba neckend: »Nun, das war mein Experiment.« Später ließ er durchblicken, daß dies ein Witz sei, und fügte hinzu: »Ihr habt um ein Wunder gebeten, und ich habe euch gerade eines gegeben.«

Als Sai Baba uns auf das Fehlen des Bildes aufmerksam machte, saßen wir auf dem Boden, etwa eineinhalb bis zwei Meter von ihm entfernt. Wir hatten keinen Händedruck mit ihm ausgetauscht, als wir den Raum betraten, und er hatte uns nicht berührt oder die Hände nach uns ausgestreckt. Während wir im Schneidersitz auf dem Fußboden saßen, hatte Dr. Osis seine Hände auf die Oberschenkel gelegt. Ich hatte das Bild noch während des Interviews auf dem Ring gesehen. Mein erster Gedanke war, daß das Bild plötzlich durchsichtig geworden sein mußte. Zwei Personen, Dr. Sabnani und Mrs. Hirdaranami, denen wir bei diesem Interview zum ersten Mal begegnet waren, bestätigten, daß sie den großen, goldenen Ring mit Sai Babas Bild an Dr. Osis' linker Hand gesehen hatten, bevor das Bild verschwunden war. Ich erinnerte mich noch genau daran, daß sie den wunderschönen Ring bewundert hatten. Zwei Tage vor diesem Vorfall hatte sich Dr. Osis gefragt, ob der Stein in seinem Ring wohl fest genug saß. Er hatte seine Nagelfeile hervorgeholt und damit fest gegen die Haltezacken gedrückt, die das emaillierte Bild an seinem Platz hielten. Zufrieden stellte er fest, daß sie so fest wie möglich saßen. Wir fanden keine vernünftige, normale Erklärung für das Verschwinden des Bildes. Ich werde an anderer Stelle einige Argumente für und wider eine paranormale Erklärung dieses Phänomens anführen.

Das Interview dauerte mindestens eine Stunde, und Baba beschäftigte sich während dieser Zeit hauptsächlich mit uns. Er erwähnte nicht, warum er uns in Brindavan versetzt hatte, und wir fragten ihn nicht danach. Anfangs schien er ziemlich angespannt und trieb uns in die Enge, indem er seinen Standpunkt sehr hart vertrat. Später hatten wir dann Gelegenheit, auch unseren Standpunkt zu vertreten. Als wir ihn verließen, hatten wir den Eindruck, daß das gute Einvernehmen wieder hergestellt war. »Sie arbeiten für das Wohlergehen der Menschheit«, bemerkte er einmal. Er war offensichtlich nicht gewohnt, daß Leute so wie wir mit ihm stritten und diskutierten.

Etwas später sagte er, er würde uns bald eine persönliche Erfahrung vermitteln, die uns zu einem tieferen Verständnis führen würde. Schließlich deutete er an, daß er das Gespräch mit uns an diesem Abend oder am nächsten Morgen fortsetzen wolle.

Wir saßen morgens und abends zur Darshan-Zeit geduldig im Sand vor dem Mandir, bis er uns schließlich am zweiten Tag nach jenem Interview nachmittags in sein Empfangszimmer rief. Auch dieses Mal waren die Krystals und Mr. Roy anwesend. Außerdem waren noch ein junges amerikanisches Paar und ein Junge aus Europa oder Nordamerika mit von der Partie. Baba war freundlich, liebenswürdig und charmant.

Als wir den Raum betraten, nahm Baba Dr. Osis' Hände und fragte ihn nach dem Ring und dem Stein. »Sagen Sie mir die Wahrheit!« Dann bat er Dr. Osis, ihm den Ring zu geben. Er saß sehr fest auf dem Finger, und Dr. Osis hatte Mühe, ihn abzuziehen. Dann fragte Sai Baba: »Mochten Sie den Ring?« »Ja«, kam die Antwort. »Möchten Sie gerne den gleichen Stein haben oder einen anderen?« Dr. Osis wollte den gleichen Stein. Sai Baba nahm den Ring in die Hand und schloß die Hand zur Faust. Er hielt seine Hand noch immer vor sich, etwa fünfzehn Zentimeter von seinem Mund entfernt, und blies leicht darüber. Er drehte oder bewegte die Hand nicht und brachte auch die andere Hand nicht in die Nähe. Dann öffnete er die Faust, und wir sahen einen Ring auf seiner Handfläche. Soweit wir es beurteilen konnten, ähnelte er dem Ring, den Dr. Osis ihm gerade gegeben hatte, aber es war nicht genau der gleiche. Auch dieser Ring war aus Gold und sehr schön. Der Stein und die Fassung glichen dem ersten, aber der Reif schien ein wenig anders zu sein.

Er steckte den Ring an Dr. Osis' Finger; er paßte gut. Dr. Osis ließ den Ring nach seiner Rückkehr von einem New Yorker Juwelier untersuchen. Er war aus hochkarätigem Gold und wurde auf etwa einhundert Dollar geschätzt.

Sai Baba verblüfft seine Beobachter immer wieder durch die Leichtigkeit, mit der er diese Dinge hervorbringt, und er genießt dies ganz offensichtlich. Nun wandte sich Mr. Krystal an Baba. Er sagte ihm, daß der schöne goldene Ring, den Baba ihm während unseres letzten Interviews geschenkt hatte, zu weit sei, und er fragte ihn, ob er dies ändern könne. Mr. Krystal gab ihm den Ring. Baba nahm ihn zwischen Zeigefinger und Daumen, führte seine Hand nahe zum Mund und blies einmal darüber. Wir konnten den Ring während der ganzen Zeit sehen. Er gab ihn Mr. Krystal zurück, und dieser behauptete, er sei nun enger. Einer von uns bewegte den Ring an Mr. Krystals Finger. Er schien wirklich enger zu sein, denn als er ihn zuvor vom Finger gezogen hatte, hatten wir sehen können, daß er ihn sehr leicht abnehmen konnte.

Danach führten wir eine allgemeine Unterhaltung. Der Swami hielt ab und zu Monologe, wie er es häufig tut. Leider konnten wir unsere Interviews nicht auf Tonband aufnehmen. Einmal brachte ich eine Tasche mit einem Kassettenrecorder und einer Kamera mit – ich glaube, es war bei unserem ersten Interview während dieses Aufenthalts – und Baba verbot mir, die Sachen in das Empfangszimmer mitzunehmen. »Dies ist kein Marktplatz.«

Wir fragten ihn noch einmal, wie er diese Objekte produzierte. Diesmal antwortete er, die Fähigkeit dazu komme aus dem höheren Bewußtsein. Er sagte, er stelle sich das Objekt, das er kreieren wolle, vor, und dann sei es da. »Es ist so einfach, sich das vorzustellen«, sagte er.

Er fuhr fort, über seine Philosophie zu reden, besonders über die Notwendigkeit von Andacht, Hingabe und Pflicht. Er betonte stets die Verpflichtung, die jeder seinem Nächsten und der Gesellschaft gegenüber habe, aber die beiden wichtigsten Aspekte seiner Religion waren Andacht und Hingabe – eine völlige Hingabe, wie man sie bei einigen charismatischen Kirchen findet. Andere wichtige Punkte seiner Philosophie waren Kontrolle und Disziplin.

Während dieses Interviews geschah etwas Sonderbares.

Baba eröffnete uns, er würde 94 Jahre alt werden (das heißt, er würde bis zum Jahre 2020 leben). Zum Schluß deutete er an, daß er uns am nächsten Tag wieder empfangen wolle.

Die abendlichen Bhajans hatten gerade begonnen, und so gingen wir direkt in die Bhajan-Halle innerhalb des Mandir. In der Halle, die sehr schön ist und stets peinlich sauber war, befand sich ein über und über reich dekorierter Altar aus Silber. An der Stirnseite der Halle hing ein lebensgroßes Photo von Sai Baba von Puttaparti an einer Seite der Wand und ein ebenso großes von Sai Baba von Shirdi an der anderen Seite. Rechts neben dem Altar und den Photos befand sich ein thronartiger Lehnsessel auf einem Podium, in dem Baba während der Bhajans zu sitzen pflegte. Die Bhajans dauern eine halbe Stunde, und Sai Baba kommt gewöhnlich während der letzten Viertelstunde herein und setzt sich in seinen Sessel.

Pflichtgetreu nahmen wir an den Bhajans teil, während wir uns in Puttaparti aufhielten. Die Musik war manchmal recht angenehm, aber wir verstanden die Gesänge kaum, und das Sitzen auf dem blanken Steinfußboden war eine Qual. Und dennoch nahmen wir an den Bhajans teil, denn wir wollten unser Bestes tun, um unserem Image als »gute Jungens« zu entsprechen.

Wir saßen nebeneinander in der Halle. Bei dieser Gelegenheit schaute ich zufällig zu Dr. Osis hinüber und bemerkte etwas Ungewöhnliches in seinem Gesichtsausdruck. Er hatte sich verändert, so als ob er gerade etwas höchst Erfreuliches und Angenehmes erlebte. Die üblichen Anzeichen von Anspannung wegen des harten Bodens und der anstrengenden Sitzhaltung waren von seinem Gesicht verschwunden. Etwas in seinem Ausdruck erinnerte mich an den alten indischen Kaufmann aus Singapur, mit dem ich vor einigen Tagen gesprochen hatte. Baba hatte ihn hereingerufen und ihn gefragt, was er von ihm wolle. »*Anand*« (Seligkeit), hatte er geantwortet. Und im gleichen Moment hatte er eine so ekstatische Freude verspürt, daß ihm die Tränen die Wangen herunterliefen.

Bei Dr. Osis gab es, soweit ich sehen konnte, keine Tränen, aber als wir später am Abend die Erfahrungen dieses Tages miteinander besprachen und unsere Eindrücke auf dem Tonband festhielten, erklärte er, er sei in einen anderen Bewußtseinszustand gefallen und habe das Gefühl gehabt, Sai Baba habe diesen Zustand hervorgerufen. »Es begann damit, daß ich an der linken Seite meiner Stirn eine sehr klar wahrnehmbare Quelle strahlender Wärme spürte. Zuerst schien diese Wärmequelle etwa zehn Zentimeter entfernt zu sein, aber dann spürte ich, wie sie immer näher kam, bis ich mich in einem völlig anderen Bewußtseinszustand befand. Ich schloß die Augen und ließ es geschehen. Es fühlte sich an wie das, was Baba »die Lieblichkeit« nennt. Es war wirklich so ein Gefühl – nicht von aufwühlender Intensität, sondern ein ganz sanftes, durchdringendes, warmes Gefühl.«

Dies war nicht die Art von Erfahrung, die Dr. Osis erwartet hatte. Als Baba einige Tage zuvor und ein weiteres Mal am selben Tag andeutete, er werde uns eine Erfahrung vermitteln, hatte Dr. Osis dieser Bemerkung keine besondere Bedeutung beigemessen. Falls er überhaupt etwas erwartete hatte, dann wohl eher eine paranormale Erfahrung als einen veränderten Bewußtseinszustand.

Dr. Osis ist in der Literatur über Meditation und mystische Erfahrungen sehr bewandert. Er führte als einer der ersten Psychologen Experimente auf diesem Gebiet durch, und seine Schrift »Dimensions of the Meditative Experience« (Dimensionen der meditativen Erfahrung) wurde zum Klassiker auf dem Gebiet der Meditationspsychologie. Außerdem kannte er die meisten der auf diesem Gebiet forschenden Wissenschaftler persönlich, so auch den verstorbenen Aldous Huxley.

In den nächsten Tagen kam Baba pflichtgetreu morgens und abends heraus und rief verschiedene Leute zu sich – nur uns nicht. Wir hatten nicht mehr viel Zeit. Am vierten Tag nach unserem letzten Interview gelang es uns, Baba über Mr. Surrya (ein pensionierter Polizeioffizier aus Venkatagiri und alter Vertrauter Babas) eine Nachricht überbringen zu lassen, in der wir ihm mitteilten, daß wir am Nachmittag des folgenden Tages abreisen würden. Am nächsten Morgen ging Baba nur zu den Frauen.

Wir packten unsere Koffer und machten uns auf den Weg nach Bangalore.

Was steckt dahinter?

Bevor ich über weitere Entdeckungen und Beobachtungen bezüglich der Sai Baba zugeschriebenen Phänomene berichte, scheint es mir angebracht, den ersten vorsichtigen Versuch einer kritischen Auswertung zu wagen. Sind die Phänomene echt oder nicht? Kann diese Frage auf der Grundlage des bisher präsentierten Materials beantwortet werden, und wenn ja, mit welchem Grad an Sicherheit?

Um diese Aufgabe auf ein handlicheres Maß zu reduzieren, wollen wir uns vorderhand auf die Betrachtung der Materialisierungen beschränken. Sie sind zweifellos der hervorstechendste Aspekt von Sai Babas Repertoire. Mehr als alles andere machten ihn diese Phänomene im ganzen Land berühmt, und mit ihnen verblüfft Baba praktisch jeden, der mit ihm in Berührung kommt. Falls diese Erscheinungen tatsächlich echt, das heißt, paranormaler Natur sind, falls er die fraglichen Objekte tatsächlich materialisiert oder teleportiert, ergeben sich daraus enorme theoretische Konsequenzen, und zwar sowohl für die Physik als auch für die Psychologie.

Wie der Leser bereits weiß, lehnte Sai Baba es ab, an Experimenten teilzunehmen. (Dies hätte uns die Möglichkeit gegeben, die Phänomene mit Hilfe des notwendigen Instrumentariums und unter strengen Kontrollen zu untersuchen.) Daher war eine Prüfung, die ein sicheres Ergebnis über die Echtheit der Phänomene erbracht hätte, nicht möglich.

Wir hatten wie jeder andere auch die Erlaubnis, Baba im Freien so ausgiebig zu filmen, wie es uns beliebte. Ich filmte ihn oft und ausführlich, und es gelang mir ein paarmal, Aufnahmen von ihm zu machen, während er mit seiner typischen Handbewegung Vibuti produzierte. Aber diese Bilder waren entweder aus zu großer Entfernung aufgenommen, um eine genaue Analyse zu ermöglichen, oder der Aufnahmewinkel war nicht optimal. Um als Beweismaterial überhaupt von Wert zu sein, müßten die Filme wahrscheinlich sowohl aus nächster Nähe als auch aus verschiedenen Winkeln gleichzeitig aufgenommen werden. Außerdem benötigte man wahrscheinlich eine schnellere Filmkamera. Daher müssen wir uns bei unserer Auswertung hauptsächlich auf unsere persönlichen, teilweise in unerwarteten Situationen gemachten Beobachtungen sowie auf die Beobachtungen anderer Augenzeugen verlassen, was wahrscheinlich bestenfalls für vorsichtige Schlußfolgerungen ausreicht.

Das Phänomen, das wir so sorgfältig wie möglich beobachteten und untersuchten, besteht im Grunde darin, daß ein Objekt unter Bedingungen und Umständen erscheint oder verschwindet, unter denen keine physische Ursache für dieses Ereignis entdeckt oder nachgewiesen werden kann. Dieser Vorgang wird im allgemeinen als »Materialisierung« bezeichnet, wenn man eine paranormale Schöpfung des Objekts vermutet, oder als »Teleportation«, wenn angenommen wird, daß ein Objekt von einem Ort verschwunden und an einem anderen Ort wieder aufgetaucht ist. Das auf diese Weise »teleportierte« Objekt wird als »Apport« bezeichnet.

Wir sollten nicht vergessen, daß Zauberkünstler und Magiere von alters her mit bestimmten Tricks arbeiten, um Dinge erscheinen und wieder verschwinden zu lassen. Durch erstaunliche Gewandtheit, geschickte Ablenkungsmanöver und in jüngerer Zeit mit Hilfe von ausgeklügelten Vorrichtungen, gelingt es ihnen, dem Publikum diese Illusion perfekt vorzutäuschen.

Über das angeblich paranormale Erscheinen oder Verschwinden von Objekten wurde in verschiedenen Zeiten und Kulturen immer wieder berichtet. Solche Berichte finden sich beispielsweise im Neuen Testament und in den Schriften aus der Blütezeit der spiritistischen Bewegung des späten neunzehnten und beginnenden zwanzigsten Jahrhunderts.

Wir wollen nun einige hypothetische normale Erklärungen für das Erscheinen oder Verschwinden von Gegenständen im einzelnen untersuchen.

Könnte es sein, daß wir ohne unser Wissen hypnotisiert und so dazu gebracht wurden, bestimmte tatsächlich sichtbare Vorgänge zu übersehen? Dazu kann man allgemein sagen, daß ein hypnotischer Zustand durch verbale Suggestionen eingeleitet werden muß. Wir konnten bei Sai Baba niemals irgend etwas entdecken, das auch nur vage an eine hypnotische Intervention erinnert hätte.

Darüber hinaus wurde in zahlreichen Experimenten nachgewiesen, daß die Hypnosebereitschaft der Menschen erheblich schwankt und daß es bei einer Gruppe von nicht ausgewählten Individuen fast niemals gelingt, alle auch nur leicht zu hypnotisieren, geschweige denn, bei allen den tiefen hypnotischen Zustand hervorzurufen, der nötig wäre, ein Individuum soweit zu beeinflussen, daß es Dinge, die sich innerhalb seines Gesichtsfeldes befinden, nicht sieht. Bei all unseren Interviews mit Sai Baba schien jeder der Anwesenden die gleichen Vorgänge beobachtet zu haben. Außerdem waren Dr. Osis und ich ganz besonders wachsam, und wir sind sicher, daß wir uns während der Interviews mit Sai Baba zu keiner Zeit in veränderten Bewußtseinszuständen befanden. Bei den meisten Vorfällen, die uns geschildert wurden, scheinen alle Anwesenden die gleichen Phänomene beobachtet zu haben.

Sai Baba wurde ausgiebig gefilmt, während er im Freien Objekte produzierte, und alle Anwesenden berichteten, daß sie die gleichen Bewegungen beobachtet hatten, die auf den Filmen zu sehen waren. Die Objekte, die er für uns während der Interviews produzierte (die Doppelrudraksha und der goldene Ring mit dem emaillierten Bild), sind ebenfalls noch in unserem Besitz und waren somit keine Täuschungen. Daher können wir die »Hypnose-Theorie« als Erklärung für die Materialisierungen mit ausreichender Sicherheit ausschließen.

Könnte es sein, daß die Objekte von einem Komplizen herbeigeschafft wurden, der sich im Interview-Raum aufhielt? Auch dieser Erklärungsversuch stößt auf gewisse Schwierigkeiten. Bei den verschiedenen Interviews, die wir mit Baba durchführten, waren die unterschiedlichsten Personen anwesend, aber zu keiner Zeit war einer seiner persönlichen Helfer zugegen. Falls Komplizen im Spiel waren, müßten es viele verschiedene gewesen sein. Dies würde Babas Risiko, als Betrüger entlarvt zu werden, beträchtlich erhöhen, denn er »produziert« seine Objekte seit über vierzig Jahren. Außerdem brachte er auch dann Gegenstände hervor, wenn er mit uns allein in einem Raum war. Diese Hypothese kann daher in bezug auf einen Teil der Vorfälle verworfen werden und ist hinsichtlich der anderen zumindest unwahrscheinlich.

Ist es möglich, daß in den Empfangszimmern verborgene Vorrichtungen existierten, die die Objekte bereithielten? Das Zimmer war leer bis auf einen Lehnstuhl, den Sai Baba während unserer Interviews nicht benutzte. Es war einer dieser zierlichen französischen Lehnstühle, also kein schweres Möbelstück. Boden und Wände des Zimmers waren aus Beton, die Wände waren mit Ölfarbe gestrichen. Hoch oben an einer Wand hing eine Uhr und an einer anderen, in der sich das Fenster befand, hing ein Kalender. In Indien haben die Fenster gewöhnlich keine Glasscheiben, sondern vertikale Eisenstangen, die im Abstand von wenigen Zentimetern angebracht sind. Während der Interviews saß Baba im Schneidersitz auf dem Boden außerhalb der Reichweite des Lehnstuhls, der Uhr oder der Fensterbank. Er saß nicht an einem besonderen Platz, wenn er die Objekte in unserer Gegenwart produzierte. Wir beobachteten ihn auch, wenn er Objekte im Freien oder in einem Privatzimmer (im Hause von Dr. Bhagavantams Sohn) hervorbrachte. Es ist sehr unwahrscheinlich, daß die Objekte in irgendeiner Vorrichtung verborgen waren, durch die Baba je nach Bedarf Zugang zu ihnen hatte.

Ist es möglich, daß Sai Baba die Objekte an seinem Körper verborgen hielt und durch Zaubertricks hervorbrachte? Dies ist die wichtigste Hypothese, die üblicherweise aufgestellt wird. Sai Baba trägt einteilige Roben, deren Ärmel bis zu seinen Handgelenken reichen und die offenbar ein mögliches Versteck für seine Objekte bieten. Es gibt Gerüchte, denen zufolge Baba Gegenstände in seinen Ärmeln, den Taschen seiner Robe oder sogar in seinem buschigen Haar verbirgt. Dr. Osis und ich konnten jedoch keinen einzigen Menschen finden, der dies selbst beobachtet hatte oder aus erster Hand von persönlichen Beobachtungen einer anderen Person wußte, die die Zaubertrick-Hypothese bestätigen könnten.

Als unser zweiter Indienaufenthalt zu Ende ging, hatten Dr. Osis und ich das angeblich paranormale Erscheinen von Objekten in Sai Babas Hand etwa zwanzigmal beobachtet. Keiner dieser Vorfälle ereignete sich unter kontrollierten Bedingungen. Auch war es uns nicht möglich, Sai Baba einer Leibesvisitation zu unterziehen, um die Hypothese, er verberge Objekte an seinem Körper, entweder zu bestätigen oder zu widerlegen. An diesem Punkt der Untersuchungen haben wir keinen ausreichenden Grund, die Echtheitsansprüche (im Sinne paranormaler Prozesse) bezüglich der berichteten Phänomene zu akzeptieren. Andererseits müssen wir aber auch feststellen, daß wir keinen einzigen Beweis für betrügerische Machenschaften finden konnten.

Die Frage nach der Echtheit der erörterten Phänomene kann nicht sicher beantwortet werden. Es gibt jedoch einige verblüffende Tatsachen, die die Frage offen lassen und möglicherweise zu einer paranormalen Erklärung der Phänomene führen.

Der erste Punkt, den man zugunsten ihrer Echtheit anführen kann, ist der lange Zeitraum, innerhalb dessen Sai Baba Objekte produziert, ohne jemals bei einem Betrug ertappt worden zu sein. Laut einer ganzen Anzahl von Personen, die ihm seit langer Zeit nahestehen, produzierte er seine Objekte kontinuierlich seit über vierzig Jahren beziehungsweise seit seiner Jugendzeit in den frühen vierziger Jahren. Dieser Punkt bedurfte meiner Ansicht nach einer genaueren Untersuchung durch intensive Befragung einer großen Anzahl von Jüngern und Ex-Jüngern. Die Ergebnisse dieser Interviews werden in einem der folgenden Kapitel dargelegt und erörtert.

Der zweite Punkt betrifft die Verschiedenartigkeit der Bedingungen und Umstände, unter denen die Objekte erscheinen. Ein Zauberkünstler benötigt normalerweise eine Bühne, die ihn von seinem Publikum trennt. Manchmal benötigt er auch bestimmte Lichtverhältnisse oder andere technische Hilfsmittel. Über Sai Baba wird berichtet, daß er die Objekte ganz unabhängig davon, in welcher Situation er sich befindet, produziert: bei Privatgesprächen in seinem Empfangszimmer, unterwegs im Auto oder Flugzeug, während er unter freiem Himmel eine Menschenmenge begrüßt oder bei Besuchen in Privathäusern. Kurz, es wird berichtet, daß er bei fast jeder Gelegenheit, privat oder öffentlich, im Zimmer oder im Freien mehrmals am Tage Gegenstände produziert. Bringt er tatsächlich bei jeder dieser Gelegenheiten Gegenstände hervor? Diese Behauptung werden wir in einem der folgenden Kapitel noch genauer untersuchen.

Der dritte Punkt betrifft die Berichte, denen zufolge Sai Baba Objekte als Antwort auf eine bestimmte Situation oder auf Wunsch produziert. Ein normaler Zauberkünstler hat ein festes, begrenztes Repertoire an Gegenständen, die er bei einer bestimmten Gelegenheit hervorzuzaubern kann. Unser »Rudraksha-Vorfall« entsprang beispielsweise einer ganz bestimmten Situation. Man könnte natürlich als Gegenargument anführen, ein cleverer Schauspieler könne solche Situationen inszenieren, ohne daß die Beobachter es bemerkten. Wie dem auch sei, wir begegneten zahlreichen Personen, die solche Vorfälle bezeugten: unter anderem das Erscheinen kleiner Statuen einer bestimmten Gottheit, eines Ringes mit der Lieblingsgottheit eines Besuchers oder spezieller Süßigkeiten oder Früchte auf Wunsch. Diese Behauptungen werden wir ebenfalls in folgenden Kapiteln genauer untersuchen.

Ein vierter Punkt verdient Erwähnung: wir trafen in Indien prominente Wissenschaftler, die von der Echtheit der Phänomene überzeugt waren, nachdem sie Gelegenheit gehabt hatten, Sai Baba genau zu beobachten. Sie gaben an, eine Reihe von Phänomenen beobachtet zu haben, die sie im herkömmlichen Sinne als unerklärlich betrachten wie die Materialisierung von Objekten unter den verschiedensten Umständen. Zu diesen Männern zählte Dr. S. Bhagavantam, ein prominenter Atomwissenschaftler und ehemaliger Direktor des Indian Institute of Science in Bangalore (eines der namhaftesten wissenschaftlichen Institute Indiens); Dr. D. K. Banerjee, ehemaliger Leiter der Abteilung für Chemie desselben Instituts (ein ausführliches Interview mit Dr. Banerjee folgt im nächsten Kapitel); und Dr. P. K. Bhattacharya, gegenwärtiger Leiter der oben erwähnten Abteilung für Chemie, der seinen Doktortitel an der Universität von Illinois erwarb. Außerdem möchte ich noch einen Physiker des gleichen Instituts, Dr. K. Venkatessan, der in Oxford und Genf studierte, und Dr. V. K. Gokak, den ehemaligen Präsidenten der Universität von Bangalore, erwähnen. Ich muß jedoch betonen, daß keiner dieser Wissenschaftler Erfahrungen auf dem Gebiet der parapsychologischen Forschung hatte, noch mit der Literatur über solche Untersuchungen über einige Grundkenntnisse hinaus vertraut zu sein schien.

Zumindest ein Zauberkünstler versicherte uns, berühmte Wissenschaftler könnten durch Zaubertricks ebenso leicht getäuscht werden wie das normale Publikum. Das mag wohl so sein, aber man würde von dieser

Gruppe auf jeden Fall erwarten, daß sie eindeutigere Beweise forderten, bevor sie von der Echtheit der Phänomene überzeugt sind. Ihr gesamter naturwissenschaftlicher Hintergrund macht sie zwangsläufig mißtrauischer gegenüber angeblich paranormalen Phänomenen jedweder Art. Daher wird ein Wissenschaftler, der in seiner Gemeinschaft einen hohen Ruf genießt, zwangsläufig so lange zögern, seine Überzeugung über die Echtheit eines solchen Phänomens auszudrücken, bis er glaubt, gute Gründe dafür zu haben.

Abschließend der fünfte Punkt: in Bombay trafen wir den in England ausgebildeten Kieferchirurgen Dr. Eruch Fanibunda. Dieser Mann, ein Parse, ist ebenfalls ein voll ausgebildeter Amateurzauberkünstler und erhielt während seiner Studienzeit den Linking-Ring-Preis der International Brotherhood of Magicians (Internationale Brüderschaft der Zauberkünstler, U.S.A.) für eine Artikelreihe über »originelle Methoden und Effekte für Zaubertricks, Gedankenlesen etc.« Dr. Fanibunda war sich sehr wohl darüber im klaren, daß »es in diesem Land [Indien] von Gurus und Babas wimmelt, die aus der Spiritualität ein Geschäft machen und Zaubertricks anwenden, um leichtgläubige Menschen hinters Licht zu führen und für ihre egoistischen Zwecke auszunutzen.« Er näherte sich Baba als Skeptiker, ist jedoch heute von der Echtheit der Phänomene überzeugt. Während eines Interviews erzählte er uns, daß er sehr oft Gelegenheit hatte, Baba beim Hervorbringen von Gegenständen zu beobachten, daß er mit Baba gereist sei und ihn ausgiebig gefilmt habe und daß er keinen Anhaltspunkt für einen Betrug entdeckt hatte.

Man könnte bei dieser ersten vorsichtigen Auswertung natürlich noch weitere Punkte für oder gegen die Echtheit der Phänomene erörtern, aber dies soll vorläufig genügen, bis wir noch weiteres Material gesichtet haben. In den folgenden Kapiteln präsentiere ich nun ausführliche Interviews, die ich mit Menschen durchführte, die Sai Baba über einen langen Zeitraum intensiv beobachtet haben. Es sind Gespräche mit Wissenschaftlern und Laien, Jüngern, Ex-Jüngern und Nicht-Jüngern, Menschen, die ihn schon kannten, als er noch unbekannt war, und solchen, die ihn jetzt kennen, da sein Name in jedem Hause Indiens und im Westen zumindest einigen Menschen in den meisten Ländern und großen Städten bekannt ist.

»Niemand kann meine Herrlichkeit erfassen.«

Sathya Sai Baba wurde am 23. November 1926 in dem winzigen, abgeschiedenen Dorf Puttaparti als Sohn eines armen Bauern und dessen Frau geboren. Sein Vater hieß Venkappa, seine Mutter Eswaramma. Sie trugen den Familiennamen Ratnakara und gehörten der Raju-Kaste – einer niedrigen Kaste – an, zu deren Pflichten es in früheren Zeiten gehörte, ihren König oder Radscha mit Liedern und Gedichten zu ehren. Sai Baba entstammt also nicht der religiös und wissenschaftlich hochgebildeten Brahmanen-Kaste.

Dies behinderte ihn lange Zeit in seiner Rolle als religiöser Führer, die im traditionellen Hinduismus nur einem Brahmanen zusteht.

Man gab ihm den Namen Sathyanarayana. Sathya bedeutet »Wahrheit« und Narayana ist eine Bezeichnung für »Gott«. In Indien ist es üblich, daß Kinder nach einer bestimmten Gottheit benannt werden oder einen der vielen verschiedenen Namen Gottes tragen. Sein voller Name lautete daher Sathyanarayana Ratnakara Raju. Als er geboren wurde, hatten seine Eltern bereits drei Kinder: zwei Mädchen, Venka und Parvata (die nach alter Tradition später einmal Venkamma und Parvatamma heißen würden, nachdem sie selbst Mütter geworden waren, denn »amma« bedeutet Mutter) und einen Sohn, den sie Janaki Ramayya nannten.

Als er das entsprechende Alter erreicht hatte, besuchte Sathyanarayana zuerst die Grundschule in Puttaparti und später die Schule in Bukkapatnam, etwa zweieinhalb Meilen von Puttaparti entfernt. Danach kam er auf die höhere Schule in der weiter entfernten Stadt Uravakonda. In der Biographie Sai Babas berichtet Professor Kasturi:

> Am 8. März 1940 waren alle in der Stadt entsetzt, als sie hörten, Sathya sei von einem »großen, schwarzen Skorpion« gestochen worden. Es geschah bei Einbruch der Dämmerung, gegen sieben Uhr. Sathya stieß einen Schrei aus, sprang auf und griff nach seinem rechten Zeh, so als ob ihn etwas gestochen hätte! Obwohl kein Skorpion und keine Schlange gefunden wurde, fiel er in eine Art Koma und wurde ganz steif. (Kasturi 1971, S. 37).

Der herbeigerufene Arzt gab ihm eine Spritze, aber Sathya blieb die ganze Nacht bewußtlos. Am nächsten Morgen erklärte der Arzt, er sei außer

Gefahr, und er schien auch tatsächlich wieder gesund zu sein, aber er »begann sich sehr ungewöhnlich zu benehmen«. Von diesem Moment an fiel er von Zeit zu Zeit in eine Art Trancezustand und antwortete nicht, wenn ihn jemand ansprach, und manchmal »brachen aus ihm ganz plötzlich Lieder oder poetische Worte hervor ... oder er begann die uralten philosophischen Schriften Indiens auszulegen.« Man brachte ihn zu einem anderen Arzt, der die Krankheit als eine Art Anfallsleiden diagnostizierte, »eine Art Hysterie, die mit dem angeblichen Skorpionstich nichts zu tun hat.«

Weitere Versuche, Sathyanarayana wieder zurück in seinen früheren, normalen Zustand zu bringen, erwiesen sich als sinnlos. Er verließ die Schule. Am 23. Mai 1940, im Alter von vierzehn Jahren, laut Professor Kasturi (entweder wurde das Datum dieses Vorfalls falsch angegeben oder Sai Baba war zu diesem Zeitpunkt erst dreizehn, da er am 23. November 1926 geboren wurde), rief er alle Mitglieder seiner Familie in Puttaparti zusammen und

schenkte ihnen Süßigkeiten und Blumen, die er aus dem »Nichts« hervorbrachte. Als sie dies hörten, eilten auch die Nachbarn herbei. Er gab jedem von ihnen einen Reisball aus Milchreis sowie Blumen und Süßigkeiten, die er einfach durch ein paar Handbewegungen manifestierte. (Ebenda, Seite 46).

Bei dieser Gelegenheit verkündete er, er sei der wiedergeborene Sai Baba.

Sein Vater war nicht beeindruckt: Er drohte ihm an, den vermeintlichen »Größenwahn« aus ihm herauszuprügeln. Einen großen Stock schwingend kam er auf ihn zu: »Bist du Gott oder ein Betrüger?« Als Baba antwortete: »Ich bin Sai Baba, der wiedergekommen ist, verehre mich«, fiel der Stock aus der Hand des Vaters. Es geschahen Wunder, die ihn bald überzeugten, daß man den Sohn am besten in Ruhe ließ. (Kasturi 1980, S. 1985).

»Ihr habt nichts mit mir zu tun«, sagte er zu seinen Angehörigen, als sie sich über seine seltsamen Behauptungen und seine Eigenwilligkeit in diesen jungen Jahren beschwerten. Dies wurde dem Autor dieses Buches von Babas Schwester Venkamma berichtet. Von dieser Zeit an vollbrachte er angeblich ununterbrochen Wunder, von denen vor diesem Zeitpunkt niemand in der Familie etwas bemerkt hatte.

Wer war dieser Sai Baba, von dem Sathyanarayana sprach? Offenbar kannten nicht viele Menschen in Puttaparti diesen Namen.

Im Jahre 1872 hatte sich ein junger Fakir in einer verfallenen Moschee in der kleinen Stadt Shirdi niedergelassen, die etwa 120 Meilen nordöstlich von Bombay liegt. Laut Arthur Osborne, der eine kurze Biographie dieses Mannes in englischer Sprache herausbrachte, weiß man über seine Herkunft nur soviel, daß er »mit ziemlicher Sicherheit in einer Brahmanenfamilie der Mittelklasse in einer kleinen Stadt in Hyderabat zur Welt kam.« (Osborne 1958, S. 15–16). Sein Name war unbekannt, aber man begann, ihn Sai Baba zu nennen. »Sai« ist das persische (also mohammedanische) Wort für »Heiliger« und »Baba« ist eine liebevolle und ehrerbietige Hindi-Bezeichnung für »Vater«.

Sai Baba blieb bis zu seinem Tod im Jahre 1918 in Shirdi. Dieser Ort, mehr ein Dorf als eine Stadt, lag mehrere Meilen von der nächsten Bahnstation entfernt und hatte vor diesem Zeitpunkt keine religiöse Bedeutung. Um die Jahrhundertwende begann sich Babas Ruf sowohl unter den Hindus als auch unter den Moslems herumzusprechen. Er wurde nicht über die Grenzen seines Landes hinaus bekannt, aber in Indien hatte er mehr Jünger als jeder andere religiöse Führer seiner Zeit. Osborne berichtet:

> Es besteht kein Zweifel, daß Sai Baba einen außerordentlich starken Einfluß auf seine Anhänger hatte. Viele bestätigten, er habe die spirituelle Seite in ihnen erweckt und unterstützt. ... Er praktizierte das Handauflegen ... Durch seine Berührung wurden bestimmte Energieimpulse, Kräfte, Ideen übertragen ... Jede dieser Handlungen hatte ihren besonderen Effekt und bewirkte eine starke Veränderung der Sinneswahrnehmungen oder Gefühle eines Jüngers. (Ebenda S. 110).

Sai Baba lehrte seine Jünger »Gott durch die Hingabe an den Guru zu suchen«. (Ebenda S. 110). Er schrieb keine Bücher, noch las er sie, aber seine »Wunder waren überragend«. (S. 28) Inwieweit die Berichte über diese Wunder der Wahrheit entsprechen, sei dahingestellt. Es gibt anscheinend keine Überlieferungen, denen zufolge er wie Sai Baba von Puttaparti Objekte hervorbrachte, aber auch er hatte stets reichlich Vibuti zur Hand. Er war in vieler Hinsicht ein seltsamer Mann:

> Selbst von den Wundern einmal abgesehen, hatte sein Wesen etwas Bizarres. Er war eine eigenartige Persönlichkeit, lehrte gleichermaßen Hindus und Moslems, unterhielt in einer Moschee ein heiliges Feuer, schrie seine Jünger an, schlug sie sogar mit einem Stock, beantwortete unausgesprochene Gedanken, empfing einen ungläubigen Besucher mit Steinen und Flüchen, um ihn zu vertreiben, oder vollbrachte ein Wun-

der, um ihn anzulocken. Er bat offen um Geld, um es gleich darauf wieder zu verschenken .... Er konnte ohne ersichtlichen Grund in rasende Wut geraten und Flüche ausstoßen, doch der Sturm konnte sich ebenso schnell wieder legen, und er konnte plötzlich ganz liebenswürdig mit jemandem sprechen, der gerade angekommen war oder abreisen wollte. (Ebenda S. 30).

Was die Menschen in immer größerer Zahl zu Sai Baba hinzog, war offenbar seine liebende Fürsorge, seine Unterweisung und Führung und die sprirtuelle Entwicklung, zu der er seinen Jüngern verhalf.

Gegen Ende seines Lebens wurde für ihn alljährlich eine große Feier veranstaltet, mit einem Pomp, wie ihn wahrscheinlich nur Inder entfalten können – mit Umzügen, feurigen Pferden, Triumphwagen und geschmückten Elefanten, wie für einen Radscha. Aus Überlieferungen weiß man, daß er diese Feiern nicht mochte, aber seinen Jüngern, die in immer größeren Scharen nach Shirdi strömten, erlaubte, sich daran zu erfreuen.

Dies war also der Mann, der Sathyanarayana Ratnakara Raju in einem früheren Leben angeblich gewesen sein wollte. Er behauptete, er sei zurückgekommen, um nach dem Wohlergehen seiner Jünger zu sehen.

Die Wunder, der Charme des jungen Sathya Sai Baba und sein großes Interesse an Religion und Musik zog die verschiedensten Leute zu ihm hin wie Nadeln zu einem Magneten. Allerdings nicht in seinem Heimatdorf Puttaparti: dort lehnten ihn alle ab außer ein oder zwei Familien, seinen Eltern und seiner älteren Schwester.

Seine Persönlichkeit und die angeblichen Wunder blieben für die meisten Menschen ein Rätsel, und seine Worte trugen nicht dazu bei, das Mysterium zu erhellen. Sein Selbstverständnis und Selbstvertrauen schien von Anfang an außergewöhnlich klar und stark. Laut Professor Kasturi verkündete der junge Swami in seinem einundzwanzigsten Lebensjahr: »Niemand kann meine Herrlichkeit erfassen, wer es auch sei und auf welche Weise er es auch versuchen mag«. (Kasturi 1980, S. 185)

Zu jener Zeit bestand Puttaparti aus ein paar Lehmhütten und wenigen kleinen Ziegelhäusern. Es gab keine Unterbringungsmöglichkeiten für Besucher, und so bauten die Jünger, von denen viele aus Bangalore stammten, bald ein Haus für den Swami und seine Besucher, in dem etwa vierzig bis fünfzig Personen auf dem Boden schlafen konnten. Dies ist das Gebäude, das hier als der alte Mandir bezeichnet wird. Im Jahre 1950, an Babas vierundzwanzigstem Geburtstag, wurde eine neue Mandirhalle auf einem größeren Stück Land eingeweiht. Dieser Platz liegt etwas außerhalb des Dorfes, ein Stück vom Ufer des Chitravati entfernt und wurde

Prashanti Nilayam (Hort des Friedens) genannt. Er wurde zu einer eigenständigen Gemeinde.

Mit der stetig wachsenden Zahl von Besuchern entwickelte sich der Ashram bis heute (im Jahre 1983, während ich diese Worte schreibe) zu einer viele Gebäude umfassenden kleinen Stadt. Es gibt mehrere große, dreistöckige Häuser, in denen sich insgesamt etwa siebenhundert Appartements befinden, eine ganze Reihe von Hütten, in denen Tausende von Menschen untergebracht werden können, eine riesige Versammlungshalle, ein Krankenhaus, eine Grundschule, eine höhere Schule, ein College und eine Universität, die 1981 gegründet und mit hochqualifizierten Akademikern besetzt wurde.

An dieser Stelle scheint mir ein kurzer Exkurs in den Hinduismus, den religiösen Hintergrund, vor dem Sai Baba agiert, angebracht. Im traditionellen Hinduismus spielt die enge persönliche Beziehung zwischen Guru und Jünger eine sehr wichtige, ja grundlegende Rolle. Von den Schülern oder Jüngern (*Chelas*) wird uneingeschränktes Vertrauen und eine vollständige Unterwerfung erwartet, was die Entstehung von Kulten sehr zu fördern scheint. Ein solcher blinder Glaube an einen religiösen Führer ist allerdings nicht nur für hinduistische Bewegungen charakteristisch. Auch im Christentum finden wir viele ähnliche Strömungen, die sich bis hin zur Lebenszeit von Jesus zurückverfolgen lassen.

Der extreme Personenkult, der um einige Gurus herum entsteht, mag zwar unter anderem für das Auftreten paranormaler Phänomene förderlich sein, kann aber auch andererseits dem seltsamen und manchmal etwas allürenhaften Benehmen, das einige indische Gurus und heilige Männer an den Tag legen, Vorschub leisten. Die Schüler-Guru-Beziehung und die Ashram-Atmosphäre sind natürlich denkbar ungünstige Voraussetzungen für eine Befragung oder Überprüfung des Gurus oder Swamis. Traditionsgemäß ist es der Swami, der seinen Schüler prüft und nicht umgekehrt. Dies mag westlichen Lesern befremdlich erscheinen, aber es kann vielleicht, von Babas Warte aus gesehen, seine Weigerung, an Experimenten teilzunehmen, erklären, oder ihm, wie vielleicht die etwas kritischeren unter Ihnen annehmen mögen, als willkommene Ausrede gedient haben.

Der Hinduismus ist wahrscheinlich die unbekannteste der großen Weltreligionen. Das mag einerseits daher rühren, daß seine Definition so schwierig ist, andererseits aber auch daher, daß es sich hier in erster Linie um eine nationale (indische) Religion handelt. Die Glaubensrichtungen innerhalb des Hinduismus sind von verwirrender Vielfalt, und in organisatorischer Hinsicht unterscheidet er sich völlig von dem zwar ebenfalls zersplitterten, aber dennoch wohlorganisierten Christentum.

T.W. Organ gibt in seiner Studie über den Hinduismus eine treffende
Beschreibung:

> Der Hinduismus umfaßt ein breites Spektrum von Glaubensströmungen und Praktiken, das von der Verehrung von Bäumen, Steinen oder Schlangen in kaum dem Steinzeitalter entwachsenen Dörfern bis hin zur abstrakten, metaphysischen Betrachtungsweise hochentwickelter städtischer Intellektueller reicht, die durch britische Ritterorden, Nobelpreise und die Mitgliedschaft in internationalen akademischen Gesellschaften geehrt wurden. (1974, S. 1)

Einige charakteristische Merkmale des Hinduismus sind jedoch von besonderer Bedeutung für das Verständnis solcher Bewegungen wie der um Sai Baba entstandenen. Erstens: Der Hinduismus ist grundsätzlich eine tolerante Religionsform, die ein ganze Reihe verschiedener, ja sogar gegensätzlicher Strömungen einschließt (die sich allerdings bis heute auch manchmal bekämpfen!). Zweitens steht diese Religion dem Wandel und der Einbeziehung neuer Ideen wahrscheinlich aufgeschlossener gegenüber als die meisten anderen Religionen. Obwohl uralte Schriften ihre Grundlage bilden, ist sie nicht (zumindest kann man dies behaupten) streng an grundlegende Dogmen gebunden. Drittens: da sie so völlig desorganisiert ist und keinen etwa mit dem Papst vergleichbaren Führer, keine organisierte Mitgliederschaft und kein Kirchenkonzil hat, ist sie besonders offen für neue religiöse Führer oder Bewegungen. Im Hinduismus erlangt ein religiöser Führer seine Popularität nicht durch den Aufstieg in einer kirchlichen Hierarchie, sondern normalerweise durch allgemeine Anerkennung seiner Persönlichkeit und durch die Anzahl und den Einfluß seiner Anhänger oder Jünger. Man könnte sagen, daß der Hinduismus trotz seiner starken und uralten geschichtlichen Wurzeln eine flexible Religion ist, die auf der Basis der freien Wirtschaft funktioniert. Die allgemein akzeptierte Vorstellung des Avatars (Reinkarnation Gottes) erleichtert es herausragenden Persönlichkeiten ebenfalls, an Boden zu gewinnen. Abschließend sei erwähnt, daß von einem Avatar natürlich erwartet wird, daß er über außergewöhnliche Kräfte und Fähigkeiten verfügt.

Solche Aspekte und Elemente des Hinduismus rufen Erwartungen hervor und bilden den Hintergrund, der ein günstiges Klima für die Entwicklung von Persönlichkeiten wie Sai Baba schafft.

Keine Experimente – was nun?

Als Dr. Osis und ich Puttaparti im Januar 1973 zum erstenmal besuchten, erzählten uns einige ältere Anhänger, daß Sai Baba in seinen zwanziger und frühen dreißiger Jahren mehr Wunder vollbracht habe als in seinen späteren Jahren, in denen er das Lehren und Predigen zu seinem Hauptanliegen machte. In diesen frühen Tagen seines Wirkens, so wurde uns gesagt, sei er verspielter und jovialer gewesen, und die verschiedensten Arten von Wundern waren fester Bestandteil seines täglichen Lebens, ja fast jeder Stunde seines Lebens. Inzwischen hege ich allerdings gewisse Zweifel, ob die Zahl der angeblichen paranormalen Phänomene heute geringer ist als früher, obwohl von einigen bestimmten Arten heute gar nicht mehr berichtet wird. Von meinem dritten Besuch an war ich besonders daran interessiert, Personen zu treffen, die in den vierziger und fünfziger Jahren bei ihm gewesen waren. Zu jener Zeit lebten die meisten Besucher mit dem jungen Swami unter einem Dach, nahmen ihre Mahlzeiten gemeinsam mit ihm ein und schliefen sogar neben ihm in der alten Mandirhalle (Baba in der Mitte, die Frauen auf der einen und die Männer auf der anderen Seite). So verbrachten viele dieser alten Jünger vierundzwanzig Stunden täglich mit Baba, manche mehrere Wochen oder Monate hintereinander, und viele von ihnen kamen mehrmals im Jahr für einen längeren Zeitraum nach Puttaparti. Auf diese Weise wurden sie im Laufe der Zeit ziemlich vertraut mit ihm und lernten ihn so gut kennen, wie es heute fast niemandem mehr möglich ist, denn sein Leben ist nun viel straffer organisiert, und seine Aktivitäten sind genauer eingeteilt.

Nachdem Baba unsere Bitte, an Experimenten teilzunehmen, abgelehnt hatte, konzentrierte ich mich hauptsächlich darauf, die alten Jünger aufzuspüren und zu interviewen, die Gelegenheit gehabt hatten, ihn ausgiebig zu beobachten. Ich wollte Anhänger befragen, die noch heute bei ihm sind und solche, die ihm den Rücken gekehrt hatten, aber auch Kritiker, deren Aussagen vielleicht ein wenig Licht auf diesen Mann und seine angeblich übersinnlichen Kräfte werfen könnten. Ich habe im Laufe der Jahre einen recht großen Personenkreis interviewt. Gewöhnlich besuchte ich die Leute in ihren Wohnungen und Häusern in Städten wie Madras, Bangalore, Hyderabad, Kalkutta, Salem, Madurai, Kuppam, Kancheepuram und Coimbatore. Sie waren fast ausnahmslos bereit, über ihre zahlreichen und ganz unterschiedlichen Erfahrungen zu berichten und sich eine Menge Fragen stellen zu lassen. In den folgenden Kapiteln gebe ich ihre Beobachtungen und Erfahrungen so wieder, wie sie mir vermittelt wurden. Es würde zu viel Raum einnehmen und zu übermäßig vielen Wiederholungen führen, wollte ich hier alle Interviews oder alle während der Interviews berichteten Vorfälle wiedergeben; daher habe ich mich entschieden, hauptsächlich über die Erfahrungen mehrerer Personen aus einigen wenigen Familien zu berichten.

Einer der Gründe, die mich bewogen, vorwiegend über die Erfahrungen mehrerer Mitglieder derselben Familie anstatt über solche von Einzelpersonen zu berichten, war die Überlegung, daß man mit dieser Methode bessere Möglichkeiten hat, die Aussagen der Zeugen zu vergleichen und zu erhärten. Ein anderer Grund war, daß ich mit diesen Familien so viel Zeit verbrachte und sie im Laufe der Zeit so gut kennenlernte, daß ich das Gefühl hatte, es würde ihnen leichter fallen, mir Einblick in ihre Vergangenheit zu gewähren.

Ich sollte noch betonen, daß die meisten meiner Informanten heute an verschiedenen Orten leben. Ich interviewte sie in ihren Wohnungen und machte es mir zur Regel, jede Person mindestens zweimal zu interviewen. Manchmal führte ich aber auch drei oder vier Interviews mit denselben Personen durch, wobei zwischen den einzelnen Gesprächen gewöhnlich ein Jahr oder mehr lag. Dadurch gewann ich einen Eindruck über die Stimmigkeit ihrer Aussagen. Fast alle Interviews wurden auf Tonband aufgenommen.

(Wir überprüften die Genauigkeit der in diesem Buch veröffentlichten Aussagen, indem wir dem Informaten die wesentlichen Passagen vorlasen und uns die korrekte Wiedergabe bestätigen ließen. Informationen aus zweiter Hand wurden generell nicht verwendet, aus Gründen, die jedem, der mit der Psychologie des Gerüchts vertraut ist und die Unzuverlässigkeit von Informationen aus zweiter Hand kennt, einleuchten werden. Bei Gericht wird solches Beweismaterial aus gutem Grund generell zurückgewiesen).

Oft führte ich die Interviews allein durch. Bei den ersten Interviews unterstützte mich Dr. Osis. Als ich im Herbst 1981, während meiner Beurlaubung von der Universität von Island, in Begleitung von Dr. Thalbourne nach Indien reiste, trafen wir uns noch einmal mit fast allen Informanten, über deren Erfahrungen in diesem Buch berichtet wird. Im Jahre 1983 traf ich alle, bis auf Mrs. Radhakrishna, wieder.

In den folgenden Kapiteln gebe ich wesentliche Passagen der Interviews wieder, ohne den Versuch zu unternehmen, diese Berichte auszuwerten. Im zweiten Teil des Buches wertete ich das Beweismaterial im

Hinblick auf die Echtheit oder paranormale Natur der Phänomene aus, wobei ich hier auch die Informationen der Kritiker und ehemaligen Jünger Sai Babas einbezog.

Beobachtungen
indischer Wissenschaftler

Während ich dies niederschreibe (1983), blicke ich auf insgesamt acht Indienreisen zurück, die ich innerhalb eines Zeitraumes von zehn Jahren unternahm. Zwischen meinem dritten Besuch 1975–76 und meinem letzten in Jahre 1983 verbrachte ich dort insgesamt elf Monate.

Ich habe auf diesen Reisen einige Anstrengungen unternommen, um mit Personen Verbindung aufzunehmen, die dem Swami oft begegnet waren und ihn über längere Zeiträume hinweg beobachten konnten. Meine Kontakte beschränkten sich hauptsächlich auf englischsprechende Personen, die folglich über eine gewisse formale Bildung verfügten.

(Da einige Leser vielleicht der Meinung sind, daß dies ein wesentliches Hindernis darstellen könnte, sollte ich vielleicht besonders darauf hinweisen, daß es in Indien allgemein üblich ist, englisch zu sprechen. Die meisten Menschen, die über eine gewisse Bildung verfügen, beherrschen die englische Sprache, die tatsächlich die gebräuchlichste Unterrichtssprache in nahezu allen Universitäten und Colleges ist. Es ist auch die allgemein übliche Sprache in Handel und Politik. Im indischen Parlament werden die meisten Debatten auf englisch geführt. Da in Indien viele verschiedene Sprachen gesprochen werden – unter anderem sogar Französisch und Chinesisch – ist Englisch oft die einzige Sprache, mit der sich Inder aus verschiedenen Teilen des Landes verständigen können.)

Unter den Personen, die oft Gelegenheit hatten, Sai Baba aus nächster Nähe zu beobachten, waren auch einige Wissenschaftler; unter anderen Dr. P. K. Banerjee, Dr. P. K. Bhattacharya und Dr. Venkatessan, die alle dem renommierten Indian Institute of Science in Bangalore angehören.

Diese Wissenschaftler waren keine engen Vertrauten Sai Babas. Sie arbeiteten weder in seiner Organisation noch hatten sie eine offizielle Position in seinem Ashram inne. Dennoch kannten sie ihn seit vielen Jahren und waren ihm mehrmals persönlich begegnet. Einige von ihnen hatte der Swami sogar zu Hause besucht. Sie schienen alle über einen vollkommen gesunden Menschenverstand zu verfügen. Außerdem konnten sie wahrscheinlich besser als die meisten anderen Menschen beurteilen, was als brauchbares Beweismaterial für die Echtheit der Phänomene gelten konnte, denn als Wissenschaftler waren sie darin ausgebildet, Dinge sehr sorgfältig zu beobachten und den Gegenstand ihrer Untersuchung detailliert zu beschreiben.

Wie kamen diese Männer überhaupt in Kontakt mit dem Swami? Was beobachteten Sie? Und welche Schlüsse zogen sie daraus? Dr. Osis und ich interviewten Dr. Banerjee und seine Frau erstmals im Januar 1975. Sie schilderten uns ihre Erfahrungen mit Baba klar und offen. Anfang August 1981 hatte ich noch zwei weitere Interviews mit ihnen. Diesmal war ich in Begleitung von Dr. Thalbourne. Die Aussagen, die sie im zweiten und dritten Interview machten, stimmten im wesentlichen mit denen des ersten Interviews überein. Als ich ihn fragte, wie er diese Erfahrungen mit Baba so klar im Gedächtnis behalten konnte, antwortete Dr. Banerjee: »Das waren Ereignisse, die man ein Leben lang nicht vergißt!«

Dr. Banerjee erzählte uns, daß seine Frau Baba zuerst kennengelernt hatte, als er im Jahre 1959 das Indian Institute of Science besuchte. Dr. Banerjee leitete damals die Abteilung für organische Chemie. Baba wohnte im Hause des Direktors, Professor Bhagavantam.

... damals fand eine Feier statt, es war die Einweihungs-Zeremonie seines Sohnes [in etwa vergleichbar mit der Konfirmation im Christentum] – ich glaube, es war sein drittältester Sohn, Radhakrishnan. Ich konnte nicht dabei sein. Wir waren eingeladen, aber ich hatte einen Termin in Kalkutta. Aber meine Frau ging hin. Als ich zurückkam, erzählte sie mir, sie habe einen *Sadhu* [heiliger Mann im Hinduismus] gesehen, mit einer Haartracht wie eine Frau. Damals sah sie ihn zum ersten Mal. Und als er den Jungen segnete – verstehen Sie, es war das erste Mal, daß sie sah, wie er etwas hervorbrachte – bewegte er seine Hand und auf einmal war da eine Uhr, die er herzeigte und dem Jungen schenkte...

Ich hörte immer wieder von seinen Wundern, aber ich glaubte weder an Gott noch an Geister noch an irgend etwas. Meine Freunde sagten immer wieder zu mir: »Komm, laß' uns hingehen!« Ich hörte diese Geschichten oft und erzählte sie dann meinen Freunden, wissen Sie. Es machte Spaß, diese Geschichten zu erzählen. Und ich sagte: »Nun, die Zauberkünstler führen uns an der Nase herum, und bei Baba werde ich auch nicht dahinter kommen, was er tut. Ich kann dem einfach nicht folgen. Warum sollte ich also hingehen?«
1961 besuchte uns ein Freund von mir, der Major der Luftwaffe war, ein Chakravarty, und ich erzählte ihm von diesen außersinnlichen Erfahrungen und all diesen Dingen, von denen ich gehört hatte ... Er sagte zu mir: »Komm! Laß' uns hingehen!« Diesmal willigte ich ein, und das war mein erster Besuch, am 18. November 1961.

Nach diesem ersten Treffen hatte Dr. Banerjee viele Begegnungen mit Sai Baba. Eine der denkwürdigsten fand während seines zweiten Besuches in Puttaparti, am 11. und 12. Januar 1962, statt. Dieser Besuch wurde nötig wegen des chronischen Asthmas von Dr. G. D. Hazras Sohn. (Dr. Hazra ist ein Freund Dr. Banerjees.) Es gelang Dr. Thalbourne und mir, auch Dr. Hazra zu interviewen. Er erzählte uns, daß sein jüngster Sohn von seinem zweiten Lebensmonat an alle vierundzwanzig Tage einen Asthmaanfall gehabt hatte.

Wir hatten verschiedene Ratschläge bekommen und wir hatten alles getan – alles Menschenmögliche – aber nichts half.
Baba kam ja in Professor Bhagavantams Haus, aber ich hatte mir nie etwas daraus gemacht, zu den Treffen zu gehen. (Ich war damals Atheist.) Einmal schlug Dr. Banerjee vor, ich solle meinen Sohn zu Baba bringen, denn wir hatten alles getan – alles was überhaupt möglich war –, um dem Jungen zu helfen.
Aber wir hörten nicht auf seinen Rat. Im Dezember 1961 hatte mein Sohn einen sehr schweren Anfall. Und weil es ein so quälender Anfall war, den er da hatte, war es für uns sehr schwer zu ertragen. Am nächsten Morgen ging ich zu Dr. Banerjee und bat ihn, alles in die Wege zu leiten.

Am 11. Januar fuhren die Hazras mit ihrem Sohn und seinem Cousin in Begleitung der Banerjees, Dr. und Mrs. Das Guptas und Professor B. H. Iyers nach Puttaparti. Sie kamen am Nachmittag des gleichen Tages dort an.
Hier fährt Dr. Banerjee fort, die Geschichte zu erzählen:

Ich traf Professor Bhagavantam mit seiner Familie dort, und er fragte mich: »Warum sind Sie hier?« Ich erzählte es ihm: »Es ist wegen des Sohnes meines Freundes. Er hat Asthma.« Am Abend setzten wir uns wie gewöhnlich auf die Veranda, und Professor Bhagavantam kam heraus und sagte zu mir: »Banerjee, Baba wird heute Abend überhaupt niemanden hereinrufen.« Aber ich wollte es nicht so ganz glauben, deshalb wartete ich, aber schließlich merkte ich, daß es stimmte: er rief niemanden zu sich.
Am nächsten Morgen nahmen wir unseren Platz wieder ein, und ich erzählte meinen Freunden, wie Baba mich empfangen und mit mir gesprochen hatte und all das. Er rief verschiedene Leute zu sich; wir saßen fast ganz vorne, aber dann rief er niemanden mehr hinein, und wir bekamen keine Audienz.

Ich war beleidigt. Ich hatte meinen Begleitern erzählt, wie Baba mich letztes Mal empfangen hatte, und nun beachtete er mich überhaupt nicht. Ich war wirklich beleidigt! Dann, einige Zeit später, schickte Baba einen Mann heraus zu Mrs. Hazra: »Sage ihnen, daß Baba euch um sieben Uhr heute abend empfangen wird.« Aber ich war nicht besänftigt. Auf dem Rückweg zu unserer Unterkunft sagte ich zu mir selbst: »Baba, wenn du nicht mit diesen Leuten sprichst!« – Wissen Sie, wie er mir dieses goldene Ding bei meinem ersten Besuch gab? – »Ich werde es dir vor die Tür werfen! Ich gehe!«

Dann beruhigte ich mich allmählich, und ich dachte: »Diese Menschen können etwas sehen, das wir nicht sehen können – sie können Dinge wahrnehmen, die wir nicht wahrnehmen können. Ich sollte also nicht versuchen, ein Urteil über sie zu fällen.« Also sagte ich im Geiste zu Baba: »Ich bitte dich um Entschuldigung für alles, was ich gesagt habe. Würdest du bitte diesen Menschen empfangen? Das ist alles, was ich mir wünsche; du brauchst nicht mit mir zu sprechen.« Ich erzähle es Ihnen genau, wie es war.

Professor Iyer hatte seiner Mutter gesagt, daß er am nächsten Abend wieder zurück sein würde und deshalb – weil Baba sagte, er würde uns um sieben Uhr abends empfangen – wollte er unbedingt wissen, ob er noch am gleichen Abend zurückfahren würde. Er fragte Dr. Hazra. Der sagte: »Nein, die Batterie ist nicht in Ordnung.« Sie würden nachts nicht fahren ...

Dann, um vier Uhr nachmittags, gingen wir vor das Haus, in der Hoffnung, Baba zu sehen, aber er kam nicht heraus. Also beschlossen wir, Tee trinken zu gehen. In diesem Augenblick kam der zweitälteste Sohn von Professor Bhagavantam aus Babas Haus und sagte zu uns: »Baba hat mir aufgetragen, euch auszurichten, daß er euch jetzt, um vier Uhr, empfangen wird.« Also nahmen wir wieder unsere Plätze auf der Veranda ein.

Nun möchte ich Ihnen etwas erzählen, das ich durch Professor Bhagavantam erfuhr. Er erzählte uns, daß Baba mit ihm und seiner Familie gesprochen hatte. Während er mit ihnen sprach, sagte er plötzlich: »Ich habe diesen Leuten gesagt, daß ich sie um sieben empfangen werde, aber sie müssen ungefähr um sieben abreisen.« Deshalb schickte Baba Bhagavantams Sohn, um mich hineinzurufen! Verstehen Sie? Er ist in seinem Zimmer und spricht mit diesen Leuten; wir sind draußen, weit von ihm entfernt, und all diese Dinge [unsere Diskussion darüber, daß es nicht möglich sein wird, bei Dunkelheit zu fahren] geschahen draußen! Also gingen wir hinein.

Wir saßen auf dem Boden. Ich saß direkt neben Baba. Er legte seine Hand auf mein Knie und auf meine Schulter. Er rief die Kinder zu sich (es waren drei Kinder dabei) und fragte sie nach ihren Namen. Dann sagte er auf englisch: »Die Kinder brauchen ein paar Süßigkeiten.« Darauf schob Baba seinen Ärmel nach oben, bewegte seine Hand und öffnete sie so. Und da war nur diese weißgraue Asche – dieses Vibuti – wie Puder auf seiner Hand versprüht. Und dann schoß mir ein Gedanke in meiner Sprache [Bengali] durch den Kopf: »Will Baba ihnen Asche als Süßigkeiten geben?« Und noch während ich dies dachte, bewegte er seine Finger so und öffnete sie. [Dr. Banerjee dehnte seine Handfläche mit ausgestreckten Fingern, dann bog er Zeige- und Mittelfinger gleichzeitig, bis sie die Handfläche berührten, und streckte gleich darauf beide Finger zusammen wieder aus.]
Und da war ein großer weißer Leckerbissen, klebrig, eine feste runde Kugel. Die gab er einem der Kinder; und dann wieder eine, die gab er einem anderen Kind; und wieder eine, für das nächste Kind. Dann machte er es noch zwei Mal und gab den Frauen die Süßigkeiten. Und es geschah in kürzerer Zeit, als ich jetzte brauche, um es ihnen zu erzählen! Er sagte zu den Frauen, sie sollten es in ihre Saris einwickeln und mit nach Hause nehmen und dort essen. Zu den Kindern sagte er: »Eßt es gleich hier auf.« Es war das erste Mal in meinem Leben, daß ich so etwas sah. Mein Blick hing wie gebannt an seiner Hand. Er hielt die Hand offen, abgesehen von der Bewegung der beiden Finger. Ich befand mich etwa einen halben Meter von seiner Hand entfernt. Das Vibuti war plötzlich daraus verschwunden, als die Süßigkeiten erschienen. Ich hatte so etwas in meinem ganzen Leben noch nicht gesehen.

Mr. Hazras Erinnerung an den gleichen Vorfall deutet sowohl auf Babas telepathische Fähigkeiten als auch auf seine Schlauheit hin und ist es wert, hier wiedergegeben zu werden:

Ich dachte, es sei einfach Suggestionskraft, die ihn in die Lage zu versetzen schien, diese Dinge hervorzubringen – Mesmerismus also. Im gleichen Moment als mir dieser Gedanke durch den Kopf ging, schaute Baba mich an. Ich dachte insgeheim: wenn diese Süßigkeiten mindestens vierundzwanzig Stunden lang in dieser Form erhalten bleiben, würde ich sagen, daß sie materialisiert wurden, das heißt, sie könnten erschaffen worden sein, ohne daß irgend etwas anderes dazu benutzt wurde." Unmittelbar darauf sagte Baba zu meiner Frau und Dr. Das Guptas Frau: »Öffnen Sie Ihre Hände«, und er produzierte die gleichen Süßigkeiten noch einmal. Die beiden Frauen wollten sie sofort essen, aber Baba sagte: »Nein, nehmen Sie es mit nach Bangalore und geben Sie all Ihren Verwandten und Gästen davon, dann können Sie es essen.«

Dr. Banerjee fährt fort:

Wie die Süßigkeit hieß? Das erfuhr ich erst, als die Damen wieder zu Hause waren und davon kosteten. Sie sagten, es sei Kachagolla, eine Leckerei, die aus Chaana [einem Milchprodukt ähnlich unserem Hüttenkäse] und Zuckersirup hergestellt wird. Wissen Sie, damals konnte man in Südindien überhaupt kein aus Chaana hergestelltes Produkt bekommen; es ist ein typische Speise der Gegend, wo ich herkomme, also Kalkutta. Man bekommt hier überhaupt kein Kachagolla, verstehen Sie, das ist unmöglich. Es wird in Bengalen hergestellt.
Und dann hielt Baba seine Hand so (und meine Augen wurden immer größer, wie Sie sich vorstellen können), und auf einmal war da ein klebriger, weißer Fleck auf seiner Hand, der allmählich trocknete, und aus dem weißen Zeug wurde ein weißes Pulver.
Damals lag ein abgenutzter Teppich auf dem Fußboden, und ich dachte, dieses weiße Pulver würde auf den Teppich fallen. Und im nächsten Moment war seine Hand absolut sauber! Es war absolut nichts auf der Hand! Keine Spur! Es war vollkommen verschwunden!
Aber die Frauen mußten ihre Saris waschen, als sie nach Hause kamen, denn die Süßigkeiten waren klebrig, und die Kinder mußten ihr Hände waschen. Dann fragte Sai Baba die Mutter dieses Jungen, Mrs. Hazra: »Was möchten Sie sagen?« Sie erzählte ihm von der Krankheit des Jungen – sie beherrscht die hier übliche Sprache, Kannada, denn sie lebt schon ziemlich lange in Bangalore. Und Baba begann auf sehr mitfühlende Weise zu sprechen, und die Frau fing an zu weinen. Dann zog er dem Jungen plötzlich das Hemd aus, zeigte ihm die Deformierung und sagte: »Das ist der Grund für dein Asthma«.

Mrs. Hazra erklärt:

Mein Sohn hatte das, was man eine »Hühnerbrust« nennt – ein wenig eingefallen. Baba sagte, das würde automatisch heilen, wenn er älter würde. »Aber jetzt, während er noch daran leidet, soll er etwas *Prasadam* nehmen« [gesegnete Nahrung, die man von einem Swami geschenkt gekommt]. Und er brachte ein goldenes Medaillon hervor, gab es meiner Frau und sagte, sie solle es ihrem Jungen um den Hals legen. Und von diesem Tag an war die Krankheit wie weggeblasen. Vorher hatten ihn verschiedene Ärzte behandelt – der Hausarzt und mehrere Spezialisten in Kalkutta und Madras. Wir hatten viele bekannte Ärzte aufgesucht – Spezialisten in Kalkutta, Bombay, Madras – sie behandelten ihn, aber es half nichts; jeden Monat mußte er ein paar Tage lang sehr leiden.

Dr. Banerjee hatte viele angebliche Materialisierungen gesehen und betrachtete sie inzwischen als echt:

Glauben sie mir, ich bin ein sehr skeptischer Mensch. Ich mache niemandem einen Vorwurf, wenn er an Baba zweifelt, denn ich habe selbst sehr lange gezweifelt. Ja, denn selbst bei diesem Vorfall dachte ich: »Kommt es aus irgendeinem Versteck?« und so weiter. Dann, eines Tages, saßen vier von uns – Mrs. Hazra, zwei Professoren des Instituts, Professor Iyer und Professor Krishna Rao und ich ... um ehrlich zu sein, dieser Vorfall an jenem Tage beendete meine Zweifel. Was er tat ... er schloß einfach seine Faust und öffnete sie wieder; und da war auf einmal diese weiche Paste, die die Farbe von Kuhmist hatte – braun. Er gab sie uns zu essen. Als ich sie probiere, schmeckte es wie Kondensmilch gemischt mit Jaggery [Zuckersirup] und geriebener Kokosnuß – frischer Kokosnuß – und vorzüglichem Ghee [geklärte Butter]. Würde man all diese Dinge vermischen, bekäme man diesen Geschmack. Es roch wundervoll – es war ganz frisch. Es schmeckte vorzüglich. Er gab es uns, und wir aßen es. Dann kratzte er es in seiner Hand zusammen und machte daraus eine kleine, runde, klebrige Kugel, und er sagte, ich solle das mit nach Hause nehmen und meiner Frau, meinem Sohn und meinem Neffen davon geben. Ich hatte gezweifelt, irgendwie, aber dieser »Kuhmist«, wissen Sie, dieses pastenartige Zeug – kann nicht von irgendwoher kommen; es ist unmöglich. Er schloß nur seine Faust und öffnete sie und es war da! Ich nahm diese Kugel. Dieses Zeug ist so klebrig, daß es einfach Spuren hinterlassen muß, aber im nächsten Moment war seine Hand wieder ganz sauber! Absolut nichts! Keine Spur von irgend etwas! Und doch kann man diese Substanz kaum wegkriegen!
Da verschwanden meine Zweifel.

Ein weiterer Vorfall hatte ihn tief beeindruckt:

Am Neujahrstag 1965 lud Baba uns zum Essen ein. Er rief uns um 11.30 Uhr hinein und hielt uns einen Vortrag auf Telugu (also in seiner eigenen Sprache, die ich nicht verstehe. Er sprach zwei Stunden – von

11.30 Uhr bis 13.30 Uhr – und ich lauschte nur seiner Stimme. Er philosophierte, so würde man es wohl nennen, sonst nichts. Dann schaute er plötzlich jeden einzelnen an und sagte: »Oh, es ist spät! Ihr müßt hungrig sein.« Also sprangen wir alle auf. Dann fragte er mich: »Hast du etwas Prasadam bekommen?« Ich sagte nichts. Da schloß er seine Hand zur Faust (er hat kleine Hände) und kam zu mir herüber. Während er sich auf mich zu bewegte, streckte ich automatisch die Hände aus und formte mit nach oben gerichteten Handflächen ein Gefäß. Er öffnete seine Hand und diese Süßigkeit – es sah aus wie in Stücke gebrochener Pflaumenkuchen – fiel in kleinen Stückchen in meine Hände. Er hielt seine Hand flach ausgestreckt, und es fiel heraus. Meine Hände füllten sich, bis das Häufchen mehrere Zentimeter hoch war und die Stückchen begannen, auf den Boden zu fallen. In diesem Augenblick hörte es auf. Er begann, es aus meinen Händen heraus zu verteilen und gab jedem etwas davon. Es war genug für alle (ungefähr 12 bis 15 Personen).

Die angeblichen Materialisierungen, die Dr. Banerjee Sai Baba zuschrieb und als echte paranormale Phänomene betrachtete, würde ein moderner Parapsychologe als Fälle von »Psychokinese« bezeichnen. Im folgenden gebe ich einen Fall wieder, der (zumindest für Dr. Banerjee) Sai Babas Fähigkeit demonstrierte, über Dinge Bescheid zu wissen, die sich an einem entfernten Ort ereigneten – was im allgemeinen als »außersinnliche Wahrnehmung« oder ASW bezeichnet wird.

Im Jahre 1964 lebte ich auf dem Campus des Indian Institute of Science. Mein Haus in der Stadt hatte ich an einen Freund vermietet, der Direktor eines Industriemuseums war. Dieser Mann plante mit seiner Frau und seinen zwei Kindern eine Autoreise durch Südindien. Mein Sohn war damals zwölf Jahre alt. Sie wollten ihn mitnehmen, was sie dann auch taten. Sie reisten ab. Ich sollte vielleicht hinzufügen, daß mein Freund ein sehr guter Fahrer ist. Er gewann drei Trophäen bei Langstreckenralleys.

Am dreiundzwanzigsten Dezember 1964 überschwemmte eine Flutwelle die auf einen Wirbelsturm folgte, Dhanushkodi und die Insel Rameswaram an der Spitze der Südküste Indiens – gegenüber der ceylonesischen Küste. Die Brücke, die die Insel mit dem Festland verband, wurde zerstört. Dabei wurde ein Zug, der gerade darüberfuhr, zerschmettert; keiner der Insassen überlebte. Dr. Banerjees Freunde hatten geplant, durch diesen Teil des Landes zu reisen. Sie hatten ihr Auto beim Hotel der Bahnstation untergestellt und beabsichtigten, mit jenem Zug zu fahren.

Dr. Banerjee überprüfte ihre Abfahrtszeit. Es war leicht möglich, daß sie unter den verunglückten Passagieren waren. Das Gebiet war von allen Kommunikationsmitteln abgeschnitten, es war unmöglich, eine Verbindung herzustellen. Dr. Banerjee und seine Frau waren außer sich vor Sorge.

Von meiner Frau erfuhr ich, daß Baba sich gerade in Whitefield aufhielt. Also sagte ich zu ihr: »Komm, wir fahren zu Baba«, denn sie war untröstlich. Da erzählte sie mir, daß sie schon am Morgen mit meinem Neffen dort gewesen sei, aber sie hatten noch nicht einmal in den Ashram gelangen können – das Tor war verschlossen gewesen. Ich sagte zu ihr: »Das war heute morgen. Jetzt ist es fünf Uhr nachmittags.« So fuhren wir hin. Am Tor stand ein Mann. Ich sagte zu ihm: »Bitte lassen Sie Baba benachrichtigen, daß Dr. Banerjee ihn sprechen möchte.« Wir wurden sofort hineingerufen. Baba sprach mit mehreren Ausländern, und eine indische Dame dolmetschte für sie. Er saß auf einem Stuhl, die anderen saßen auf dem Boden. Nachdem wir eingetreten waren, reichte Baba uns Erfrischungen. Dann fragte er: »Was ist passiert?« Ich erzählte es ihm. Darauf sagte er: »Deepak [Dr. Banerjees Sohn] kann nichts geschehen.« Dann vergaß er uns und begann mit diesen Leuten zu sprechen ... Und dann, während er zu ihnen sprach, schaute er mich plötzlich an und sagte: »Sie sind alle in Sicherheit.« Ein anderes Mal sagte er: »Er versucht, sich mit Ihnen in Verbindung zu setzen, aber das gesamte Kommunikationssystem ist zusammengebrochen.« Daraufhin erzählte ich ihm noch etwas anderes: »Baba, ich habe in der Zeitung gelesen, daß der Gasthof, in dem sie ihr Auto untergestellt hatten, von der Flut weggerissen wurde.« Er erwiderte sofort: »Nein, nein, nein. Es gibt zwei Gasthöfe.

Einer wurde zerstört, der andere blieb verschont!« Das hatte ich nicht gewußt, aber ich fand später heraus, daß es stimmte. Einige Zeit später sagte er: »Er wird morgen mit seiner Nachricht durchkommen und Ihnen mitteilen, daß sie in Sicherheit sind.« Er hielt einen Vortrag, aber zwischendurch sprach er immer wieder auf diese Weise mit mir. Am nächsten Tag erhielt ich um neun Uhr morgens ein Telegramm meines Freundes: »Alle in Sicherheit. Fahren weiter zum Kap.«

Denken Sie nicht, daß er das Telegramm am Tag zuvor, als Baba es erwähnte, abgeschickt hatte! Er hatte es am frühen Morgen aufgegeben; aber die Leitungen waren größtenteils frei, und so erreichte uns das Telegramm innerhalb von drei Stunden.

Die Banerjees berichteten noch von einer anderen Art von Erfahrung: dem mysteriösen Auftreten von Düften, deren Herkunft unerklärlich ist. Dr. Banerjee erzählt:

Diese Duftwahrnehmungen begannen schon, als ich Baba zum ersten Mal besuchte. Am ersten Tag nahm ich verschiedene Gerüche wahr. Nicht nur Rosenduft, sondern auch Sandelholz, und dann wieder etwas anderes, und dann etwas, das ich gar nicht benennen konnte, aber es waren immer sehr feine Düfte.

Meine Frau war sehr skeptisch, als ich ihr von diesen Gerüchen erzählte, denn sie hatte niemals solche Wahrnehmungen gehabt. Eines Tages geschah also folgendes. Mein Sohn war noch ziemlich jung (ungefähr 12½ Jahre), und die einzige Sprache, die an seiner Schule gelehrt wurde, war Englisch. Aber mir lag sehr viel daran, daß er auch meine Sprache, Bengali, lernte. Wie dem auch sei, er mußte sich jedenfalls abends, bevor wir zu Bett gingen, hinsetzen und auf Bengali von eins bis hundert zählen (wobei er jedesmal fast einschlief!). Wir waren also gerade beim Zählen, als ich plötzlich diesen starken Rosenduft roch. Ich sagte: »Starker Rosenduft!« Mein Sohn roch es auch und sagte: »Was für ein wunderbarer Geruch!« Meine Frau kam herein, aber da war der Rosenduft schon wieder verschwunden, und sie sagte: »Oh, ich habe sein Gesicht mit Ponds Cold Cream eingerieben. Das muß es sein.« Ich sagte zu mir selbst: »Wovon redest du? Die Creme ist noch da, aber der Duft ist verschwunden.« Aber ich sagte zu ihr nichts mehr darüber.

Eines Abends, eine Woche später, hatte seine Frau Abendessen gekocht, und im ganzen Haus roch es nach gebratenem Fleisch.

... und sonst nichts. Ich ging zu Bett, und meine Frau löschte gerade das Licht im Vorraum zum Speisezimmer (wo ihr Herd stand). Plötzlich rief sie: »Riech mal!« und fing an, im ganzen Haus herumzurennen, um die Quelle des Duftes aufzuspüren. Es roch nach Rosenöl. Ich glaubte, sie hätte einen elektrischen Schlag bekommen – so laut schrie sie! Ich befand mich im Zimmer neben dem Vorraum, und alles, was ich wahrnahm, war der Fleischgeruch.

Einmal kauften sie Fleisch auf einem großen Fleischmarkt.

Ein Metzger machte gerade Hackfleisch, als meine Frau und ich an dieser Stelle diesen Rosenduft wahrnahmen. Der Mann sprengte etwas

Wasser über das Fleisch, und ich fragte ihn: »Sprengen sie Rosenwasser darüber?« Zuerst schaute er mich verständnislos an. Dann, als er verstanden hatte, sagte er: »Was sagen Sie? Ich soll Rosenwasser auf das Fleisch sprengen?« Er benutzte einfaches klares Wasser! Er roch keinen Rosenduft.

Bei anderen Gelegenheiten rochen wir Sandelholzduft. Manchmal sind diese Düfte nur in einem Zimmer, manchmal im ganzen Haus. Und der Geruch entsteht ganz überraschend. Man bekommt ihn nicht dadurch, daß man ihn erwartet.

Sein Freund, Mr. Hazra, dem er von diesen Vorfällen erzählte, glaubte ihm einfach nicht. Mr. Banerjeee:

Ich erinnere mich, daß Mr. Hazra mich bei meinem zweiten Besuch in Puttaparti begleitete. Es war am 11. Januar 1962. Bei diesem Besuch hatte ich keine dieser Duftwahrnehmungen. Aber Mr. Hazra roch plötzlich, als wir alle im Empfangszimmer saßen, den Duft von Agarbathi [Weihrauch]. Er schaute im Zimmer umher, um die Quelle des Duftes zu entdecken (es ist ein kleines Zimmer). Als er sie nicht finden konnte, dachte er: »Banerjee hat mir erzählt, daß er diese Duftwahrnehmungen hat, und deshalb habe ich sie auch, durch Autosuggestion.« Im nächsten Augenblick sah er Rauch aus Babas Kopf aufsteigen – Rauch, der sich nach oben kräuselte. Da war er wirklich aus dem Häuschen! Als wir nach dem Gespräch hinausgingen, fragte er mich: »Hast du irgend etwas gesehen oder gerochen?« »Nein«, sagten wir, »keiner von uns hat etwas gesehen oder gerochen. Warum?« Da erzählte er uns von seinem Erlebnis.

Mr. Hazra schildert diese Begebenheit folgendermaßen:

Ich war damals sehr skeptisch und versuchte stets, an Baba irgendeinen Fehler zu entdecken. Als ich das Empfangszimmer betrat, stand Baba gerade in einer Ecke des Raumes, und ich roch sofort den Duft des Weihrauchs – ein sehr feiner, sehr milder, außerordentlich angenehmer Geruch. Aber der Geruchssinn ist etwas so Subjektives. Ich dachte, ich sei vielleicht von der Idee besessen, etwas Besonderes wahrzunehmen. Ich tat mein möglichstes, um meine Gedanken von dem Geruch abzulenken, aber es hörte nicht auf. Es dauerte während des ganzen Gesprächs an – fast drei Stunden. Sie kennen doch Babas Haartracht, sein krauses Haar. Aus seinem Haar stieg Rauch auf, wie aus einem Räucherstäbchen, auf dem ganzen Kopf. Ich war unsicher: »Was ist das?«

dachte ich. Wissen Sie, ich glaubte nicht an diese Dinge; ich fürchtete die ganze Zeit, ich würde all diese Dinge aufgrund eines absonderlichen Geisteszustandes sehen. Unsere Augen erzeugen sehr oft Illusionen – scheinen etwas zu sehen, das gar nicht vorhanden ist – deshalb ist es am besten, man reibt sich die Augen und schaut noch einmal hin. Wenn ich wieder das gleiche sehe, muß ich zugeben, daß der Rauch wirklich da ist. Ich rieb mir dreimal die Augen und machte dreimal die gleiche Erfahrung. Der Rauch war ziemlich lange zu sehen.

Dr. Banerjee und seine Frau und Mr. Hazra wurden durch diese Erfahrungen schließlich vollkommen überzeugt. Aber für jene, die solche Erfahrungen nicht gemacht haben, ist es wahrscheinlich wichtig, daß zunächst einmal andere mögliche Erklärungen ausgeschlossen werden, bevor diese Erfahrungsberichte irgendeine wesentliche Überzeugungskraft haben. Man muß in der Lage sein, normale Erklärungen wie falsche Wahrnehmung, fehlerhafte Erinnerung oder Betrug (entweder auf seiten Sai Babas oder unserer Informanten) auszuschließen. Das in den folgenden Kapiteln wiedergegebene weitere Beweismaterial wird uns vielleicht helfen, ein richtiges Urteil zu fällen.

Es waren die Mangos

Das erste Mitglied der königlichen Familie von Venkatagiri, das ich kennenlernte, war Mr. Gopal Krishna Yachendra. Dr. Osis und ich begegneten ihm erstmals im Jahre 1975, und ich traf mich seither bei jedem meiner Indienaufenthalte mindestens einmal mit ihm. Er wurde im Jahre 1929 als zweitältester Sohn des inzwischen verstorbenen Radscha geboren und lebt heute in Madras.

Sein Vater (der im Jahre 1971 starb) und sein älterer Bruder, der heutige Radscha von Venkatagiri, begegneten Baba zum ersten Mal im Jahre 1948. Kurze Zeit später hatte Gopal Krishna einige flüchtige Begegnungen mit Baba in Bangalore und Madras. Er beschrieb die ungewöhnlichen Umstände, die ihn dazu brachten, Puttaparti seinen ersten Besuch abzustatten.

Es war im Jahre 1950. Sai Baba hatte zum ersten Mal eine Einladung nach Venkatagiri angenommen. Es gab einen alten Brauch, nach dem ein hoher Gast von einem Mitglied der Gastfamilie abgeholt und von seinem Haus bis zum Hause der Gastgeber geleitet werden mußte. Mein älterer Bruder war zu diesem Zeitpunkt gerade nicht in Venkatagiri, und so bat mich mein Vater, nach Puttaparti zu fahren. Ich sagte: »Kommt nicht in Frage. Ich fahre nicht 230 Meilen nach Puttaparti. Ich interessiere mich nicht für irgendwelche Babas oder Götter oder Swamis. Du kannst jemand anderen schicken.«
Daraufhin bat mein Vater mehrere Verwandte, ihn zu begleiten. Das Auto sollte am nächsten Morgen in Richtung Puttaparti abfahren. Ich ging wie üblich zu Bett. Kurz nachdem ich eingeschlafen war, hatte ich einen lebhaften Traum. Ich träumte, daß Sai Baba mir zwei Mangofrüchte zu essen gab. Ich liebe Mangos über alles, und die Mangos in diesem Traum schmeckten köstlich.
Ich wachte um 12.30 Uhr nachts auf. Ich erinnere mich noch genau an die Uhrzeit. Zu meiner Überrraschung verspürte ich einen unwiderstehlichen Drang, sofort nach Puttaparti zu fahren. Ich weiß nicht, wodurch dieses Gefühl ausgelöst wurde. Ich spürte dieses starke Verlangen, mich auf den Weg nach Puttaparti zu machen und konnte keine Minute länger in Venkatagiri bleiben. Es war wie eine Verwandlung. Ich weckte meinen Vater und teilte ihm mit, daß ich abreisen würde.

Von meinem Traum erzählte ich keinem Menschen. Ein Verwandter, Mr. Darmo Rao, und ein Diener, Mr. Venkat Swami, begleiteten mich. Wir kamen am nächsten Vormittag zwischen elf und zwölf Uhr in Puttaparti an. In jenen Tagen gab es auf dem letzten Streckenabschnitt noch keine richtige Straße. Als wir ankamen, kam Sai Baba gerade aus dem alten Mandir. Er sagte scherzend zu mir: »Bangaru (wissen Sie, er nennt jeden Bangaru, es bedeutet sehr gutes Gold), Bangaru, als du nicht nach Puttaparti kommen wolltest, haben dich diese beiden Mangos auf Trab gebracht, nicht wahr?«

... Wir machten uns noch am gleichen Abend auf die Rückreise nach Venkatagiri. Nun, wir besitzen große Ländereien, und so war es selbstverständlich, daß wir Baba mit allen Ehren, mit Elefanten und diesem ganzen Prunk beim Tempel empfangen mußten. Deshalb hatte Vater mich gebeten, von jeder Station, bei der wir hielten, ein Telegramm zu schicken. Ich sagte zu Baba: »Swami, Vater hat mich gebeten, Telegramme zu schicken, also muß ich es tun. Von Madanapalli, Kaderi und all den anderen Orten, die auf unserer Route liegen.« Baba sagte: »Kommt nicht in Frage! Dein Vater muß die Telegramme bekommen, aber mach' dir keine Sorgen. Wir wollen ohne Unterbrechung hinfahren.«

Wir hielten nirgends an. Nur einmal machten wir Rast, um zu Mittag zu essen. Bei dieser Mahlzeit brachten wir Baba ein oder zwei leere Gefäße. Er berührte sie nur – und auf einmal war Essen da und Curry. Wir alle aßen davon.

Wir haben einen Palast in Venkatagiri – ein sehr großes Gebäude. Baba war nie zuvor dort gewesen, und doch beschrieb er uns auf dieser Reise nach Venkatagiri einige Zimmer des Palastes, die ich selbst noch nicht einmal kannte!

Als wir in Venkatagiri eintrafen, war mein Vater mit allen Vorbereitungen fertig. Nun, ich fragte ihn: »Was ist geschehen? Ich habe doch überhaupt kein Telegramm geschickt. Woher wußtest du so genau, wann wir ankommen würden?« Er sagte: »Wir haben deine Telegramme bekommen, so wie ich es dir aufgetragen hatte; ich erhielt von jeder Station ein Telegramm.« Sie lagen alle auf seinem Bett. Aber keines trug einen Poststempel. Und doch waren sie alle da: Telegramme aus Kaderi, Madanapalli, Chittor, Tirupati. Wie können Sie das erklären? Mein Vater hatte ein Prostataleiden und mußte häufig zur Toilette gehen. So hatte er die Telegramme jedesmal auf seinem Bett vorgefunden, als er von der Toilette zurückkam, eines nach dem anderen, und er hatte geglaubt, ein Briefträger habe sie in der Zwischenzeit gebracht. Aber als wir feststellten, daß sie keinen Poststempel trugen, ließen wir den Postmeister holen. Er sagte, er habe nicht ein einziges Telegramm für uns erhalten!

Ein ähnlicher Vorfall ereignete sich, als der Vater des heutigen Radscha sich 1952 oder 1953 zu einem Besuch in London aufhielt. Sai Baba war zu jener Zeit gerade zu Gast im Palast der Venkatagiri-Familie in Madras. Die beiden Söhne des Radscha waren ebenfalls anwesend. Eines Tages sagte Baba zu ihnen: »Euer Vater hat seinen Paß verloren und er betet zu mir und bittet mich um Hilfe.« Und Baba beschrieb ihnen, wie der Radscha und seine Begleiter verzweifelt sein gesamtes Gepäck durchsuchten.

Am nächsten Tag sagte Baba zu ihnen, er würde den Paß wieder in der Tasche des Radscha erscheinen lassen, und dieser würde ihn finden.

Als der Radscha aus England zurückkehrte, erzählte er seiner Familie, daß er seinen Paß tatsächlich verloren hatte. Er, seine Begleiter und das Hotelpersonal hatten mit größter Sorgfalt seine Taschen durchsucht, aber sie konnten den Paß nicht finden. Er hatte zu Baba gebetet und ihn um Hilfe gebeten. Irgend etwas sagte dem Radscha am nächsten Tag, daß sich der Paß in einer seiner Taschen befand, die sie am Tage zuvor bereits mehrmals völlig durchsucht hatten. Und tatsächlich fand er dort zu seiner großen Erleichterung seinen Paß.

Gopal Krishna und seine Angehörigen glaubten, daß Baba beobachtet hatte, was dem Radscha in London widerfahren war, daß er das Gebet seines Vaters erhört hatte und den Paß dort wieder erscheinen ließ, wo der Radscha in finden würde.

Gopal Krishna erinnerte sich an eine andere Begebenheit, die anscheinend Babas Hellsichtigkeit offenbarte:

Eines Tages hielt ein *Sanyasin* [ein Mönch, der der Welt den Rücken gekehrt hat], ein Bursche in einer ockerfarbenen Robe, ein Treffen in Venkatagiri ab. Ich war dort. Er und einige andere machten einen Höflichkeitsbesuch in unserem Palast und sahen Babas Foto. Sie begannen, Baba zu kritisieren. Ich konnte einige ihrer Fragen nicht beantworten, wie zum Beispiel: warum reist er nur im Auto, warum trägt er Seide, warum wohnt er, wenn er nach Venkatagiri kommt, im Palast des Radscha und nicht im Hause eines armen Mannes, und so weiter. Ich konnte das nicht beantworten. Zwei Tage später kam ein Brief von Baba, in dem er schrieb: »Warum solltest Du Dich schlecht fühlen? Laß' die Leute reden. Da Du Dich aber wegen ihrer Fragen so schlecht gefühlt hast, gebe ich Dir hier die Antworten auf die Fragen – in der Reihenfolge, in der sie Dir gestellt wurden.

Ich zeigte dem Sanyasin diesen Brief. Sofort nachdem er ihn gelesen hatte, fuhr er nach Puttaparti und blieb dort bis zu seinen Tode. Leider erinnere ich mich nicht mehr an seinen Namen.

Eine andere Begebenheit: Eines Tages hatte ich sehr unwirsch mit meinem Vater gesprochen. Ich hatte nichts weiter getan, als hart mit ihm gesprochen, so als hätten wir einen Streit. Das geschah in Venkatagiri. Später fuhr ich nach Puttaparti ... Bei dieser Gelegenheit war ich mit Baba allein. Wir ruhten uns aus, und ich war still. Der Swami sagte zu mir: »Gopal Krishna, wozu solltest du hierher kommen? Du verschwendest meine und deine Zeit. Komm' von nun an nicht mehr hierher.« »Swami«, sagte ich, »was habe ich getan? Wenn ich irgend etwas getan haben sollte, dann tut es mit leid!« Und ich fing an zu weinen. Er sagte: »Wenn du deinen Vater nicht respektieren kannst und wenn du so grob mit ihm sprichst (wie du es an jenem Tag in Venkatagiri getan hast), dann frage ich mich, wozu du hierher kommen solltest. Wenn du dich so verhältst, dann komm nicht hierher. Dein Vater und deine Mutter sind die wichtigsten Menschen in deinem Leben; sie gaben dir diesen Körper. Ja, es sind die Menschen, die für dich wichtig sind. Sieh' dich vor! Falls so etwas noch einmal vorkommt, werde ich dir verbieten, mich zu besuchen. Das ist die letzte Warnung!« Dieser Vorfall ereignete sich ungefähr vier oder fünf Monate, nachdem ich in Venkatagiri jene harten Worte zu meinem Vater gesprochen hatte. Ich hatte es schon fast vergessen und nie mehr daran gedacht, aber es stimmte. Baba benutzte exakt die gleiche Formulierung, die ich meinem Vater gegenüber gebraucht hatte. Er beschrieb das Zimmer, er gab den Tag, ja sogar die Minute – alles – genau an. Welchen Beweis brauchte ich noch, daß Sai Baba allgegenwärtiger Gott ist?

Es gab auch noch andere außergewöhnliche Erfahrungen.

Ich bekam einen elektrischen Schlag, als ich ihn berührte. In Venkatagiri schliefen mein Bruder und ich gewöhnlich in einem Zimmer mit Baba, mein Bruder auf der einen Seite, Baba in der Mitte und ich auf der anderen Seite. Manchmal gab ich dem Swami eine Massage. Einmal forderte er mich auf, seine Füße zu berühren. Also berührte ich sie. Sie können sich nicht vorstellen, was für einen Schlag ich bekam! Er lachte. Ich hatte schon ein paarmal elektrische Schläge bekommen, aber noch niemals einen von solcher Wucht.

Manchmal, ja eigentlich sehr oft, bemerkte ich, daß sein Gewicht sich veränderte ... Oft forderte er mich scherzhaft auf: »Heb' mich hoch!«

Ich spürte nie das Gewicht eines menschlichen Körpers; er war so leicht wie eine Zeitung; es war so leicht, ihn hochzuheben. Aber manchmal gelang es mir nicht einmal, seinen kleinen Finger zu heben. Das passierte nicht nur einmal, sondern sehr oft. All das geschah in Venkatagiri.

Verschiedene Personen hatten mir von bemerkenswerten Heilungen berichtet, die sie, wie sie glaubten, durch Baba empfangen hatten. Ich fragte Gopal Krishna, ob er von solchen Fällen wüßte.

Ich erlebte am eigenen Leib eine eindrucksvolle Heilung. In meiner Jugend hatte ich viele Jahre lang ein Ekzem. Ich litt sehr darunter, besonders im Winter; manchmal war es so schlimm, daß ich mein Gesicht und meinen Hals mit Bandagen bedecken mußte, denn die Haut war geschwollen und wie eine offene Wunde. Baba produzierte Vibuti und trug es auf das Ekzem auf. Das Ekzem heilte innerhalb von ein paar Tagen und trat nie wieder auf.
Das war eine ungeheure Erleichterung für mich, denn dieses Leiden hatte mich sehr lange gequält, und alles, was wir versucht hatten, war vergebens gewesen ...
Ich habe zwei- oder dreimal gesehen, wie Sai Baba Mandeloperationen durchführte. Bei jenem Fall, an den ich mich am besten erinnere, materialisierte er Vibuti und rieb den Hals des Mannes damit ein – außen. Dann materialisierte er einen Dreizack [der Dreizack ist eines der Insignien von Gott Shiva], entfernte damit die Mandeln, schnitt sie ab, nahm sie heraus und zeigte sie den Umstehenden. Die Wundstellen bluteten nicht, und der Mann hatte offensichtlich keine Schmerzen. Das war im Jahre 1952 oder 1953. Ich glaube, es geschah in Sakammas Haus, in Bangalore. Es waren viele Menschen anwesend, aber ich erinnere mich nicht mehr, wer die Leute waren.
Mein Bruder beobachtete auch einmal eine solche Operation, eine andere. Wir bedauern es heute sehr, daß wir unsere Beobachtungen niemals schriftlich festhielten.

Ich fragte ihn, ob er vielleicht seit der Zeit, da er Baba zum ersten Mal begegnet war, gewisse Veränderungen beobachtet hätte.

Zu jener Zeit war das Leben mit Baba sehr abwechslungsreich. Er stand uns damals sehr nahe und ging sehr freundschaftlich mit uns um, nicht irgendwie spirituell, einfach ganz freundschaftlich. Manchmal neckte er mich, und ich neckte ihn, und wir spielten einander Streiche. Manchmal sagte er zum Beispiel: »Welche Farbe hat die Robe, die ich anhabe?« Ich antwortete: »blau« oder »orange«, wie es gerade der Fall war. »Was sagst du da, siehst du nicht, daß die Farbe ... ist?« Und er lachte und nannte mir die neue Farbe seiner Robe. Die Robe veränderte ihre Farbe gewöhnlich im Bruchteil einer Sekunde. Und später hatte sie vielleicht plötzlich wieder ihre ursprüngliche Farbe.

So trieben wir unseren Spaß miteinander. Manchmal baten wir Ihn: »Swami, gib mit dies oder jenes. Ich habe Hunger.« Und dann materialisierte er etwas zu essen für uns. Das ist jetzt nicht mehr möglich. Heute würde er über Spiritualität sprechen. Der Swami ist heute ein anderer Mensch, ernst – er hält oft öffentliche Vorträge, spricht in Colleges und so weiter. Früher hatten wir viel mehr Spaß, machten Blödsinn, hielten uns gegenseitig zum Narren. Er machte oft seine Späße und war sehr fröhlich.

Baba erlaubte denjenigen, die ihm damals nahestanden, nicht, auszugehen, zum Beispiel ins Kino, mit Mädchen herumzuziehen oder zu rauchen oder zu trinken. Manchen von uns fiel das ziemlich schwer. Einige verließen den Swami deswegen, oder er warf sie hinaus, wie Varadu und Krishna. [Interviews mit diesen beiden folgen in einem späteren Kapitel]. Damals mußten die Jünger auch keine Arbeit verrichten. Heute verlangt er mehr oder weniger, daß die Jünger Dienst am Nächsten leisten, er ermuntert sie dazu. Verschiedene Arten von Sozialarbeit betrachtet er als sehr wichtig. Wenn man heutzutage bei ihm ist, kann man sich kaum eine Minute ausruhen. Aber früher war das anders. Damals saßen wir meistens herum und redeten und sangen Bhajans.

Er sprach noch über eine andere Veränderung, die seit jenen frühen Tagen eingetreten ist:

In den fünfziger und sechziger Jahren waren viele Leute gegen den Swami, selbst in den Nachbardörfern. Wenn wir mit ihm durch die Dörfer fuhren, ja sogar wenn er nicht bei uns war, spuckten die Leute auf unser Auto. Sie machten sich über uns lustig, beschimpften uns und benutzten vulgäre Ausdrücke, die man nicht wiederholen kann. Sie können sich nicht vorstellen, wie feindlich die Bewohner der umliegenden Dörfer Baba gesonnen waren. Das dauerte bis Anfang der siebziger Jahre. Heute gibt es keine Feindschaft und keine Kritik mehr.

Baba selbst hatte sich verändert.

Ja, er machte große Veränderungen durch. Damals predigte er nicht, er sprach wenig oder überhaupt nicht von *Seva* [Dienst am Nächsten] oder *Prema* [Liebe]. Aber allmählich begann er, mehr über Philosophie und Religion zu sprechen. Vor 1960 gab es meistens nur freundschaftliche Gespräche, Späße, Neckereien, so wie man einen guten Freund neckt. Wir waren sehr jung und verspielt in jenen Tagen. Und wir lachten oft miteinander.

Er konnte auch sehr launisch sein; manchmal sprach er tagelang mit keinem Menschen. Er dachte dann nur nach. Aber er war nie zornig, außer wenn jemand etwas Schlechtes tat. Dann schickte er uns weg. Außerdem war er sehr vorsichtig im Umgang mit Frauen. Er traf sich niemals alleine mit ihnen. Es hätte Skandale geben können, wissen Sie.

... Anfang der sechziger Jahre veränderte Baba sich sehr ... er hörte zum Beispiel auf, uns zu necken, er hörte praktisch auf, Witze zu erzählen, und es gab nicht mehr so viele Materialisierungen. Früher gab er uns zum Beispiel oft Dosas [etwas Ähnliches wie Pfannkuchen], und wenn sie plötzlich erschienen, waren sie so heiß, daß wir sie einfach nicht in der Hand halten konnten. Wie hätte er sie irgendwo versteckt halten können? Außerdem konnte er so etwas überall tun. Was wir uns auch wünschen mochten, er gab es uns; die Initiative ging nicht allein von ihm aus. Jemand bat vielleicht um ein Indli [Reisball], ein anderer wollte ein Stück Obst, das man in Indien gerade nicht bekommen konnte, da die Saison vorbei war. Er gab uns all diese Dinge, und er tat es sehr oft. Manchmal bat ich um eine Mangofrucht, wenn sie gerade nicht wuchsen und man wirklich nirgends in Indien eine bekommen konnte. Er materialisierte sie trotzdem. Heute tut er das nicht so oft, und wenn, dann sicher nicht einfach aus Spaß.

... Damals gab es jede Menge Wunder, manchmal jede Minute eines. Er gab uns zu essen, wenn wir hungrig waren, er materialisierte Dinge oder veränderte sie: manchmal ließ er sie wieder verschwinden und so weiter ...

Ich fragte ihn nach den Dematerialisierungen. Geschah das öfter?

Ja, sehr oft. Oft veränderte er auch die Form eines Gegenstandes. Nehmen wir an, er hatte mir einen Ring geschenkt, aber der Ring gefiel mir nach einiger Zeit nicht mehr. Dann gab ich ihm den Ring zurück und bat um einen anderen. Er nahm ihn dann gewöhnlich in die Hand, schloß seine Faust. Wenn er sie wieder öffnete, hatte sich die Form des Ringes verändert.

Er erinnerte sich an einige wirklich außergewöhnliche Vorfälle.

Wir kamen immer mit dem Auto nach Puttaparti. Einmal, als wir dort waren, sagte ich spaßeshalber zu ihm: »Swami, zeig' mir, wie man Auto fährt, fahr' du.« Da setzte er sich auf den Fahrersitz und fuhr vom alten Mandir bis zum Rand des alten Dorfes in Richtung des neuen Mandir, etwa 200–300 Meter entfernt. Auf dem letzten Teil der Strecke ging es leicht bergauf. Er nahm seine Hände vom Steuerrad und kreuzte die Beine auf dem Sitz, aber das Auto fuhr weiter die kurvenreiche Straße zum neuen Mandir hinauf, wechselte die Gänge etc., ohne daß er das Steuerrad oder die Pedale berührte. Der neue Mandir befand sich damals, 1950, gerade im Bau. Wir waren zu zweit im Auto. Das habe ich nur einmal erlebt.

Bezüglich des neuen Mandir fällt mit noch ein anderer Vorfall ein. Damals waren höchstens ein paar Dutzend Leute bei ihm, und das auch nur während der großen Feste. In jenen Tagen fiel er oft ganz plötzlich um und war in Trance. Einmal, an Ramas Geburtstag, geschah folgendes in Venkatagiri. Es war ein sehr heißer Apriltag. Ich erinnere mich sehr genau daran; mein Bruder, mein Cousin Madana und ein paar andere waren auch dabei. Als er wieder zu sich kam, schossen Ströme von Vibuti aus seinem Mund. Danach kamen goldene, etwa eineinhalb Zentimeter breite Täfelchen aus seinem Mund, auf denen auf Telugu »Sri Rama« geschrieben stand. Diese Stücke befinden sich noch heute in unserem Haus in Venkatagiri.

Diese Anfälle kamen ziemlich häufig, aber seit 1960, etwa seit seinem vierunddreißigsten Lebensjahr, traten sie nicht mehr auf. Während dieser Trancezustände blieb er meistens einige Minuten lang ohne Bewußtsein, machmal aber auch stundenlang. Wenn er dann wieder zu sich kam, sagte er gewöhnlich, er sei hier oder dort gewesen, um einigen Jüngern beizustehen. Manchmal gab er uns die Namen oder Orte an, aber wir versuchten nie, das zu überprüfen, denn wir glaubten, was er sagte.

Oft versuchten wir zu verhindern, daß er hinfiel, aber diese Trancezustände kamen so plötzlich über ihn, daß es uns nicht gelang.

Bei einer anderen Gelegenheit hatte Baba Gopal Krishna einen Bogen Briefmarken geschenkt, auf denen sein [Babas] Gesicht abgedruckt war.

Wir saßen in einem Zimmer in Venkatagiri. Ich glaube, es war im Jahre 1951 ... Baba bat mich, einen Bogen Briefmarken zu kaufen, denn er pflegte oft an ihm nahestehende Jünger zu schreiben. Also ging ich los und kaufte einen Bogen Briefmarken für ihn. Als ich zurückkam, wurden gerade Bhajans gesungen; meine ganze Familie war anwesend und alle sangen. Also behielt ich den Bogen bei mir und setzte mich hin. Er bat mich dann, ihm die Briefmarken zu zeigen, und so gab ich ihm den Bogen. Er nahm ihn, bewegte seine Hand darüber und siehe da! der ganze Bogen veränderte sich in Briefmarken, auf denen sein eigener Kopf und sein Name abgebildet waren. In den Ecken der Marken waren Ornamente zu sehen. Er verschenkte einige der Briefmarken an andere Anwesende, aber mir schenkte er etwa die Hälfte des Bogens.

Als Gopal Krishna mir von diesem Vorfall erzählte, besaß er noch vier dieser Briefmarken (die anderen hatte er an Freunde und Verwandte verschenkt). Er schenkte auch mir eine davon.

Die folgende Geschichte hört sich an wie ein Märchen aus Tausendundeiner Nacht:

Bei dieser Gelegenheit eröffnete Baba eine höhere Schule für Mädchen in Venkatagiri. Es waren viele Menschen versammelt, und es drohte zu regnen. Er sagte, es würde nicht regnen, bis die Feierlichkeiten vorüber seien. Es regnete an diesem Platz nicht, obwohl es ringsumher überall regnete.
Einmal bereiteten sie Essen für die Armen zu. Jedesmal zum Dasara geben sie im Freien vor dem Mandir Essen für die Armen aus. Wir sahen den Regen aufziehen, aber der Swami sagte: »Kümmert euch nicht darum. Kocht einfach!« Wir fingen an zu kochen, aber da begann es schon überall zu regnen. Nur um den Mandir herum regnete es nicht, nicht einen einzigen Tropfen. Das Wasser floß überall herum. Es regnete etwa eine halbe Stunde; es war nicht nur ein kurzer Schauer. Es regnete, regnete überall, aber nicht ein Tropfen hier. Es war, als hätte jemand eine Zeltplane über unsere Köpfe gespannt. Das war das Größte, was ich je gesehen habe. Baba hinderte den Regen daran, herunterzukommen.

Falls all diese Geschichten und Erfahrungen tatsächlich der Wahrheit entsprachen und sich so zutrugen, wie er sie wiedergab – hatte er eine Vorstellung, wieso Baba über diese anscheinend außergewöhnlichen Kräfte verfügte? Er antwortete mit jener Erklärung, die Baba selbst einmal gab, als Gopal Krishna ihn gefragt hatte: »Was ist der Unterschied zwischen dir und anderen großen Männern wie Ramana Maharishi oder Sri Aurobindo?«

Seine Antwort lautete ungefähr folgendermaßen: »Diese Leute sind durch Buße und Meditation von deiner Stufe zur göttlichen Stufe aufgestiegen, aber ich bin von Gott gekommen, um die Menschheit zu erlösen, und zwar mit all diesen Kräften, und deshalb brauche ich keine Sadhanas, um außergewöhnliche Kräfte zu erlangen.«

Wir sahen ihn nie irgendwelche Sadhanas oder regelmäßige Meditationen ausführen. Und dennoch war er eine nie versiegende Quelle wunderbarer Kräfte.

Und nun möchte ich noch eine Geschichte erzählen, die eine von Babas Methoden, das Verhalten seiner Jünger zu beeinflussen, veranschaulicht:

Eines Tages nahmen wir Baba mit in den Dschungel von Venkatagiri. Damals gab es viel Wild in unserem Wald. Es kamen ungefähr vier oder fünf Rehe nahe an unseren Jeep heran, und ich sagte, daß ich sie schießen würde, wenn ich ein Gewehr dabei hätte. Darüber war der Swami so traurig, daß er zwei Tage lang nichts aß. Von diesem Tag an schossen wir kein Wild mehr.

Die folgende Passage drückt Gopal Krishnas Haltung Sai Baba gegenüber wahrscheinlich am besten aus:

Ich habe nicht Philosophie oder Religionswissenschaft studiert, aber ich habe Vertrauen zu Baba, das ist alles. Ich gehe nicht zu heiligen Männern oder Swamis oder besuche Tempel. Baba ist so menschlich, so allumfassend, er liebt jeden. Deshalb verehre ich ihn; nicht weil er ein Gott oder ein Wundertäter ist. Man fühlt sich wohl und getröstet, wenn man bei ihm ist. Man vergißt alles.

Der Radscha von Venkatagiri

Ich begegnete dem heutigen Radscha von Venkatagiri ein paarmal in
Madras und Puttaparti. Im September, Oktober und Dezember 1981 hatte
ich Gelegenheit, ausführlich mit ihm über seine Erfahrungen mit Sai Baba
zu sprechen.

Er lernte Sai Baba im Juli 1949 in Bangalore kennen und berichtete
folgendes von dieser ersten Begegnung:

> ... er war zweiundzwanzig Jahre alt, obwohl er viel jünger aussah. Er
> wirkte sehr zerbrechlich. Alle meine Angehörigen gingen zu diesem
> Darshan zur Bhajan-Stunde. Baba war bei Sakamma, einem reichen
> Teeplantagenbesitzer, untergebracht. Nach den Bhajans kam Baba
> herüber und rief meinen Vater zu sich, und wir gingen alle mit ihm.
> Da es unser erster Darshan war, waren wir natürlich alle sehr schüch-
> tern. Wenn wir einem Fremden zum ersten Mal gegenüberstehen,
> haben wir normalerweise das Gefühl, mit einem Fremden zu sprechen.
> Aber mit ihm war es anders: er rief uns und nach unserem *Namaskaram*
> [unserer ehrfürchtigen Begrüßung] sprach er mit uns, als ob er uns
> schon sehr, sehr lange kennen würde. Jeder scheint diese Erfahrung mit
> ihm zu machen; Zeit stellt für ihn kein Hindernis dar. Er begrüßte uns
> und sprach mit uns, als ob er uns schon lange kennen würde und wir
> alte Jünger wären.

Im November 1950 fuhr er mit seiner Familie zum ersten Mal nach
Puttaparti. Was blieb ihm von diesem Besuch besonders im Gedächtnis?

> Zu dieser Zeit waren wir ihm schon sehr ergeben: wir kamen, sahen
> und waren besiegt. Das ist alles. Mit »besiegt« meine ich, daß wir
> jeglichen Widerstand aufgaben. Es ist sehr schwer zu erklären, wo-
> durch dies geschah: es war entweder seine Anziehungskraft oder seine
> Persönlichkeit. Er zog unsere Hingabebereitschaft an, und wir wurden
> seine glühenden Anhänger. Als wir ihm zum ersten Mal besuchten,
> kamen wir nicht als Jünger; wir waren einfach ehrerbietig, so wie wir
> es bei jedem anderen heiligen Mann auch gewesen wären. Im Hinduis-
> mus heißt es, man soll alle Heiligen verehren. Aber persönliche Hinga-

be ist etwas anderes als das Verehren eines Heiligen oder Respektieren einer Person. Hier gaben wir uns hin: es war etwas Absolutes.

Wurde diese »Hingabe« durch ein bestimmtes Ereignis ausgelöst?

Anfangs, in jenen Tagen, verschenkte er viel häufiger Dinge als heute aus seinen »Sai-Schatzkammern«. Er materialisierte viel öfter irgendwelche Objekte. Das erste, was er für mich bei meinem ersten Besuch in Puttaparti materialisierte, war eine Fotografie von ihm. Er schenkte sie mir, und ich besitze sie noch heute. Ich erinnere mich nicht mehr genau daran, wie er sie hervorbrachte: er bewegte einfach eine Hand über der anderen und materialisierte sie. Sie hat die Größe einer Spielkarte, und ich bewahre sie in meinem Puja-Zimmer auf ...
Zu jener Zeit befand sich Prashanti Nilayam gerade im Bau. Es gab damals keine Kräne. So kam es, daß die Eisenträger für das Dach der neuen Mandirhalle nicht nach oben gehievt werden konnten. Also schickten die Männer eine Nachricht zu Baba, der gerade nicht da war – ich glaube, er hielt sich in Bangalore auf – und fragten ihn, wie sie die Eisenträger hinaufschaffen sollten. Daraufhin sagte der Swami, er würde kommen.
Diese Eisenträger waren riesig: sie sind so lang, wie die Mandirhalle breit ist; und es war nicht nur einer, es waren viele, die in regelmäßigen Abständen angebracht werden mußten. Swami wies ein paar Männer an, ein Seil an einem der Eisenträger zu befestigen. »Zieht ihn hoch«, sagte er. Und sie gingen so leicht hinauf, als wären sie aus Kork, während sie sie zuvor trotz aller Anstrengungen nicht hatten bewegen können. Swami half nicht mit, am Seil zu ziehen, sondern gab einfach Anweisungen. Die Arbeiter standen auf der Terrasse, die zu dieser Zeit noch nicht ganz fertiggestellt war. Sie zogen die Träger hinauf und spürten das Gewicht überhaupt nicht.

Baba und seine Jünger gingen regelmäßig zum Ufer des Chitravati.

Es war fast so etwas wie ein tägliches Ritual damals ... es lief fast immer gleich ab. Zuerst sprach er über Philosophie, und dann erzählte er gewöhnlich eine Geschichte über ein religiöses Thema. Dann sangen wir eine Zeitlang Bhajans, und dann forderte er vielleicht ganz plötzlich jemanden auf, Fragen zu stellen oder so. Danach steckte er seine Hand in den Sand oder er machte einen kleinen Sandhaufen und steckte seine Hand da hinein. Wir schauten zu, denn wir wußten, daß er etwas aus dem Sand herausholen würde. Er war ausgelassen und versuchte gewöhnlich, Spannung in uns zu erzeugen. Manchmal machte er keinen Sandhaufen, sondern steckte seine Hand einfach so in den Sand.

Baba holte aus dem Sand

... unzählige Dinge: so viele Dinge, so oft, alle Arten von Dingen, von Süßigkeiten und anderem Eßbaren bis hin zu Gebetsobjekten. Es hing ganz davon ab, was er wollte ...
Swami brachte aus dem Sand alle Arten von Bildern, Halsketten und Schmuckstücken hervor; er schenkte uns viele davon. Und wenn er Essen aus dem Sand nahm, dann war es so heiß, als käme es gerade aus dem Ofen. Er verteilte es an alle. Obwohl es aus dem Sand kam, war auf dem Essen keine Spur von Sand zu sehen. Und was für ein Geschmack! Das macht es so einzigartig. Wir hatten nie zuvor einen solchen Geschmack gekostet ...
Normalerweise produzierte er Süßigkeiten. Manchmal kamen sie in flüssiger Form – etwas, das wir Amrith nannten. Er zog nur seine Hand aus dem Sand, und sie war voller Amrith.
Ein- oder zweimal begleitete ich Swami zum Kalpavriksha-Baum, der nahe bei der Hügelkuppe in der Nähe des Chitravati-Flusses steht. Ich glaube, der Baum existiert noch immer, aber er ist heute viel kleiner als damals. Er forderte die Jünger gewöhnlich auf, sich jede beliebige Frucht zu wünschen, auch wenn sie zur Zeit gerade nicht wuchs. Ich bin eher ein ernsthafter Typ und so bat ich ihn niemals um eine Frucht außerhalb der Saison, aber ich war dabei, als andere es taten. Viele Leute baten um etwas, und was immer sie sich wünschten, sie bekamen es. Sie bekamen es nicht aus Babas Hand, sondern direkt vom Baum. Swami saß gewöhnlich weit vom Baum entfernt. »Welche Frucht möchtest du?«, pflegte er zu fragen. »Dann geh' und hole sie dir«, sagte er zu ihnen.

Der Radscha machte folgende Beobachtung:

Die Ausflüge zum Fluß waren nur ein Vorwand, um bei uns Jüngern keine Langeweile aufkommen zu lassen und ein wenig Begeisterung hervorzurufen. Außerdem – wenn er keine Wunder tut, werden wir kein Vertrauen zu ihm entwickeln. Sie sind ein notwendiges Werkzeug, um in den Jüngern Vertrauen zu erwecken. Ganz gleich wie oft er seinen Jüngern erzählen würde, wer er ist und daß er ein »großer Mensch« ist, ein *Bhagavan* [göttlicher Mensch], es würde nicht genügen. Dadurch, daß wir ihn beobachteten und kennenlernten, kamen wir zu der Überzeugung, daß er ein *Avatar* ist, und wir faßten Vertrauen zu ihm als göttliches Wesen, als Bhagavan.

Er berichtete verschiedene Einzelheiten über jene Zeiten, da der Swami bei seinen Besuchen in Venkatagiri Statuen hervorbrachte.

Während seiner Besuche in Venkatagiri produzierte Swami mehrere kleine Statuen, die in unserer Familie noch heute wie Schätze gehütet werden.
Am 10. oder 11. September 1950 fuhren wir, eine Gruppe von Leuten in drei oder vier Autos, vom Palast in Venkatagiri zum Pallakur-Park am Ufer des Swarnamukhi-Flusses. Dort kreierte der Swami eine Statue von Sri Rama aus dem Sand. Die Statue war ungefähr 25 cm groß.
Während eines anderen Aufenthalts, eineinhalb Jahre später, produzierte er, während wir die Bhajans sangen, Statuen von Sita und Lakshmana. Jede dieser drei Statuen ist ein exquisites Stück aus Metall. Gemäß dem hinduistischen Glauben bilden diese drei Gottheiten eine Einheit ...

Baba produzierte auch andere Dinge:

Falls ich mich recht entsinne, lebten bei uns von 1964 bis 1967 mehrere Leute einer amerikanischen Friedenskorps-Mission – fünf Personen. Sie hießen Stanley Tyrrell, Wiley Craig und Janet, Amist und Phyllis, an deren Familiennamen ich mich nicht mehr erinnere. Sie kamen ebenfalls zum Flußufer [des Swarnamukhi]. Swami schenkte einer dieser Personen ein Kreuz, einer anderen gab er einen Ring. Warum er gerade diesen beiden etwas schenkte, weiß ich nicht. Wir wissen nicht, warum er einer bestimmten Person unter Hunderten von Menschen etwas schenkt.
... Ich sah, wie Swami gewöhnliche Briefmarken in Marken verwandelte, die sein Bild trugen. Ich glaube, er tat dies mehrmals. Bei einer Gelegenheit – es war während seines ersten Besuches in Venkatagiri im Jahre 1950 – sangen wir gerade die Bhajans. Wir brachten ihm einen Bogen mit Briefmarken, den er auf eine besondere Weise berührte. Sie verwandelten sich in Briefmarken, die sein eigenes Konterfei trugen. Mein Vater und meine Mutter bekamen viele davon; sie wurden eingerahmt und ich glaube, sie befinden sich noch heute in Venkatagiri.

Der Radscha erinnert sich an Babas Trancezustände.

Eines Tages, ich glaube, es war Anfang der fünfziger Jahre, waren wir alle im Hause von Hanumantham Rao in Madras zu Gast. Es war an Sri Krishnas Geburtstag, der im August oder September gefeiert wird. Swami ging in Trance. Das ist ein weiteres Phänomen, das wir heute nicht mehr beobachten. Er verließ oft seinen Körper, der dann steif wurde; das war damals fast etwas Alltägliches. Manchmal konnten wir schon an dem Ausdruck in seinen Augen erkennen, daß er kurz davor war, in Trance zu fallen. Aber keinem von uns gelang es, ihn direkt zu ertappen, während er in Trance fiel; es geschah abrupt und mit einem Schlag, und manchmal verletzte er sich sogar dabei. Manchmal hatte er Zuckungen in Armen und Beinen, und seine Glieder waren dann ganz steif und gar nicht mehr biegsam.

Diese Trancen verliefen nicht nach einem bestimmten Muster. Manchmal bewegte er sich überhaupt nicht, nachdem er in Trance gefallen war; er fiel einfach um und bewegte sich nicht. Aber manchmal bewegte er sich sehr heftig. Seine Glieder konnten dann sehr stark und heftig zucken. Er hatte dann außergewöhnlich viel Kraft. Manchmal riß er sich Haare aus. Soweit ich mich erinnere, biß er sich niemals auf die Zunge, so daß sie geblutet hätte.

Während dieser Trancen übernahm er manchmal die Krankheiten anderer Menschen und hatte sie dann für eine Weile, nachdem er aus der Trance zurückgekehrt war. Manchmal waren es schwere Krankheiten, manchmal nur ein leichtes Fieber. In diesen Fällen ging die Krankheit vom Körper eines Jüngers auf seinen Körper über. In Delhi hatte er zum Beispiel einmal eine Lähmung, nachdem er aus der Trance zurückgekommen war.

Ein paarmal kamen während der Trancen Dinge aus seinem Mund. Einmal sahen wir kleine goldene Blätter aus seinem Mund herausschießen. Dabei zerkratzten sie die Ränder seiner Lippen. Sehr oft beobachteten wir auch, wie Vibuti aus seiner Stirn und seinen Füßen kam. Ich erinnere mich besonders an einen Vorfall in Hanumantham Raos Haus, als Vibuti aus seinen Füßen herauskam.

Wenn Swami von seinen Trancen zurückkam, erzählte er uns meistens, wo er gewesen war, aber manchmal auch nicht.

Er erinnerte sich an eine ganz bestimmte Begebenheit:

... das geschah in Hanumantham Raos Haus. Ich war anwesend, und es kann sein, daß mein Bruder auch dabei war. Es waren viele Menschen dort, aber mein Cousin Madana war gerade gegangen, kurz bevor sich der Vorfall ereignete – nach den Bhajans.

Ein Korb mit Süßigkeiten »kam« auf Babas Hände zu, als er in Trance auf dem Bett lag. Wir sahen ihn kommen. Wir sahen nicht, woher der Korb kam – es war sehr schwer zu beurteilen, welche Entfernung er zurücklegte, da es im Zimmer geschah. Unsere physischen Augen haben ihre eigenen Grenzen. Aber der Korb erreichte seine Hände, und nachdem er angekommen war, erhob sich der Swami.

Ich kann mich nicht mehr daran erinnern, aus welchem Material der Korb bestand, aber er war bis zum Rand gefüllt mit indischen Süßigkeiten. Wir bekamen einen Teil davon, und wir nahmen sie mit nach Hause und verteilten sie später an einige Leute. Ich weiß nicht mehr, was für Süßigkeiten das waren. Ich erinnere mich nur daran, daß sie wie immer einen besonderen Geschmack hatten; alles, was aus den »Sai-Schatzkammern« kommt, ist etwas Besonderes.

Hatte er auch gesehen, daß Baba Dinge verwandelte, ohne sie zu berühren?

Ich habe gesehen, wie Swami Dinge aus einer Entfernung veränderte – keine Briefmarken, aber einige andere Dinge, zum Beispiel einen Ring. Eine Person trug vielleicht einen gewöhnlichen Ring am Finger, und Swami sagte: »Möchten Sie einen neuen?« »Ja, Swami.« »In Ordnung.« Und der Ring veränderte sich, direkt am Finger. Ich habe das nicht selbst erlebt, aber ich habe es beobachtet. Aber was er normalerweise tut, ist – er nimmt den Ring, hält ihn zwischen den Fingern, bläst darüber, und es wird ein ganz anderer Ring daraus, oder der Ring verändert sich irgendwie. Eine Zeitlang war ich zum Beispiel Kricketspieler, und ich trug einen Ring. Aber ich wußte nicht, was ich damit anfangen sollte, während ich spielte, denn ich konnte ihn beim Spielen nicht tragen. Also fragte ich den Swami. Er sagte: »In Ordnung. Möchtest du, daß er umhüllt ist?« »Ja, Swami.« »Dann gib' ihn mir.« Er veränderte ihn so, daß er mit einer kleinen Kappe versehen war, und gab ihn mir zurück. Auf dem Ring befand sich ein Bild von ihm, und nun war er mit einer Kappe versehen, die man darüberklappen konnte. Dieser Ring ist noch heute in meinem Besitz.

Der Radscha war nicht selbst Zeuge von außergewöhnlichen Vorfällen im Zusammenhang mit Autos. Er fügte jedoch hinzu:

Es geschahen zwei Dinge, die von vielen verläßlichen Personen persönlich beobachtet wurden: Das eine war, daß er, als kein Benzin mehr im Tank seines Wagens war, seine Begleiter aufforderte, den Tank mit

Wasser zu füllen, und das Auto fuhr mit Wasser; das andere war, daß sein Auto von selbst fuhr, ohne daß er die Bedienelemente betätigte. Swami saß da mit gekreuzten Beinen, keinen Fuß auf der Kupplung oder Bremse, und seine Hände berührten das Steuerrad kein einziges Mal. Das Auto fuhr; er fuhr das Auto auf diese Weise! Er war zu Scherzen aufgelegt.

Der Radscha konnte sich nicht erinnern, wer diese Begebenheiten, bei denen das Auto mit Wasser fuhr oder der Swami das Auto steuerte, ohne die Bedienelemente zu berühren, persönlich beobachtet hatte. Diese Vorfälle waren, soweit ihm bekannt war, nicht schriftlich festgehalten worden.

Einmal sagte er etwas, das wir in dieser oder ähnlicher Form oft zu hören bekamen:

Das Problem ist, daß es uns zu jener Zeit gar nicht in den Sinn kam, daß Babas Geschichte eines Tages so wertvoll sein würde; andernfalls hätten wir natürlich all diese Begebenheiten schriftlich festgehalten. Wir sahen unzählige solcher Dinge. Aber manchmal bleiben in unserem Gedächtnis nur Bruchstücke solcher Erinnerungen zurück. Die Vorfälle waren zu zahlreich, als daß man sie alle im Gedächtnis behalten könnte.

Zwei Vorfälle ereigneten sich in Kanyakumari, am südlichsten Zipfel Indiens, wo er [Baba] mit einer Gruppe von Leuten hinunter zum Meer ging.

... Er ging bis an den Rand des Wassers, und drei oder vier andere gingen mit ihm ins Wasser hinein. Ich blieb oben auf dem Strand und wartete nur ein paar Meter entfernt. Es waren ziemlich viele von uns mitgekommen, so auch B. Ramakrishna Rao, der damals Gouverneur war. Swami ging ins Wasser, und als die Welle zurückwich, hatte sich eine Perlenkette um seine Füße geschlungen. Jeder konnte es sehen, und wenn ich mich recht erinnere, schenkte er sie Mrs. Ramakrishna Rao.

Es ereignete sich noch ein weiterer Vorfall in Kanyakumari. Es gibt einen Tempel dort auf Kap Comoron, in dem die wunderschöne Statue einer Gottheit steht ... Swami erzählte uns die Geschichte, daß sich an der Nase der Statue früher einmal ein Diamant befunden hatte (es war eine weibliche Gottheit), der im sechzehnten Jahrhundert von den Portugiesen gestohlen worden war, [eine Tatsache, die mit den historischen Fakten ziemlich genau übereinzustimmen scheint.] Diese Statue gleicht eigentlich jeder anderen traditionellen Hindu-Statue, aber sie ist ein besonders schönes Stück – so lebensecht! Aber der wesentliche Punkt ist, daß der Diamant tatsächlich nicht mehr da war und Baba ihn irgendwie materialisierte. Er gab dieser Gottheit den Diamanten zurück.

Der Radscha gab uns seine Version der Geschichte des verlorenen Passes seines Vaters.

Mein Vater war schon immer ein zerstreuter Mensch. [Er] verlor seinen Paß und konnte ihn tagelang nicht finden. Schließlich fand er ihn wieder. Bei seiner Rückkehr nach Indien sagte Baba zu ihm: »Du hattest deinen Paß verloren. Du warst schon immer so – vergeßlich. Du hattest ihn irgendwo fallen lassen, und er kam in dein Zimmer.« Das heißt, daß Swami selbst ihm den Paß zurückbrachte.

Er beschrieb eine Mandeloperation.

Ich erinnere mich nicht mehr an den Namen des Patienten, aber ich glaube, es war ein junger Mann. Es waren noch zwei andere Männer dabei, einer von ihnen war der Sänger B. V. Raman. Er sollte eine Schale bringen. Er hielt sie, es war etwas Wasser darin. Ich hielt ein Handtuch. Der Patient bekam kein Betäubung. Baba sagte zu ihm: »Mach den Mund auf.« Dann materialisierte er eine Art Instrument mit drei Zacken und etwas, das einem Messer ähnelte. Er führte diese Instrumente in den Mund des Patienten ein und machte einen Schnitt. Es geschah ganz plötzlich. Aus der Wunde kam Blut. B. V. Raman ist Brahmane und kein harter Mann; er fiel beinahe in Ohnmacht. Swamiji machte Witze und rief ihm zu: »Hab' keine Angst.« Der Patient verspürte einen leichten Schmerz, aber der Swami hatte zuvor Vibuti aufgetragen, das den Schmerz linderte. Die Gewebestücke wurden herausgeholt und weggeworfen, wie bei jeder gewöhnlichen Operation. Nach der Operation hatte der Patient Schmerzen, und so brachte Swami etwas Vibuti, trug es auf den Hals auf, ließ ihn etwas davon essen, und der Schmerz verschwand in kürzester Zeit.

In jenen Tagen, berichtete der Radscha, sei Baba von seinen Jüngern oft in einer Prozession vom alten zum neuen Mandir getragen worden.

Das geschah normalerweise abends. Da es kein elektrisches Licht gab, trugen viele Leute Gaslichter und Petroleumlampen oder getrocknete Dungfladen, die viel Licht geben, und eine Art Feuerwerk, das einen strahlenden Glanz entfaltet und das wir bei Festen benutzen.

Es mag eine optische Täuschung gewesen sein, wir wissen es nicht – aber vielen Leuten erschien Swami in verschiedenen Farben, verschiedenen Farbtönen. Obwohl ich selbst ihn nicht in dieser Gestalt sah, erschien er auch manchmal als Amba, das heißt, eine sitzende Devi, eine weibliche Gestalt. Eine Veränderung, die jeder beobachten konnte, war, daß Vibuti aus seiner Stirn herausströmte. Und außerdem sah man eine Art Glanz auf seinem Gesicht – so etwas wie ein Leuchten, aber doch wieder etwas anders. Es ist sehr schwer zu beschreiben, aber der christliche Begriff, der dem am nächsten kommt, ist »Gottesschau« – eine Aura. Aber ich habe Baba niemals von einem Lichtschein oder einem hellen Licht umgeben gesehen.

Der Radscha fügte hinzu:

Ich hatte außergewöhnliche Sinneswahrnehmungen, als ich Baba berührte. Es ist sehr schwer zu beschreiben; man muß es selbst erleben. Aber soweit es mich betraf, war es eine angenehme Empfindung. Man fühlt sich erhoben, aber auf eine Art ist es kein Hochgefühl. Ich kann es vielleicht am besten als ein Gefühl von allgemeinem Wohlbefinden beschreiben: man fühlt sich sehr glücklich. Es ist eine begeisternde Erfahrung.

Baba hatte Venkatagiri im Jahre 1970 zum letzten Mal besucht, und in Puttaparti hatte sich seit den alten Zeiten alles verändert. Der Radscha hatte folgendes zu berichten:

Körperlich sind wir ihm nicht mehr so nahe wie damals. Und doch manifestiert sich seine Liebe zu uns auf die eine oder andere Weise, und in diesem Sinne sind wir ihm noch immer sehr nahe. Manchmal spüre ich seine Gegenwart. Er gibt uns verschiedene kleine Zeichen, durch die er uns seine Gnade und Gegenwart spüren läßt.

Unsere Klasse wurde durch politische, soziale und wirtschaftliche Veränderungen in diesem Lande praktisch zerstört. Wenn unsere Familie eine der wenigen ist, die sich noch an die alten Traditionen halten, so ist das ausschließlich Baba zuzuschreiben, denn er will, daß diese Traditionen fortbestehen. Er ist der Hüter des Dharma. Er ist der inkarnierte Rama.

Swami unterliegt nicht den Gesetzen von Geburt und Tod, sein Körper dient nur seinen Zwecken, für die Zeit, die er hier ist. Für uns, die wir so begrenzt sind, sind Name und Form sehr wichtig. Wir haben noch nicht die Stufe erreicht, auf der wir Baba wirklich erkennen können. Er ist der absolute Brahmane in seiner ursprünglichen Form. Aufgrund seines *Deva Sankalpa* (das heißt, seines göttlichen Wunsches) hat er diese Form und diesen Namen angenommen. Aber in Wirklichkeit hat er weder einen Namen noch eine Form, er hat sie nur zum Wohle der Menschheit angenommen. Das entspricht der hinduistischen Philosophie, an die wir glauben.

... Es gibt heute so viele Pseudo-Bhagavans. Sie sind hier entgegen den Geboten der religiösen Schriften. In unseren Schriften ist genau beschrieben, welche Qualitäten ein Mensch haben muß, der wirklich göttlich ist. Nur wenn all diese Qualitäten auf den Mann zutreffen, erkennen wir orthodoxen Gläubigen ihn als einen Avatar an, und Swami hat all diese Eigenschaften. Lord Krishna ist in unserer Geschichte das beste Beispiel für einen Avatar.

Gewöhnliche Menschen, die *Siddhis* [außersinnliche Kräfte] erlangen, können Dinge materialisieren. Aber wenn sie diese Kräfte, die sie durch Buße und Entsagung erlangt haben, benutzen, werden sie sie erschöpfen. Es ist nicht gut für sie. Sie werden versuchen, ihre Kräfte vor denjenigen, die zu ihnen kommen, zu demonstrieren, für ihre Publizität und für egoistische Zwecke. Aber Swami tut nichts für sich selbst. Das unterscheidet ihn von anderen. Er fordert niemanden auf, zu ihm zu kommen, noch bittet er jemanden um etwas. Nur Bhagavan sollte Wunder tun, denn er ist allmächtig, allwissend und allgegenwärtig.

»Bitte, worum du willst«

Die Familie des verstorbenen Mr. Radhakrishna Chetty lebte in einer Region, in der Telugu gesprochen wurde, gerade innerhalb der Grenzen des Staates Andhra Pradesh, in der kleinen Stadt Kuppam, etwa fünfzig Meilen von Bangalore entfernt. Sie waren unter den ersten Jüngern Babas oder »Bhagavans«, wie er von vielen genannt wird.

Mr. Radhakrishna, seine Frau und seine Kinder besuchten Puttaparti zum ersten Mal im Jahre 1946, als Sathya Sai Baba erst neunzehn Jahre alt war. Der junge Swami fesselte sie so sehr, daß sie viele Jahre lang jedes Jahr sechs bis neun Monate mit ihm verbrachten. Mr. Radhakrishna war bereits vor ein paar Jahren gestorben, als Dr. Osis und ich seine Familie im Jahre 1975 kennenlernten. Wir besuchten Mrs. V. R. Radhakrishna in ihrem Haus in Kuppam und später auch in Whitefield, wo sie sich oft bei ihrer Tochter, Mrs. Vijaya Hemchand, aufhielt.

Ich lernte bald sieben der acht Söhne und Töchter von Mr. Radhakrishna kennen, die heute alle verheiratet sind und mit ihren Familien an weit entfernten Orten leben. Die Älteste, Suseelamma, Witwe von Mr. Venkatamuni, ist die Tochter von Mr. Radhakrishnas verstorbener erster Frau.

Da die Familie aus Kuppam schon so lange mit Sai Baba verbunden ist, betrachtete ich ihre Aussagen über die Anfangszeit seines Wirkens als außerordentlich wichtig. Unsere Recherchen wurden dadurch erleichtert, daß alle Mitglieder dieser Familie, außer Mrs. Radhakrishna, die englische Sprache gut beherrschen.

Als Dr. Osis und ich Mrs. Radhakrishna Anfang Februar 1975 zum ersten Mal besuchten, fungierte ihr jüngster Sohn Muralidhar als Dolmetscher. Nachdem eine zweite unabhängige Übersetzung der Abschrift dieses Interviews angefertigt worden war, gingen Dr. Thalbourne und ich im September 1981 einen Auszug des nun folgenden Kapitels mit Mrs. Radhakrishna noch einmal, mit Hilfe ihrer Tochter Vijaya, durch. Mrs. Radhakrishna wußte von einigen außergewöhnlichen Vorfällen zu berichten, von denen der verblüffendste vielleicht jener war, bei dem Sai Baba von einem Ort verschwand und an einem anderen wieder auftauchte:

Ich will alles erzählen, woran ich mich erinnere. Fast täglich machten wir Ashrambewohner am späten Nachmittag einen Spaziergang zum

Chitravati. Wenn wir uns dem Fluß näherten und an einem Hügel rechts von unserem Weg vorbeikamen, verschwand er [Baba] manchmal ganz plötzlich. Er pflegte dann zum Beispiel mit dem Finger zu schnippen und forderte die Umstehenden auf, dasselbe zu tun. Und kaum hatten wir mit den Fingern geschnippt, war er auch schon aus unserer Mitte verschwunden, und wir konnten ihn auf der Kuppe des Hügels sehen, wo er auf uns wartete.

Dieses Verschwinden und Wiedererscheinen war in jenen frühen Tagen, besonders Ende der vierziger Jahre, bei Baba nichts Außergewöhnliches. Außergewöhnlicher war dagegen schon jene Begebenheit, bei der er ihnen auf der Spitze des Hügels stehend ein blendendes Licht zeigte:

Eines Tages, als wir mit ihm unterwegs zum Flußufer waren, sagte er, er würde uns das »dritte Auge« zeigen. Man sagt, daß Lord Shiva das »dritte Auge« besitzt. An einem der vorhergehenden Tage hatte er zu uns gesagt: »Bald werde ich euch das dritte Auge zeigen.« An jenem Tag also, als er sagte: »Ich werde euch das dritte Auge zeigen«, wußten wir, daß er uns etwas zeigen würde.
Gerade in dem Moment, als wir zu ihm hinsahen, als er auf der Hügelkuppe stand, sahen wir ein hellscheinendes Licht, das wie die aufgehende Sonne wirkte, und dieses Licht strahlte unerträglich hell. Dieses strahlende Licht ging von seinem Kopf aus und erleuchtete den ganzen Platz. Ganz plötzlich war hinter ihm ganz viel Licht, als ob gerade die Sonne aufgegangen wäre.
Noch bevor das Licht seine volle Stärke erreicht hatte, sagten einige Leute, sie könnten es nicht ertragen, und die Frauen wurden beinahe ohnmächtig. Weil sie anfingen zu klagen und bevor sie noch wußten, was geschah, war er wieder bei ihnen am Flußufer.

Wir baten Mrs. Radhakrishna zu beschreiben, wie das Licht ausgesehen hatte, welche Form und Farbe es gehabt hatte.

Da waren Farben, aber man konnte sie nicht genau definieren, weil das Licht so hell schien. Da war ein solches Strahlen, daß wir die Farben nicht genau erkennen konnten. Das Licht befand sich direkt hinter seinem Kopf; es war wie eine aufgehende Sonne hinter seinem Kopf. Da waren so viele Farben, und das Zentrum des Lichtes war sehr grell, deshalb konnte man die Farben nicht erkennen. Es leuchtete so hell, und bevor irgend jemand sich über die Farben Gedanken machen konnte, war er schon wieder am Flußufer. Dieser Vorfall ereignete sich gegen sechs Uhr abends. Es war ein wenig dunkel an diesem Tag. Der Lichtschein wirkte noch stärker, weil der Himmel dahinter ziemlich dunkel war.

Wir baten sie um mehr Einzelheiten. Wo standen sie? Wo stand der Swami? Wie verschwand er? Wie schnell nach seinem Verschwinden konnten sie ihn auf dem Hügel sehen?

Wir kamen gerade zum Flußufer, als er plötzlich zu uns sagte: »Schaut, schaut, ich werde euch etwas zeigen«, und innerhalb von Sekunden war er auf dem Hügel zu sehen. Und die Leute standen dort am Fuße des Hügels. Als wir zu ihm hinschauten, sahen wir ein blendend helles Licht. Es sah aus wie ein roter leuchtender Ball und sandte farbige Strahlen aus, die man wegen ihrer Helligkeit weder genau erkennen noch zählen konnte. Man konnte sie nicht anschauen. Es war so rot und so hell, und bevor sich jemand Gedanken über die Farben machen konnte, war er wieder bei uns. Dies geschah um sechs Uhr. Es war ein verhangener Tag, und das Leuchten wurde durch den dunklen Himmel noch hervorgehoben.

Wie andere Zeugen über dieses Lichtphänomen berichteten, wird im folgenden noch beschrieben.

Mr. Radhakrishna erkrankte ein paarmal während seiner Besuche in Puttaparti. Seine Witwe berichtete uns von einem solchen Zwischenfall, der von besonderem Interesse ist, da er in Zusammenhang mit Babas plötzlichem Verschwinden vom Chitravati-Fluß und seinem Erscheinen an Mr. Radhakrishnas Bett stand und offensichtlich auch der Grund dafür war. Es geschah einen Tag, nachdem Baba ihn angeblich von einer schweren Krankheit geheilt hatte.

Gleich am nächsten Tag, nachdem dieser Vorfall sich ereignet hatte, fragten die Leute Swamiji: »Wollen wir heute abend nicht zum Chitravati gehen, Swamiji?« Er antwortete: »Oh, der arme Radhakrishna ist so krank, wie können wir ihn allein lassen und gehen? Laßt ihn erst einmal gesund werden; wir werden später gehen und ihn mitnehmen.« Daraufhin sagte ich: »Es macht nichts. Ich werde nach ihm sehen. Ihr könnt alle zum Chitravati gehen.«

Wenn Swamiji zum Chitravati geht, ist der Ashram vollkommen leer – alle folgen ihm. Sie gingen alle, nur ich blieb bei meinem Mann zurück. Sie erreichten das Flußufer, und er setzte sich zwischen sie in den Sand und sprach zu ihnen.

Zu dieser Zeit gab ich meinem Mann gerade etwas zu trinken, als er ohnmächtig in seinem Sessel zurückfiel und das Getränk wieder aus seinem Mund herauslief. Da rief ich aus: »Swamiji, es ist etwas passiert, es ist etwas passiert.« Im nächsten Augenblick war der Swami an meiner Seite und sagte: »Nichts ist geschehen. Sei ruhig.« Er legte seine Hand auf Radhakrishnas Stirn und gab ihm etwas Horlicks [ein in Indien weitverbreitetes Getränk], und er erholte sich wieder.

Laut der Aussage von Mrs. Radhakrishna erschien der Swami sofort an ihrer Seite, als sie nach ihm rief. Sie wußte, daß er zum Chitravati gegangen war, und war sicher, daß er sich nicht im alten Mandir aufhielt, bevor sie in Panik nach ihm rief. Um vom Chitravati zum alten Mandir zu gelangen, braucht man mindestens ein paar Minuten, wenn man schnell rennt. Mr. Radhakrishna und seine Frau waren die einzigen Personen, die sich im Ashram aufhielten, als sich der Zwischenfall ereignete; ihre Tochter Vijaya, das einzige andere Familienmitglied, das sich zu dieser Zeit in Puttaparti aufhielt, war mit Sai Baba und den anderen zum Fluß gegangen.

Mrs. Radhakrishna erzählte uns:

Der Swami war plötzlich vom Flußufer verschwunden. Alle suchten ihn und schauten nach, ob er vielleicht auf der Hügelkuppe sei. Nachdem sie die ganze Gegend am Chitravati abgesucht hatten, in dieser und in jener Richtung, kamen sie zum Ashram gerannt. Als sie zu ihm kamen und fragten, warum er hier sei, antwortete er: »Es hat sich ein kleiner Zwischenfall ereignet, deshalb mußte ich dringend zurückkommen. Es ist alles in Ordnung.«

Wußte sie vielleicht von einem anderen Fall, bei dem einer anderen Person etwas Ähnliches widerfahren war? Sie erwiderte, Baba pflege viele Dinge zu tun, aber sie habe nie andere Leute gefragt, was ihnen widerfahren sei. Sie selbst hatte einen weiteren Fall dieser Art beobachtet. Der Swami pflegte zu sagen: »Ich werde bis zum Ende aller Tage jeden beschützen, der an mich glaubt.« Nahe bei der Kuppe des Hügels, der über dem Chitravati liegt, steht ein Tamarindenbaum. Von anderen Jüngern und aus schriftlichen Aufzeichnungen hatten wir erfahren, daß Sai Baba in der Anfangszeit seines Wirkens sehr oft unter denkwürdigen Umständen auf diesem Baum Dinge für seine Jünger erscheinen ließ. Mrs. Radhakrishna erinnerte sich folgendermaßen:

Er ging oft mit uns zum Tamarindenbaum auf dem Hügel. Manchmal forderte er uns auf, Blätter von dem Baum zu pflücken und sie in der Hand zu halten und die Hand zu schließen. Dann pflegte er zu sagen: »Bitte, um was immer du willst«, und wenn wir unsere Hände öffneten, war das Gewünschte da. Manchmal glaubten ihm die Leute nicht. Sie dachten an einen bestimmten Gegenstand, aber bevor sie ihre Hände öffneten, fragten sie den Swami, an was für einen Gegenstand sie gedacht hatten. Er beantwortete diese Fragen stets richtig und sagte ihnen, noch bevor sie die Hand öffneten was sich in der Hand befand. ... Die älteren Leute baten meistens um eine Gottesfigur, ein *Saligram* [Statuette], oder um einen Lingam für die Pujas. Die Jungen baten vielleicht um Schokolade, Pfefferminzbonbons, andere Süßigkeiten oder um Früchte.

Wir schlossen einfach die Hände, dachten nach und wünschten uns etwas, das ist alles. Wir konnten nicht sehen, woher die Sachen kamen. Wir sahen sie erst, wenn wir unsere Hände öffneten. Die Blätter waren verschwunden, und an ihrer Stelle war nun etwas anderes da.

Manchmal pflückte Swami eigenhändig verschiedene Früchte von diesem Baum – Äpfel, Granatäpfel oder Mangos. Es ist wirklich eine höchst aufregende Sache, wenn ein Apfel von einem Tamarindenbaum gepflückt wird. Aber er konnte jede Frucht von diesem Baum pflücken, oder von jedem anderen Baum. Und wenn wir um eine ganz bestimmte Frucht baten, nehmen wir an einen Apfel, sagte er vielleicht – besonders zu Leuten, die nicht an ihn glaubten – »Geh und pflücke; du wirst einen Apfel bekommen.« Und sie fanden einen Apfel am Baum. Er tat fast täglich ein paar Wunder. Es war eine ganz alltägliche Angelegenheit für die Leute, die bei ihm waren. Manchmal brachte er auch heiße Dinge aus seinen Händen hervor. Wenn er am Ufer des Chitravati entlang ging, beugte er sich manchmal plötzlich nieder, schöpfte mit der Hand etwas Wasser aus dem Fluß und sagte: »Ja, Nektar.« Und genauso schmeckte es, wenn er es jemandem zu trinken gab. In dieser Anfangszeit waren gewöhnlich dreißig bis vierzig Menschen bei dem Swami in Puttaparti ... Wir sangen oft gemeinsam heilige Lieder, Bhajans. Das war unsere Hauptbeschäftigung. Swami leitete das Singen. Einmal sangen wir ein Lied, in dem eine Schlange erwähnt wurde [die Schlange ist ein Symbol Shivas], und plötzlich war da eine Schlange mit hochgerecktem Hals. Die Leute riefen: »Swamiji, da ist eine Schlange!« Er sagte: »Regt euch nicht auf, bleibt einfach sitzen; sie wird euch nichts tun.« Die Schlange war da, bis das Lied zu Ende war. Dann sagte Swami zu der Schlange: »Geh', geh', geh'!« Sie verschwand einfach, und wir wußten hinterher nicht, wohin sie verschwunden war.

Er verschwindet vor den Augen seiner Jünger

Als die Familie aus Kuppam im Jahre 1946 zum erstenmal nach Puttaparti fuhr, war ihre Tochter Vijaya erst fünfzehn Jahre alt. Heute lebt Vijaya als Mrs. Hemchand mit ihrem Mann und ihren Kindern in Whitefield. Wenn der Swami sich in Whitefield aufhält, wohnt häufig auch ihre Mutter bei ihr. Im Zeitraum zwischen Januar 1975 und September 1981 führten wir insgesamt vier Interviews mit ihr durch. Wenn ich im folgenden von Mrs. Hemchand spreche, werde ich sie Vijaya nennen, wie alle ihre Freunde es tun.

Laut der Aussagen von Mrs. Radhakrishna und Vijaya verschwand Sai Baba des öfteren direkt vor den Augen seiner Jünger. Dieses höchst erstaunliche Phänomen ereignete sich in der Zeitspanne von 1946 bis 1978 sehr häufig, manchmal ein- oder zweimal pro Woche, und wurde angeblich von allen anwesenden Jüngern beobachtet.

Wir gingen damals täglich mit dem Bhagavan zum Ufer des Chitravati – gewöhnlich so gegen vier Uhr nachmittags. Auf dem Weg dorthin ging er in unserer Mitte, die Frauen auf der einen, die Männer auf der anderen Seite. Als wir am Hügel vorbeikamen, noch bevor wir den Fluß überquert hatten, verschwand er plötzlich aus unserem Blickfeld. Er erschien dann im Handumdrehen auf der Kuppe des Hügels und rief zu uns herüber: »Hier bin ich, oben auf dem Hügel.« Manchmal verschwand er plötzlich vor unseren Augen, ohne etwas zu sagen. Wir begannen dann vielleicht, ihn zu suchen, schauten hier und dort, aber dann klatschte er auf dem Hügel stehend in die Hände.

Wir fragten, wie Baba wieder heruntergekommen sei.

Manchmal rief er: »Ich komme hinunter«, und im gleichen Augenblick, in dem er das letzte Wort aussprach, war er wieder mitten unter uns.

Erschien er am gleichen Platz, von dem er verschwunden war?

Er erschien vielleicht nicht direkt am selben Fleck, aber doch in der Nähe. Manchmal kam es zum Beispiel vor, daß er, bevor er verschwand, direkt neben mir stand, aber neben einer anderen Person wieder auftauchte.

Vijaya machte sich fast täglich Notizen, während sie bei Sai Baba lebte, und übertrug sie alle paar Tage in endgültiger Form in ihr Tagebuch – anfangs noch ohne Angabe des Datums. Zu unserem Bedauern waren die Tagebucheintragungen in Telugu, und zudem schrieb sie mehr darüber, was Baba gesagt, als über die Wunder, die er offensichtlich vollbracht hatte. Sie hatte bereits einige Leute abgewiesen, die Auszüge aus ihren Aufzeichnungen veröffentlichen wollten, und sie sagte uns, daß sie es weiterhin so halten wolle, bis Sai Baba sie aufforderte, dies nicht mehr zu tun.

Aus meiner Bekanntschaft mit einigen Mitgliedern der Familie aus Kuppam wurde Freundschaft, und schließlich tat Vijaya mir den großen Gefallen, verschiedene Dinge in ihren Tagebüchern nachzuschlagen. Sie erlaubte mir auch, mehrere wichtige Passagen zu fotografieren, die ich später unabhängig voneinander von zwei Akademikern der Universitäten von Madras und Bangalore übersetzen ließ.

Auf meine Bitte hin ging sie ihr Tagebuch bis zu den Aufzeichnungen von 1950 durch. Die einzige Eintragung, in der Babas angebliches plötzliches Verschwinden erwähnt wurde, bezog sich auf den Zwischenfall mit ihrem Vater, der bereits von Mrs. Radhakrishna beschrieben wurde.

Laut Vijayas Aussage geschah dieses plötzliche Verschwinden nach 1949 nicht mehr, mit einer Ausnahme im Jahre 1950, dem Jahr, in dem die neue Mandirhalle an Swamis Geburtstag (23. November) eingeweiht wurde. Zu diesem Zeitpunkt war Vijayas Vater krank und wurde von seiner Frau gepflegt, Mrs. Radhakrishna gab ihm eine Tasse Horlicks zu trinken, als er plötzlich das Bewußtsein verlor und wie tot dalag. Vijaya beschreibt den Zwischenfall in ihrem Tagebuch wie folgt:

Es war zwischen 6.30 Uhr und 7.00 Uhr abends, und wir hatten gerade den Chitravati auf unserem Rückweg zum Ashram überquert. Baba sprach mit uns, während wir so dahinschlenderten. Er befand sich mitten in der Gruppe, als er plötzlich verschwand und nirgends mehr zu sehen war. Die Leute fingen an, ihn zu suchen, aber sie konnten ihn nicht finden. Mich durchfuhr sofort der Gedanke, daß etwas mit meinen Vater geschehen war und daß das der Grund für Babas Verschwinden sein mußte. Also rannte ich geradewegs zum Zimmer meines Vaters in Prashanti Nilayam, und ich brauchte etwa zehn Minuten, um vom Fluß dorthin zu gelangen. Baba saß neben meinem Vater und wischte den Schweiß von seinem Gesicht. Er selbst schwitzte ebenfalls ziemlich stark. Ich fragte ihn, warum er verschwunden war, und er sagte: »Deine Mutter schrie so laut sie konnte ›Sai Baba!‹, und deshalb mußte ich kommen und deinen Vater retten.« Meine Mutter erzählte, daß Baba direkt, nachdem sie gerufen hatte, an Vaters Seite erschienen war. Er klopfte ihm nur auf die Schulter und sagte: »Komm', steh' auf.« Daraufhin öffnete mein Vater die Augen und fragte: »Baba, wo bin ich?« Dieser antwortete: »Du bist bei mir, mach' dir keine Sorgen, es ist alles in Ordnung.«

Der zitierte Text ist das einzige zeitgenössische schriftliche Beweismaterial für das Phänomen des plötzlichen Verschwindens. Wir werden später noch erfahren, was andere über dieses Phänomen zu berichten haben. Als wir Vijaya fragten, ob Sai Baba nicht eher weggerannt als plötzlich verschwunden sein konnte, wies sie eine solche Interpretation zurück. Laut ihrer Aussage verschwand der Swami im Bruchteil einer Sekunde aus dem Blickfeld der Umstehenden. Da er stets im Mittelpunkt ihrer Aufmerksamkeit stand, konnte er sich keinesfalls auf gewöhnliche Art und Weise davongemacht haben. Er verschwand einfach.

Die ersten Jünger Sai Babas glaubten, daß er außerdem plötzlich an weit entfernten Orten erscheinen konnte. Die Hemchands berichteten von einem Vorfall, der nach ihrer Meinung Babas plötzliches Erscheinen in der weit entfernten Stadt Madras bewies, wo sie zu jener Zeit wohnten. Mr. Hemchand berichtet.

Wir lebten damals in Madras, als wir ein Telegramm von Bhagavan erhielten, in dem er uns bat, uns sofort auf den Weg nach Puttaparti zu machen. Also fuhren wir los. Dann erhielten wir zwei Tage später in Puttaparti ein Telegramm von einem unserer Nachbarn: »Jemand ist in Ihr Haus eingebrochen. Kommen Sie sofort zurück.« Daraufhin sagte Bhagavan zu uns: »Macht euch keine Sorgen,es ist nichts weggekommen, aber wenn ihr zu diesem Zeitpunkt dort gewesen wärt, hättet ihr euch in Lebensgefahr befunden. Also habe ich euch gerettet, indem ich euch ein Telegramm schickte. Aber um dich zu beruhigen, mußt du selbst hinfahren, um zu sehen, daß nichts verschwunden ist.« Ich fuhr zurück nach Madras. Es war alles noch da. Der Dieb hatte einige Dinge zu einem Bündel zusammengebunden, aber dann im Hof zurückgelassen. Wir konnten nicht verstehen, warum er das Bündel im Hof, direkt hinter dem Haus, hatte liegenlassen. Drei oder vier Monate später wurde der Dieb gefaßt. Ein Polizist, dem er zeigen mußte, wo er eingebrochen war, brachte ihn auch zu uns. Er kam zu meinem Haus und sagte: »Hier nahm ich die Sachen, machte ein Bündel daraus und wollte es gerade mitnehmen, als ich eine Gestalt in einem weißen Gewand und mit buschigem Haar sah, die rief: »Hemchand, ein Dieb, ein Dieb,« und ich bekam Angst, warf die Sachen hin und rannte weg.«

Die Beschreibung, die der Dieb von jener Gestalt gab, stimmte mit Bhagavans Erscheinung in jenen Tagen überein – die weiße lange Robe und das buschige Haar.

Dieser Zwischenfall liegt über dreißig Jahre zurück – zu lange, um den Polizisten aufzuspüren, der den Dieb zu Hemchands Haus gebracht hatte.

Viel seltener als Babas physisches Verschwinden waren jedoch jene Begebenheiten, bei denen der Swami ihnen das zeigte, was Vijaya »die Visionen« nannte: wenn er ihnen »die aufgehende Sonne«, »die untergehende Sonne« und »das dritte Auge« zeigte. Dies geschah gewöhnlich in der Dämmerung, nachdem die Sonne untergegangen, aber das Tageslicht noch nicht ganz verschwunden war.

Bei einer dieser Gelegenheiten befand er sich auf einer Hügelkuppe, und die Jünger standen am Fuße des Hügels, als ein gleißendes Licht von ihm ausging. Der Swami hatte ihnen solche Visionen höchstens dreimal offenbart, aber Vijaya war nur bei einem Mal Zeuge gewesen. Sie ging die Eintragungen in ihrem Tagebuch durch und fand dort eine Aufzeichnung aus jener Zeit, in der dieses Ereignis beschrieben wird. Sie erlaubte mir freundlicherweise, diese Passage zu fotografieren. Es folgt nun eine Übersetzung der wesentlichen Textstellen.

Baba war schon auf dem Hügel. Alle Jünger hatten sich am Fuße des Hügels versammelt und beobachteten ihn. Die Sonne war schon untergegangen. Alle konnten Sri Baba von dort aus sehen. Hinter seinem Kopf leuchteten hellrote Strahlen, die wie die Strahlen der untergehenden Sonne wirkten. Nach einer Weile verschwanden sie, und an ihrer Stelle erschien ein sehr helles Licht, das *Crores* [zig-Millionen] von blendenden Sonnenstrahlen aussandte und das wie ein Diamant auf dem Kopf einer Schlange funkelte. Zwei Personen, die in das Licht geschaut hatten, fielen um, weil sie die Helligkeit nicht ertragen konnten. Alle Anwesenden starrten mit weit offenen Augen und waren überwältigt vor Freude. Das Licht verschwand ganz plötzlich und ließ pechschwarze Dunkelheit zurück. Durch den plötzlichen Wechsel von großer Helligkeit zu tiefer Dunkelheit waren unsere Augen geblendet, aber nach einer Weile konnten wir wieder sehen. Bevor wir unsere Augen öffnen konnten, war Baba mitten unter uns und lachte laut. Unsere Herzen waren voller Freude. Er ging zu den Personen, die zusammengebrochen waren, und rieb Vibuti auf ihre Stirn, das er in seiner Hand materialisiert hatte. Sie kamen wieder zu sich und grüßten ihn.

Erst ab 1950 begann Vijaya, ihre Tagebucheintragungen mit Datum zu versehen. Als sie von aufgezeichneten Ereignissen, deren Zeitpunkt leicht festzustellen war (wie zum Beispiel bestimmten Festen) zurückrechnete, kam sie zu dem Schluß, daß die Begebenheit, bei der Baba auf dem Hügel stehend das Licht zeigte, sich etwa zwischen April und Juni 1947 ereignet haben mußte. Vijaya erzählte mir, daß ihre Schwester dieses Phänomen auch einmal beobachtet hatte, allerdings bei einer anderen Gelegenheit. Es muß also mindestens zweimal stattgefunden haben.

Warum rief Baba diese beiden Phänomene – das plötzliche Verschwinden und die Visionen – später nicht mehr hervor? Vijaya sagte, der einzige Grund, den Baba dafür genannt habe, sei, daß die Menschenmenge um ihn herum zu groß geworden sei. Etwa um die gleiche Zeit – also Anfang der fünfziger Jahre – hörte er auch allmählich auf, mit seinen Jüngern zum Chitravati zu gehen. »Anfangs besuchte er fast täglich jede Familie in ihren Räumen in Prashanti Nilayam, nachdem wir vom alten Mandir dorthin umgezogen waren, aber als die Menschenmenge größer und größer wurde, wurden diese Besuche allmählich seltener und hörten schließlich ganz auf.« In den vierziger und fünfziger Jahren kamen die meisten Jünger aus relativ weit entfernten Orten, wie Bangalore, Madras, Kuppam oder Venkatagiri. Kein einziger, so Vijaya, kam aus den benachbarten Dörfern oder aus den kleinen Städten Anantapur oder Penukonda, die ebenfalls in der Nähe von Puttaparti liegen:

Sie waren damals alle »Sai-Gegner« und mochten Baba nicht besonders. Die Leute in den Nachbardörfern sprachen so schlecht über ihn. Sie sagten oft: »Er ist schließlich nur ein Junge. Wir kennen ihn seit seiner Geburt. Wir wissen, was er ist. Wie kann er zu einem Gott werden?«
Also fragten sie uns jedesmal, wenn wir nach Puttaparti kamen: »Warum gebt ihr soviel Geld aus? Warum kommt ihr hierher, wo es keinerlei Annehmlichkeiten gibt, überhaupt nichts?« So brummten sie uns zu. Zum Dasara-Fest kam Baba gewöhnlich nachts mit einer Prozession heraus. Es begann gegen 22.00 Uhr, und normalerweise kehrten wir zwischen 3.00 Uhr oder 3.30 Uhr morgens wieder zum alten Mandir zurück. Alle Dorfbewohner verschlossen ihre Türen, wenn die Prozession vorbeizog. Niemand kam heraus.

Sie beschrieb Vorfälle, die sich während der Prozessionen ereigneten:

Die Prozession begann beim alten Mandir und führte durch die beiden Straßen von Puttaparti. Während des zehntägigen Festivals brachten wir täglich eine andere Blumendekoration an, und er saß oben auf der Sänfte, und die Männer trugen ihn. Wir liefen rückwärts vor der Sänfte her, so daß wir Bhagavan sehen konnten. Wir sangen Bhajans. Von der Höhe seiner Sänfte aus dirigierte Bhagavan uns durch die Straßen – geht nach links, geht nach rechts, in diese Richtung, in jene, denn wir konnten ja die Straße vor uns nicht sehen.

Während dieser zehn Tage des Dasara-Festes konnten wir oft beobachten, wie Vibuti aus seiner Stirn strömte, so als ob jemand es ausgießen würde, und die drei symbolischen Streifen Shivas bildete. Es duftete sehr stark. Es war, als ob jemand eine Menge Puder auf das Gesicht aufgetragen hätte. Sein Gesicht war voller Vibuti. Es fiel nicht herunter, es blieb in einer dicken Schicht auf seinem Gesicht liegen und bildete eine bestimmte Form. Wir dachten, die Puderteilchen würden herunterfallen, aber das taten sie nicht, und sein Gesicht blieb mit Vibuti bedeckt. Wenn etwas davon abfiel, verschwand es mitten im Fallen.

Dann sahen einige Leute Baba in Gestalt von Rama, Krishna und Shiva. Einmal sahen wir diesen Ardha-Narishwar – diese Gestalt, halb Shiva und halb Parvati – der ganze Körper in zwei Hälften geteilt. Eine Körperhälfte hatte die Gestalt einer Frau (Parvati), die andere die eines Mannes (Shiva). Die meisten Anwesenden sahen dies.

Mr. Hemchand fügte der Schilderung seiner Frau folgendes hinzu:

Die Hälfte seines Körpers ist Shiva, die andere Hälfte Parvati. Wenn er seinen Kopf nach rechts dreht, sieht er aus wie Shivas Kopf mit seinen charakteristischen Zügen, und nach ein paar Minuten dreht er sein Gesicht nach links, und es verwandelt sich in das Gesicht von Shivas weiblichem Gegenpol, Parvati. Wir sehen, wie auf seiner Stirn drei breite Streifen von Vibuti erscheinen, die charakteristisch für Shiva sind. Zuerst war gar nichts da, und dann sehen wir plötzlich diese drei breiten Vibutistreifen, und nach ein paar Minuten verschwinden sie, und dann sehen wie die Sandelholzpaste [Chandan] auf seiner Stirn und einen runden Kumkumfleck, der charakteristisch für Parvati ist.
(Kumkum ist Zinnoberrotpulver und gilt bei den Hindus als Glücksbringer. Der kleine rote Fleck, den viele indische Frauen auf der Stirn tragen, besteht aus Kumkum.)

Vijaya erzählte von einem besonders bemerkenswerten Vorfall, der sich irgendwann vor 1950 ereignete. Mrs. Radhakrishna hatte uns unabhängig davon schon früher in ihrem Haus in Kuppam von dieser Begebenheit berichtet. Bei Vollmond gingen sie gewöhnlich mit Baba zum Chitravati-Fluß und blieben dort bis spätabends, redeten und sangen Bhajans. Bevor sie sich am Nachmittag auf den Weg machten, hatten die Frauen normalerweise schon das Abendessen vorbereitet, das sie in mehreren Gefäßen auf einem Ochsenkarren mit zum Fluß nahmen. Manchmal waren es fünfzig bis sechzig Leute. An diesem Tage war es anders.

Bevor wir losgingen, sagte Bhagavan: »Heute ist ein besonderer Tag; bereitet zu Hause nichts vor, ich werde etwas zubereiten.«
Wir fragten uns: »Wie will Bhagavan es am Chitravati zubereiten?« Daraufhin sagte er: »Ladet alle leeren Gefäße auf den Karren.« Dann waren wir bis 22.00 oder 22.30 Uhr dort [am Chitravati]. Wir hatten Bhajans gesungen, waren auf den Hügel geklettert, waren wieder hinuntergestiegen, waren am Ufer des Chitravati entlanggerannt, und wir waren so müde. Wir sagten zu Bhagavan, daß wir wirklich hungrig seien. Er bat uns, die leeren Gefäße zu bringen.
Alle Gefäße wurden in einer Reihe aufgestellt, und er forderte uns auf, sie mit den Deckeln zu verschließen. Dann ging er zu einem Baum, der in der Nähe stand, und brach einen kleinen Ast ab. Er ging von einem Gefäß zum anderen, berührte jedes mit seinem Stock und sagte: Rasam, Samber, Reis, Chapati [indische Gerichte] und so weiter. Als wir die Deckel von den Töpfen nahmen, kam uns ein wunderbarer Geruch entgegen. Selbst das Rasam war kochend heiß. Dann holten einige Jungens große Lotosblätter aus einem nahen Teich, die wir als Teller benutzten. Bhagavan ließ uns alle in einer Reihe niedersitzen und servierte jedem von uns persönlich das Essen.
Es schmeckte wunderbar. Wir hatten noch nie zuvor in unserem Leben so köstliche Gerichte gegessen. Noch zwei Tage später waren wir kaum hungrig. Bhagavan sagte später, es sei einfach *Amrith* [Nektar] gewesen.

Diese Geschichte konnte Vijaya nicht durch eine Textstelle aus ihrem Tagebuch belegen, da sie sie nicht schriftlich festgehalten hatte. Unabhängig davon hatte uns ihre Mutter in ihrem Haus in Kuppam schon einmal von diesem Ereignis berichtet.

Im folgenden gebe ich eine weitere Begebenheit wieder, die mir von Mrs. Hemchand berichtet wurde:

Meinem Mann ging es damals nicht gut. Er litt schon seit einiger Zeit an einem Husten. Deshalb ging er zu unserem Arzt, der ihn untersuchte und ihm mitteilte, daß der Prozentsatz an Eosinophilen (einer bestimmten Art von weißen Blutkörperchen) viel zu hoch sei, daß er Asthma habe und sich behandeln lassen müsse. Er war sehr verstört deswegen. An diesem Abend betete ich vor dem Zubettgehen zu Baba und bat ihn darum, meinem Mann Erleichterung zu verschaffen. Nachts hatte ich einen Traum: Ich erzählte Baba von den Schwierigkeiten meines Mannes und sagte ihm, daß ich nicht wüßte, was ich tun solle. »Ich werde dir Vibuti geben«, sagte er, »das du ihm geben sollst.« Ich hielt beide Hände auf, und das Vibuti strömte hinein. Dann sagte Bhagavan zu mir, mein Mann würde bald wieder gesund sein.

Das war das Ende des Traumes. Ich wachte auf und sah, daß meine Hände leer waren. Aber dann schaute ich zu meinem Mann hinüber und wollte ihn gerade aufwecken, um ihm den Traum zu erzählen, als ich Vibuti auf seiner Stirn entdeckte. Sie wissen doch, wie Bhagavan mit seinem Daumen Vibuti auf die Stirn der Leute reibt? Es sah aus wie frisches Vibuti. Ich fragte meinen Mann, ob er es auf seine Stirn gerieben habe. »Nein, ich habe geschlafen.«

Schon am nächsten Tag hustete mein Mann viel weniger. Am Abend dieses Tages ging er zu dem Arzt, der ihn untersucht hatte. Er sagte, die Erhöhung der weißen Blutkörperchen sei drastisch zurückgegangen, und fragte ihn, was er getan habe, denn normalerweise geht sie niemals so schnell zurück. Von diesem Tag an war der Husten verschwunden und mein Mann war gesund und munter.

Mr. Hemchand erinnerte sich noch gut an diesen Vorfall:

Ich hatte einen schweren Asthmaanfall, und der Doktor sagte, es würde lange dauern [gesund zu werden]. Er bat mich, mein Blut untersuchen zu lassen. Es stellte sich heraus, daß der Prozentsatz an Eosinophilen viel zu hoch war, was bedeutete, daß mein Husten asthmatischer Natur war. Am Tage nach jener Nacht [als meine Frau den Traum gehabt hatte] ging ich zum Arzt. Er konnte absolut nichts Krankhaftes mehr feststellen, aber es ist fast unmöglich, Asthma zu heilen.

Während der Zeit, da Vijaya bei Sai Baba lebte, produzierte er täglich die verschiedensten Dinge – Vibuti, Süßigkeiten, Früchte, Ringe oder Medaillons – ganz gleich, wo er sich gerade aufhielt. Hier ein Beispiel:

Manchmal, wenn Bhagavan auf einem Stuhl saß und mit uns sprach oder wenn er während der Bhajans auf seinem Thron saß, geschah es, daß er ein Jasminblatt in die Hand nahm, zwischen die Finger, und es wurde zu Vibuti oder Amrith, das wunderbar duftete, und die Jasminblüte war aus seiner Hand verschwunden.

Vijaya verbrachte gewöhnlich neun Monate des Jahres in Puttaparti und hatte daher, wie sie uns erzählte, keine Zeit, für die Schule zu lernen. Sie weigerte sich zunächst, an den Abschlußprüfungen ihrer Schule teilzunehmen, denn sie war ziemlich sicher, daß sie durchfallen würde. Sai Baba sagte, er würde ihr helfen, und er befahl ihr und ihrem Bruder Krishna Kumar, an den Prüfungen teilzunehmen.

Kurz vor den Prüfungen gingen wir wieder zum Unterricht, und alle lachten uns aus: »Schaut euch die an. Sie kommen am Ende des Jahres und wollen die Examen bestehen.« Alle machten sich über uns lustig. Ich fühlte mich so schlecht und weinte ständig und ich sagte zu meinen Vater: »Ich gehe zurück nach Puttaparti, ich gehe nicht zur Schule.« Aber mein Vater sagte, ich müsse zur Schule gehen und Bhagavans Anweisungen befolgen. Wir hatten diese dicken Bücher und wir wußten nichts über ihren Inhalt und zu allem Überfluß waren die Bücher auf englisch.

Sie und ihr Bruder bereiteten sich vor, indem sie ein Kapitel aus jedem Buch durchnahmen, aus dem Inhalt des jeweiligen Kapitels zehn Fragen ableiteten und die Antworten zu diesen Fragen studierten. Sie machten sich auf den Weg, um an den Prüfungen teilzunehmen.

Bevor wir Puttaparti verließen, hatte Bhagavan zwei kleine Fotografien von sich kreiert, die die Größe von Briefmarken hatten, und eine davon mir, die andere Krishna Kumar gegeben. Außerdem gab er jedem von uns einen Schreibstift und sagte, wir sollten diese Dinge mit uns in den Prüfungsraum nehmen. Die Fotos sahen genau so aus wie Briefmarken. Als der Prüfer kam und die Bögen mit den Fragen austeilte, hatten wir solche Angst und schwitzten wie verrückt. In der ersten Prüfung, die auf englisch stattfand ... Sie werden es mir nicht glauben, alle Fragen, die wir ausgewählt und vorbereitet hatten, alle zehn Fragen standen auf dem Prüfungsbogen. Wir konnten sie alle schnell beantworten, wir waren völlig ekstatisch. Als wir nach Hause kamen, schrieben wir sofort an Bhagavan. So gingen alle Prüfungen, bis auf die letzte vorbei. Es kamen nur solche Fragen dran, die wir vorbereitet hatten, und wir machten sehr gute Examina.

111

Aber bei der Geographieprüfung war alles anders.

Als wir den Prüfungsbogen für Geographie sahen, stellten wir fest, daß er keine der Fragen enthielt, die wir vorbereitet hatten. Der Mann, der uns an diesem Tag prüfte, war ein Moslem. Er ging durch den Saal und kam zu mir. Er sagte: »Was ist mit dir los?« Ich sagte nichts. Dann schaute er auf Bhagavans Bild und sagte: »Wer ist dieser Filmschauspieler?« Ich sagte zu ihm: »Das ist kein Filmschauspieler, das ist Bhagavan Sri Sathya Sai Baba von Puttaparti.« »Warum schreibst du nichts?« fragte er. »Weil ich mich nicht richtig vorbereitet habe. Ich weiß die Antworten nicht. Ich fühle mich hilflos.« Da ging er weg. Ein paar Minuten später brachte er mir ein Blatt Papier. Es enthielt die Antworten eines guten Schülers. Er legte diese Antworten unter meinen Prüfungsbogen und sagte, ich solle ihn fertig machen. Dann brachte er mir noch ein Papier. Nach zehn bis fünfzehn Minuten, als ich mit diesem Blatt fertig war, brachte er mir noch eines und ein drittes und ein viertes, bis ich alle Fragen fein säuberlich beantwortet hatte. Und er half mir sogar mit einer Landkarte. Nach der Prüfung erzählte ich Krishna, was geschehen war, und erfuhr, daß es ihm genauso ergangen war, obwohl er in einem anderen Saal gesessen hatte.

Diese Geschichte wirft möglicherweise für die meisten Leser eine moralische Frage auf. Würde man es nicht als Betrug betrachten, wenn der Prüfer die Antworten einigen ausgewählten Schülern zuspielt?

So bestanden wir unsere Prüfungen mit Bhagavans Hilfe. Ich hatte den besten Abschluß im ganzen Distrikt und erhielt eine Auszeichnung für mein Examen, die Leistungsurkunde der höheren Schule.
Am gleichen Tag erzählte Bhagavan meiner Mutter in Puttaparti von meinem Examen und davon, wie der Prüfer mir geholfen hatte und wie er mich wegen des Fotos gefragt hatte.

Manchmal sprach Sai Baba mit seinen Jüngern über seine Zukunft. Vijaya erinnert sich:

Er sagte: »In Zukunft werden Tausende von Menschen kommen. Es wird schwierig für euch werden, auch nur ein *Parnamaskar* [das Berühren seiner Füße] zu bekommen.« Er zeichnete sogar eine Karte von Prashanti Nilayam in den Sand. Damals war es noch nicht im Bau. Er erzählte uns, daß solche riesigen Gebäude entstehen würden. Er sagte nicht viel darüber, nur, daß Tausende und Abertausende von Menschen kommen würden, um ihn zu besuchen.

Damals hatten wir jeden Tag viele Male Parnamaskar. Jedesmal, wenn er sich setzte, tat es jeder von uns; wenn er aufstand, taten wir es. Wenn er in ein Zimmer kam, wenn er ein Zimmer verließ. Auf diese Weise berührten wir seine Füße so oft. Dann sagte er: »Selbst meine Füße zu berühren wird in Zukunft sehr schwierig sein.« So sprach er zu uns – aber nicht oft. Heute sehen wir, wie schwierig es ist, seine Füße zu berühren. Heute können wir es nicht einmal alle drei Monate tun.

Bei einer dieser Gelegenheiten war Mr. Hemchand ebenfalls anwesend, wahrscheinlich irgendwann zwischen 1949 und 1950.

»Meine Arbeit hat noch nicht begonnen,« pflegte Baba zu sagen, »aber sie wird zur gegebenen Zeit beginnen. Dann wird es für euch sehr schwierig werden, mir nahe zu sein. Tausende von Menschen werden hier sein. Die Verwirklichung meines Planes, der mich hierhergeführt hat, wird in allernächster Zukunft beginnen.«

»Ihr werdet es nicht erklären können«

Krishna Kumar wurde im Dezember 1929 als ältester Sohn Radhakrishna Chettys und dessen Frau geboren. Gemeinsam mit seiner Familie besuchte er im Jahre 1949 Sai Baba, der damals erst neunzehn Jahre alt war. Von 1946 bis 1955 verbrachte er jedes Jahr etwa sechs Monate bei Sai Baba. Heute lebt er mit seiner Frau und erwachsenen Kindern in Podanur, einer kleinen Stadt in der Nähe von Coimbatore. (Von Bangalore aus ist man mit dem Zug etwa einen Tag in südlicher Richtung unterwegs.) Ich begegnete ihm zum ersten Mal im Oktober 1977 und interviewte ihn danach noch zweimal, im Oktober 1981 und im Juli 1983.

Laut Krishna Kumar ging seine Halbschwester Susilamma als erste der Familie zu Baba. Ihr Vater litt seit längerem an einer unheilbaren Magenkrankheit, und sie suchten Hilfe bei »Geistigen Führern«, die ihrem Vater vielleicht etwas Seelenfrieden geben konnten, so daß er seine Krankheit vergessen könnte. Baba bat Susilamma damals, ihren Vater nach Puttaparti zu bringen. Krishna Kumar erinnerte sich:

> Als wir Baba kennenlernten, war er fast wie ein Kind, eine sehr zerbrechliche, lange, dünne Gestalt. Sehr dünn. Ich glaube er wog nicht mehr als fünfzig oder sechzig Kilo.
> Er vollbrachte viele Wunder und heilte unheilbare Krankheiten, aber er hatte auch viel Spaß daran, mit den Leuten zu scherzen. Gewöhnlich sangen wir abends Bhajans.

Er beschrieb einen typischen Tagesablauf:

> Die Gegend am Chitravati war damals ein sehr malerischer Ort, es gab viele Tamarindenbäume und Gärten, und wir hatten wundervolle schattige Plätze. Wir gingen gewöhnlich nach dem Essen, so gegen 3.00 Uhr, zum Flußufer. Oft machten wir eine Art Schaukel, indem wir zwei Seile von einem Ast herunterhängen ließen, und brachten Baba dazu, sich daraufzusetzen.
> Von dort warf er uns Süßigkeiten zu; er machte einfach eine Wurfbewegung mit der Hand, und jeder konnte sich eine Leckerei aufsammeln. Es gab immer gerade so viele Süßigkeiten, daß jeder in Stück bekam – nicht mehr und nicht weniger. Auf diese Weise verbrachten wir die Zeit bis 6.30 oder 8.00 Uhr.

Abends gingen wir dann zum Ashram zurück. Sobald wir dort angekommen waren, sangen wir etwa eine halbe Stunde lang Bhajans. Er
hatte eine Marotte. Er wollte immer, daß wir alle zusammen das
Abendessen zubereiteten. Er bat alle zusammenzukommen und alles
gemeinsam fertigzumachen, und dann servierte er es persönlich. Es
machte ihm Spaß, uns das Essen zu servieren.

Dann brachten wir ihn dazu, in unserer Mitte zu sitzen, und wir
bildeten zwei Reihen – eine Reihe Frauen, eine Reihe Männer. Er
sprach gewöhnlich über seine Philosophie und erzählte uns verschiedene Geschichten aus dem Ramayana, Bharatam, Bhagavatam und so
weiter; er erzählte uns wunderschöne kleine Geschichten.

So verbrachten wir die Zeit bis 10.30 oder 11.00 Uhr, bis die Müdigkeit
uns in die Betten trieb. Um vier Uhr früh waren einige schon wieder
wach. Diejenigen, die gerne sangen, sangen dann für den Swami. Man
nennt das »Suprabartham«. Baba selbst schlief auch nicht sehr lange
– nur bis 5.30 Uhr. Ich glaube, er schläft auch heute noch sehr wenig.
So gingen die Tage dahin.

In dieser Anfangszeit war alles ganz anders in Puttaparti:

Der alte Mandir war damals, als wir zum erstenmal nach Puttaparti
kamen, nur ein kleines, hüttenähnliches Ding. Es wurde nach und nach
erweitert, und erst als diese Baktas und reichen Leute kamen, wurde
er zu einem schönen, großen Gebäude. Aber selbst dann hatten nur
etwa hundert Menschen darin Platz. Damals verließ Baba Puttaparti
nur ganz selten. Zu den besonderen Anlässen waren kaum mehr als
einhundertfünfzig bis zweihundert Menschen dort, von denen viele
außerhalb wohnten. Sie mieteten kleine Hütten im Dorf und benutzten
sie nur, um nachts darin zu schlafen. Viele Menschen wollten ihm auch
näher sein und schlugen Zelte auf oder bauten sich irgendeine Art
Schutzdach: So war das Leben dort in jenen Tagen. Wir wohnten
immer im Ashram.

Baba sprach über seine Zukunft.

Er sagte zu den Leuten, daß sie in einiger Zeit nicht mehr so nahe bei
ihm sein könnten, weil sich große Menschenmengen um ihn herum
versammeln würden, da seine Arbeit ein größeres Ausmaß annehmen
würde und auch wegen der Pläne, die er für die Zukunft hatte. ... Wir
verstanden nicht [diese Pläne]. Wir hatten uns niemals vorgestellt, daß
er Schulen einrichten würde, Colleges ... wir hatten nie geglaubt, daß

die Bewegung so groß werden würde. Oftmals sagte er auch, daß man ihn für eine ziemlich lange Zeit nicht mehr in diesem Land sehen würde. Ich glaube, er plant, für eine Weile ins Ausland zu gehen, um zu predigen oder Propaganda zu machen oder so etwas.

Manchmal schickte Baba Leute weg.

Nach einiger Zeit, wenn der Swami das Gefühl hat, daß jemand aufgrund familiärer Verpflichtungen gehen sollte, schickt er ihn weg. Es ist keine angenehme Erfahrung, weggeschickt zu werden. Er bricht einen Streit vom Zaun. Er sagt dir nicht offen, daß er dich wegschickt. Er gibt uns die Schuld und sagt: »Du hast meine Anweisungen nicht befolgt,« oder etwas Ähnliches, und das sei der Grund dafür, daß er dich fortschickt. Aber der wirkliche Grund ist, daß er so liebevoll zu dir ist, daß du einfach nicht gehen würdest. Also inszeniert er einen kleinen Streit, läßt die Eltern rufen und sagt: »Dieser Bursche hat das und das getan. Ich mag ihn nicht. Schickt ihn weg.« Das war seine Art, die Leute wegzuschicken. Nach einiger Zeit machte er ihnen dann klar, warum er das getan hatte.

Krishna Kumar beschrieb einige der Wunder, die er beobachtet hatte.

Wenn wir zum Beispiel abends am Ufer des Chitravati entlanggingen, pflückte Baba oft irgendeine wildwachsende Pflanze, und sofort verwandelte sie sich in einen Apfel oder eine Orange oder eine andere Frucht. Oft beschwatzten wir ihn. Angenommen jemand sagte: »Swamiji, die Trauben wachsen jetzt noch nicht. Wir wollen Trauben.« Er sagte dann sofort: »Pflück' ein Blatt,« und wir fanden Weintrauben in unseren Händen, ohne daß er jemandes Hand berührt hatte.
Nehmen wir an, Sie wären ein guter Bakta und Sie hätten gerne einen Ring oder etwas Ähnliches mit Swamijis Foto. Sie würden vielleicht sagen: »Swamiji, ich hätte gerne einen Ring.« Dann würde er Sie necken und sagen: »Warum möchtest du das?« Aber gleich darauf würde er vielleicht sagen: »Geh' und hol' diese Blume.« Sie pflücken die Blume, und er berührt sie nicht direkt. Sobald Sie sie gepflückt haben, wird er Sie bitten, die Hand um die Blüte zu schließen, und unmittelbar wenn Sie Ihre Hand öffnen, finden Sie einen Ring darin und zwar mit dem Bild, das Sie sich wünschten. Er hat vielen Leuten auf diese Art Dinge geschenkt.

Einige andere Ereignisse:

Bei besonderen Anlässen verwandelte Baba die Farbe seiner Robe; vor allem dann, wenn er am letzten Tag des Dasara-Festes während der Prozession in der Sänfte saß. Manchmal tat er es auch auf dem Weg nach Puttaparti. Angenommen, er trug während der Prozession eine grüne Robe. Die Farbe der Robe veränderte sich unterwegs, aber als er nach Hause zurückkam, hatte sie wieder ihre ursprüngliche Farbe. Ich habe das mehrmals beobachtet.

Damals hatten wir jeden Donnerstag und an den Festtagen Prozessionen; manchmal gingen wir auch an irgendeinem bliebigen Tag los, wenn genug Leute versammelt waren. Die Baktas schmückten eine Sänfte mit Blumen. Wir setzten Baba hinein, und die Baktas trugen ihn ein oder zwei Stunden lang durch Puttaparti. Wenn wir zum Mandir zurückkamen, mußte er aufstehen, und wir sangen Bhajans, und er tat uns den Gefallen und tat, was wir von ihm verlangten. Dann sah man plötzlich Vibuti, Kumkum oder Sandelholzpaste[1] auf seinem Gesicht. (Vibuti ist grau-weiß, Kumkum ist von roter und Sandelholzpaste von gelber Farbe.) Auch wenn er sich den Schweiß mit seinem Taschentuch abwischte, erschien es weiterhin auf seinem Gesicht. Wir beobachteten das bei mehreren Gelegenheiten.

Baba erklärt das Erscheinen der Substanzen auf seiner Stirn damit, daß einige Baktas sich wünschten, ihn in dieser Form zu sehen, und daß er für sie so erschien. Besonders während der Festtage, aber nicht an gewöhnlichen Tagen. Wir sahen sein Gesicht voll erleuchtet – sehr hell. Wenn jemand also sehr viel Glück hat, kann er einen solchen Darshan erleben; manche Leute können diese Erscheinungen sehen, andere nicht.

... Jedesmal wenn wir den Swami verließen, produzierte er Vibuti oder Kumkum und segnete uns. Das war bei ihm etwas ganz Alltägliches.

Manchmal produzierte er große Mengen von Vibuti.

... Bei den Pujas machte er einfach eine Faust, bewegte seine Hand, als ob er etwas werfen wolle, und schon kam ein Sprühregen von Vibuti daraus hervor. Letzteres bezeichnet Baba als *Abhishekam*, was soviel bedeutet wie »eine Dusche geben«. ... Bei Babas Vibuti-Abhishekam strömt die heilige Asche mit voller Stärke hervor. Es kann jede beliebige Menge sein: es gibt keine Grenzen für die Menge – es hängt davon ab, welches Gottesbild wir verehren. Ist die Statue groß, strömt eine große Menge Vibuti hervor und bedeckt fast die ganze Statue; falls die

Figur klein ist, regnet nur eine kleine Menge darauf nieder. Für den Swami gibt es keine Begrenzung.

Während des Shivaratri-Festes pflegte er ebenfalls Vibuti-Abhishekam zu geben. Swami bat gewöhnlich zwei seiner Helfer, ein leeres Gefäß mit der Öffnung nach unten über die Statue zu halten. Dann faßte er einfach in das umgedrehte Gefäß hinein, bewegte die Hand ein wenig darin herum und hielt sie dann still. Die Asche begann herauszuströmen, und am Ende waren da ungefähr, ich würde sagen, drei bis vier Kilo Vibuti.

Hatte Krishna Kumar je gesehen, daß Baba etwas Unnatürliches produzierte, etwas, das weder in der Natur vorkommt noch von Menschenhand hergestellt wird?

Einmal kam ein Botaniker aus Bangalore und forderte Baba heraus, etwas zu materialisieren, das in der Natur normalerweise nicht zu finden ist. Also bat mich der Swami, etwas von einem nahen Busch, der einem Preiselbeerbusch ähnelte, abzupflücken. Ich pflückte eine Handvoll Blätter und brachte sie dem Swami, der mir auftrug, sie dem Botaniker zu geben. Der Botaniker nahm sie, fing an zu lachen und sagte: »Was ist das? Ich bat um etwas, das in der Natur nicht vorkommt, und Sie geben mir das hier!« »Haben Sie Geduld,« sagte Swami, »schauen Sie in den Blättern nach.« Er tat wie ihm geheißen und fand zwischen den Blättern einen kleinen Apfel. »Äpfel sind etwas Gewöhnliches,« sagte der Botaniker. Darauf antwortete Baba: »Nicht so voreilig – schneiden Sie ihn auf.« Als er die Frucht aufschnitt, sahen wir zu unserer Überraschung, daß sie zur einen Hälfte aus einem Apfel und zur anderen aus einer Sapota bestand, das Ganze jedoch von einer Apfelschale umgeben war. Schließlich sagte Baba zu dem Botaniker: »Sehen Sie, aus meinen Vorratskammern kommen sehr ungewöhnliche Dinge.« Er pflegte den Ort, von dem er diese Dinge erhielt, als »Baba-Vorratskammern« oder »Sai-Schatzkammern« zu bezeichnen.

Leider konnte Krishna Kumar sich nicht an den Namen des Botanikers erinnern, aber er glaubt, daß es ein Dozent des Indian Institute of Science in Bangalore war. (Dieser Vorfall und die meisten anderen Begebenheiten, von denen er hier berichtete, ereigneten sich in den späten vierziger und frühen fünfziger Jahren.) Er konnte sich auch nicht mehr an den Namen irgendeiner der anderen anwesenden Personen erinnern. Auch waren die meisten Leute um Baba damals schon älter und inzwischen waren über dreißig Jahre vergangen.

Baba wurde auch einmal von einem *Sadhu* (heiliger Mann im Hinduismus), einem großen, bärtigen Mann aus Kaschmir [Nordindien] herausgefordert.

Er war ein Tantriker – das heißt, er konnte selbst Wunder vollbringen. Sobald er in Puttaparti angekommen war, forderte er Swamiji heraus und sagte:»Ich kann größere Dinge tun als du.« Er demonstrierte seine Fähigkeiten. Er nahm zum Beispiel einen leeren Topf, machte die Bewegung des Gießens, und es kam Wasser heraus, und er sagt, es sei aus dem Ganges. Und er öffnete seine Hand, und wir sahen Kumkum darin. ...

Damals war der alte Pujari Shashagiri mit mir in Puttaparti. Ich hatte nicht den Mut, alleine mit dem Tantriker zu sprechen, aber der Pujari kam mit, und wir fragten den Mann: »Was wollen Sie mit all dem bezwecken?« Er sagte: »Ich fordere Swamiji heraus, mir von Angesicht zu Angesicht gegenüberzutreten, statt mir den Rücken zuzukehren.« Er trug uns auf, dies Swamiji auszurichten. Swamiji antwortete: »Wartet drei Tage, dann werden wir weitersehen.« Dann , eines Tages, als wir gerade Bhajans sangen, stand der Mann plötzlich auf und fiel Baba zu Füßen. Er fing an zu weinen – dieser große Tantriker und Sadhu. Alle hatten befürchtet, er könnte Swamiji angreifen oder ihm irgend etwas antun. Wir hätten nie gedacht, daß er sich ergeben würde. Wir erwarteten, daß er einen Trick anwenden würde, um Swamiji etwas anzutun. Statt dessen fing er an zu weinen wie ein Kind. Swamiji lachte. Der Tantriker sagte (ich erinnere mich noch heute an seine Worte): »Ich bin ein Narr. Ich habe die ganze Zeit nicht erkannt, daß du Narayana bist.« Narayana ist die gleiche Gottheit wie Rama. Er stammte aus Bhadrinath, wo die Bevölkerung hauptsächlich aus Vaishnavas besteht.

Von diesem Zeitpunkt an war er wie eine zahme Katze. Er blieb über sieben Tage. Er fing an zu predigen, Swamiji sei Gott. Er sagte zu uns: »Ihr habt großes Glück. Ich war auf so vielen Hügeln und an so vielen Pilgerorten und habe all diese Pujas und Tapas [religiöse Praktiken der Enthaltsamkeit] ausgeführt, und erst jetzt kann ich den wahrhaftigen Gott sehen.« Dann verabschiedete er sich, und bei der Abreise sagte er, er würde nicht wiederkommen.

Hatte Krishna Kumar irgendwann beobachtet, daß Baba große Mengen Nahrungsmittel hervorbrachte und nicht nur, wie gewöhnlich, eine Handvoll?

Baba liebt es, die Armen zu speisen. Oft bat er uns, eine Menge Süßigkeiten, zum Beispiel Laddus, vorzubereiten, um sie den Armen zu geben. Aber dann stellten wir fest, daß wir nicht wußten, wieviele Menschen zu versorgen waren. Er bat uns einfach, einen mit Süßigkeiten gefüllten Korb zu bringen, und er verteilte sie ohne Ende. Der Korb faßte vielleicht nicht mehr als zweihundert Stück, und doch gab er jedem eines, auch wenn es fünfhundert Leute waren. Ich habe das mehr als einmal beobachtet.

Ich erinnere mich an eine andere Begebenheit. Es gab ein Fest, bei dem er sehr früh aufstehen sollte, um von allen Baktas gebadet zu werden. Normalerweise ist es Brauch, daß jeder ein wenig Wasser über ihn gießt und von ihm gesegnet wird.

An Festtagen wird erwartet, daß Swami ungefähr um fünf Uhr morgens aufsteht, aber an jenem Tag stand er sehr spät auf und sagte, er würde dieses Fest nicht abhalten. Die Leute beklagten sich und sagten: »Dies ist ein ganz besonderer Tag; das kann er doch nicht tun.« Also sagte er, er würde sein Bad nehmen, und niemand solle etwas zu essen vorbereiten.

Dann, als es Zeit für das Mittagessen war – ungefähr 12.00 Uhr oder 12.30 Uhr – bat er die Leute, leere Gefäße zu bringen. Ich beobachtete diesen Vorfall mit eigenen Augen und sah alles ganz klar, deshalb kann ich es nicht vergessen. Baba bewegte einfach seine Hand direkt über den leeren Gefäßen, und ich konnte sehen, wie sie sich von unten her mit Essen füllten! Ich glaube, er materialisierte ungefähr ein Dutzend verschiedener Gerichte auf diese Weise, in jedem Gefäß eines, und die Gefäße füllten sich innerhalb von Sekunden. ... Dann sagte Baba zu uns: »Deshalb habe ich euch gesagt, ihr solltet kein Essen zubereiten. Ich wollte euch etwas Heiliges geben, Prasadam.« Das war eine jener Begebenheiten, durch die er unvergeßlich wird; wo man einfach zu dem Schluß kommen muß, daß er wirklich ein Wundertäter ist.

Solche großen Ereignisse waren selten. Es gab viele kleinere Begebenheiten, aber solche großen Ereignisse konnte man nur bei ganz bestimmten Gelegenheiten beobachten, wenn Baba gerade der Sinn danach stand, wenn er in der richtigen Stimmung war. Krishna Kumar erinnert sich an ein anderes großes Ereignis, das sich zutrug, als die Bauarbeiten am neuen Mandir im Gange waren. Wahrscheinlich handelt es sich um den gleichen Vorfall, an den sich der Raja von Venkatagiri erinnert hatte.

Die große Halle innerhalb des neuen Mandir ist etwa 13 Meter breit. Da war ein Eisenträger, der einige Tonnen wog, und es war unmöglich, ihn mit mechanischen Mitteln hochzuhieven. Sie schafften ihn die halbe Strecke hinauf, und als die Männer mit äußerster Anstrengung versuchten, ihn hochzuziehen, brachen unter dem Gewicht des Trägers die Gerüste entzwei ... sie konnten ihn nicht hochziehen. Baba hielt sich gerade in Bangalore auf. Dieser Eisenträger stand also halbaufgerichtet da; sie konnten ihn nicht mehr zu Boden bringen und konnten ihn auch nicht hochziehen. Also schickten sie Swamiji sofort eine Nachricht ... Nach seiner Ankunft zwei Tage später ging er unverzüglich zur Baustelle. Er sagte nur: »Also los. Zieht ihn jetzt hoch.« Und sobald er diese Worte gesprochen hatte – innerhalb von Sekunden, gelang es ihnen, ihn hochzuziehen und in Position zu halten. Vielleicht verlieh er ihnen übernatürliche Kräfte oder er machte den Träger leicht. Nachdem sie den ersten Träger hochgezogen hatten, wendeten sie eine andere Technik an und hatten keine Probleme mehr mit den restlichen Trägern. Die Bauarbeiten an Prashanti Nilayam begannen 1948, und es befand sich noch im Bau, als ich abreiste. Ich mußte Puttaparti 1949 oder 1950 verlassen, um mich um Familienangelegenheiten und geschäftliche Dinge zu kümmern, denn meine Eltern verbrachten die meiste Zeit bei Swamiji.

Was hielten die Dorfbewohner von all diesen Geschichten, die sie über seine wunderbaren Kräfte gehört haben mußten?

Die Dorfbewohner hatten damals nicht viel Vertrauen zu Baba. Sie waren gegen ihn, denn sie glaubten, daß er ein Magier sei, der ihnen Unheil bringen könnte, wenn sie in Schwierigkeiten kämen. Heute haben alle Dorfbewohner und Nachbarn großes Vertrauen zu ihm.

Wir fragten Krishna Kumar, ob er beobachtet habe, wie Baba bewußtlos wurde oder in Trance fiel.

Swami fiel häufig in Trance, im allgemeinen einmal im Monat oder einmal alle vierzehn Tage, manchmal sogar zwei- oder dreimal in einer Woche. Es hing von den »Hilferufen« ab, die er bekam. Gewöhnlich sagte er nur: »Ich fühle mich unbehaglich,« oder »ich fühle mich nicht wohl,« und dann richteten wir sofort sein Bett in seinem Zimmer, und er legte sich hin, um zu ruhen. Wenn er dann in Trance ging, vergaß er sich selbst. Sein ganzer Körper wurde kalt, und seine Gliedmaßen bewegten sich nicht richtig.

Als ich es zum ersten Mal sah, dachte ich, er sei zusammengebrochen. Ich verstand diese Dinge anfangs nicht. Damals lebte dort ein älterer Mann, Mr. Seshagiri Rao, und jedesmal wenn Swami in Trance fiel, riefen wir ihn herbei. Dann nahm Seshagiri Rao meine Hand und sagte: »Hab' keine Angst. Sei einfach da, das ist alles.« ...
Wir verließen niemals dieses Zimmer, solange Swami in Trance war, und wir schlossen es immer von innen ab. Wir kamen erst heraus, wenn er wieder bei Bewußtsein war und sagte, wir sollten hinausgehen. Manchmal kam er nach ein oder zwei Stunden wieder zu sich, aber es konnte auch wesentlich länger dauern. Die längste Trance, die ich miterlebte, dauerte fast eineinhalb Tage. Während dieser Zeit nahm er kein Essen zu sich, überhaupt nichts. Wie lange er in Trance blieb, hing davon ab, welcher Art die Schwierigkeiten waren, in der die Person, die er »besuchte«, sich befand.

Teilte Baba manchmal mit, was ihm während der Trance widerfahren war?

Er erzählte uns keine Einzelheiten von seinen »Rettungsaktionen«. Oft sagte er nur, er sei an einem bestimmten Ort gewesen und habe einigen Leuten geholfen, und diese Leute würden bald hier eintreffen. Aber er gab keine Namen an. Und diese Leute kamen tatsächlich. Sie drückten ihre Dankbarkeit aus, empfingen Babas Segen, blieben eine Weile, erzählten uns Baktas, was ihnen widerfahren war, und fuhren dann glücklich wieder nach Hause.
... Gelegentlich sagte er, er sei in fernen Ländern gewesen.
Baba erschien verschiedenen Menschen an weit entfernten Orten – manchmal in seiner normalen Gestalt, manchmal in verkleideter Form. Ich weiß von einem der letzteren Fälle. Ein alter Mann und seine Frau kamen von irgendeinem Ort in Andhra nach Puttaparti. Sie stiegen von einem Zug in einen anderen um, und da sie ein großes, schweres Gepäckbündel hatten, waren sie zu faul, die Brücke zu benutzen. Statt dessen liefen sie über die Gleise, und ihr Sohn folgte ihnen. Plötzlich tauchte eine Lokomotive auf. Das Paar gab später an, irgendein »junger Mann« (sie waren nicht in der Lage, ihn näher zu beschreiben) habe sie von den Geleisen weggerissen und sie in letzter Minute gerettet. Direkt nach ihrer Ankunft in Puttaparti sagte Baba zu ihnen: »Was seid ihr für Dummköpfe, die Gleise so zu überqueren!« Er schalt mit ihrem Sohn. Die Leute waren sehr überrascht, daß Baba wußte, was geschehen war. Ich war dabei, als Baba mit diesen Leuten sprach.

Krishna Kumars Mutter, seine Schwester Vijaya und sein Bruder Amarendra Kumar hatten übereinstimmend berichtet, daß Baba manchmal plötzlich verschwand und dann auf einer Hügelkuppe, nahe beim Chitravati-Fluß wieder auftauchte. Krishna Kumar erzählte mir, *bevor* ich die Erfahrungsberichte seiner Verwandten erwähnte, daß er Zeuge solcher Vorfälle gewesen war.

Ich beobachtete ihn, wenn er sagte, er würde auf den Hügel gehen, und plötzlich war er dort oben ...
In jenen Tagen, zur Zeit des Shivaratri-Festes, pflegte Baba zu uns zu sagen: »Ich werde euch das göttliche Licht zeigen.« Gegen acht Uhr abends machten wir uns alle auf den Weg zu diesem weit entfernten Hügel, und wir gingen mit Baba bis ganz in die Nähe des Hügels. Dann verschwand er – er war nicht mehr unter uns –, und innerhalb von Sekunden konnte man ein helles Licht sehen, das von der Hügelkuppe herunterleuchtete.
Wir sahen nicht direkt, wie er auf dem Hügel erschien, wir konnten seine Gestalt dort tatsächlich gar nicht sehen, wegen der Dunkelheit und der Entfernung. Alles, was wir sehen konnten, war dieser überaus starke, helle Lichtschein. Es war kein Blitz. Es war auch nicht weiß. Es war ein gelbes Licht, so ähnlich wie eine riesige Kerzenflamme. Baba blieb etwa zwei oder drei Minuten auf dem Hügel und war dann plötzlich wieder bei uns. Er fragte einige Leute, ob sie das Licht [Jyoti] gesehen hätten, und einige sagten nein, wenn sie nicht aufpaßten, oder falls sie es aufgrund irgendeines Hindernisses, das die Sicht versperrte, nicht gesehen hatten. Dann sagte Baba: »Paßt auf. Ich zeige euch das Licht noch einmal,« und er verschwand sofort wieder. Sobald er verschwunden war, konnten wir das Licht auf dem Hügel scheinen sehen. Ich habe dieses Phänomen zwei- oder dreimal beobachtet ...
Wenn ich sage, er »verschwand«, meine ich nicht, daß er sich in Luft auflöste. Er sagte gewöhnlich, er würde vorausgehen, und innerhalb von Sekunden war er auf der Hügelkuppe angelangt. Ob er dorthin geflogen oder gelaufen ist – wir wissen es nicht. Aber es muß ein Wunder sein, daß er so schnell dorthin gelangt. Innerhalb von Sekunden ist er auf dem Hügel.

Dr. Thalbourne, der damals 26 Jahre alt und ein guter Läufer war, rannte die Strecke hinauf so schnell er konnte und erreichte die Hügelkuppe in eineinhalb Minuten. Die meisten Menschen werden jedoch fünf bis zehn Minuten angestrengt gehen müssen, bis sie die Hügelkuppe über den steilen, gewundenen Fußweg, der heute dort hinaufführt, erreichen.

Ein andermal zog ein schweres Unwetter herauf; allerdings wußte keiner von uns, daß es tatsächlich gleich anfangen würde zu regnen. Wir befanden uns alle auf dem Hügel, der direkt neben dem Flußufer ansteigt. Falls ich mich recht entsinne, war es noch früh am Abend. Es wurde plötzlich dunkel. Baba bat die Leute, unverzüglich hinunterzusteigen. Unter uns befand sich ungefähr ein halbes Dutzend alte Menschen, und es hätte ungefähr eine halbe Stunde gedauert, bis alle unten angekommen waren. Neunzig Prozent der Baktas waren ältere Leute, und die meisten von ihnen sind inzwischen verstorben. Baba brachte sie alle hinunter, indem er sie einfach unter der Achsel packte, und er schaffte sie innerhalb von wenigen Sekunden hinunter. Wir wissen nicht, wie er sie so schnell hinunterschaffte. Baba half den beleibten Damen hinunter, während ich einigen anderen Leuten half. Nur diese dicken Leute hatten Schwierigkeiten, schnell hinunterzukommen. Als wir jedenfalls am Fuße des Hügels angekommen waren und noch keine zweihundert Meter zurückgelegt hatten, sahen wir plötzlich, wie ein Blitz in einen der Felsblöcke auf der Hügelkuppe einschlug und ihn in Stücke brach, und ein Teil des Felsblocks rollte den Hügel hinunter. Da sagte Baba: »Ich weiß nicht, was euch geschehen wäre, wenn ihr noch ein paar Minuten länger dort oben gewesen wärt.« Aber er wußte es natürlich.

Einige ältere Anhänger Sai Babas erzählten Geschichten darüber, wie Baba in der Anfangszeit seines Wirkens mit etwas, das sie »Besessenheit« nannten, umgegangen war. Krishna Kumar beschrieb einen solchen Fall.

Wir glauben, daß die Geister der Toten in den Körper eines Lebenden hineinfahren können und den Betreffenden dazu bringen, sich völlig anders als gewöhnlich zu verhalten. Einmal war eine dicke Frau da, von der ein Geist auf diese Weise Besitz ergriffen hatte. Als sie nach Puttaparti kam und Baba mit den Bhajans begann, ergriff dieser Geist Besitz von ihr, und sie fing an, ihre eigene Melodie zu singen. Swamiji warnte sie: »Entweder du verhältst dich ruhig oder du gehst hinaus.« Sie stritt mit Swamiji, aber es war nicht die Frau, sondern der Geist, der disputierte. Sie sprach in einer anderen Stimmlage und auch ihre Art zu sprechen veränderte sich.
Im Mandir gab es einen kleinen Saal, und wir nahmen gerade unser Essen dort ein. Da ergriff der Geist plötzlich Besitz von der Frau, und sie sagte: »Ich muß mit Swamiji essen.« Swamiji sagte: »Du paßt nicht hierher. Geh' hinaus.« Dann schickte er uns zu unserer Überraschung alle hinaus, aber ich blieb bei ihm. Er bat mich, etwas Safranreis zu

holen, der dazu verwendet wird, jemanden zu segnen. Ich holte eine kleine Menge aus dem Puja-Raum.

Er streute ein wenig davon über die Frau und ergriff ein Haarbüschel mitten auf ihrem Kopf und hob sie hoch, diese schwere Frau. Sie muß wohl um die 250 Pfund gewogen haben. Er hob sie einfach hoch, schwang sie einmal im Kreis um sich herum und ließ sie wieder herunterfallen, wobei er ihr dieses Haarbüschel ausriß. Die Frau wurde ohnmächtig. Er verknotete die Haare, und als die Frau wieder zu sich kam, sagte er zu ihr: »Es ist nun alles vorbei. Von jetzt an wird dieser Geist nicht mehr von dir Besitz ergreifen, denn er ist hierin gefangen,« womit er meinte, daß der Geist in diesem Knoten gefangen war.

Ich sah ihn nur in diesem einen Fall auf diese Weise mit einer besessenen Person umgehen. In anderen Fällen bat er uns, sobald der Geist sich rührte, einen kleinen Stock zu bringen, und gab der Person eine gehörige Abreibung. Die Person, die die Tracht Prügel bekam, schrie und heulte wie verrückt. Der Geist antwortet Baba und sagt, wer er ist, woher er kommt, woran er starb und so weiter. Sobald Baba mit dem Schlagen aufgehört hatte, zerbrach er den Stock und sagte: »Das ist genug. Er ist jetzt erlöst.« Und von da an befiel der Geist weder diesen noch einen anderen Menschen.

Gemäß einem in Indien weitverbreiteten Glauben ist Besessenheit nicht eigentlich eine Geisteskrankheit. Was tat Baba für die Geisteskranken?

Es kamen viele geisteskranke Menschen zu Baba, aber keiner von ihnen wurde geheilt. Baba sagte, sie müßten leiden. Er heilte diese Menschen nicht.

Krishna Kumar erzählte, daß Baba in jenen Tagen niemals Parfüm oder Puder benutzte. Trotzdem verströmte er manchmal plötzlich einen wunderbaren Duft. Der Duft war plötzlich da, hielt sich ein paar Minuten und verschwand wieder. Meistens war es Sandelholz oder Moschus. Es geschah oft zu Beginn der Bhajan-Sitzungen. Krishna Kumar half ihm oft beim Baden, und manchmal roch er diese wunderbaren Düfte für ein paar Minuten, direkt nachdem Baba sein Morgenbad genommen hatte.

Viele Anhänger berichteten, daß auf Fotos von Baba oder anderen religiösen Vorbildern, die sie in ihren Wohnungen oder Puja-Räumen aufgehängt hatten, Vibuti erschienen war. Dies geschah häufig in beträchtlicher Entfernung von Babas Aufenthaltsort. Krishna Kumar hatte von solchen Vorfällen gehört und sie auch selbst beobachtet.

... das Vibuti, das an weit entfernten Orten auftaucht, scheint sich bei Leuten zu manifestieren, die Baba, wie wir sagen würden, nicht besonders nahestehen. Er sagt: »Es ist mir egal, ob die Person ein Jünger ist oder nicht. Es ist gleich, wer sie ist. Wenn er mich mag, mag ich ihn auch, wenn nicht, mag ich ihn trotzdem.« So sprach er gewöhnlich. »Ob du zu Jesus Christus oder zu jemand anderem betest, macht für mich keinen Unterschied. Ich gehöre keiner Kaste an und habe keinen Glauben, nichts dergleichen. Ich bin immer mit jedem, der Gott wirklich liebt."

Die verblüffendsten Phänomene, die in Sai Babas Gegenwart geschehen, verleiteten viele zu der Frage: »Wie machst du das?« Krishna Kumar sagte, er habe geantwortet:

Baba sagte folgendes: »Kannst du ein Lied sehen? Ein Lied kannst du nur hören. Wie kannst du ein Lied sehen oder Licht hören? Das Licht kannst du nur sehen. Mit Wundern ist es das gleiche; du kannst sie nur erfahren.« Er sagt, daß all diese Dinge, die er materialisiert, von irgendwoher kommen. Sie werden nur von einem anderen Ort hierher transportiert. Wir können nicht sagen, wie sie hierher kommen. Sie kommen im Bruchteil einer Sekunde.
... Viele Leute sagen: »Baba, du mußt mir ein Wunder zeigen.« Darauf sagt er gewöhnlich: »Ich zeige dir etwas, und du glaubst immer noch nicht an das Wunder. Was soll ich dann noch tun? Du solltest lernen, diese Dinge selbst zu tun. Es ist möglich. Aber selbst dann wirst du nicht in der Lage sein, es jemand anderem zu erklären. Du kannst es einfach nur genießen.«

Feigen von irgendeinem Baum

Amarendra Kumar ist der zweitälteste Sohn von Mr. und Mrs. Radha-krishna. Er hatte eine lange und enge Verbindung mit Sai Baba und war in den vierziger und fünfziger Jahren über lange Zeiträume hinweg einer seiner persönlichen Helfer. Heute lebt er mit seiner Frau und seinen Kindern in der Nähe von Kanchipuram, etwa fünfzig Meilen landeinwärts von Madras.

Die vier Interviews, die ich mit Amarendra Kumar durchführte, fanden zwischen November 1977 und Juli 1983 statt. Er konnte seine Erfahrungen besonders gut in Worte fassen und schien gleichzeitig sehr darauf bedacht, in seinen Angaben so genau wir möglich zu sein. Er war offensichtlich fasziniert von Sai Baba, aber sein unabhängiger Verstand konnte das Für und Wider jedes einzelnen Punktes sehr wohl erkennen. Seine erste Reise nach Puttaparti im Jahre 1949, als er zwölf oder dreizehn Jahre alt war, hatte er dem schlechten Gesundheitszustand seines Vaters zu verdanken.

Er hatte Gastritis oder etwas Ähnliches, aber es konnte nicht mit Sicherheit diagnostiziert werden. Er war schon seit einiger Zeit in Behandlung, und dann erwähnte jemand zufällig Sathya Sai Baba in Gegenwart meines Vaters.
Mein Vater widmete sich engagiert verschiedenen sozialen Aufgaben, aber er wendete nicht viel Zeit für Gebete oder dergleichen auf. Er war jedoch keineswegs Atheist; er war ein gottesfürchtiger Mann, aber er mochte seine Zeit nicht verschwenden, indem er hierhin und dorthin ging. Statt dessen sagte er gewöhnlich: »Der Dienst am Menschen ist Gottesdienst.« Als jemand ihm vorschlug: »Warum suchst du nicht Hilfe bei Sai Baba?«, wies er dies sofort von sich und sagte: »Ich falle niemandem zu Füßen. Sai Baba ist wahrscheinlich ein großer Mensch und ein Mystiker, aber ich glaube nicht, was die Leute über seine Wunder und seine Heiligkeit erzählen.« Aber schließlich ließ er sich doch beschwatzen, Sai Baba zu besuchen. Dennoch beruhte unser erster Besuch bei Baba mehr auf einer Art akademischem Interesse, denn auf geistiger Liebe oder dem Wunsch nach geistiger Heilung.

Er erinnerte sich an die Ankunft der Familie:

Als wir zum ersten Mal dort ankamen, waren wir überrascht, daß Baba den Fluß überquert hatte, um uns zu empfangen. Er hatte uns tatsächlich erwartet. Baba ging sofort auf meinen Vater zu und fragte ihn: »Bist du nicht Radhakrishna aus Kuppam?« Mein Vater sagte ja. Daraufhin sagte Baba: »Komm, wirf' dich nieder und berühre meine Füße. All deine Schwierigkeiten haben ein Ende.« Mein Vater antwortete: »Nein, tut mir leid. Falls meine Probleme nur dadurch, daß ich jetzt deine Füße berühre, verschwinden sollten, dann werde ich sie später berühren müssen.« Baba sagte: »Du wirst ganz sicher meine Füße berühren. Du wirst für immer mein Jünger bleiben.« Diese Feststellung sollte sich bewahrheiten. Mein Vater blieb, trotz verschiedener Schwierigkeiten, bis zu seinem letzten Atemzug ein ergebener Jünger. Baba fuhr fort: »Ich bin den ganzen Weg vom Ashram hierher gekommen, um euch zu empfangen, denn ihr seid alle meine Kinder.« Und wir sagten: »Gut. Wir sind sehr dankbar für Ihre Gastfreundschaft,« und wir gingen zum Ashram.

... Allmählich wuchs Vaters Vertrauen zu Baba. Was mich persönlich betrifft, würde ich sagen, daß meine Beziehung zu Baba von Anfang an mehr auf persönlicher Zuneigung als auf spirituellem Glauben beruhte. Aber als die Zuneigung wuchs und wir begannen, ihn besser zu verstehen, da wir ihn täglich sahen, wuchs natürlich auch unser Glaube – ganz sicher. So wurden wir zu Jüngern.

Die Menschenmenge um Baba hatte seit jener Zeit beträchtlich zugenommen.

Damals war Baba von einem sehr kleinen Kreis von Jüngern umgeben. Wir waren ständig mit ihm zusammen, tagein, tagaus, außer vielleicht den Zeiten, in denen er seine Mahlzeiten einnahm, aber selbst dann aß er meistens in Gesellschaft der anderen. Die Gruppe umfaßte damals nie mehr als hundert Personen, was für Puttaparti zu jener Zeit eine riesige Menge war. Heute zählen wir die Menschen während der Festivalzeiten in Hunderttausenden (Lakhs), und »Hunderte« haben ihre Bedeutung verloren. Die kleinste Gruppe, die ich damals je um Baba versammelt sah, bestand aus dreißig bis fünfzig Personen. Danach wuchs die Besucherzahl stetig an.

Was hielten die Einwohner von Puttaparti von Baba?

Die Leute von Puttaparti mochten Baba damals nicht. Die Menschen, die Baba besuchten, hatten einiges durchzumachen. Nicht genug, daß diese Leute ihn nicht mochten, sie behandelten uns ganz schrecklich. Sie gaben uns kein Wasser, wollten uns nichts zu essen verkaufen, verweigerten uns jegliche Transportmöglichkeit. Jeder, der sich als Jünger bezeichnete, war in Puttaparti unten durch. Und sie machten uns Schwierigkeiten und belästigten uns. Selbst die Busfahrer in Penukonda machten uns Schwierigkeiten, gaben uns den schlechtesten Bus, den wir vielleicht die halbe Strecke schieben mußten.

Jedesmal, wenn wir mit Baba eine Prozession durch das Dorf machten, mußten einige von uns Wache stehen; sonst hätten sie mit Steinen nach uns geworfen. Und bevor die Prozession begann, mußten sich ein paar von uns als Spione betätigen und versuchen herauszufinden, ob irgend jemand plante, uns mit Steinen zu bewerfen, uns zu schlagen, uns Hindernisse in den Weg zu legen oder die Prozession auf andere Weise zu stören. Sie belästigten uns mehr als einmal. Bei einer Gelegenheit wurden ein oder zwei Jünger verletzt. Aber Baba wurde niemals von einem Stein getroffen, ganz gleich wie gut sie zu zielen versuchten. Der Stein stoppte einfach in einiger Entfernung. In dieser Anfangszeit gab es eine Menge Spannungen und Intrigen in Puttaparti. Aber Baba sagte stets: »Macht euch einfach nichts daraus. Ich bin zu groß für sie, als daß sie mir etwas anhaben könnten.«

Er beschrieb Babas Verhalten, so wie er es erlebt hatte.

Baba war damals ziemlich jungenhaft. Falls ich mich recht entsinne, war er neunzehn Jahre alt. Jeden Abend ging er mit allen Jüngern hinunter zum Fluß. Dort saßen wir dann am Ufer und sangen oder schwatzten einfach. Baba rückte mit seinen Wundern heraus – einem nach dem anderen. Er brachte verschiedene wundervolle, köstliche Leckereien aus dem Nichts hervor, wie zum Beispiel Jellaby, Marzipan, Laddu. Solche wunderbaren Süßigkeiten, wie frisch aus dem Ofen, und manchmal so verdammt heiß – tatsächlich zu heiß, so als hätte man sie gerade aus der Pfanne genommen. Sie wissen doch, wie indische Süßigkeiten sind: voller Ghee [geschmolzene Butter] und stark gewürzt – sie waren wirklich köstlich. Babas Süßigkeiten sahen stets aus, als hätte man sie gerade aus der Küche gebracht. So appetitlich! Und all die Sachen, die er aus dem Sand und dem Fluß hervorbrachte.

Er machte einfach einen Sandhaufen, dort wo wir gegessen hatten, steckte seine Hand hinein und fragte uns: »Was möchtet ihr denn gerne haben?« Wir waren damals eine Gruppe von Kindern zwischen zehn und zwölf Jahren, und wir waren uns seiner Geistesgröße überhaupt nicht bewußt. Wir waren klein und sagten stets: »Swami, wir wollen dies, wir wollen das.« Einfach so, und er brachte für uns jedes verdammte Ding aus dem Sand am Flußufer hervor.

Oft pflückte er einfach im Vorbeigehen ein Blatt oder etwas anderes von irgendeiner Pflanze, an der er vorüberkam. Daraus machte er dann eine Frucht für jemanden – wundervolle Früchte, manchmal Äpfel, manchmal Sapotas [kleine, gelblich-braune Früchte]. Soweit es ihn betraf, spielte es überhaupt keine Rolle, ob eine Frucht gerade nicht Saison hatte. Die Frucht lag in seiner Hand, wenn er sie öffnete, direkt nachdem er ein Blatt gepflückt hatte, und das Blatt war verschwunden. Er kann zu jeder Zeit, an jedem Ort jedes beliebige Ding hervorbringen. Das ist der springende Punkt. Oft gab er uns Feigen, die er von irgendeinem ganz gewöhlichen Baum gepflückt hatte.

In der Nähe von Puttaparti gibt es einen kleinen Hügel, auf dem ein Tamrindenbaum steht, denn wir »Kalpavriksha« nennen. Auch als wir noch klein waren, nahm Swami uns mit, und wir kletterten den Hügel hinauf. Vriksha bedeutet »ein Baum«, und unsere uralten Puranas [alte religiöse Texte des Hinduismus. Anm. d. Übers.] besagen, daß Kalpavriksha im Himmel ist: Was immer du dir wünschst, worum du auch bittest, der Baum gibt es dir. Auf diesem Baum, der auf dem Hügel stand, ließ Swamiji oft Gottesfiguren, Statuetten, erscheinen. Dann produzierte er vielleicht plötzlich ein Armband oder eine Brosche oder ein Medaillon, einen Anhänger – so viele Dinge, je nach Lust und Laune. Er war derjenige, der das bestimmte. Er verteilte die Sachen dort an verschiedene Leute, und manchmal sagte er: »Bete du, bewahre du dies in deinem Puja-Zimmer auf, tu' du dies, tu' du das. All deine Probleme sind gelöst.« Manchmal produzierte er fünfundzwanzig bis dreißig Zentimeter große Dinge: Statuen. Und schöne Statuen. Das Metall war edel und die Figuren waren außergewöhnlich schön. Baba machte solche vortrefflichen, schönen Sachen.

Wir fragten ihn, welche Beziehung Baba zu den jungen Menschen hatte, die zu ihm kamen.

In der Anfangszeit war der Swami von früh bis spät mit uns zusammen – von fünf oder sechs Uhr morgens, wenn wir aufstanden, bis abends, wenn er zu Bett ging. In jenen Tagen hielten zumindest wir Jungen nicht viel davon, ihm allzu großen Respekt zu erweisen. Wir waren so etwas wie ein Clique von Freunden. Heute ist alles völlig anders, heute spüren wir die Kluft zwischen ihm und uns.

Aber wir waren trotzdem stets vor ihm auf der Hut, waren stets auf die nächste Überrraschung vorbereitet.

Ich bin ein ziemlich freimütiger Typ. Ich glaube, wenn man nicht geradeheraus sagt, was man denkt, wird man im Leben nicht die richtigen Antworten für sich finden. Swamiji war oft launisch. Es konnte vorkommen, daß er aufgrund er kleinen Bemerkung stundenlang nicht mit uns sprach. Manchmal sprach er tagelang nicht mit uns. War seine gute Laune erst einmal dahin, sprach er vielleicht mit überhaupt niemandem oder er sprach nur mit einer bestimmten Person nicht. Unterschwellig hatten wir immer irgendwie Angst, seine Stimmung könnte sich plötzlich ändern. Obwohl wir ihm nahestanden, waren wir immer auf der Hut, und obwohl er uns in vielem Freiheit ließ, waren wir stets darauf bedacht, unsere Position zu behaupten. Dieser Aspekt war stets vorhanden. Es konnte passieren, daß er dich fragte: »Hast du schon gegessen?« Manchmal, wenn er guter Laune war, sagte er dann vielleicht: »Warum kommst du nicht mit und ißt etwas?« Dann setzte er sich persönlich mit dir zu Tisch und bediente dich. Vielleicht forderte er dich sogar auf: »Komm, greif' zu, nimm noch etwas.« Er konnte also außerordentlich zuvorkommend sein.

Wenn er dich bei anderer Gelegenheit fragte, ob du schon gegessen hättest, und du mit ja antwortetest, konnte es sein, daß er sagte: »Du Narr, hast du nichts anderes im Kopf als Essen?«

Angenommen, jemand fragte mich dann, warum Swami schlechter Laune sei, konnte ich vielleicht nur antworten: »Weil ich zu Mittag gegessen habe.«

Warum er auf die gleiche Antwort, die man auf die gleiche Frage gab, so unterschiedlich reagierte, weiß ich nicht, aber das ist seine Art. Wenn er nicht gut aufgelegt war und mit niemandem sprach, saß er manchmal stumm herum oder setzte ein ernstes Gesicht auf. Dann hatte jedermann Angst, sich ihm zu nähern. Er sah dann sehr ernst und schrecklich reizbar aus. Es kam uns nie in den Sinn, daß er Baba der Erhabene oder Baba der Avatar war. Natürlich schalten Vater und Mutter oft mit mir: »Warum benimmst du dich so? Du solltest daran denken, daß er ein Avatar ist.«

Verschiedene Menschen haben verschiedene Vorstellungen; manche Dinge nehmen wir als selbstverständlich hin, andere wiederum akzeptieren wir nicht. Ich ging so weit, ihn nicht als Avatar oder Inkarnation Shirdi Babas anzuerkennen, obwohl ich ihn als einen Menschen von unbeschreiblicher Größe betrachte.

Bei einem öffentlichen Vortrag zitierte er aus der Bhagavad Gita. Während seiner Rede fing er auf einmal an zu sprechen, als ob er Gott Krishna persönlich gewesen sei. »Ich sagte zu Arjuna« [Krishnas Lieblingsjünger und Schwager] ... Nachdem er seinen Vortrag beendet hatte, stand ich auf und sagte: »Schau, es tut mit leid. Was Krishna sagte, können wir akzeptieren, obwohl wir auch da nach Tausenden von Jahren nicht wirklich sicher sein können; aber es gibt die alten Schriften, und so nehmen wir es als gegeben hin. Aber wie kannst du es wagen zu behaupten, du seist Krishna?«

Darauf antwortete Swami: »Du halt' den Mund, du bist nur ein Schuljunge, ein Kind, du gehst noch in den Kindergarten. Stell' dir vor, ich würde versuchen, dir zu erklären, was Krishna war, wer er war und wer ich bin. Du würdest mich ganz gewiß nicht verstehen. Du hast diese Stufe noch nicht erreicht.« Und an irgendeinem Punkt unserer Auseinandersetzung sagte er: »Ich bin groß. Ich bin Gott in Menschengestalt,« und ich antwortete dann etwa in dem Sinne, er könne nicht erwarten, daß ich, nur weil er groß sei, alles schlucken würde, was er mir erzählte. In manchen Dingen stimmten wir nicht überein. Ich bezeichnete ihn immer als Mystiker, und ich glaube auch heute noch, daß er ein großer Mystiker ist. Aber ob er Gott in Menschengestalt ist – können wir das wirklich beurteilen? Ich glaube, wir sind nicht kompetent, über so etwas zu streiten. Wieviele von uns haben schon mit Gott Kontakt aufgenommen oder Gott gesehen, wie können wir uns also ein Urteil erlauben? Und die Frage, ob er ein Avatar ist, liegt ebenfalls außerhalb unserer Kompetenz, ja wir wissen nicht einmal genug, um sie zu erörtern. Geben wir unsere Unwissenheit doch zu. Was mich betrifft, so ist die Frage, ob er Gott in Menschengestalt oder ein Avatar oder ein ganz gewöhnlicher Mensch ist, ohnehin nicht von besonderer Bedeutung. Für mich ist er einfach Baba, und das bedeutet Liebe und Zuneigung – ein einzigartiger Mensch.

Die jungen Leute lebten sehr eng mit Baba zusammen.

Meiner Meinung nach waren wir ihm fast zu nahe. Wir pflegten im gleichen Zimmer zu schlafen, mit ihm zu essen, mit ihm zu spielen, wir lebten in absoluter Gemeinschaft mit ihm. Wir waren kaum eine Minute von ihm getrennt; Tag und Nacht, und wir lebten so monatelang mit ihm zusammen. Wahrscheinlich war es diese Intimität, die ihn dazu veranlaßte, manchmal, wenn wir etwas ganz Bestimmtes von ihm wollten, zu antworten: »Ich brauche euch. Warum liegt euch soviel daran, dieses oder jenes zu bekommen?« Trotzdem schenkte er mir eine Raksha, eine Art Talisman. Ich besitze die Raksha noch heute. Sie war das einzige Geschenk, das er mir von sich aus machte, abgesehen von den üblichen Süßigkeiten und anderem Eßbaren. Es war für uns etwas ganz Alltägliches diese Wunder mitanzusehen, und nach einiger Zeit baten wir ihn gar nicht mehr darum, Dinge zu materialisieren, denn wir konnten all diese Phänomene ja täglich mehrmals beobachten.

Wir waren stets außer uns vor Freude, wenn er uns etwas schenkte. Wir, die wir in jenen frühen Tagen mit Baba lebten, waren einfache Menschen aus kleinen Orten. Für uns war Baba stets etwas Erhabenes, und wir wären nie auf die Idee gekommen, diese Dinge wissenschaftlich zu untersuchen; es kam uns nie in den Sinn, zu versuchen, etwas über diese Phänomene herauszufinden oder sie in irgendeiner Form aufzuzeichnen.

Als ich ein Junge war, war es meine Aufgabe, Baba als eine Art persönlicher Helfer zu dienen; ich mußte seine Sachen tragen, besonders zum Fluß, zum Beispiel seine Chappals [Sandalen], sein Handtuch und das unentbehrliche Taschentuch. Damals aß oder kaute er ständig Betelblätter – Hunderte und Aberhunderte von Betelblättern. Er kaute und kaute und kaute die ganze Zeit. Diese Blätter wurden in einer Dose aufbewahrt, und diese Dose war das Wichtigste, das ich zu tragen hatte. Daher war ich fast immer wie selbstverständlich an seiner Seite.

Dann erwähnte er das Phänomen des plötzlichen Verschwindens.

Besonders wenn wir am Fluß entlanggingen, kam es oft vor, daß er plötzlich aus unserem Blickfeld verschwand. Er verschwand direkt aus unserer Mitte, während er mit uns sprach. Wir konnten ihn nirgends entdecken. Aber dann rief er plötzlich mich oder jemand anderen beim Namen, und wenn unsere Augen ihn dann suchten, entdeckten sie ihn oben auf der Kuppe des Hügels. Das Ganze spielte sich innerhalb von Sekunden ab.

Wir baten Amarendra um weitere Einzelheiten.

Wir gingen alle zusammen, Swamiji führte uns an, und die Gruppe der Jünger hielt sich direkt hinter ihm oder an seiner Seite. Plötzlich sahen wir ihn nicht mehr, sondern hörten nur seine Stimme, die einige von uns beim Namen rief. Und gerade vor einer Sekunde hatten wir ihn doch noch gesehen. Gerade waren wir noch neben ihm gegangen, und auf einmal war er nicht mehr da. Dann hörten wir seine Stimme, er rief nach uns. Wir schauten hierhin und dorthin, und dann sahen wir ihn auf einem Baum sitzen oder auf der Hügelkuppe beim Kalpavriksha. Er klatschte nur in die Hände und sagte: »Kommt hierher. Alle, kommt her.« Er konnte überall sein.

Er saß einfach so in einem Baumwipfel und rief uns: »Kommt herauf, kommt und leistet uns Gesellschaft, jeder, der auf diesen Baum klettern kann.« Und im Bruchteil einer Sekunde sah man ihn schon wieder irgendwo anders.

Verschwand Baba oft auf diese Weise?

Ich habe dieses Phänomen sehr oft beobachtet. In der Zeitspanne, die ich in seiner Nähe verbrachte, konnte ich das bestimmt ein paar hundert Mal beobachten. Das erste Mal sah ich es bei meinem allerersten Besuch in Puttaparti.

Könnte es nicht möglich sein, daß Baba ihn abgelenkt und sich schnell davongemacht hatte?

Ich hatte nicht den Eindruck, daß er sich einfach nur schnell bewegen konnte. Nein, das war einfach nicht möglich. Wir waren beispielsweise am Fuße des Hügels, vielleicht sogar noch hundert Meter davon entfernt. Baba war bei uns und unterhielt sich mit uns. Wir sagten etwas zu ihm, und noch bevor du deinen Satz beendet hattest, bemerktest du, daß er nicht mehr neben dir war. Das geschah im Bruchteil einer Sekunde. Wir sahen ihn nicht direkt verschwinden, aber wir sahen ihn auch nicht weglaufen, und doch rief er von der Hügelkuppe aus nach uns. Wäre er einfach nur von uns weggerannt, wären wir Jungen ihm natürlich gefolgt und hätten versucht, ihn zu fangen. Er rannte niemals von uns weg. Wir sahen ihn einfach plötzlich nicht mehr, aber [wir] hörten ihn dann, wenn er von der Hügelkuppe oder einem anderen Ort nach uns rief.
Ich hätte mindestens ein paar Minuten gebraucht, um ihn dort auf dem Hügel, wo er gerade stand, zu erreichen: zuerst müßte man zum Fuße des Hügels laufen, dann den steilen Hügel hinaufklettern, der mit vielen Felsbrocken übersät war, um die man herumklettern mußte .[Die meisten dieser Felsbrocken wurden inzwischen weggeschafft und als Baumaterial verwendet.] Es wäre selbst für einen Supermann unmöglich, den Hügel in ein paar Sekunden zu erklimmen. Manchmal dauerte es bis zu einer Stunde, bis alle ganz oben auf dem Hügel angelangt waren. (Es war uns zur Gewohnheit geworden, jeden Nachmittag zum Fluß zu gehen und dann auf den Hügel zu klettern). Falls ältere Leute dabei waren, kam er wieder herunter und half ihnen, hinaufzuklettern. Aber wenn er herunterkam, um jemandem zu helfen, tat er es auf normale Art und Weise, das heißt, er ging dann im gleichen Tempo wie wir.

Manchmal verschwand er jedoch von diesem Hügel und tauchte auf einem anderen auf. Wissen Sie, wir sahen ihn auf der Kuppe des Hügels, und er forderte uns auf, hinaufzukommen. Er wartete auf uns. Manchmal kam er den halben Weg wieder herunter und half den Damen und den Kindern und den alten Leuten hinaufzuklettern. Dann gesellte er sich wieder zu uns. Manchmal sagte er dann: »Kommt mit auf den anderen Hügel,« und zeigte uns einen anderen Ort. »Kommt mit mir dorthin,« sagte er. Aber noch bevor wir auch nur einen Schritt in diese Richtung machen konnten, sahen wir ihn schon dort stehen und hörten ihn rufen.

Diese Vorfälle ereigneten sich zu einer bestimmten Tageszeit?

Diese Dinge geschahen zu einer Tageszeit, die wir Inder schon Abend nennen und die bei Ihnen als Spätnachmittag bezeichnet wird – etwa zwischen vier und fünf Uhr, kurz vor Sonnenuntergang.

Wie waren die Lichtverhältnisse zu dieser Stunde?

Babas »Verschwinden« geschah normalerweise nicht, wenn es dunkel war, sondern vor Einbruch der Dunkelheit; mindestens eine Stunde vor Sonnenuntergang. Da eine ganze Reihe von Leuten auf den Hügel kletterte, war es unbedingt notwendig, daß wir alle wieder unseren Weg hinunterfanden, bevor es dunkel wurde. Wir kamen gewöhnlich in der Dämmerung zum Ashram zurück und begannen sofort nach unserer Rückkehr mit den Bhajans.

Amarendras Mutter und seine Schwester hatten beschrieben, wie Baba einen Lichtschein um sich herum erzeugt hatte. Hatte er einen solchen Vorfall beobachtet?

Es gab mehrere solcher Begebenheiten, wo Baba Licht erzeugte oder materialisierte, als er oben auf dem Hügel beim Chitravati-Fluß stand. Ich habe dies zweimal beobachtet. Wir sprachen ja bereits darüber, daß Baba manchmal aus unserer Mitte verschwand ... und plötzlich von irgendwoher rief, in die Hände klatschte und rief: »Schaut, ich bin hier.« Bei zwei Vorfällen, die ich beobachtete, geschah etwas Außergewöhnliches. Wir schauten in die Richtung, aus der sein Ruf gekommen war. Es kann sein, daß wir Baba nicht direkt erkennen konnten, aber man konnte jemanden oben auf dem Hügel sehen, und von dieser Gestalt ging ein helles Licht aus, man könnte es vielleicht einen Heiligenschein nennen. Bei einer Gelegenheit war es ein Lichtstrahl, der plötzlich aufleuchtete wie aus einem Leuchtturm.

Es geschah nicht an einem besonderen Tag. Diese Begebenheiten, wie die meisten anderen, von denen ich ihnen erzählt habe, trugen sich zwischen 1946 und 1950 zu, also bevor der neue Mandir gebaut wurde. Es war zwischen meinem zwölften und sechzehnten Lebensjahr.

Auch er hatte Veränderungen in Babas Persönlichkeit bemerkt.

... Baba veränderte sich allmählich. Er war in diesen frühen Tagen einfach wie ein Junge. Er war wirklich jungenhaft – manchmal frech, mutwillig, unberechenbar und kreuzfidel. In den frühen fünfziger Jahren begann ich meine Collegeausbildung, und zu dieser Zeit veränderte er sich rapide. Zwischen, sagen wir, 1952 und 1953 hatten wir eine allmähliche Veränderung an ihm bemerkt. Er wurde nüchterner, reservierter und philosophierte mehr als früher. Diese Veränderung fand irgendwann Mitte der fünfziger Jahre statt.

Hatte er je beobachtet, daß Baba seine äußere Erscheinung veränderte?

Ich habe das sogar ziemlich häufig beobachtet. Es geschah normalerweise immer dann, wenn er in einer Prozession durch den Ort getragen wurde. Wissen Sie, in jenen Tagen trugen wir ihn, obwohl er ein ganz normaler Mensch ist, in einer Art Prozession durch die Gegend, besonders zu Dasara – und zwar an jedem einzelnen Tag dieses zehntägigen Festes. Wir staffierten ihn dann jeden Abend aus. Er hätte sich normalerweise nicht so leicht so herausgeputzt, aber wir übten soviel Druck auf ihn aus, wie wir nur konnten – wir bestimmten es einfach und brachten ihn dazu, sich herzurichten. Wir hatten dann gewöhnlich eine schöne, große Sänfte bauen lassen. Er mußte sich in die Sänfte setzen, und wir trugen sie auf den Schultern im Dorf herum. Puttaparti war damals ein kleines Dorf, hatte kaum mehr als sechzig Häuser, wenn ich mich recht erinnere.

Während der Prozession sahen wir gewöhnlich, wie er sich plötzlich veränderte, oder vielleicht sollte ich eher sagen, wir sahen eine Veränderung in seiner Erscheinung. Einige Leute sagten dann, Baba habe die Gestalt des Gottes Shiva angenommen, und andere sagten: »Nein, nein. Er sah aus wie Krishna.« Ich für meinen Teil sah nicht die vielen verschiedenen Erscheinungsformen, von denen die Leute gewöhnlich sprachen, aber ich habe trotzdem auf jeden Fall einige Dinge beobachtet. Ich konnte sehen, wie eine ganze Menge Vibuti aus Babas Stirn herausströmte; das habe ich sehr oft beobachtet; sehr häufig sah ich auch, wie Sandelholzpaste auf seinem Gesicht erschien. Manchmal sah ich Streifen von Sandelholzpaste, die ein Ardha – Chandra [Mondsichel, ein Symbol Shivas] auf Babas Stirn bildeten. Und sehr oft fiel Kumkum aus seiner Stirn. Ich sah das bei vielen Gelegenheiten. Diese Ereignisse setzten sich eine ganze Reihe von Jahren fort; bis in die fünfziger Jahre.

Seiner Meinung nach gab es eine Erklärung dafür, daß verschiedene Menschen verschiedene Dinge sahen.

Bei uns in Indien gibt es die Shivaiten und die Vaishnavas (die zu Krishna beten) und so weiter. Und diejenigen, die an Krishna glauben, können verdammt allergisch auf Shiva reagieren: sie werden Shiva überhaupt nicht als Gott erkennen. Baba in verschiedenen Erscheinungsformen zu sehen, hing, glaube ich, stark von der psychischen Verfassung des einzelnen ab. Ein unerschütterlicher Shivait sah vielleicht Shiva in ihm; ein unbeirrbarer Vishnava sah vielleicht Krishna. Da ich weder Shivait noch Vishnava war, sah ich ihn einfach nur als Sai Baba. Außerdem behaupteten auch nur einige Leute, Baba in veränderter Gestalt gesehen zu haben. Wenn sie ihre Beobachtungen beschrieben, wandten andere ein, sie hätten nichts dergleichen gesehen.

Er hatte beobachtet, wie sich die Farbe von Babas Robe veränderte.

Ja, eines der wirklich seltsamen Phänomene, das wir bei Baba beobachteten, war, daß sich die Farbe seiner Robe manchmal ganz plötzlich veränderte. Heute trägt er nur noch wenige Farben, meistens Safrangelb, manchmal Rot und an Festtagen auch manchmal Weiß, aber früher trug er alle Farben. Manchmal kam ein Bakta und bat ihn, ein Gewand anzuziehen, das er ihm mitgebracht hatte, und er trug es, um ihm eine Freude zu machen.
Wir, die wir damals mit ihm lebten, waren ihm so nahe, daß ohne unser Wissen überhaupt nichts mit ihm geschehen konnte. Wir Jungens waren für alles da. Wir halfen ihm beim Umziehen und waren ständig in seiner Nähe, trugen seine Betelblätter und sein Taschentuch und halfen ihm bei allem. Aber manchmal – angenommen ich half ihm morgens in ein blaues Gewand, dann stellte ich etwa eine Stunde später oder so plötzlich fest, daß er ein rotes Gewand trug.
Ich sagte dann beispielsweise zu ihm: »Swamiji, heute morgen habe ich dir doch ein blaues Gewand angezogen, nicht wahr?« »Ja,« antwortete

er. »Was ist passiert? Jetzt trägst du ein rotes Gewand.« Natürlich gab er manchmal eine vernünftige Erklärung, aber viel häufiger waren die Antworten nicht überzeugend, obwohl wir versuchten, sie zu akzeptieren. Er sagte vielleicht: »Ich war an diesem oder jenem Ort und habe den und den getroffen, und er gab mir ein neues Gewand.« Aber oft war der Ort, den er erwähnte, Hunderte von Meilen entfernt, wie zum Beispiel Madras oder Bangalore, und wir wußten sehr wohl, daß er nicht innerhalb eines Tages dort gewesen sein konnte.

Manchmal fiel er in Trance. Es konnte sein, daß er uns beim Aufwachen erzählte, er sei an einem weit entfernten Ort gewesen. Manchmal brachte er die Farbveränderungen seiner Robe mit einer Reise während der Trance in Verbindung.

War es nicht möglich, daß Baba sich einfach umgezogen hatte?

Unmöglich – er hätte sich unmöglich umziehen können, ohne daß wir es bemerkt hätten. Meistens trugen wir sogar den Schlüssel seines Zimmers bei uns. Sobald er es verließ, schlossen wir es ab. Im alten Mandir hatte er einen kleinen, zellenähnlichen Raum, in dem nur ein einfaches Feldbett stand. Die Verhältnisse waren dort so, daß ich oder mein Bruder Krishna Kumar bei Regen einen Eimer aufstellen mußten, um zu verhindern, daß er von den Regentropfen, die durch das schadhafte Dach fielen, gestört wurde. Er benutzte diesen Raum, um seinen Mittagsschlaf zu halten, und dort bewahrten wir auch seine Kleidungsstücke auf. Nachts schlief er gemeinsam mit den Jüngern im großen Saal oder auf dem Dach.

Er hatte auch beobachtet, wie Baba große Mengen an Nahrungsmitteln hervorbrachte.

Es war an Dasara oder einem ähnlichen Fest, als Baba einmal zu uns sagte: »Ihr braucht nichts zum Mittagessen vorzubereiten. Wir gehen zum Tulassi Park. Aber spült noch die Gefäße, bevor wir gehen. Wir werden kochen, nachdem wir zurückgekehrt sind.« Also spülten die Frauen die Töpfe und stellten sie bereit, in dem Glauben, sie müßten nach unserer Rückkehr kochen.

... Als wir an diesem Tag zum alten Mandir zurückkamen, sagte Baba: »Das Essen ist fertig. Laßt uns zu Mittag essen!« Wir erwiderten, die Frauen hätten nichts zubereitet, wie konnten wir also essen? »Warum schaut ihr nicht in die Töpfe?« antwortete er. Als wir hineinschauten, waren sie mit Essen gefüllt. Es roch so gut, ein so köstliches Mahl war zubereitet worden. Er hatte all die verschiedenen Gerichte »produziert«, Reis, Sambar und das alles. Wir waren völlig überrascht, daß dieses Essen hier fertig für uns bereitstand, denn es waren nur ein oder zwei alte Leute, die nicht mehr laufen konnten, im Ashram zurückgeblieben, während wir zum Tulassi Park gegangen waren.

Während einer Autofahrt nach Kuppam verwandelte Baba offenbar den Inhalt eines verschlossenen Wasserbehälters.

[Wir] entfernten uns ziemlich weit vom Auto. Dann setzten wir uns nieder und Baba sagte, wir sollten an diesem Platz unsere Mahlzeit einnehmen. Mein Bruder oder der Fahrer brachte einen Behälter, in dem wir unser Essen aufbewahrten. Dann nahm ich zuviel Chilli in den Mund und es brannte wie Feuer. Ich beklagte mich bei Baba. Wir hatten eine Kanne mit Wasser dabei, und er sagte zu mir, ich solle daraus trinken. Ich sagte, es sei nur Wasser drin. »Das macht nichts,« erwiderte er, »öffne die Kanne, trink' das Wasser, und der ganze Chilli wird dir nichts anhaben.« Ich tat wie mir geheißen, aber auf einmal schmeckte das Wasser so süß, so außerordentlich gut, ähnlich wie Kokosmilch. Er hatte die Kanne, die mit einem Schraubdeckel verschlossen war, nicht berührt.Bevor wir losgefahren waren, hatten wir die Kanne ganz sicher mit gewöhnlichem Wasser gefüllt. Und als ich aus der Kanne getrunken hatte, füllte er sie wieder mit Wasser auf, obwohl nirgend Wasser vorhanden war.
Ich habe auch gesehen, wie Baba Wasser in einen Benzintank schüttete. Oder besser gesagt, ich selbst schüttete das Wasser hinein. Wir hatten fast kein Benzin mehr, und so sagte er, wir sollten hinunter zum Chitravati fahren. Wir schütteten eimerweise Wasser in den Tank, bis er voll war. »Füllt ihn bis obenhin,« sagte Baba, »füllt ihn bis obenhin.« Zuerst sagten wir: »Er ist nicht nur verrückt, er macht uns auch noch verrückt; was soll der ganze Blödsinn?« Da ich nur ein Junge war, rief der Fahrer oder Baba mich, um das Wasser hineinzuschütten, und für mich war das eine Menge Spaß, und ich lachte die ganze Zeit, während wir das Wasser hineingossen.
Es war Akkammas Auto, falls ich mich recht entsinne. Diese Frau kam gewöhnlich gemeinsam mit Sakamma, einer wohlhabenden Dame und ergebenen Jüngerin Sai Babas aus Bangalore, im Auto nach Puttaparti. Beide sind inzwischen verstorben. Ich erinnere mich auch an Akkammas Sohn Srinivasan Reddy, aber ich habe ihn seit langer Zeit aus den Augen verloren. Ich glaube, es war ihr Auto, in das wir das Wasser schütteten.

Das geschah in den vierziger Jahren, bevor der neune Mandir gebaut wurde. Wir fuhren weite Strecken mit Chitravatiwasser. Später wurde Baba ernsthafter, diese Verspieltheit verschwand, und er gab sich nicht mehr mit solchen Dingen ab. Nachdem er sein eigenes Auto bekommen hatte, trug er uns stets auf: Fahr zur Tankstelle und füll' den Tank auf.« Ich selbst schüttete nur einmal Wasser in den Tank, aber ich habe gehört, daß dies mindestens noch zwei- oder dreimal geschehen ist. Es war keines der üblichen Phänomene, aber es kam ein paarmal vor. Wir hatten oft eine Menge Spaß mit Baba, wie die Schulbuben.

Mehr über Babas jungenhafte Charakterzüge:

Oft neckte er uns auch, besonders die Jungen, und machte sich über uns lustig. Er nennt mich zum Beispiel noch heute Nalladora, den schwarzen Lord. Ich bin als einziger unserer Familie von sehr dunkler Hautfarbe. Nalla bedeutet Dunkel, Dora bedeutet Lord oder eine hochgestellte Person. Wir hatten früher den Begriff Telladora, heller Lord [tella bedeutet hell] für die Engländer benutzt, als sie noch über uns herrschten. So neckte er mich immer und nannte mich Nalladora: »Nalladora, komm' her.« Ich war natürlich beleidigt, wenn jemand anders mich so nannte, aber wir waren glücklich, wenn wir nur irgendwie seine Aufmerksamkeit auf uns ziehen konnten. Er konnte sich schrecklich über jemanden lustig machen. Wir waren nur kleine Buben und nahmen das natürlich leicht und mit Humor.

Er schlief nachts, die ganze Nacht, aber ich würde sagen, er fiel nicht in einen so tiefen Schlummer wie wir; er war die ganze Zeit wachsam, selbst im Schlaf. Ich weiß das, weil wir immer neben ihm schliefen, und wenn wir auch nur einmal nachts aufstanden, schlug er die Augen auf und fragte: »Was ist los?« Wissen Sie, wir schliefen ganz oben, im Freien auf dem Dach, und wir hatten damals mehrere Hunde, und wenn diese Hunde anfingen zu bellen, standen wir auf. Mit »wir« meine ich die drei oder vier Leute, die Baba sehr nahestanden; wir schliefen gewöhnlich direkt neben ihm. Da war mein Bruder Krishna Kumar, ein anderer Mr. Krishna, der heute in Hyderabad lebt, ein Mr. Ramu und ein Junge namens Natraj, der aus Bangalore stammte und heute Professor für Elektronik oder etwas Ähnliches ist. Ich habe diese Leute, außer meinem Bruder und Mr. Krishna, aus den Augen verloren.

Damals nahm Baba ganz selten ein Bad. In einem unserer Lieder sangen wir, daß es nicht notwendig ist, daß man immer sein Bad nimmt, immer sein Gebet verrichtet und so weiter, weil Baba, wie wir gesehen haben, nicht jeden Tag ein Bad nimmt und dennoch rein ist, dennoch heilig ist, dennoch erhaben ist, trotz dieses Zustandes. Bad, Gebete, Meditation, all diese Dinge sind nur »Vorschriften«, wie wir sagen würden, da Baba ihnen keine Bedeutung beimaß und dennoch groß ist. Immerhin packten ihn manchmal ein halbes Dutzend von uns an Armen und Beinen und warfen ihn buchstäblich ins Badezimmer, verriegelten die Tür und gossen Öl oder Wasser über ihm aus. Schließlich ergab er sich. Aber zuerst versuchte er immer, sich davonzumachen. Er war einfach wie ein Kind, so, wie wenn eine Mutter ihr Kind mit Gewalt ins Bad schleppt, die Tür verriegelt und es abseift. Auf diese Art war er mutwillig.

Hatte er je beobachtet, wie der Swami seltene Dinge hervorbrachte.

Soweit ich mich erinnern kann, produzierte Baba meistens natürliche Dinge. Offen gesagt, wir waren damals alle wie die Kinder, und erst nachdem wir erwachsen geworden waren, begannen wir uns zu fragen, ob dieser Gegenstand in der Natur vorkommt oder jener unnatürlich ist. Deshalb kann ich mich nicht daran erinnern, ob Baba Dinge hervorbrachte, die in der Natur nicht vorkommen.

Hatte er je gesehen, daß Baba ein Tier hervorbrachte?

Ich habe Baba niemals eine lebende Kreatur hervorbringen sehen. Aber vielleicht ist in diesem Zusammenhang interessant, daß wir eine ganze Skorpionfamilie sahen, die sich in seinem buschigen Haar eingenistet hatte. Wissen Sie, er badete nicht nur selten, er bürstete auch sein Haar nicht oft. So konnten wir also nicht wissen, was sich da in diesem dichten Haarbusch befand. Einmal, als wir anfingen, sein Haar zu bürsten, fanden wir eine ganze Skorpionfamilie, die dort ganz vergnügt lebte, herumkrabbelte und spielte. Wir waren wirklich ziemlich erschrocken und überlegten, ob sie uns stechen würden. Wir alle sahen es: die ganze Gruppe von Jungens, die stets in Babas Nähe war. Und wir fragten Baba: »Was hat das zu bedeuten? Haben sie dir nichts getan?« »Oh, was können sie mir tun?« erwiderte er.
Wir hatten Angst, sie zu entfernen, aber wir taten es so vorsichtig, daß sie uns nicht stachen. Ich glaube, es hatte Baba sogar gefallen, sie zu haben. Er sagte: »Was können diese Dinger mir schon tun. Nichts. Vergeßt sie.« Darauf sagten wir zu ihm: »Wenn wir dein Haar kämmen sollen, müssen wir zumindest Vorsichtsmaßnahmen ergreifen, damit sie uns nicht stechen.«

Er schilderte, wie Baba reagierte, wenn man ihn fotografieren wollte.

Baba hatte damals eine Abneigung gegen das Fotografiertwerden. Normalerweise gestatte er niemandem, ein Foto von ihm zu machen; erst später erlaubte er es. Nach unserer Erfahrung war er nur dann bereit, vor der Kamera zu posieren, wenn man seine Erlaubnis geraume Zeit vorher eingeholt hatte. Es geschah häufig, daß Leute, die versuchten, ihn ohne sein Wissen zu fotografieren, ziemlich seltsame Erfahrungen machten: entweder fanden sie die Filmrolle nicht mehr in der Kamera vor – das heißt, der Film war einfach verschwunden – oder sie erhielten schließlich leere Fotos und sonst gar nichts. Wir beobachteten dies selbst bei den geschicktesten Fotografen; falls sie Babas Einwilligung nicht bekommen hatten, waren ihre Versuche, ihn zu fotografieren, einfach zum Scheitern verurteilt. Ich habe das sehr oft gesehen. Es widerfuhr selbst einigen in unserer Gruppe von Jugendlichen, die alle vom College kamen, wie zum Beispiel Varadu.
... Manchmal bat ihn jemand um Erlaubnis und sagte: »Baba, du mußt mir erlauben, ein Foto von dir zu machen.« Gewöhnlich sagte er nein. Dann fotografierten ihn diese Leute ganz verstohlen, und er sagte dann sofort: »In Ordnung. Du kannst so viele Fotos machen, wie du willst. Zeig' mir morgen, was dabei herausgekommen ist.« Normalerweise beschwerte sich der Fotograf unmittelbar darauf, daß er die Filmrolle, die sich in der Kamera befunden hatte, nicht mehr finden konnte. Oft brachte Baba diese Filmrolle dann aus seinen Händen hervor und sagte: »Schau, hier ist die Filmrolle,« und gab sie ihm zurück.

Hatte er je eine besonders beeindruckende Heilung beobachtet?

Was Krankheiten und körperliche Gebrechen betrifft – er heilte so viele Dinge. Er führte Operationen aus. Einmal operierte er einen Blinddarm heraus. Das Schöne dabei war, daß er den Bauch überhaupt nicht öffnete. Es spielte sich folgendermaßen ab: Baba schickte mich hinaus, um etwas Wasser, Dettol, ein Handtuch, etwas Watte etc. zu holen. Ich lief also aus dem Zimmer und holte alles, worum er gebeten hatte. Ich erinnere mich nicht mehr an den Namen des Patienten – nur daran, daß es ein Mann mittleren Alters aus dem Dorf war [das heißt, aus Puttaparti]. Baba schob nur das Hemd des Mannes hinauf, so daß er den Bauch sehen konnte. Dann legte er plötzlich seine Hand so darauf und bewegte sie so und so und dann holte er einen Klumpen »aus« dem Bauch des Mannes »heraus«, aber der Bauch war nicht offen. Ich sah, wie ein fleischiger Klumpen herauskam und es war Blut daran. Babas Hände waren ganz mit Blut beschmiert. Er legte alles in die Schale, wusch seine Hände und sagte zu dem Mann: »Komm, steh' auf und geh' herum.« Der Mann war guter Dinge; er konnte sofort aufstehen und herumlaufen und klagte von diesem Tag an nie mehr über Bauchschmerzen. Baba benutzte kein Messer – überhaupt nichts – für diese Operation. In einigen unserer Lieder finden Sie Passagen, in denen wir seine Fähigkeiten auf diesem Gebiet preisen: »Du siehst, ohne Messer, ohne Pinzette, ohne alles ist er mächtig genug, eine Operation auszuführen.«

Las oder studierte Baba manchmal?

Er hatte nie ein Buch in seinem Zimmer. Ich sah ihn nie in einem Buch blättern, noch die Zeitung lesen. Aber er bekam eine ganze Menge Post, und gewöhnlich las er nicht einmal seine Briefe. Angenommen, er hatte ein Bündel Briefe bekommen und wir sagten zu ihm: »Swamiji, du hast Post bekommen.« Häufig öffnete er nicht einen einzigen Brief. Er ging einfach die Umschläge durch, ungeöffnet, betrachtete ihre Vorderseite und ließ sie liegen. Aber wenn man ihn fragte, was diesem oder jenem widerfahren war, konnte es sein, daß er den gesamten Inhalt des Briefes wiedergab. Wir prüften das nach, denn wir lasen die meisten der Briefe. Jemand war zum Beispiel krank oder in seinem Haus war irgend etwas geschehen. Seine Frau schrieb dem Swami wegen dieses familiären Problems und bat um seinen Segen. Er teilte uns dann – nachdem er die Briefe durchgesehen hatte, ohne die Umschläge zu öffnen – mit, Mr. A. ist krank und so weiter. Dann öffneten wir den Umschlag und lasen den Brief vor und stellten fest, daß seine Angaben richtig waren.

Auf unseren Hinweis, Baba könnte den Inhalt der Briefe vielleicht dadurch, daß er die Handschrift erkannte, mehr oder weniger erraten haben, erwiderte Amarendra:

Dazu kann ich sagen, daß es vorkam, daß die gleiche Person aus einer Vielzahl verschiedener Gründe schrieb. Angenommen, ich würde ihm einen Brief schreiben. Ich würde das nicht nur tun, wenn jemand krank ist; es könnte sich auch um eine Hochzeit in der Familie handeln, oder darum, daß jemand in seinem Beruf befördert worden war, wie jemand auf dem College zurechtkam, daß ich plante, nach Puttaparti zu kommen und so weiter. Es gab viele verschiedene Gründe. Außerdem erhielt er viele Briefe von völlig fremden Menschen, die von ihm gehört und ihm noch nie zuvor geschrieben hatten; er konnte auch sagen, was diese Leute geschrieben hatten.

Meine Mutter bewahrt Hunderte von Briefen auf, die der Swami an unsere Familie schrieb; die meisten davon sind an meinen Vater oder mich adressiert. Sie hebt alle Schätze auf und will sich nicht einmal von meinen Briefen trennen.

Damals verbrachte der Swami jeden Tag eine oder zwei Stunden damit, an seine Jünger zu schreiben. Er berichtete uns von den Entwicklungen in Puttaparti, was sich zugetragen hatte, manchmal bat er uns zu kommen; er schrieb uns über so vieles.

Amarendra glaubte zu wissen, wann Baba begann, Wunder zu tun.

Diese Seite Babas zeigte sich, glaube ich, 1943. Bis dahin war er ein gewöhnlicher Junge. Wir haben authentische Informationen von seiner Mutter, seinem Vater und seinen Brüdern, denn seine Familie stand uns so nahe, als ob wir alle eine Familie wären. So tauschten wir natürlich unsere Meinungen aus, und wir hatten die Möglichkeit, uns aus erster Hand darüber zu informieren, wann diese umwälzende Veränderung in seinem Leben stattgefunden hatte. Sie sagten stets, er sei ein ganz normaler Junge gewesen; nur manchmal habe er Selbstgespräche geführt oder in Gedanken versunken ganz alleine dagesessen und habe öfter gebetet und Bhajans gesungen, als dies Kinder im allgemeinen tun. Davon abgesehen war er ein vollkommen normaler Junge.
Die Veränderung geschah ganz plötzlich. Sie haben sicher gehört, daß er von einem Skorpion gestochen wurde. Diese Wandlung seiner Persönlichkeit erfolgte nach dem Stich. Erst danach begann er, Wunder zu tun. Falls ich mich recht erinnere, geschah vor 1942 nichts Außergewöhnliches. Es begann wahrscheinlich erst 1943. Er war damals ungefähr fünfzehn oder sechzehn Jahre alt.

Amarendra berichtete mehr von Babas Ausstrahlung und Persönlichkeit und fügte einige persönliche Details hinzu.

Kurzum, Baba ist eine sehr magnetische Persönlichkeit, sehr anziehend. Ganz gleich, welche Vermutungen, Vorstellungen oder Überzeugungen man hat, in dem Moment, in dem man ihn sieht, wird man von irgend etwas überwältigt. Das war in der Anfangszeit ganz besonders stark. Aber was uns betrifft – wir wurden zweifellos von seiner persönlichen Zuneigung überwältigt, unsere Bindung an ihn entwickelte sich mehr auf einer persönlichen Ebene. Unsere Beziehung zu Baba beruht im Grunde auf einer Art Anhänglichkeit. Man spürte, daß einem etwas fehlte, wenn man nicht bei ihm war.

Wenn er nicht essen wollte, fingen wir tatsächlich an zu weinen; ohne Grund. Immer wenn er sagte: »Ich habe keinen Hunger. Ich werde nichts essen,« fingen wir tatsächlich an zu weinen, und wir bettelten, er solle etwas essen. In unserem Fall spielt also diese persönliche Zuneigung eine größere Rolle als die Tatsache, daß er eine große Persönlichkeit oder ein Mystiker oder ein Avatar ist.

Selbstverständlich haben wir größte Hochachtung, Respekt, ja sogar Angst vor ihm. Er ist auf eine Weise zu erhaben, um verletzt zu werden, zu groß, um beleidigt zu werden; also respektierten wir alle ihn als einen sehr bedeutenden Menschen.

... Angenommen, Sie wären einer der Neuankömmlinge in Puttaparti und ein sehr launischer, temperamentvoller Mensch. Baba würde Ihnen vielleicht nicht einmal guten Tag sagen – tagelang; er läßt Sie einfach links liegen. Deshalb fühlen sich manche Leute übergangen, und sie bekommen nach kurzer Zeit das Gefühl, daß sie etwas falsch gemacht haben, daß sie irgendeinen Fehler gemacht haben. Später entschließt Baba sich vielleicht, mit ihnen zu spechen, aber vielleicht spricht er auch mit überhaupt niemandem. Manche Leute warten tagelang; bis sie abreisen müssen. Vielleicht besuchen sie ihn noch einmal, und manchmal entschließt er sich, mit ihnen zu sprechen. Das ist seine Art.

Aber wir dachten einfach: »Nun, so ist eben unser Baba.« Wir nahmen die Dinge leicht; wahrscheinlich, weil wir eine so enge Beziehung zu ihm hatten. Manchmal sprach er so liebevoll mit dir, und dann, wenn du das nächste Mal nach Puttaparti kamst, beachtete er dich einfach nicht: er ruft dich nicht zu sich, er spricht nicht mit dir. Und obendrein, nun, ich will es nicht verheimlichen: in meinem Fall hatte er die Angewohnheit, mich zu beschimpfen. All das mußten wir in Kauf nehmen. Und dennoch war da diese Anhänglichkeit; es ist diese Liebe zu diesem Mann, diese gegenseitige Zuneigung, all das verband uns und verbindet uns noch heute, obwohl wir so weit voneinander entfernt leben. Und selbst wenn er mich beschimpfte, zugegeben, manchmal, ja eigentlich sehr oft, schien es von seiner Seite völlig grundlos. Ich habe oft mit ihm gestritten und mit ihm diskutiert; wir kämpften mehr oder weniger miteinander. Das ist wahrscheinlich einer der Gründe, warum ich anfing, mich etwas von ihm fernzuhalten.

Es gibt niemals einen Grund für sein Handeln, nie. Wenn man das alles rückblickend betrachtet, waren wir wahrscheinlich zu dumm oder zu beschränkt. Wir waren einfach menschlich, wir hatten unsere menschlichen Schwächen. Baba ist zu erhaben, man kann ihn nicht anzweifeln; das pflegte er zu mir zu sagen. Oft glauben ihm die Leute nicht. Sie fragen zuviel, und sie kommen mit einer vorgefaßten Meinung. Sie glauben nicht wirklich an seine Größe, sie glauben, daß er ein Schwindler ist, ein Betrüger, daß er nur ein Imitator ist, ein Scharlatan. Menschen, die mit einer solchen Meinung zu ihm kommen, werden es wirklich schwierig finden, mit ihm auszukommen, nicht wahr? Baba vermittelt ihnen dann eine schreckliche Erfahrung. Er ist kein einfacher Mensch. Mein Gott, er kann wirklich schrecklich sein.

Ein Beispiel dafür könnte man erleben, wenn man versuchen wollte, ihn zu überlisten. Noch bevor du einen richtigen Plan aushecken kannst, verschleiert er deine Vision; er bringt dich einfach völlig durcheinander.

Wir haben natürlich alle unsere schwachen Punkte, und er wird dich in eine Situation bringen, wo dir nicht anderes übrigbleibt, als zu ihm zu gehen und zu sagen: »Baba, es tut mir wirklich leid. Ich wollte das niemals tun, und bitte, tu' mir das nicht an.« Wissen Sie, er konnte jemanden vor einer Menschenmenge bloßstellen – manchmal seine persönlichen Schwächen, manchmal seine Motive. Auf diese Weise fühlt man sich in die Enge getrieben und kommt in Verlegenheit. Und dann geht man natürlich zu ihm hin und sagt: »Genug, genug.«

Aber er erpreßt dich nicht; er sagt, es dient nur dazu, daß du verstehst, was du bist und was er ist, und daß er manchmal bestimmte Taktiken anwenden muß. Das war wahrscheinlich eine seiner Taktiken.

Das ist alles schon sehr lange her. Ich persönlich habe eine sehr starke Veränderung an ihm bemerkt; er ist so nüchtern geworden.

Wir fragten, ob einige der Personen, die dem Swami lange Zeit nahegestanden hatten, das Vertrauen in ihn verloren hatten und ihn auf die eine oder andere Art in Frage stellten?

Baba hat heute natürlich eine enorme Anzahl von Jüngern und Bewunderern, aber es gibt auch viele Leute, die absolut nicht mit ihm übereinstimmen. Selbst ich begann, ihn bis zu einem bestimmten Grad anzuzweifeln. Wie ich Ihnen bereits sagte, vielleicht ist er ein Avatar, vielleicht auch nicht. Da ist auch noch ein anderer Punkt: wenn sie etwas gegen ihn vorzubringen haben, ziehen sie es vor, nicht darüber zu sprechen, aus Liebe zu diesem Mann. Das ist mein Eindruck.

Die Echtheit der übernatürlichen Phänomene wird seiner Meinung nach nicht angezweifelt.

Was die Wunder, die Materialisierungen betrifft, sind die Leute, mit denen ich zusammen war, ziemlich einer Meinung. Soweit ich beobachtet habe, sind die Materialisierungen hundertprozentig echt. Ich glaube, daß auch Krishna, der Baba eine Zeitlang sehr, sehr nahestand und ihn dann verließ, dieser Meinung ist. Er ist wirklich ein ehrlicher Kerl, der niemals etwas Unwahres verbreiten würde.

Er, mein Bruder Krishna Kumar und ich – wir kennen Baba sehr gut. Keiner von uns würde es wagen zu behaupten, die Materialisierungsphänomene seien nicht echt, denn das ist einfach nicht wahr. Ich habe bisher von niemandem gehört, der solche Behauptungen beweisen konnte. Wenn jemand behauptet, die Phänomene beruhten auf Betrug, muß er auch in der Lage sein, seine Behauptungen zu beweisen.

Kürzlich traf ich auf dem Bahnhof in Madras zufällig Mr. Varadu und Mr. Krishna. Durch unsere gemeinsame Verbindung mit Baba sind wir alte Freunde, aber wir hatten uns seit mehreren Jahren nicht mehr gesehen. Beide hatten Baba verlassen, nachdem sie einige Jahre sehr eng mit ihm verbunden gewesen waren. Wir hatten uns eine Menge zu erzählen. Keiner von uns hatte Grund dazu, die Echtheit der Materialisierungen anzuzweifeln. In diesem Bereich steht seine Macht außer Zweifel. Unsere Diskussion drehte sich um seine Handlungen, seine Worte, seinen Anspruch. Das sind die Punkte, wo manche Leute anderer Meinung sind. Wir drei haben es immer so gehalten, daß wir *nein* sagten, wenn wir mit irgend etwas nicht einverstanden waren, und wenn wir etwas akzeptierten, sagten wir ja. Das ist auch einer der Gründe, warum ich mich heute [von Baba] etwas fernhalte. Ab einem bestimmten Punkt merkten wir alten Jünger, daß sich eine neue Gruppe um Baba versammelte, die Gruppe der Ja-Sager. Wir nannten sie immer die fünften Kolumnisten. Man kann nicht zu etwas ja sagen, mit dem man nicht einverstanden ist, ganz gleich, ob es von Baba oder irgend jemand anderem kommt.

Der Swami kann Gegenstand endloser Diskussionen sein. Es gibt Pluspunkte und es gibt Minuspunkte – ja und nein, dies und das. Sein Leben und seine Persönlichkeit haben so viele Aspekte.

Über sich selbst sagte er:

Ich stehe Baba nicht mehr so nahe wie früher, und zwar aus guten Gründen. Einer der Gründe war meine Ausbildung. Ein anderer ist, daß das Leben sich verändert und wir unsere Verpflichtungen haben; ich lebe heute zu weit entfernt und finde nicht die Zeit, hinauszufahren und ihn zu besuchen. Jedesmal, wenn er mich in späteren Jahren bat, einige Zeit zu bleiben, war ich einfach nicht in der Lage, seiner Bitte nachzukommen. So sind die Dinge nun mal.

Ein Auszug aus einem früheren Interview bildet einen passenden Abschluß für dieses Kapitel, das Amarendra Kumar gewidmet war:

Sie müssen wissen, daß ich mich fernhalte und ihn nicht so oft treffe wie früher. Dennoch vergeht nicht eine einzige Nacht, in der er nicht in meinen Träumen erscheint, nicht eine einzige Nacht. [In meinen Träumen] sprechen wir miteinander (und sehr oft streiten wir noch immer miteinander), wir machen zusammen ein Picknick und so weiter. Meine Frau sagte oft zu mir: »Du träumst von ihm, weil du dich vor dem Einschlafen an die Zeiten mit ihm erinnerst.« Aber um ehrlich zu sein, die meiste Zeit denke ich überhaupt nicht an ihn. Ich denke nicht an die alten Zeiten, es sei denn, es ergibt sich eine besondere Gelegenheit, Menschen zu treffen, mit denen ich über ihn spreche, wie zum Beispiel jetzt, und das ist ziemlich selten.

Das sage ich zu meiner Frau und gehe oft mit tausendundeinem Problem und keinem Gedanken an Baba zu Bett und ich bitte ihn auch nicht, in meinen Träumen zu erscheinen. Aber er kommt trotzdem.

»Genieße diese Momente ...«

Mrs. Kamala Sarathy ist eine hochgewachsene, schlanke, elegante Dame, die ausgezeichnet englisch spricht und mit ihrer Familie, zu der auch zwei Enkelsöhne im Collegealter zählen, in einem der Vororte von Madras lebt. Sie ist einer jener Menschen, auf die sich ein lebenslanges Interesse an religiösen Dingen (und in ihrem Fall auch an klassischer Musik) deutlich und sehr positiv ausgewirkt zu haben schien.

Sie begegnete dem Swami erstmals 1949, als sie Puttaparti kurzentschlossen einen Besuch abstattete. Dieser Besuch beruhte hauptsächlich auf einer Neugier, die durch die Bemerkungen und Gespräche zweier Musiker – B.V. Lakshmanan und B.V. Raman (die ihre eigenen Erfahrungen im nächsten Kapitel schildern werden) – geweckt worden war. Sie blieb einen Monat.

...Ich kann nicht sagen, daß ich aus Vertrauen zu ihm ging. Ich weiß wirklich nicht, was mich letztendlich dorthin führte.

Ihr musikalisches Wissen ließ sie Baba in einem besonderen Licht sehen. Als ich das erstemal dort war – genauer gesagt, an den ersten drei oder vier Tagen –, war ich ziemlich aufgebracht, weil alle Stücke Thyagarajas (der berühmteste südindische Komponist klassischer Musik und klassischer Lieder) geändert worden waren, und zwar so, daß überall in den Texten der Name 'Rama« durch »Baba« ersetzt worden war. Als ehemalige Studentin klassischer Musik war ich davon nicht besonders begeistert. Es erzeugte eher einen inneren Konflikt. Aber damals war mein Geigenlehrer mit uns gekommen, und dieser Kenner klassischer Musik war so beeindruckt von Babas Musikalität, daß ich beschloß, die Sache auf sich beruhen zu lassen, indem ich mir sagte, daß Baba ja vielleicht ebenso groß sei wie Rama [Gott] und daß es deshalb in Ordnung sei, die Namen auszutauschen.

Als ich das erste Mal in Puttaparti war, sang der Swami als erfahrener, routinierter Sänger viele klassische indische Lieder. Sowohl unsere Familie als auch die Familie aus Kuppam war musikalisch sehr bewandert, und trotzdem korrigierte uns Swami manchmal, und zwar sowohl bei der Wiedergabe der Texte als auch bei den Einsätzen. Er war ein sehr guter Sänger. Mein verstorbener Musiklehrer, Mr. Chidambara

Iyer, der Violinist beim All India Radio in Delhi war, begleitete mich einmal zu Sai Baba und war sehr beeindruckt von dessen hervorragendem musikalischen Wissen, das er besaß, obwohl er niemals einen Musiklehrer gehabt hatte. Manchmal sang er einige unbekannte Stücke von Thyagaraja, die normalerweise nur ausgebildete Musiker kennen. ... Es beeindruckte meinen Musiklehrer außerordentlich, daß Baba diese seltenen Stücke kannte.

Mein Musiklehrer, der vor einigen Jahren verstarb, entwickelte über die Musik eine sehr enge Beziehung zu Baba. Er war selbst sehr übersinnlich veranlagt. Zu jener Zeit kreierten Swamis Jünger ständig neue Bhajan-Lieder. Mein Musiklehrer, der ebenfalls in Delhi lebte, hatte oft Träume, in denen er diese hörte. Morgens nach dem Aufwachen schrieb er die Noten für diese Lieder auf und übte sie dann mit uns. Wenn wir dann das nächste Mal nach Puttaparti kamen, konnten wir die neuen Lieder bereits spielen und singen. Auf diese Weise lehrte Baba meinen Musiklehrer in seinen Träumen.

Heute singt niemand mehr diese alten Lieder. Radja Reddy sang sie oft, aber heute singen sie einfachere Lieder. Früher sangen wir alle klassische Lieder, und ich spielte auf meiner Geige, aber heute sagt Baba, wir sollen nur den Namen Gottes singen. Kürzlich waren die Sänger Raman und Lakshmanan in Puttaparti, und als sie anfingen, ein klassisches Lied zu singen, unterbrach Baba sie und sagte, sie sollten nur Lieder mit Versen singen, die nichts als die verschiedenen Namen Gottes enthalten, also Lieder, die musikalisch viel einfacher strukturiert sind.

Kamala Sarathy teilte uns die Gründe mit, die sie hauptsächlich bewogen, ein ständiges Mitglied von Babas Gruppe zu werden.

In den ersten Tagen dachte ich nicht viel über Baba nach... Was mich wirklich beeindruckte war folgendes. Ich dachte: »Etwas an diesem Ashram ist ungewöhnlich.«

In jenen Tagen waren nur etwa fünfundzwanzig bis dreißig Leute ständig dort. Sie hatten große Schwierigkeiten, dorthin zu gelangen, mußten zum Beispiel Ochsenkarren benutzen. Und dennoch hatten Sie Tränen in den Augen, wenn sie wieder abreisen mußten. In den alten Zeiten verabschiedete Baba sie persönlich, hob die Kinder auf den Wagen, half den Älteren beim Aufsteigen und so weiter. Alle hatten Tränen in den Augen. Baba auch. Er war sichtlich bewegt.

Dann saß ich eines Tages in Puttaparti auf der Veranda und dachte: »Ich habe zu Hause auch viele Gäste, aber ich glaube nicht, daß sie jemals so traurig sind oder daß ich jemals so traurig bin, wenn sie abreisen. Was macht die Leute so traurig, wenn sie Baba verlassen? Was bekommen sie bei ihm?« Während ich darüber nachdachte, kam mir plötzlich der Gedanke: »Es ist wahrscheinlich die Liebe, die er ihnen gibt, das ist das Wesentliche bei Baba.« Und noch während mir diese Gedanken durch den Kopf gingen, kam Baba von hinten auf mich zu und sagte: »Deine Gedanken entsprechen der Wahrheit, Kamala.«

Es war nicht einfach, Kamala Sarathy dazu zu bewegen, über die Wunder zu sprechen, die sie beobachtet hatte. Sie war eine Verehrerin Ramakrishnas und seine Gruppe spielte die Bedeutung von Wundern stets herunter.

Ich war nicht sehr an Wundern interessiert. Aber allmählich begriff ich, daß er alles tun konnte. Mein einmonatiger Aufenthalt überzeugte mich davon. Aber es geschah auch wirklich etwas ganz Komisches. Prema, meine jüngste Tochter, die heute in Boston lebt, war noch ganz jung, sie ging noch zur Schule. Sie litt schon seit langer Zeit an Darmkoliken. Als wir nach Puttaparti fuhren, hatte sie gerade wieder eine Kolik und fühlte sich gar nicht wohl, aber wir fuhren trotzdem. Bevor wir Puttaparti verließen, wollte ich Baba fragen, ob sie ernstlich krank sei, aber ich vergaß es dann. Später sagte er zu mir: »Erinnerst du dich, du wolltest mich wegen deiner Tochter etwas fragen, aber du hast es vergessen? Ich habe es nicht vergessen.« Er schenkte ihr ein *Tayithi* [etwas Gesegnetes], einen Talisman, und er umhüllte den Talisman mit Gold und gab ihn ihr. Zu unserer Überraschung verschwanden ihre Beschwerden.

Was andere Wunder betrifft – er holte Dinge aus der Luft – ich meine, alles, von Krishna-Statuen bis zu Amrith (Nektar) und verschiedenen anderen Dingen. Aber ich glaube, das Wunderbarste ist seine Fähigkeit, seine Präsenz an weit entfernten Orten spürbar zu machen – nicht daß ich das selbst erlebt hätte, das muß ich gleich dazu sagen. Wir alle erhielten Führung von ihm in Träumen – und zwar sehr exakte Führung.

Mein älterer Bruder war während seiner letzten beiden Lebensjahre an Armen und Beinen gelähmt. Ich weiß nicht mehr genau, was die Ursache für seinen Zustand war; die Krankheit schritt langsam fort und hatte etwas mit seinen Muskeln zu tun. Er hatte sich im Christian Medical College Hospital in Vellore einer Operation am Rückgrat unterzogen. Danach konnte er seine Hände wieder bewegen, aber allmählich verlor er die Kontrolle über seine Beine. Er wollte Baba besuchen, aber Baba sagte: »Nein, er kann nicht kommen; er sitzt im

Rollstuhl. Ich werde zu ihm kommen.« Da er krank war, wohnte er bei mir, und Baba besuchte ihn in meinem Haus. Dann tat Baba etwas Ungewöhnliches für ihn. Mein Bruder hatte sehr starke Schmerzen im Knie. Baba ging zu ihm hinüber, und bevor wir noch begriffen, was geschah, hatte er etwas Vibuti hervorgebracht und das Knie meines Bruders damit eingerieben. Und, wissen Sie, dieser Schmerz verschwand vollkommen. Sein Knie war schmerzfrei bis zu seinem Tode.

Hatte Kamala Sarathy je eines der außergewöhnlichen Phänomene beobachtet, von denen einige der älteren Jünger berichten, wie zum Beispiel die Verwandlung seiner Erscheinung oder das Verschwinden und Wiedererscheinen an einem anderen Ort?

Was die anderen Wunder betrifft – ich habe nie beobachtet, daß sich sein Gesicht veränderte oder etwas in der Art, noch sah ich ihn plötzlich verschwinden und an einem anderen Ort wieder erscheinen. Aber ich sah andere Dinge. Einmal nahm er eine Vishnustatue aus der Luft, nachdem wir mit ihm im Tempel von Badrinath gewesen waren. Er sagte dann, wie sollten Bhajans singen und wir würden ein Puja abhalten. Im nächsten Moment machte er eine Handbewegung, während wir sangen, und materialisierte aus der Luft einhundertacht goldene Tulsiblätter – alle auf einmal [Hindus glauben, daß die Zahl 108 Glück bringt]. Danach folgte der Gottesdienst, und Swami führte die rituellen Handlungen aus. Er gab jedem von uns ein goldenes Tulsiblatt, aber unglücklicherweise verlor ich meines durch meine Unachtsamkeit. Dann produzierte er noch einhundertacht goldene Bilvablätter und schenkte verschiedenen Leuten eines. Dies war eine seiner Methoden, die Tempel wieder mit Leben zu füllen.
Ich erinnere mich auch daran, daß er einmal, als wir mit ihm nach Benares fuhren, eine Halskette aus der Luft nahm. Ich war dabei. Ich sah es mit eigenen Augen. Wir beobachteten auch, wie Baba den Regen fernhielt. Es war in Puttaparti. Wir gaben Essen an die Armen aus; im Freien, denn damals hatten wir drinnen noch keinen Platz dafür. Es war bewölkt und begann zu nieseln. Wir wurden ganz aufgeregt. Dann kam Baba und streckte seine Hände aus, etwa so, und dann hörte es auf zu nieseln.

Kamala Sarathy erinnerte sich allerdings nicht an einen Vorfall, bei dem Baba den Regen nur an einem begrenzten Platz hinderte, zu Boden zu fallen, während es rundherum weiterhin regnete.

Ein weiterer Vorfall ereignete sich, als wir uns auf der Rückfahrt von Badrinath befanden. Swami sagte zu uns: »Ihr müßt euch beeilen, schnell, schnell! Wir müssen fahren! Alle Autos müssen abfahren! Ihr müßt schnell fahren, schnell!« Wir wußten nicht, warum Swami uns so antrieb. Er war ganz ärgerlich: »Kommt! Kommt! Schnell, schnell, schnell!« sagte er. Alle Autos fuhren weiter, und dann hielten wir an und wurden aufgefordert, [von Baba] auszusteigen und zu laufen. Ich war sehr müde, aber Swami sagte zu mir: »Was ist los? Du gehst so langsam?« Wir sollten alle schnell, schnell, schnell machen. Die ganze Gruppe von einhundertzwanzig Leuten überquerte eine Brücke; Swami war der letzte, er ging erst, als alle auf der Brücke waren. Dann stürzte ein Felsbrocken herunter, und die ganze Straße war blockiert. Wären wir auch nur fünf Minuten später losgefahren, hätten wir die Straße nicht mehr überqueren können. Solche Dinge habe ich beobachtet.

Ich muß mich auf mein Erinnerungsvermögen verlassen, um diese Begebenheiten zu schildern. Mein Bruder C. T. K. Chari (ein Gelehrter und pensionierter Professor der Philosophie der Universität von Madras) schalt mit mir, weil ich die Daten dieser Ereignisse nicht schriftlich festgehalten hatte. Er sagte: »Du bist völlig unwissenschaftlich.« Aber ich habe Schwierigkeiten mit Zahlen, und ich sage zu ihm: »Ja, wir sind eben verschieden. Ich bin kein Wissenschaftler, nur ein ganz gewöhnlicher Mensch. Warum lebst du nicht in Puttaparti und tust es selbst?« »Oh, ich möchte keine Experimente mit dem Swami machen,« sagte er. Er will nicht als Wissenschaftler dorthin fahren, denn er ist einer jener Inder, die Baba respektieren und lieben.

... Baba heilte auch meinen Neffen [Varadu] von Tb – er hatte Tuberkulose. Baba vollbrachte ein Wunder und heilte ihn, und er blieb bis heute gesund.

Einmal schenkte Baba mir einen Ring, den ich später verlor, aber einen anderen von ihm aus der Luft materialisierten Gegenstand besitze ich noch heute, weil er ihn mir mit der Bemerkung gab: »Bewahre ihn in deinem Schrein auf,« deshalb habe ich ihn noch heute. Es ist ein Bild Babas im Mantra »OM«. Er schenkte es mir während des ersten Gesprächs, das wir bei meinem ersten Aufenthalt in Puttaparti miteinander hatten.

Ich sah, wie Baba für Indira Devi [eine amerikanische Jüngerin russischer Herkunft, die heute in Indien lebt] einen Atchaypatram (ein spezielles Gefäß, in dem wir Vibuti aufbewahren) aus der Luft holte. Es war ziemlich groß und bis oben hin mit Vibuti gefüllt. Ich war dabei, als Baba es mit einer Handbewegung hervorbrachte. Wir dach-

ten, es würde jeden Moment umkippen und das Vibuti würde heraus-
fallen, aber nein, Baba fing es geschickt auf. Ich sah es mit eigenen
Augen. Es war wirklich erstaunlich – es war ein so großer Gegenstand.

In unseren Gesprächen über Kamala Sarathys ersten Besuch in Puttaparti
kam ein erwähnenswerter Punkt zur Sprache, den zuvor schon einige
andere Leute mir gegenüber erwähnt hatten:

Wir waren etwa fünfundzwanzig Jünger, die um ihn herum waren, und
er erzählte uns, daß Lakhs [ein Lakh = 100.000] von Menschen
kommen würden, um ihn zu besuchen. Er sagte zu mir, ich würde lange
genug leben, um ihn in seiner ganzen Herrlichkeit zu erleben. Damals
glaubte ich ihm nicht. Ich hatte zu jener Zeit nicht so viel Vertrauen
zu Baba: »Du wirst mich dann nur aus der Entfernung sehen können,«
sagte er. »Genieße diese Momente jetzt, denn sie werden nie wiederkommen.«

Die Sänger

Die Zwillingsbrüder B. V. Lakshmanan und B. V. Raman sind professionelle Interpreten klassischer indischer Musik. Sie lernten Sai Baba im Februar 1948 kennen, als sie gebeten wurden, bei seiner Tempeleinweihung in Guinday, Madras, zu singen. Nach der Einweihungsfeier kam Baba auf sie zu und fragte sie, ob sie nach Puttaparti kommen und beim Shivaratri-Fest singen würden. Sie sagten zu.
Mr. Lakshmanan:

Wir beide fuhren dorthin. Nach Shivaratri blieben wir noch eine Weile und kamen von da an häufig nach Puttaparti. Baba sprach damals nicht viel – er war ein wenig schüchtern – aber er sang oft, sang Bhajan-Lieder. Er wirkte etwas scheu damals und zeigte nicht viel von sich. Nach und nach entwickelten wir eine enge Beziehung zu ihm...
Was uns von Anfang an beeindruckte, war seine starke Präsenz. Sobald er erschien, veränderte sich die ganze Atmosphäre. Wir hatten eine innere Verbindung zu ihm und waren beeindruckt von der allumfassenden Liebe, die er uns allen entgegenbrachte.

Die Sänger dienten ihm als eine Art persönliche Helfer. Von 1949 bis 1963 lebten sie jedes Jahr einige Monate bei ihm und leiteten die Bhajans. Wenn Baba Besuche machte, zum Beispiel in Madras oder Venkatagiri, begleiteten sie ihn -besonders Raman. Ich sollte an dieser Stelle vielleicht erwähnen, daß alle Aussagen der Sänger mit beiden noch einmal durchgesprochen wurden. Manchmal wurde die ursprüngliche Aussage des einen vom anderen ergänzt, der noch unerwähnt gebliebene Details hinzufügte. »Wir sahen in jenen Tagen so viele Wunder,« bemerkten sie, »daß es schwer fällt, sich daran zu erinnern, was wir als erstes sahen.«

Sehr oft produzierte er Eßbares oder verschenkte Ringe und Medaillons. Außerdem brachte er Gottesfiguren von verschiedener Größe hervor, kleine und große, für Pujas und Tempel. Eine große von ihm materialisierte Gottesfigur befindet sich in Venkatagiri. Bei einigen der großen Festivals, wie zum Beispiel an Shivaratri, sahen wir ihn einige große Statuen hervorbringen. Aber wir wußten oft nicht, wem er sie schenkte. Wir waren vielleicht alle anwesend, wenn er eine große

Gottesfigur produzierte, aber es konnte sein, daß er sie dann irgendeinem Jünger bei einem Privatgespräch schenkte. Eine Menge Wunder tat er einfach aus Spaß. Heute hat er keine Zeit mehr für so etwas. Manchmal kreierte er beispielsweise irgend etwas, zeigte es uns, nahm es in die Hand und schloß die Hand. Und wenn er sie wieder öffnete, war nichts mehr darin. Er war sehr ausgelassen und verspielt.

Er holte auch viele Dinge aus dem Sand hervor, wie zum Beispiel heiße Kuchen, um sie den anderen zum essen zu geben, und sie waren frisch und appetitlich.

Er produzierte so viele Dinge, Hunderte von Dingen, so viele, daß es schwer ist, sich an einzelne Fälle zu erinnern. Einmal, als wir mit Baba in Venkatagiri waren, gingen wir alle zum Flußufer, wo wir uns eine ganze Weile aufhielten. Er sprach mit uns und plauderte über alles mögliche. Es waren viele Menschen da, vielleicht hundert. Er formte mit den Händen einen Sandhaufen und zog eine wunderschöne große Statue von Sri Rama Lakshmanan daraus hervor.

Eine Begebenheit war ihm besonders lebendig in Erinnerung geblieben.

Einmal aßen wir mit ihm in Madras. Plötzlich nahm er ein Reiskorn von seinem Teller, hielt es in der Hand und sagte: »Bringt mir ein Vergrößerungsglas.« Es wurde gebracht, und er ließ uns das kleine Reiskorn betrachten. Als wir durch das Glas schauten, sahen wir, daß auf dem Körnchen ein Bild von Lord Krishna und einem Mädchen eingraviert war.

Die Sänger berichteten, sie hätten gesehen, wie Baba briefmarkenähnliche Fotos mit seinem Konterfei produzierte und wie er einem Mann die Mandeln herausoperierte. Lakshmanan berichtete auch über eine persönliche Heilungserfahrung:

Einmal waren wir mit Swamiji gerade im Nellurbezirk unterwegs. Plötzlich verspürte ich einen Schmerz im Bauch. Ich blieb ein wenig hinter den anderen zurück wegen des Schmerzes, und er fragte mich: »Was ist los?« Ich sagte ihm, ich hätte Schmerzen. Er produzierte eine Süßigkeit, etwas Ähnliches wie Laddu, und forderte mich auf, sie zu essen. Es war sehr heiß, so als wäre es gerade auf dem Herd zubereitet worden; es war auch ziemlich süß. Der Schmerz verschwand dann.

Alle Personen, die in den frühen Tagen seines Wirkens bei ihm waren, gaben an, oft beobachtet zu haben, wie Sai Baba in Trance fiel. Die Sänger berichteten, man habe ihnen erzählt, er sei schon mit vierzehn oder fünfzehn Jahren in Trance gegangen. Man sagte, er würde seinen Körper verlassen und irgendwohin reisen.

In den fünfziger Jahren, als wir oft für längere Zeit dort lebten, fiel er sehr häufig in Trance. Manchmal geschah es zweimal an einem Tag, aber dann wiederum konnte es sein, daß er eine ganze Woche lang nicht in Trance fiel. Man konnte es nicht voraussagen. Die Trancen konnten sowohl kurz als auch lang sein. Er konnte stundenlang in diesem Zustand bleiben. Einmal, in Puttaparti, es war Anfang der fünfziger Jahre, blieb er zwei Tage lang in Trance. Es geschah immer ganz plötzlich. Einmal waren wir gerade in einem Dorf in Velur und saßen auf einem Balkon im zweiten Stock, als er plötzlich fünf Meter tief fiel. Aber er verletzte sich nie beim Fallen. Wenn er in Trance ging, fiel er plötzlich hin. Man sah keine Krämpfe, überhaupt keine Bewegungen, bis er wieder zu sich kam. Wenn er plötzlich wieder zu sich kam, konnte man ein leichtes Zittern in seinem Körper beobachten, ein leichtes Erschauern, und dann erhob er sich.
Wenn er aus der Trance zurückkam, sagte er nichts darüber. Manchmal machte er später eine beiläufige Bemerkung wie zum Beispiel: »Ich war da und da, jemand ist in Schwierigkeiten, und ich habe ihm geholfen.« Es waren private Angelegenheiten, und er sprach nur selten darüber. Aber manchmal kam zwei oder drei Tage später ein Brief von einem Kranken. »Ich habe deine Gegenwart wahrgenommen. Es geht mir jetzt viel besser.« Es gab viele solcher Begebenheiten, aber wir dachten nicht daran, sie aufzuzeichnen, und bereiteten uns nicht darauf vor, über sie befragt zu werden. Manchen Leuten erzählte er, wo er gewesen war, wenn sie ihn drängten, aber wir taten das nie. Niemand hielt diese Vorfälle schriftlich fest.
Als er etwa zweiunddreißig Jahre alt war, hörten die Trancezustände auf, ungefähr zu dem Zeitpunkt, als er anfing, öffentliche Vorträge zu halten.

Wie so viele andere hatten auch die Sänger Vibuti-Phänomene beobachtet:

Früher trugen wir ihn an Festtagen, wie zum Beispiel an Dasara oder an seinem Geburtstag, nachts in einer Prozession durch das Dorf. Manchmal sahen wir während der Prozession Vibuti auf seinem Gesicht erscheinen. Das haben wir sehr oft gesehen. Wir sahen auch Kumkum auf seinem Gesicht erscheinen.

Laut der Aussage der Sänger nahmen in den fünfziger Jahren maximal ein- bis zweihundert Personen an den Festivals teil. Zwischen den Festen war die Zahl der Besucher wesentlich geringer. Es gab dann keine öffentlichen Treffen oder Ansprachen, keine Predigten. Baba war dann sehr zwanglos, verbrachte die meiste Zeit mit seinen Jüngern, nahm mit ihnen die Mahlzeiten ein und so weiter. Auch von den Sängern hörten wir noch einmal:

Damals, in der Anfangszeit, konnten wir uns nicht vorstellen, daß die Menschenmenge um ihn herum einmal derartige Ausmaße annehmen würde. Aber er sagte uns schon damals, daß in Zukunft riesige Menschenmassen kommen würden, daß wir ihn dann nur noch von ferne sehen könnten und daß selbst das in absehbarer Zeit schwierig sein würde.

Ein ehemaliger Jünger

Bei meinen Gesprächen mit den Jüngern erfuhr ich nach und nach von einigen Personen, die Baba einst sehr nahegestanden, ihn dann jedoch aus verschiedenen Gründen verlassen hatten. Zwei Namen wurden häufiger genannt als andere: Mr. Varadu und Mr. Krishna. Ich konnte lange niemanden finden, der wußte, wo sie sich aufhielten. Schließlich führte Gopal Krishna Yachendra einige Telefongespräche für mich und fand Varadus Adresse in Madras heraus. Er begleitete mich im November 1977 dorthin und stellte mich vor. Bei diesem Treffen erfuhr ich, daß Varadu mit Dr. C. T. K. Chari und Mrs. Kamala Sarathy verwandt ist.

Varadu lebte als Junggeselle bei der Familie seiner Schwester. Er empfing uns sehr warmherzig, und bald darauf befanden wir uns in einer angeregten Diskussion über seine Zeit mit dem Swami. Varadu war eine sehr lebendige Persönlichkeit und sprach so schnell, daß ich manchmal Schwierigkeiten hatte, ihn zu verstehen. Man gewann bald den Eindruck, daß er ein Mann mit vielen Interessen war, der gerne diskutierte; ein Mann von aktivem, freimütigem und unabhängigem Charakter.

Ich hatte während des folgenden und zweier weiterer Interviews (die innerhalb eines Zeitraumes von vier Jahren stattfanden) den Eindruck, daß er die Zeit mit Sai Baba gerne in sein Gedächtnis zurückrief, aber er bestand auch ausdrücklich darauf, daß alles, was er sagte, bis ins kleinste Detail korrekt in unserem Manuskript wiedergegeben wurde. Wir gingen den folgenden Text zweimal Wort für Wort durch. Die meisten Informationen erhielt ich während des ersten Interviews, aber als wir eine Abschrift dieses Interviews durchsprachen, fügte er noch weitere Einzelheiten hinzu, die ebenfalls in den Text aufgenommen wurden.

Es ist schon recht lange her, daß ich bei Baba war – von Mai 1949 bis 1953. Ich war ziemlich lange mit ihm zusammen. Ich blieb gewöhnlich einen Monat dort und ging dann wieder für eine Weile weg. Es war eine sehr interessante Erfahrung, aber dann hatte ich nicht das Glück, noch länger bei ihm bleiben zu können. Ich bete noch heute zu ihm, aber der persönliche Kontakt brach im Jahre 1953 vollkommen ab. Er hatte mir gesagt, daß ich ihn verlassen müßte, wenn die Zeit gekommen sei, aber er sagte auch, sein Segen würde immer mit mir sein – ich glaube das wirklich.

Manchmal, wenn ich mich schlecht oder traurig fühle, denke ich einfach an ihn, und dann verspüre ich eine gewisse Erleichterung.

Meine Bekanntschaft mit ihm kam aus reiner Neugier zustande. Meine Tante, Kamala Sarathy, war aus Delhi gekommen und sagte, sie würde zu einem Treffen mit Swamiji gehen. Sie fragte mich: »Warum kommst du nicht mit und siehst ihn dir an!« Aber ich hatte nie an solche Leute geglaubt, also sagte ich, ich sei nicht interessiert. Dann sagte meine Cousine zu mir: »Warum kommst du nicht mit? Es ist ein Picknick.« Daraufhin sagte ich ja.

Also fuhren wir los. Es geschahen einige ziemlich seltsame Dinge – ich meine, Dinge, für die es keine normalen Erklärungen gibt: Wunder, Gedankenlesen und all das. Niemand kann Ihre Gedanken lesen – wirklich nicht? Es geschahen zum Beispiel einige unerhebliche Dinge auf unserem Weg nach Puttaparti: unser Bus hatte eine Panne. Es war schon ziemlich spät – zwischen 21.30 Uhr und 22.30 Uhr. Ich stieg aus und versuchte, den Bus zu reparieren, und nach kurzer Zeit funktionierte er wieder. Wir erreichten Bukkapatnam, wo wir uns einen Ochsenkarren besorgten. Wir überquerten den Fluß und gingen über den Sand, und ich trug die Geige meiner Cousine. (Meine Cousine, Kamala Sarathys Tochter Prema Bose, war Violinistin). Wir kamen um 3.30 Uhr morgens in Puttaparti an – zu spät, um den Swami zu sehen. Wir gingen zu Bett und standen gegen 6 Uhr wieder auf, um zum Darshan zu gehen. Als wir Baba gegenüberstanden, schaute er mich nur an, lachte und sagte: »Du bist nicht aufgrund deines Glaubens hierher gekommen, sondern um mich zu testen.« Und er erzählte mir, wie wir hergekommen waren und wie der Bus in Bukkapatnam zusammengebrochen war und daß ich die Geige meiner Cousine getragen hatte. »Und jetzt denkst du, daß ich deine Gedanken lese, nicht wahr?« sagte er. Und genau das hatte ich gerade gedacht! Ich sagte: »Es ist offensichtlich, daß du meine Gedanken liest. Darauf lachte er und sagte: 'Was das betrifft, hast du deinen eigenen Test kreiert.«

Wir blieben einige Zeit dort. Am nächsten Morgen machte ich ein paar Fotos von ihm. Wissen Sie, ich fotografiere schon seit meiner Kindheit. Nun, es gibt da eine Geschichte, daß Fotos, die man von Sai Baba macht, ohne ihn zu fragen, nicht gelingen. Ich machte also fünf Aufnahmen von ihm, während er Puja hielt. Später sagte er lächelnd zu mir: »Du hast fünf Aufnahmen gemacht, aber sie werden nicht erscheinen. Wenn du Aufnahmen machen willst, werde ich kommen und dafür posieren. Jetzt kannst du Aufnahmen machen.« Ich machte drei Aufnahmen und notierte mir, an welcher Stelle der Filmrolle sie sich befanden. Ich entwickelte den Film selbst. Auf den ersten fünf Bildern war nichts zu sehen, aber die anderen drei kamen gut heraus. Auf einem ist auch Kamala Sarathy zu sehen. Ich gab Kamala alle Negative.

Swami erschuf Dinge aus dem Nichts. Er fragte: »Was wollt ihr haben?« Er produzierte oft Süßigkeiten für mich; traditionelle indische Süßigkeiten, wie zum Beispiel Jellaby, Laddu, Gullabjamun. Wenn er dir diese Süßigkeiten schenkt, mußt du sie allein aufessen; du sollst sie mit niemandem teilen. Meine Mutter saß neben mir, aber ich aß trotzdem alles allein auf.

Einmal gingen wir alle mit Baba zum Chitravati-Fluß und saßen dort beisammen. Es ging mir nicht sehr gut. Ich litt damals an Tuberkulose und ich bekam eine Behandlung, die »Pheumothorax« genannt wird; sie pumpen Luft unter das Rippenfell und bringen die Lunge zum Kollabieren. Ich mußte mich alle dreißig Tage dieser Behandlung unterziehen. Zu diesem Zeitpunkt war meine Behandlung schon seit zwanzig Tagen überfällig, und ich machte mir deshalb Sorgen. Ich hatte damals wegen meiner Tb Angst vor Kälte und Regen. Wir saßen in einem Kreis von etwa sechs Meter Durchmesser um Baba herum . Baba wußte, daß ich Angst vor Regen und Kälte hatte. Dann zogen Wolken herauf und es begann zu nieseln. Und Sie können es glauben oder nicht (ich erzähle Ihnen, was wirklich geschah – keine Gerüchte), wir sahen die Nässe überall um uns herum,. aber nicht ein einziger Tropfen fiel auf uns herab! Wir blieben völlig trocken!

Baba lachte und sagte: »Holt etwas Wasser vom Fluß.« Also ging ich zum Chitravati und füllte etwas Wasser in eine Flasche. Als ich sie zurückbrachte sagte er: »Gieße aus, soviel du willst.« Ich starrte ihn an. »Du hast noch immer kein Vertrauen zu mir,« sagte er. Er forderte mich auf, allen Baktas (es waren etwa zwanzig bis fünfundzwanzig) von dem Wasser zu geben, und selbst nachdem ich das getan hatte, war noch etwas Wasser in der Flasche. Außerdem schmeckte das Wasser süß – es war kein normales Wasser. Ich nahm diese Flasche später mit nach Madras und gab sie Dr. C. T. K. Chari. Ich erklärte ihm, daß es Flußwasser sei und dennoch süß wie Sherbet schmeckte,obwohl es aussah wie ganz gewöhnliches Wasser.

Über diesen Vorfall befragt sagte mir Dr. Chari, er könne sich nicht daran erinnern, daß Varadu ihm jemals von Baba süßes Wasser in einer Flasche brachte. Was er von Varadu bekommen hatte und noch heute besaß [er zeigte es mir], war ein briefmarkenähnliches Foto von Sai Baba, das laut Varadus Aussage von Sai Baba produziert worden war. Varadu bestreitet allerdings diesen Vorfall, wie man an anderer Stelle in diesem Kapitel nachlesen kann.)

Nachdem wir einige Zeit am Fluß verbracht hatten, gingen wir zurück zum Mandir, und Baba fragte mich, ob ich besorgt sei. »Ja, Swamiji.« »Deine Lunge?« »Ja,«sagte ich. »Geh' wieder zu deinem Arzt, und falls er dir eine Injektion geben will – laß' ihn machen. Ich bin dort immer bei dir.«

Am nächsten Tag fuhr ich also nach Madras und von dort nach Tambaram. In jener Nacht hatte ich einen Traum: Ich gehe zu meinem Arzt und er sagt zu mir: »Du kommst zu spät für die Injektion.« Mein Arzt, Dr. Das, hatte mir diese Injektionen während der letzten drei Jahre regelmäßig verabreicht, er war darin sozusagen Experte. Aber in meinem Traum durchstach er das Rippenfell und stach in die Lunge, worauf ich natürlich etwas Blut spucken mußte. Im Traum fühlte ich, daß Baba kommt, um mir zu helfen. Mein Arzt bekommt es mit der Angst, aber ich lache und sage: »Nur ruhig, es geht mir gut.« Das war mein Traum.

Aufgrund dessen wollte ich nicht allein zu Dr. Das fahren. Ich rief meine Freunde an und überredete fünf von ihnen, mit mir zu fahren. Einer von ihnen wurde später ein Bakta Swamijis; er galt in Swamijis Augen viel mehr, als ich jemals gegolten hatte. Das war Krishna. Bevor er einer von Babas Baktas wurde, war er mein Klassenkamerad am Madras College gewesen. Später verließ er Baba. Er ist heute Christ und lebt in Hyderabad. Dann waren da noch Venkatesh und sein Bruder Balu. Sie holten mich zusammen in Tambaram ab und brachten mich mit dem Auto zum Arzt.

Nachdem wir einige Zeit am Fluß verbracht hatten, gingen wir zurück zum Mandir, und Baba fragte mich, ob ich besorgt sei. »Ja, Swamiji.« »Deine Lunge?« »Ja,«sagte ich. »Geh' wieder zu deinem Arzt, und falls er dir eine Injektion geben will − laß' ihn machen. Ich bin dort immer bei dir.«

Am nächsten Tag fuhr ich also nach Madras und von dort nach Tambaram. In jener Nacht hatte ich einen Traum: Ich gehe zu meinem Arzt und er sagt zu mir: »Du kommst zu spät für die Injektion.« Mein Arzt, Dr. Das, hatte mir diese Injektionen während der letzten drei Jahre regelmäßig verabreicht, er war darin sozusagen Experte. Aber in meinem Traum durchstach er das Rippenfell und stach in die Lunge, worauf ich natürlich etwas Blut spucken mußte. Im Traum fühlte ich, daß Baba kommt, um mir zu helfen. Mein Arzt bekommt es mit der Angst, aber ich lache und sage: »Nur ruhig, es geht mir gut.« Das war mein Traum.

Aufgrund dessen wollte ich nicht allein zu Dr. Das fahren. Ich rief meine Freunde an und überredete fünf von ihnen, mit mir zu fahren. Einer von ihnen wurde später ein Bakta Swamijis; er galt in Swamijis Augen viel mehr, als ich jemals gegolten hatte. Das war Krishna. Bevor er einer von Babas Baktas wurde, war er mein Klassenkamerad am Madras College gewesen. Später verließ er Baba. Er ist heute Christ und lebt in Hyderabad. Dann waren da noch Venkatesh und sein Bruder Balu. Sie holten mich zusammen in Tambaram ab und brachten mich mit dem Auto zum Arzt.

Der Arzt sagte: »Wozu seid ihr alle gekommen?« Ich erzählte ihm nichts von dem Taum. Als er mir die Injektion gab, durchstach er tatsächlich meine Lunge und ich spuckte Blut. Der Arzt war besorgt, und ich sagte zu ihm, er solle sich keine Sorgen machen. Swami hatte, als ich noch in Puttaparti war, etwas Vibuti aus der Luft materialisiert. Ich schluckte es, und die Blutung kam zum Stillstand. Als ich nach Tambaram zurückkam, warteten dort zwei Leute auf mich und teilten mir mit, der Swami sei schon in Madras angekommen und wolle mich sofort sehen. Ich machte mich auf den Weg zu Baba. Er fragte, ob der Arzt mir die Injektion gegeben habe, und ich erzählte ihm, daß er es nicht tun konnte, weil er die Lunge durchstochen und es mit der Angst zu tun bekommen habe. Ich erzählte ihm auch, daß ich daraufhin das Vibuti geschluckt hatte. Der Swami erwiderte: »Du brauchst keine Injektionen mehr; du bist geheilt.« Danach war meine Tb bis zum Jahre 1953 verschwunden.

Einmal, im Jahre 1949, geschah folgendes. Ich fuhr gerade in Madras mit dem Bus zum Bahnhof, von wo aus ich mit dem Zug zum Christian

College in Tambaram fahren wollte, als ich husten mußte und etwas Blut aushustete. Ich betete sofort zu Sai Baba und nahm etwas von dem Vibuti, das er aus der Luft materialisiert hatte, und die Blutung kam zum Stillstand. Just in diesem Augenblick saß Baba in Bangalore mit meiner Mutter, ihrer Cousine und Kamala Sarathy, ihren Töchtern und einigen meiner Freunde zusammen. Er sagte zu ihnen, ich sei in diesem Moment gerade im Hause einer Prostituierten und würde Blut husten. Ich hätte zu ihm gebetet und ihn um Hilfe gebeten, und er sei zu mir geeilt, um mich zu retten. Die einzige Erklärung, die ich Ihnen hierfür geben kann, ist die, daß ein Bus und eine Prostituierte etwas gemeinsam haben, und zwar, daß man für beide zahlen muß.

Ein weiterer Vorfall dieser Art ereignete sich in Puttaparti. Ich rauchte damals sehr viel; heute rauche ich nicht mehr viel, aber damals rauchte ich ununterbrochen. Baba sagte, ich solle aufhören zu rauchen, aber ich hörte nicht auf ihn. Er sagte auch, ich solle nicht schwimmen gehen, und diesen Rat nahm ich an. Ich hatte oft in Brunnen gebadet. Kurzum, eines Tages, als wir in Puttaparti waren, gingen drei meiner Freunde und ich zu einem Brunnen. Während sie darin badeten, saß ich einfach da und rauchte. Zur gleichen Zeit saßen meine Tante, meine Mutter und all die anderen bei Baba (im Ashram). Als wir zum Mandir zurückkamen, waren alle still und meine Mutter sah traurig aus.

Ich sagte: »Was zum Teufel habe ich jetzt verbrochen?« Sie sagte: »Wo warst du schwimmen?« Ich sagte: »Ich war überhaupt nicht im Wasser.« »Nun, Swamiji behauptet das Gegenteil.« Also ging ich zu Swamiji und fragte ihn: »Wann bin ich ins Wasser gegangen, wann hast du uns gesehen?« Swamiji sagte: »Ich habe nichts dergleichen gesagt.« Ich ging wieder zu meiner Tante und fragte sie, und diesmal sagte sie zu mir: »Du solltest einen tieferen Sinn in dem sehen, was Swamiji sagt.« Ich sagte: »Mein Gehirn ist zu klein, um Untersuchungen über die esoterische Bedeutung von Swamijis Worten anzustellen. Ich bin nur ein ganz gewöhnlicher Mensch. Das ist mir zu hoch.« Solche seltsamen Dinge geschahen.

Dann ging ich zu meinem Freund Krishna, um mit ihm darüber zu sprechen. Swamiji drängte mich stets, ich solle meine Freundschaft mit Krishna, Venkatesh und Balu aufgeben. Das war ein ständiger Zankapfel zwischen uns, und wir stritten uns oft deswegen. Er gab mir keine Gründe dafür an. Er sagte nur: »Sie sind nicht gut für dich. Breche die Freundschaft ab.«

Wissen Sie, es ist Babas Vorstellung, daß man sich ihm völlig unterwerfen muß. Leider wurde ich vollkommen anders erzogen, und daher muß man mir Gründe nennen. Nicht einmal Gott könnte mich dazu bewegen, so etwas zu tun, das ist unmöglich. Damals fing der ganze Streit zwischen Swamiji und mir an. Und so ging es weiter; bald gab es andere kleine Zwischenfälle. Einmal saß ich mit ihm beisammen; wir redeten und spielten Karten. Und dann kam ein Bakta, der schwer krank war, und wollte Baba sehen. Ich sagte zu Swami: »Swami, jemand möchte dich sehen. Möchtest du ihn empfangen?« Und er sagte: »Nein, ich werde ihn nicht empfangen.« Und ich war sehr bestürzt. Da saßen wir, spielten Karten und es kommt jemand, der beinahe stirbt und Swamiji sehen möchte, und Swami lehnt es ab, ihn zu empfangen. Wir stritten deswegen und er sagte: »Bin ich Swamiji oder bist du Swamiji?« Darauf sagte ich: »Unglücklicherweise bist du Swamiji.« Diese Streitereien setzten sich fort. Und schließlich kam der Bruch – in Mr. Hanumantha Raos Haus in Madras. Da war ein Bakta, dessen verkrüppelte Tochter ganz plötzlich gestorben war. Dieser Mann war dorthin gekommen, und Swamiji empfing ihn nicht einmal. Meine Mutter brachte den Mann nach Hause zurück. Am selben Tag wurde ein anderer Junge aus Kanchipuram dorthin gebracht. Er lag im Sterben. Swami empfing ihn ebenfalls nicht. Als ich dann an diesem Abend etwas sagte, erwiderte er: »Geh' aus meinem Zimmer.« Weil ich darauf bestanden hatte, daß er den Jungen empfing. Nach diesem Vorfall, der sich etwa im Januar 1952 abspielte, sah ich ihn lange Zeit nicht wieder. Einige Jahre später fiel Krishna in Ungnade. Und als Baba ihn wegschickte, gab er als Grund an, er habe sich einer alten, sechzigjährigen Frau gegenüber ungebührlich benommen, einer Frau, die im Tempel, im Mandir diente. Glauben Sie diese Geschichte? Ich jedenfalls nicht.

Krishna war völlig verstört. Er kam hierher und sprach noch nicht einmal mit mir. Damals gab es hier in Madras ein unbebautes Stück Land, das wir Loglands nannten. (Heute stehen dort Gebäude). Ich brachte Krishna dorthin und brachte ihn dazu, sich hinzusetzen und zu rauchen. Ich brachte ihn auch dazu, zu trinken, um das Ganze zu vergessen. Aber er vergaß es nie. Schließlich traf er einen Pfarrer auf der Mount Road in Madras, der ihn offenbar unter seine Fittiche nahm und ihm etwas Trost spendete.

Krishna ist einer der ganz wenigen, denen Baba sehr, sehr nahestand. Einmal wurde er sogar während einer Prozession mit Baba in der Sänfte herumgetragen. »Was Arjuna für Krishna war, ist Krishna für mich,« pflegte Baba zu sagen.(Krishna ist eine der herausragendsten Figuren des Hinduismus und ist bekannt für seine übernatürlichen Kräfte. Er legte seinem Lieblingsjünger Arjuna die Bhagavad Gita aus, die berühmte religiöse Schrift des Hinduismus). Ich glaube nicht, daß es nach ihm noch einmal jemanden gab, der Baba so nahestand. Später vielleicht Raja Reddy, aber Krishna war der letzte, mit dem ihn diese enge Jugendfreundschaft verbunden hatte.

Nun, Krishna wurde also schließlich Christ. Aber vorher fuhren wir noch einmal nach Puttaparti – Ende 1953. Krishna sagte, er wolle Baba noch ein letztes Mal sehen. Ich hatte damals schon aufgehört, nach Puttaparti zu fahren, aber um Krishnas willen fuhr ich mit. Und Baba sprach kein einziges Mal mit mir, obwohl er mit Krishna sprach. Ich gab ihm drei Tage; falls er bis dahin nicht mit mir sprechen würde, würde ich abreisen. Der dritte Tag kam und ich nahm mein Bettzeug auf die Schultern und machte mich auf den Weg, als Baba mich von seinem Zimmer im Mandir aus sah. Er rief mich. Ich ging zu ihm hinüber und sagte: »Ich bin zu dir gekommen. Du hast mich nicht eingeladen. Ich habe hier nichts verloren. Ich fahre nach Hause.« Er produzierte etwas Vibuti, steckte es mir in den Mund und sagte: »Fahr' zurück. Du wirst wieder Tb bekommen. Diesmal wirst du sehr leiden. Aber nach vier oder fünf Monaten wirst du die Krankheit wieder los. Danach wirst du sie nie wieder bekommen.«

Ich verhielt mich, als sei mit mir alles in Ordnung. Ich fuhr zu einem Picknick nach Pondicherrry, kam zurück und ging zu meinem Arzt, um die Routineuntersuchung über mich ergehen zu lassen. Ich hatte keinen Husten, keine Temperatur; ich fühlte mich vollkommen gesund. Trotzdem ging ich zur Untersuchung. Der Doktor machte eine Fluoroskopie und sagte: »Mit dir ist alles in Ordnung.« Ich sagte: »Nein, Doktor. Ich möchte, daß Sie mich röntgen.« Er machte eine Röntgenaufnahme und fand in einem Lungenflügel drei Kavernen und in dem anderen eine. Er sagte: »Schau, du hast drei Kavernen,« und ich sagte: »Ich weiß. Deshalb habe ich Sie gebeten, eine Röntgenaufnahme zu machen.« »Aber es geht dir gut.« »Ich weiß«, sagte ich, denn ich fühlte mich nicht krank. Aber kurze Zeit später fühlte ich mich sehr krank; ich litt sechs Monate lang furchtbar, hatte Blutungen, hustete Blut.

Ein halbes Jahr nachdem ich mit dem Swami gebrochen hatte, war er zu Besuch bei Mrs. Chandran, und meine Mutter sagte: »Der Swami ist gekommen. Komm, laß' uns hingehen und ihn begrüßen.« Zu jener Zeit hatten meine Mutter und mein älterer Onkel (beide sind inzwischen verstorben) ein sehr herzliches Verhältnis zu Baba. Aber ich ging nicht zum Swami und schlief an diesem Abend in unserem Haus. Meine Mutter ging zu Swamiji, und er hatte zwei oder drei kleine ayurvedische Pillen produziert, die bei uns Jintan genannt werden, und hatte sie meiner Mutter mit den Worten gegeben: »Gib' deinem Sohn diese Pillen.« Am gleichen Abend war der Arzt bei uns gewesen, um mich zu untersuchen. Er hatte gesagt, ich müßte mich einer Lobektomie unterziehen, das heißt, man wollte einen Teil der Lunge entfernen. Ich sagte: »Nein, Doktor. Ich werde mit intakter Lunge sterben. Was immer geschieht, lassen Sie es geschehen.« Ich glaubte schon immer an so etwas wie Schicksal.

Dann kam meine Mutter und gab mir diese drei Pillen und sagte: »Swamiji sagte, du sollst diese Pillen nehmen.« Ich nahm sie und nach ein paar Minuten hörte der Husten auf. Ich spürte die Erleichterung und wollte schlafen, und es war das erste Mal seit langem, daß ich ruhig schlafen konnte. Als ich am nächsten Morgen aufwachte, fühlte ich mich sehr gut. Abends kam mein Arzt, untersuchte mich und stellte überrascht fest, daß meine Lunge frei war. Er bat mich , mit ihm in die Röntgenklinik zu fahren. Alles war normal: man fand keine Läsionen. Er fragte: »Was haben Sie gemacht?« Ich sagte scherzend: »Nun, etwas wovon die Wissenschaft nichts weiß – ich nahm ein paar spirituelle Pillen.«Das war irgendwann im Jahre 1953. Es war das letzte Mal, daß ich Tb hatte, abgesehen von einer kurzen Episode im Jahre 1979. Ich fühlte irgendwie, daß Baba mir da herausgeholfen hat. 1958 bewarb ich mich um ein Offizierspatent und der untersuchende Arzt sagte, ich sei absolut gesund. Ich lachte und fragte: »Ganz sicher, Doktor?« Er sagte: »Vollkommen sicher.« Ich lachte nur und erzählte ihm die Geschichte meiner Heilung.

Ich muß zugeben, daß ich nie beobachtete, wie Swami einen Bogen Briefmarken in Marken mit seinem eigenen Konterfei verwandelte. Aber ich sah ihn eine ganze Menge anderer Dinge hervorbringen, wie zum Beispiel Gottesfiguren, Süßigkeiten und Medizin.

Er erinnerte sich an eine Mandeloperation, die Baba an seinem Freund Krishna durchführte (diese Operation wird auch von Krishna selbst im Kapitel »Der verlassene Bruder« beschrieben).

Ich war beispielsweise bei einer Operation zugegen, die Swami in Hanumantha Raos Haus in Madras an meinem Freund Krishna, der vereiterte Mandeln hatte, durchführte. Swami materialisierte das Messer aus der Luft. Ich war schockiert. (Ich bin Sohn eines Arztes; mein Vater war Chirurg.) Swamiji sah mich nur an und lächelte. Ich verstand sofort, was er meinte: »Du glaubst immer noch nicht an mich.« Dann führte er das Messer in Krishnas Hals ein. Ich hatte noch einen Arzt mitgebracht, einen Freund von mir, Dr. Dakshina Murthy. Er war ebenfalls schockiert. Aber keiner von uns konnte etwas sagen. Swami machte einfach weiter.

Krishna litt einen Tag lang. Am nächsten Tag brachten wir ihn zu meinem Arzt, Dr. Das, demselben Arzt, bei dem ich in Behandlung war. »Wer sind die Narren, die an deinem Hals herumgepfuscht haben!« sagte er. »Er ist ein großer Narr. Was ist los mit ihm? Dieser Bursche wird bald in der Tinte sitzen,« sagte er. Wir waren alle etwas besorgt und brachten ihn auch an den nächsten beiden Tagen zum Arzt. Dann, am zweiten Tag fragte der Doktor: »Was ist passiert?«, denn der Schmerz hatte aufgehört und die vereiterten Mandeln waren verschwunden; alles war weg. Das war es, was Swami getan hatte. Er hatte die Mandeln nicht wirklich chirurgisch entfernt; er hatte sie nur ein paarmal mit dem Messer geritzt. Aber nach zwei Tagen verschwanden die Mandeln. Soweit ich weiß, hatte er (Krishna) danach keine Probleme mehr damit.

Als ich ihn fragte, warum er diese »Operation« durchgeführt hatte, wenn es für ihn doch ein Leichtes gewesen sei, die Mandeln durch seinen Willen verschwinden zu lassen, antwortete er, daß Krishna es so gewollt habe und (daß) es seine Pflicht sei, sich seinem Wunsch zu beugen. Ich glaube, es war einen Tag später, als ich dies meinem Onkel, Dr. C. T. K. Chari erzählte und er etwas über gespaltene Persönlichkeiten sagte und anfing, in seiner herrlich ausschweifenden Art über psychosomatische Medizin zu sprechen.

Swami ging oft in Trance, aber er »verschwand« nie, während ich bei ihm war. Verschiedene Leute erzählten mir, er würde einfach verschwinden und an einem anderen Ort erscheinen, um jemandem zu helfen. Ich will und kann solchen Behauptungen keinen Glauben schenken, denn ich habe niemals gesehen, daß er so etwas tat.«

Aber ich habe gesehen, wie er in Trance ging, und habe ihn während der Trance bestimmte Worte aussprechen hören. Zum Beispiel in der Nacht, als Ramana Maharishi in Tiruwannamalai starb. Ich war in Puttaparti bei Swamiji. Krishna war ebenfalls anwesend. An diesem Abend, es war gegen 21.00 Uhr, und wir waren gerade mit irgend etwas beschäftigt, (ich glaube, wir hielten Puja), blickte Swami plötzlich zu uns auf. Er hat so eine bestimmte Art zu schauen, die bedeutet, daß er auf sein Zimmer gehen möchte. Im gleichen Augenblick, als Krishna und ich durch die Tür seines Zimmers traten und sie hinter uns schlossen, fiel Swami nieder. Ich war darauf vorbereitet. Krishna und ich hielten uns bei den Händen und Swami lag quer darüber. Dann erhob er sich in die Luft, weg von unseren Armen. Er war steif wie ein Brett. Er fing an etwas zu murmeln – etwas wie: Maharishi hat meine Lotusfüße erreicht.« Und dann öffnete sich seine rechte Fußsohle, so als ob sie sich spaltete, und es strömten fast zwei Kilogramm wunderbarer, wohlriechender Vibutiasche aus seiner Fußsohle. Ich sammelte das Vibuti auf, während er noch in der Luft schwebte.

Dann kam er herunter und kam wieder zu sich und fragte, was er gesagt habe. Ich sagte: »Swamiji, du hast folgendes gesagt: Ramana Maharishi ist gestorben. Und das hier kam aus deinen Füßen.« Er sagte: »Packt sie ein und verschenkt sie als Prasadam.« Ein oder zwei Tage nach diesem Vorfall erfuhren wir aus den Zeitungen, daß Maharishi gestorben war. Es war zu dem Zeitpunkt geschehen, als Swami sagte, Maharishi habe seine Füße erreicht.

Swami sagte etwas Ähnliches über die Frau eines seiner Baktas, Neeladri Rao aus Madras, eines der ersten Baktas, der 1949 oder 1950 zu ihm gekommen war. Er starb erst kürzlich. Seine erste Frau war krank, als Swami eines Tages sagte: »Sie hat meine Füße erreicht.« Am nächsten Tag erhielt Swami ein Telegramm, in dem ihm ihr Tod mitgeteilt wurde. Ich war damals in Puttaparti und hörte, wie Swami diese Worte sprach. Wie erklären Sie sich das? All diese Dinge, von denen ich Ihnen erzählt habe, sind wahr. Es sind Dinge, die niemand erklären kann. Obwohl Swamiji heute vielleicht nicht mehr mit mir redet, nicht mehr mit mir spricht, weiß ich dennoch, daß er über Kräfte verfügt, die keine Wissenschaft erklären kann. Wissen Sie, wenn irgend jemand anders ein göttliches Wesen sein will, kann er eine Menge Unsinn darüber reden, aber ich glaube es nicht, denn Wahrheit ist Wahrheit, und man kann die Wahrheit nicht ändern. Man kann nicht das geringste daran ändern. Ich habe Ihnen von seinen Fehlern erzählt, daß er Lügen erzählte, was ich bis heute nicht verstehen kann. Mein Onkel, Professor C. T. K. Chari, dachte, er sei vielleicht eine gespaltene Persönlichkeit. In einem Moment ist er der ungehobelte Dorfbewohner und im nächsten diese erhabene Seele, die niemand ergründen kann. Es ist ein sehr schwieriges Unterfangen, ihn zu analysieren.

Ich sah ihn nur zwei- oder dreimal in Trance fallen. Krishna hatte öfter solche Erlebnisse; er war monatelang Tag und Nacht mit Swami zusammen, während ich einmal im Jahr für einen Monat und zweimal jährlich für eine Woche hinfuhr.

Ich weiß nicht, ob sie es heute noch machen, aber damals hatten wir an Swamijis Geburtstag nachts diese Prozessionen mit einer Sänfte. An einem solchen Tag war eine Gruppe von Moslemjungen – Rowdies – aus dem Nachbardorf Bukkapatnam herübergekommen. Sie wollten uns Schwierigkeiten machen. Ich hörte von ihren Plänen, und ich rief meine Freunde und sagte ihnen, sie sollten sich darauf vorbereiten; ich hatte also meine eigenen Freunde überall postiert. Ich sollte Wache halten, sollte der Sicherheitsposten sein und was nicht alles. Die Baktas hatten sich zur Prozession aufgestellt, die gerade beginnen sollte. Als die Sänfte hochgehoben werden sollte, stand ich neben Swamiji, der mich fragte, ob ich Angst hätte. Ich sagte: »Warum sollte ich Angst haben, Swamiji? Ich treffe alle möglichen Vorbereitungen.« »Du glaubst noch immer nicht an mich?« »Das würde ich nicht sagen, Swamiji, aber ist es nicht besser, vorbereitet zu sein?« »In Ordnung « sagte er. Diese Jungens – etwa fünf oder sechs Burschen – standen in einer Ecke des offenen Platzes beim Mandir, da, wo die Prozession beginnen sollte, und schienen bereit, Schwierigkeiten zu machen. Swamiji drehte sich nur um und schaute sie an. Genau in dieser Sekunde sah ich, und nicht nur ich, sondern viele andere ebenso, wie Swamis Gesicht zu einem schrecklichen Antlitz wurde, und eine oder zwei Frauen fielen in Ohnmacht. Ich sage Ihnen, in dem Moment, in dem er sich herumdrehte, glaubte ich zu sehen, wie Swamis Gesicht pechschwarz wurde – wie es zum Antlitz des Affengottes Hanuman wurde. Ein wild aussehendes Gesicht. Im nächsten Augenblick – nachdem sie das schreckliche Antlitz gesehen hatten – drehten sich diese sechs Jungen einfach um und trollten sich. Mehr taten sie nicht. Ich fragte dann meine Freunde, was geschehen war. »Nun,« sagten sie, wir sahen, wie Swamijis Gesicht eine schreckliche Form annahm. «Ich erzählte ihnen nicht, was ich gesehen hatte; ich sagte einfach: »Ja, wirklich?« Diese Rowdies waren einfach abgezogen. Und Swamiji sagte zu mir. »Du hattest dir solche Sorgen gemacht. Nun schau, was geschehen ist.« Ich sagte: »Swamiji, ich kenne noch immer nicht das volle Ausmaß deiner Kräfte.«

In einem Jahr spielte ich Hotelier – ich führte ein Hotel für Swamiji, etwa um die Zeit von Dasara. Ich hatte also etwas Geld eingenommen, das ich Swamiji zu geben hatte. Ich legte es auf seinen Tisch und ging hinaus, um den Generator anzuwerfen, der dazu benutzt wurde, um Elektrizität für den Ashram zu erzeugen. Als ich zurückkam, war das Geld verschwunden. Ich sagte: »Swamiji, wo ist das Geld hingekommen?« Ich wurde unruhig. Er sagte: »Mach' dir keine Sorgen.« Ich sagte: »Ich muß mir Sorgen machen. Du hast dein Geld investiert, und ich muß es dir geben. Ich hatte es auf den Tisch gelegt.« »Mach' dir keine Sorgen,« wiederholte er. Ich fragte ihn, was mit dem Geld geschehen sei. Er sagte: »Ein alter Bakta, ein alter Mann, so um die sechsundfünfzig oder sechzig, hat das ganze Zeug in sein Fach getan; er hat das Geld gestohlen und in seinem Fach aufbewahrt.« Ich war schockiert. Ich ging nicht hinaus. Statt dessen ging ich hin und öffnete das Fach und sah das Geld darin liegen. Aber was konnte ich tun? Es konnte genauso gut sein, daß Swamiji dem Mann gesagt hatte, er könne das Geld behalten; ich wußte es nicht. Swamiji sagte, ich solle mir keine Gedanken darüber machen, und so ließ ich es dabei bewenden.

Zwei Tage später, an einem regnerischen Tag, hatte ich ein weiteres, interessantes Erlebnis. Vielleicht sollte ich vorher erklären, daß Swamiji mir ein goldenes Medaillon geschenkt hatte, einen Talisman aus Gold, den ich immer um den Hals trug. An diesem Tag ging ich also hinunter, um den Generator anzuwerfen, aber er sprang nicht an. Ich versuchte ihn anzuwerfen, aber das verdammte Ding wollte nicht anspringen. Plötzlich hörte ich ein Geräusch, aber ich konzentrierte mich so stark, daß ich es nicht beachtete. Dann kam Swamiji in den Regen hinausgerannt, »Geh' hinein, Swami, ich muß dieses Ding in Gang bringen – das ist meine Arbeit.« Er sagte: »Um Gottes willen, halt' den Mund und komm mit mir.« Und als ich ein zweites Mal widersprach, sagten die anderen Baktas: »Was ist das? Wenn Swamiji zu dir sagt, du sollst mit ihm gehen, warum tust du es dann nicht?« Und ich sagte: »O.K.« Ich ließ von der Maschine ab und ging mit Swami hinauf. Meine Mutter und ein paar andere Leute saßen mit finsteren Gesichtern herum, und ich fragte: »Was ist los? Warum schaut ihr so?« Meine Mutter antwortete nicht. Dann sagte der Swami: »Gib mir dein Medaillon.« Ich faßte an meinen Hals, aber das Medaillon war verschwunden. Ich war verblüfft. »Swamiji, es muß heruntergefallen sein, während ich herumlief.« Er sagte: »Bleib hier; lauf' nicht weg, setz dich.« Dann sagten die anderen: »Als Swamiji hier saß, erschien dein Medaillon und fiel ihm auf den Kopf.« Swamiji erklärte: »Du warst in großer Gefahr; du hättest in jenem Moment sterben können – durch einen Unfall.« Er hatte gesagt: »Ich muß jetzt hinuntergehen und ihn retten.« Also war er zu mir heruntergekommen, hatte mich weggeholt, und später gab er mir das Medaillon zurück. Ich weiß nicht, ob wirklich ein Unfall passiert wäre. Der Generator befand sich unten, und er war oben in seinem Zimmer im Mandir. Ich war ziemlich überrascht, als er mir das alles erzählte. Er gab mir das Medaillon zurück und sagte: »Hier ist es. Trag' es nun wieder.«

Ein anderer Vorfall ereignete sich in Bangalore. Ich verlor meine Armbanduhr und meinen Geldbeutel, in dem ich ein Foto Swamijis aufbewahrte, das jemand anderem gehörte. Jemand hatte meinen Geldbeutel gestohlen – ein Taschendieb. Ich wußte nicht, was ich tun sollte. Ich erzählte Swamiji, was geschehen war, und er gab mir einige Rupien, so daß ich nach Madras zurückfahren konnte. Er sagte: »Hier sind fünfzig Rupien für dich. Der Geldbeutel ist weg. Vergiß ihn also.« Neun oder zehn Monate nach diesem Vorfall kam Swami nach Madras und fuhr mit mir zum Poondi-Stausee. Poondi ist nicht weit von

Madras entfernt, etwa zweiunddreißig Meilen, und liegt in der Nähe der Bahnlinie. Es gibt dort einen Staudamm. Swamiji saß dort, und wir lachten alle. Er fing an, Dinge zu materialisieren und brachte auf der Stelle ein kleines Medaillon hervor. In der Mitte war sein Bild eingelassen, das von vielen Diamanten und anderen kostbaren Steinen eingerahmt war. Er sagte: »Wer es festhalten kann, darf es behalten.« Aber niemand konnte es festhalten; es glitt einem einfach aus der Hand. Ob es Einbildung war oder Hypnose – wir wissen es nicht. Also sagte Swami zu dem Medaillon: »Geh dorthin zurück, von wo du gekommen bist.« Und es verschwand.

Dann schaute Swamiji mich an und lachte. Wie gewöhnlich kaute ich Süßigkeiten. Er produzierte eine Leckerei, und ich aß sie. Ich schaute ihn unverwandt an, und er wußte, daß ich meine Armbanduhr und das Foto wiederhaben wollte. Er sagte: »In Ordnung. Hier ist die Uhr und das Foto,« und er materialisierte beides für mich. Die Uhr materialisierte er auf dem Boden, aber das Foto nahm er aus der Luft, wenn ich mich recht entsinne. (Es war fast) ein Jahr später, und die Uhr ging noch immer einwandfrei. Und das Foto, das er materialisierte, war genau das, welches ich verloren hatte.

Den Anhänger trug ich stets um den Hals, und das Foto bewahrte ich hier in Madras auf. Aber als ich eines morgens in meinem Zimmer in Madras aufwachte, war beides verschwunden. Ich verlor auch meinen Talisman. Diese beiden Dinge verschwanden auf mysteriöse Weise etwa eine Woche, nachdem ich den Swami endgültig verlassen hatte und bei ihm in Ungnade gefallen war. Die Armbanduhr wurde mir jedoch drei Jahre später von einem meiner Freunde gestohlen. Eines nachmittags ging dieser Freund in mein Zimmer. Ich war weggegangen, um etwas zu holen, und die Uhr lag auf dem Tisch. Er hatte sie an sich genommen. Ich hing sehr an dieser Uhr. Also ging ich zu einem anderen Freund, der ein sehr hoher Polizeibeamter ist, und sagte ihm, daß jener Bursche der einzige war, der für den Diebstahl in Frage kam. Darauf sagte mein Freund, der Polizist, zu dem Burschen, der sie genommen hatte: »Bitte, gib' die Uhr zurück, dann lassen wir den Fall auf sich beruhen. Andernfalls wissen wir schon, wie wir sie zurückbekommen.« Am nächsten Tag wurde die Uhr in einen Blumentopf geworfen, und ich erhielt einen Brief, in dem es mir mitgeteilt wurde (natürlich anonym). So bekam ich meine Uhr zurück. Das Interessante daran ist, daß Swami, als er sie (zusammen mit dem Foto, das ich erwähnte) für mich »produzierte«, zu mir sagte, sie würde mir gestohlen werden, aber ich würde sie wiederbekommen.

Ich fühlte irgendwie, daß Swami mir geholfen hat, meine Tb zu überwinden, obwohl ich bei ihm in Ungnade fiel. Gemäß seiner Erklärung gibt es einige Baktas, die kommen und gehen, und einigen Leuten muß er aufgrund der Verbindungen in früheren Leben etwas geben. Aber ich akzeptierte solche Erklärungen nicht. Ich sagte zu Swami: »Ich weiß nichts über frühere Leben. Was mich interessiert, ist eine vernünftige Erklärung für die Dinge, die du jemandem in diesem Leben tust.« Und über diesen Punkt stritt er mit mir: »Was weißt du über frühere Leben? Du weißt weder etwas über die Vergangenheit, noch über die Zukunft; ich allein weiß das.«

Dann, nachdem ich schon aufgehört hatte, ihn zu besuchen, hörte ich eines Tages im Jahre 1953, daß Swamiji nach Madras gekommen sei, daß er zu Gast in jemandes Haus war – also ging ich hin. Das war etwa acht oder neun Monate nach unserem Bruch. Ja, ich wollte ihn sehen; ich fühlte mich gut bei dem Gedanken, ihn zu sehen, so ging ich eines schönen Tages, als Baba Darshan hielt, zum Osborne-Haus, der Residenz der Venkatagiri-Familie in Madras. Ich wartete, bis der letzte sein Namaskaram gehabt hatte und ging dann hin und berührte seine Füße. Er schaute mich nicht einmal an, sondern wandte sich an eine Person neben ihm und sagte: »Wie geht es Varadu? Sag' ihm, daß ich nach ihm gefragt habe. « Das verletzte mich, und ich besuchte ihn nicht mehr. Ich habe ihn seitdem nicht mehr gesehen. Ich besuche ihn nicht, aber ich bete noch zu ihm. Ich weiß, daß er mir nie seine Gnade versagen kann. Warum sollte ich lügen? Ich kann nicht leugnen, daß es mir Trost gibt. Später mag etwas anderes geschehen, aber im Moment bekomme ich den Trost, den ich brauche. Und wenn er mir noch immer diesen Frieden gibt, so ist das alles, was ich will. Nach 1953 hatte ich absolut keinen Kontakt mehr zu ihm. Ein- oder zweimal riefen mich Gopal Krishna oder Madana aus Venkatagiri an und sagten mir, Baba sei in Madras. Ich ging nicht hin, weil ich befürchtete, er würde mich vielleicht nicht empfangen. Ich bin da sehr empfindlich, denn ich bin einer der ältesten Baktas. Aber wie ich anfangs schon sagte, ich bete selbst heute noch zu ihm und ich mache mir keine Sorgen darüber, ob er mir seine Gnade schenkt oder nicht.

Der verlassene Bruder

Im Jahre 1951 wurde Mr. M. Krishna durch die Familie seines Studienkollegen Varadu mit Sai Baba bekannt gemacht. Er entwickelte schnell eine außergewöhnlich enge Beziehung zu Sai Baba. Krishna war der einzige, den Baba je einlud, an seiner Seite zu sitzen, wenn er bei den Prozessionen von seinen Jüngern in einer Sänfte getragen wurde. Laut Dr. C. T. K. Chari akzeptierte Sai Baba Krishna als seinen Bruder aus einem früheren Leben. Im Jahre 1957 verließ Krishna den Swami, konvertierte zum Christentum und wurde ein aktives Mitglied der Indian Methodist Church (indische Methodistenkirche). Ich hatte schon ziemlich oft von Krishna gehört, als es mir schließlich mit Varadus Hilfe gelang, ihn ausfindig zu machen und im Oktober 1981 in Hyderabad, wo er mit seiner Frau und drei Kindern lebt, zu treffen. Ich führte an zwei aufeinanderfolgenden Tagen zwei Interviews mit ihm durch und wir trafen uns noch einmal im Juli 1983.

Ich respektiere Sai Baba noch heute, nicht wegen all dieser sogenannten Wunder, sondern dafür, daß er das ganze Geld, das er bekommt, zur Errichtung von Bildungsstätten und Krankenhäusern verwendet und weil er versucht, das, was man als indische Kultur bezeichnet, wieder aufleben zu lassen. So verstehe ich seine Arbeit; es ist natürlich schon sehr lange her, seit ich ihn das letzte Mal sah. Obwohl ich Christ geworden bin und Christus als meinen persönlichen Herrn und Retter erkannt habe, achte ich die indische Kultur noch immer. Ich ging zu Sai Baba, um inneren Frieden zu finden, und fand ihn nicht. Ich fand ihn erst, als ich Christus kennenlernte.

Über Babas Materialisierungen hatte er folgendes zu sagen:

Als ich Sai Baba kennenlernte, produzierte er Dinge auf die gleiche Weise, wie er es nach allem, was ich hörte, auch heute noch tut. Oft produzierte er mit einer Handbewegung Vibuti, auch Talismane und Süßigkeiten. Einmal, als wir uns auf einer Reise befanden, bat ich Baba beispielsweise um einen Apfel. Er ging zu einem nahen Tamarindenbaum und pflückte von diesem Baum einen Apfel. Er nahm auch Gegenstände aus dem Sand beim Chitravati-Fluß. Aber können diese

Materialisierungen ein Kriterium dafür sein, ihn als Gott-Mensch oder irgend etwas Höheres als uns zu bezeichnen? Macht irgendein Wissen oder die Fähigkeit, etwas Bestimmtes zu tun, jemanden bereits zum Gott?

... Was das Hervorbringen von Vibuti und verschiedenen Objekten betrifft, er kann sie irgendwie aus dem Nichts hervorzaubern, und ich kann diese Phänomene nicht erklären. Im Laufe der vielen Jahre, die ich bei ihm verbrachte, tat er dies sehr oft. Ich hatte eine Vorliebe für Kova, eine bestimmte Leckerei. Manchmal, besonders in Puttaparti, das ja ein Dorf ist, wo man so etwas nicht bekommen konnte, sagte ich zu ihm, ich würde gerne diese Süßigkeit essen. Er sagte dann oft: »Was, bist du ein Schlemmer?« Aber irgendwie brachte er immer diese Leckerei für mich hervor. Es war fettig, weiß und klebrig, es war aus Milch gemacht. Ich glaube nicht, daß er es in seinen Kleidern hätte versteckt halten und immer gerade dann zur Hand haben können, wenn ich ihn darum bat. Irgendwie kann er diese Dinge produzieren. Wie er es macht, weiß ich nicht. Aber wenn jemand sagt, er ist ein Gott oder ein übermenschliches Wesen, nur weil er diese Dinge produziert, dann kann ich nicht zustimmen.

Zwei Erklärungen, die häufig für die Materialisierungsphänomene gegeben werden, akzeptierte er nicht.

Die Frage, ob ich je bemerkte, daß etwas in seinen Kleidern versteckt war, kann ich nur mit *nein* beantworten. Wie hätte er es verbergen können? Hätte er diese Dinge versteckt, wäre irgendwann einmal etwas herausgefallen. Nein, das tut er nicht. Damals, als ich bei ihm lebte, trug er nie Unterwäsche, nur seine lange, seidene Robe, die kein Versteck bot. Wir, seine persönlichen Helfer, hielten seine Kleidungsstücke für ihn bereit, wenn er sein Morgenbad genommen hatte, Leute wie Amarendra Kumar, Varadu und ich. Wir kleideten ihn an, und es war absolut nichts in der Robe. Keiner von uns fand je etwas Verdächtiges, soweit ich weiß. Natürlich weiß ich nicht, was er tat, nachdem ich ihn verließ.

... Eine der Hypothesen, die zur Erklärung dieser Phänomene vorgebracht wurde, lautet, daß Leute wie er die Fähigkeit haben, ihre Beobachter für einige Zeit so zu hypnotisieren, daß diese nichts sehen, während sie die Objekte auf natürlichem Wege von irgendwoher nehmen. Aber es wurden so viele Aufnahmen von ihm gemacht, während er Dinge produzierte, und diese Fotos zeigen nur das, was die Leute auch unmittelbar sahen, als sich der Vorfall ereignete.

Er fuhr fort:

Es gibt außerdem noch eine indische, religiöse Erklärung. Manche Leute sagen, daß einige der Menschen, die zu Lebzeiten großes Vertrauen in den Swami entwickelten, nach ihrem Tode um ihn herum schweben. Irgendwie blieben sie mit ihm verbunden, vielleicht hat er ihr Vertrauen zu ihm getestet, bis sie absolut an ihn glaubten. Diese Geister geben ihm dann die Dinge, die er will, in dem Moment, in dem er sie hervorbringt. Zu der Zeit, als ich bei ihm war, war es normal, daß seine Jünger übertrieben. Auch er sagte selbst vor uns, die dort lebten, manchmal etwas Übertriebenes, und dann fragte er: »Ist es nicht so?« und wir alle nickten mit dem Kopf, ganz gleich, ob es die Wahrheit war oder nicht. Was das betrifft, hatte keiner von uns den Mumm, ihm zu sagen: »Warum erzählst du Lügen?« Ich fragte ihn vielleicht ein- oder zweimal, nachdem alle anderen gegangen waren: »Warum hast du das gesagt?« Ich hatte nicht den Mut, ihm das geradeheraus zu sagen, denn wir wollten ihn nicht in Verlegenheit bringen.

Krishnas Ansicht über Babas Heilkräfte:

Swami hat oft Heilungen versprochen, und dann wurden die Leute nicht geheilt. Er sagte beispielsweise zu Mr. und Mrs. Hanumantha Rao, er würde ihren Sohn heilen, der an Kinderlähmung litt. Er hat es nie getan. Sie verließen ihn nach einigen Jahren. (Der Autor traf Mrs. Hanumantha Rao, die heute Witwe ist, und erfuhr, daß sie noch immer oder wieder eine sehr ergebene Jüngerin Sai Babas ist.) Wenn man ihn fragte, sagte Swami, er hätte den Jungen geheilt, aber diese Leute hätten ihn verlassen. Schließlich schrieb Mr. Hanumantha Raos Mutter an Sai Baba, er solle nicht mehr kommen ...
Als ich bei ihm war, wurde behauptet, er würde richtige Operationen ausführen. Ich glaube nicht, daß er in der Lage ist, so eine Operation durchzuführen. Natürlich können manche Krankheiten durch den Glauben geheilt werden. So etwas kommt vor, aber es geschieht durch unsere psychischen Kräfte.
... Er trieb auch böse Geister aus. Menschen, die von einem bösen Geist besessen sind, fangen an zu schwanken oder fallen in Ohnmacht, wenn sie ihn sehen. Das ist ein Zeichen dafür, daß der böse Geist in sie hineinfährt. Swami reißt ihnen dann ein paar Haare aus, steckt sie [die Haare] in einen Talisman und gibt ihnen diesen Talisman, nachdem sie wieder zu ihrem normalen Zustand zurückgekehrt sind. Aber einige der Leute werden wieder besessen und werden nicht geheilt. Dann sagt

er, daß sie den Glauben an ihn verloren haben, daß sie ihren Talisman verloren, oder er bringt eine andere Entschuldigung vor.

Er erinnerte sich an die Operation, die Baba an ihm ausführte, wahrscheinlich handelt es sich um die gleiche Operation, die sein Freund Varadu in einem der vorhergehenden Kapitel beschrieb.

Einmal hatte ich selbst eine Mandelentzündung und sehr schlimme Halsschmerzen. Da sagte Swami, er würde meine Mandeln operieren. Er schwenkte die Hand, und ein Messer tauchte scheinbar aus dem Nichts auf. Er fuhr mit seiner Hand in meinen Hals. Ich sagte, ich könne es nicht mitansehen, wenn er meine Mandeln herausschnitt, daß ich Angst bekommen würde, und so band ich mir ein Taschentuch vor die Augen. Wenn jemand etwas in deinen Hals steckt, fängst du ganz unwillkürlich an zu husten. Er sagte, ich würde ihn hindern, die Operation auszuführen, aber nachdem meine Augen verbunden worden waren, war ich etwas ruhiger, und er machte etwas mit meinem Hals. Als er sagte, die Operation sei beendet und ich meine Augen öffnete, war da etwas Blut in einer Schale, die jemand hielt.
Am gleichen Abend ging ich zu einem befreundeten Arzt und sagte: »Schau, Swamiji hat meine Mandeln herausgenommen.« Er machte eine Bemerkung wie: »Was sagst du da? Du bist ein Narr und er ist ein Lügner.« Die Mandeln waren noch in meinem Hals. Ein paar Jahre später, etwa um 1959 oder 1960, kurz bevor ich nach Hyderabad zog, wurden meine Mandeln von einem Arzt im Stanley Hospital in Madras entfernt. Die medizinische Akte muß dort noch existieren.

Hatte er gesehen, wie Baba in Trance fiel?

In den Jahren, die ich bei ihm verbrachte, fiel er oft in Trance. Wenn er in Trance fiel, konnte er enorme Kraft entwickeln, so daß mehrere Männer ihn kaum halten konnten. Manchmal begann er wegzulaufen. Zum Beispiel ... eines Tages sprach er zu all den Leuten, die ihm nahestanden, dem inneren Kreis sozusagen. Als wir auf dem Dach saßen, fiel er in Trance und sprang plötzlich auf und rannte auf den Rand des Daches zu. Wäre er über den Rand hinausgerannt, wäre er hinuntergefallen. Also mußten wir ihn fangen und zurückhalten, aber er versuchte uns abzuschütteln. Solche Dinge tat er. Oder er fiel zu Boden und schlug mit den Händen um sich. Er tat, als würde er etwas von sich wegstoßen.

Wenn er aus der Trance zurückkam, sagte er dann vielleicht, jemand sei in großer Gefahr gewesen, zum Beispiel in einem Autounfall, und daß er versuchte, ihn zu schützen. Das ist die Erklärung, die er gab, und damals war jedes Wort, das er sprach, für uns die absolute Wahrheit, da wir ihm so sehr glaubten. Jedesmal wenn er in Trance geht, rettet er angeblich jemanden, der sich an einem weit entfernten Ort in Schwierigkeiten befindet. Das sagt er, daß er an diesem und jenem Ort war. Später sagen vielleicht einige Leute: »Ja. Ich war in solchen Schwierigkeiten, ich wurde gerettet,« und so weiter. Ich selbst machte niemals eine solche Erfahrung. In Trance stieß er manchmal Worte aus, die wir nicht verstehen konnten, wie jemand, der in Zungen redet. Keiner von uns konnte irgendeine Bedeutung für diese Worte finden.

Wir fragten ihn, ob er sich an ganz bestimmte Äußerungen Babas nach den Trancen erinnern könne. Darauf antwortete er:

Nein, das kann ich nicht. Vieles von meinem Leben mit Baba habe ich vergessen; freiwillig und willentlich. Wenn ich das sage, dann ist das nicht gegen Swamiji gemeint. Ich danke ihm und ich danke Gott dafür, daß ich durch eine solche Erfahrung ging. Ich glaube, ohne meine Jahre bei Swamiji hätte ich Christus niemals akzeptiert. Gott bereitete mich auf etwas Besseres vor. In diesem Sinne achte ich den Swami.

Varadu hatte einen Vorfall beschrieben, bei dem Sai Baba an Ramana Maharishis Todestag behauptete »Ramana Maharishi ist zu meinen Füßen erschienen.« Sai Baba war in Trance gefallen und dann war Vibuti aus seinen Füßen gekommen. Als wir ihn fragten, ob er sich an einen solchen Vorfall erinnere, sagte Krishna:

Es kann sein, daß das geschah. Wenn Swami behauptet, Ramana Maharishi sei bei seinem Tode zu ihm gekommen, deutet er damit an, daß er größer ist als Ramana Maharishi. Ich kann solche Worte weder von Swamiji noch von irgendeinem anderen verstehen. Demut ist etwas, woran es den meisten sogenannten heiligen Männern, die heute in Indien leben, mangelt.

Als Antwort auf eine später gestellte Frage fügte er folgendes hinzu:

Wirklich, um Ihnen die Wahrheit zu sagen, meine Erfahrung mit Swamiji war, nachdem ich Christus kennengelernt hatte, für mich so etwas wie ein Alptraum, den ich immer vergessen wollte. Ich habe sehr unter ihm gelitten. Natürlich bringt jedes Meister-Schüler-Verhältnis Leiden mit sich – es ist nicht leicht, das Ego aufzugeben. Ich glaube, auf eine Art verschwendete ich meine Zeit, als ich bei ihm blieb. Falls ich noch einmal vor die gleiche Situation gestellt würde, würde ich nicht bei Swamiji bleiben, nein.

Viele Leute glaubten, Baba wüßte genau über die Vergangenheit einer Person Bescheid und könnte die Zukunft vorhersagen.

Seine Jünger glaubten fest daran, daß er Einblick in ihre Vergangenheit nehmen konnte und wußte, was an entfernten Orten geschah. In privaten Gesprächen erzählte er den Leuten manchmal Dinge aus ihrer Vergangenheit, sprach über sehr intime Details aus ihrem Leben. Wenn er von diesen Dingen erzählt, weckt das gewöhnlich das Interesse der Leute und sie denken: wie kann er über meine Vergangenheit Bescheid wissen, wenn er nicht über spirituelles Wissen oder spirituelle Kräfte verfügt?
Auf dieser Basis sagt er ihnen vielleicht etwas über ihre Zukunft voraus, aber diese Vorhersagen sind nur zu fünfzig Prozent korrekt. Viele stellen sich als absolut unrichtig heraus. In meinem Fall, im Fall meiner Familie und auch bei vielen Freunden und Verwandten erwiesen sich viele seiner Prophezeiungen als völlig falsch. Es kann sein, daß er zutreffendere Aussagen über die Vergangenheit als über die Zukunft der Leute macht. Und eines sollten wir nicht vergessen. Meistens sind die Leute, die zu ihm gehen, in einer Bedrängnis, sie sind mit einem bestimmten Problem konfrontiert, einer Krankheit oder Armut. Wenn er anfangs etwas Zutreffendes über sie sagen kann, erzählen sie ihm vielleicht freiwillig mehr über ihre Situation.
Falls Swami einer Person etwas Falsches sagt, kann es sein, daß er seine Worte später rechtfertigt, indem er behauptet, er hätte diese Person ermutigen müssen, so daß sie wieder Vertrauen zum Leben gewinnen konnte. Angenommen, da kommt ein Mann, der seine Arbeit verloren hat, und Swami sagt zu ihm: »Mach' dir keine Sorgen, du wirst bald eine andere Arbeit finden.« Der Mann findet überhaupt keine Arbeit, aber dann erzählt Swami dir vielleicht, er hätte den Mann ermutigen müssen, denn dieser Mann hätte sich vielleicht umgebracht, wenn er ihm die Wahrheit gesagt hätte. Meiner Meinung nach sind Babas Prophezeiungen nicht besser als Ihre oder meine. In Swamis Umfeld begegnet man einer Menge Übertreibungen. Die Baktas werden zum Beispiel nur über solche Prophezeiungen Babas sprechen, die sich tatsächlich erfüllt haben, oder nur von den Heilungsversprechen erzäh-

len, nach denen der Patient wirklich gesund wurde. Die Fälle, in denen Swami Versprechungen machte, ohne daß etwas geschah, werden sie nicht erwähnen.

Als wir ihn fragten, ob Sai Baba manchmal Dinge verschwinden ließ, antwortete Krishna:

> Wir versuchen, uns auf die höheren Werte des Lebens zu konzentrieren, aber Sie bringen uns immer wieder auf die Wunder Sai Babas zurück.

Wir bemerkten, es seien gerade die Wunder, die wir untersuchten. Darauf sagte er:

> Es kam vor, daß er etwas verschwinden ließ. Als ich ihn zum ersten Mal besuchte, sagte er, er würde mir einen Ring mit seinem Foto schenken, ein emailliertes Ding. »Nein, nein,« sagte ich, »mein Geburtsstein ist der Opal; schenk mir so einen Ring.« Dann nahm er seine Hand, in der sich der Ring befand, und strich irgendwie mit zwei Fingern auf meiner Nase entlang, von der Spitze bis zu den Augenbrauen. Dadurch verschwand dieser emaillierte Ring, der sein Bild trug und den er produziert hatte, irgendwie auf meiner Nase. Solche Dinge tut er. Manchmal läßt er Dinge, die er produziert hat, wieder verschwinden. Bei dieser Gelegenheit schenkte er mir einen anderen Ring, aber nicht einen mit einem Opal. Als ich Christ wurde, gab ich ihn meiner Mutter.

Hatte er beobachtet, wie Baba Wasser in Benzin verwandelte?

> Nein, das habe ich nie gesehen. Ich glaube auch nicht, daß er solche Dinge tun kann, er kann nur Vibuti, Talismane, kleine Statuen und solche Dinge produzieren.

Hatte er gesehen, daß während des Dasara-Festivals Vibuti auf Babas Stirn erschien?

> Ja, bei solchen Gelegenheiten erschien etwas Vibuti auf seiner Stirn.

Hatte er je beobachtet, daß Babas Gesicht sich verwandelte?

> Nein, das habe ich nicht gesehen. Natürlich werden die Baktas auch das

so interpretieren, daß nur diejenigen, die sich schon auf einer höheren Ebene befinden, solche Dinge sehen können. Vielleicht befand ich mich auf einer niedrigeren Ebene, denn ich habe so etwas nicht gesehen.

Man hatte uns erzählt, Swami habe stets irgendeinen Helfer um sich gehabt, der alles für ihn tat, der sogar sein Taschentuch trug, und daß jemand ihm die Kleider brachte und er sich nicht einmal selbst anzog. Wir fragten Krishna, ob das seiner Erfahrung entsprach.

Das war während der ganzen Zeit, die ich mit ihm verbrachte, so. Ja, wir verwahrten seine Kleider und seine anderen persönlichen Gegenstände. Einer von uns sorgte dafür, daß er saubere Kleider hatte. Es ist wie bei einem Radscha. Ich nehme an, wenn sie zum Radscha von Venkatagiri gehen, werden Sie sehen, daß seine Diener mit seinen Kleidern bereitstehen, wenn er morgens aus dem Bad kommt. Swami wird in seinem Fall sagen, daß es eine große Ehre, ein Privileg ist, ihm auf diese Weise zu dienen. Ich weiß nicht, ob er heute noch diese Angewohnheit hat, aber als ich bei ihm war, mußte ihn jemand massieren, während er schlief, mußte seine Beine kneten. Der arme Ramalingam, ein junger Mann, der damals bei Swami lebte, saß manchmal die ganze Nacht da und tat das.

Wir fragten ihn nach Babas Fähigkeit, über den Inhalt von Briefen Bescheid zu wissen, bevor er sie öffnete.

Ich habe nie bemerkt, daß er den Inhalt der Briefe kannte, ohne sie gelesen zu haben. Damals war die Post nicht sehr umfangreich, und es war irgendwie eine Erleichterung, Briefe zu bekommen. Puttaparti war ein einsamer Ort, ein ganz weit abgelegenes Dorf. Baba war noch nicht so bekannt, und er hatte Zeit, vielen Leuten zu schreiben.

Machte Baba jemals Bemerkungen über frühere Leben – seine eigenen oder die von anderen Menschen?

Gemäß der hinduistischen Religion und Philosophie gibt es die Seelenwanderung. Er sagt immer, er sei der wiedergeborene Shirdi Baba. Sie haben vielleicht von seinem Bruder oder jemand anderem gehört, daß er von einem Skorpion gestochen wurde. Er war damals bei seinem älteren Bruder, Mr. Sesham Raju. Sie sagen, der eigentliche Sathyanarayana Raju sei an dem Skorpionstich gestorben, und die Seele von Shirdi Sai Baba sei in seinen Körper geschlüpft.

181

Sprach er je über bestimmte Einzelheiten aus seinem Leben als Sai Baba von Shirdi?

Es gab da eine Rani von Chinjoli. Ich glaube, sie lebt nicht mehr. Ihr Mann, der Radscha von Chinjoli, kannte Shirdi Baba als älteren Mann. Diese Dame kam zu Sai Baba. Sie erzählte mir, er habe bestimmte Dinge, die sich während der Treffen zwischen ihrem Mann und Shirdi Baba zutrugen, korrekt wiedergegeben. Swamiji erzählte ihr, was ihr Mann getan und gesagt hatte, als sie ihm als Shirdi Baba begegneten. Die Baktas glauben das, weil sie an die Seelenwanderung glauben.

Hatte Baba Krishna jemals Einzelheiten aus dessen früherem Leben als Babas Bruder mitgeteilt?

Er brachte dieses Thema nie zur Sprache, wenn wir allein waren. Er erwähnte es manchmal, wenn wir uns in Gesellschaft von anderen befanden, aber er sprach nie über bestimmte Einzelheiten.

Nachdem Raos Familie Baba gebeten hatte, nicht mehr zu kommen, hielt er sich bei seinen Besuchen im Herrenhaus des Radscha von Venkatagiri in Madras auf.

Es war das einzige Haus eines Jüngers, in dem alle Baktas untergebracht werden konnten, die kamen, um ihn zu sehen, und die auf die Bhajans und andere Dinge warteten. Es ging auch darum, Swamiji zu unterhalten. Man muß sich um die Vorbereitung der Bhajans kümmern, muß Prasadam vorbereiten [sakramentale Früchte, Vibuti oder Süßigkeiten, die den Jüngern nach einem religiösen Ritual oder dem Treffen mit einem heiligen Mann gereicht werden], man muß für die Beleuchtung sorgen und so weiter. Nicht jeder konnte sich solche Ausgaben leisten.

Krishna teilte uns folgende Beobachtungen mit:

Im allgemeinen wird man sehr wenige Menschen finden, die nach acht oder zehn Jahren noch immer bei Baba sind. Sie fallen auf die eine oder andere Weise von ihm ab, aber worauf ihre Enttäuschung auch beruhen mag, sie werden aus Respekt vor anderen nicht darüber sprechen wollen. Sie werden den Mund halten. Wenn wir anderer Meinung sind als jemand anders, brauchen wir oftmals Mut, um es ihm zu sagen. Ich meine gesunde Kritik, keine Verleumdung. Wenn wir mit Swami nicht übereinstimmen, müssen wir den Mut haben, es ihm zu sagen, und er, so wie jeder andere, sollte gesunde Kritik akzeptieren. Damals akzeptierte er niemals Kritik, soweit ich weiß, und so wie ich ihn kenne, wird er heute, da er eine international bekannte Persönlichkeit geworden ist, erst recht allergisch darauf reagieren.

Baba schien eine sehr starke Persönlichkeit zu sein, ein Mensch, der eine echte Anlage zum Führer oder Herrscher besaß. War das auch in jenen frühen Tagen der Fall?

Selbst damals geschah es häufig, daß einige von uns, die ihm sehr nahestanden, ohne sein Wissen über ihn diskutierten und meinten, er sei aufgrund seines außerordentlich scharfsinnigen Verstandes eher ein Politiker als ein Guru, der uns zu Gott führen kann. Er ist ein großer Politiker. Er weiß, wie er die Leute dazu bringt, das zu tun, was er will, weiß, wie liebenswürdig er mit dir sprechen muß, wenn er etwas von dir möchte, und wie er dich wieder auf Abstand halten kann, wenn er dich nicht mehr braucht. Schon damals war er Experte in dieser Kunst. Er kannte alle Taktiken des »teile und herrsche«. Er ist auch sehr intelligent. Jeder Mensch hat seine schwachen Punkte; niemand ist perfekt. Er hat also seine guten Seiten und andere, die weniger gut sind. Zu manchen Zeiten erreicht er spirituelle Höhen, aber es gibt auch Zeiten, da sinkt er tiefer als der ungebildetste Mensch. Damals, als ich bei ihm war, schien es mir nicht so, als ob er die Tugend »Mitgefühl« besäße, aber vielleicht ist das heute anders. Auch ich habe viel gelernt im Leben und mich verändert, und so kann er ebenfalls reifer geworden sein und sich verändert haben; auch in spiritueller Hinsicht.

Was meinte er, wenn er sagte, daß Baba spirituelle Höhen erreichte?

In bezug auf diese Wunder und auch, wenn er Reden hält − aber die bestanden meistens aus geborgtem Wissen, aus Gedanken, die er von Mr. Kasturi übernommen hatte. Letzterer war ein sehr gebildeter Mann und war früher Professor an einem College in Mysore. Er hatte einen guten Einfluß auf den Swami. In gewisser Weise bildete er ihn aus.

Er sprach über die Beziehung zwischen seinem Freund Varadu und Baba.

Er behandelte Varadu schlecht, er legte ihm Dinge zur Last, die er gar nicht getan hatte. Er trug Varadus Mutter auf, Varadu zu ihm zu schicken, weil er mit ihm sprechen wollte. Der arme Kerl ging morgens hin und wartete bis abends, bis alle gegangen waren. Ich verstehe wirklich nicht, warum er so etwas tut. Er sagte dann: »Ich prüfe sein Vertrauen,« etwas, das ich nie verstehen konnte, selbst als ich noch ein Jünger Swamijis war. Heute verstehe ich es schon gar nicht mehr, weil ich kein Vertrauen mehr in Swamiji habe.

Varadu sprach von einem Vorfall, bei dem Sai Baba um die Zeit von Ramana Maharishis Tod behauptete »Ramana Maharishi ist zu meinen Füßen erschienen«. Sai war in Trance gefallen, und dann kam Vibuti aus seinen Füßen. Erinnerte sich Krishna an einen solchen Vorfall?

Ich erinnere mich nicht an diese bestimmte Begebenheit, aber es gab einen Vorfall, bei dem Varadu und ich ihn zwischen uns hielten. Vielleicht war es um die Zeit von Ramana Maharishis Tod. Es kann sich so ereignet haben.

Warum verließ Krishna Sai Baba?

In dem Augenblick, als Hanumantha Rao Swamiji bat, nicht mehr in sein Haus in Madras zu kommen, war mir klar, daß mein Verhältnis zu Swamiji schwierig werden würde. (Die Roas waren seit vielen Jahren mit Krishnas Familie befreundet.) Ich blieb hauptsächlich um Raos willen bei Swamiji, denn ich glaubte fest daran, daß er Hanumantha Raos Sohn heilen würde. Sai Baba hatte zu Mr. und Mrs. Hanumantha gesagt, er würde ihren Sohn heilen. Aber er hat es nie getan. Jedesmal, wenn Swamiji in ihr Haus nach Madras kam, kostete sie das eine Menge Geld. Sie kamen auch so oft nach Puttaparti und trugen auch dort den Hauptanteil der Kosten. Mrs. Raos Mutter fragte sie, wie lange sie noch so viel Geld ausgeben wollten, und ihrem Sohn ging es überhaupt nicht besser.
... Ein weiterer Grund, weshalb ich bei Swamiji blieb, war meine Hoffnung, daß so etwas wie ein Segen über meine Familie kommen würde, daß wir irgendwie aus unseren finanziellen Schwierigkeiten herauskommen würden. Ich mache Sai Baba keinen Vorwurf; ich glaube heute, es war dumm von mir, soviel von ihm zu erwarten. Ich hätte mir seiner menschlichen Begrenzungen bewußt sein sollen.
Während der nahezu sieben Jahre, die ich bei ihm blieb, wollte ich ihn oft verlassen. Wenn ich in Madras war und nicht nach Puttaparti zurückkehren wollte, bat Swamiji mich, zu kommen; ich dachte immer, daß Swami soviele Leute glücklich machte, und wenn er meine Gegenwart brauchte, nun gut, dann ging ich eben hin.

Er erklärte, warum Baba seiner Meinung nach solche Macht über die Menschen in seiner Umgebung hatte.

Man verliert seine Individualität. Er mag nur Leute, die sie verlieren. Wie gesagt, gemäß der indischen religiösen Tradition mußt du dich dem Guru völlig unterordnen, völlig hingeben. Ich persönlich denke, daß Swami nur »Ja-Sager« um sich herum haben will. In der Religion ist es genauso wie in der Politik. Wir hatten einen Premierminister, der »Ja-Sager« bevorzugte. Meine Erfahrung mit Christus – natürlich kannte ich ihn nicht persönlich – war, daß er mir mein Selbst wieder zurückgab. Er nimmt dir dein Selbst nicht weg, wie diese Gurus. Er wandelt es um.

Wenn wir versuchen wollen, zu allen fair zu sein, scheint es hier angebracht, darauf hinzuweisen, daß die Kritik, die in diesem Interview an Sai Baba laut wird, sich auf ihn als jungen Mann in den Zwanzigern bezieht. Bedauerlicherweise ist es nicht möglich, Sai Babas Meinung zu Krishnas Geschichte zu bekommen.

Für unser zentrales Thema ist die Tatsache, daß sich Krishnas Kritik an Sai Baba auf dessen Persönlichkeit und nicht auf die paranormalen Phänomene bezieht, von besonderem Interesse. Nach mehreren Jahren als Babas persönlicher Vertrauter und engster Helfer hatte Krishna keine normale Erklärung für die häufige Materialisierung von Objekten.

Babas spiritueller Schüler

Wahrscheinlich war niemand länger persönlicher Helfer und Vertrauter Babas als Mr. B. V. Raja Reddy. Raja, der heute mit seiner Familie in Bombay lebt und arbeitet, lebte von 1956 bis 1983 in Puttaparti und ist noch heute als ergebener Jünger häufig dort zu Gast. Er fühlt sich offensichtlich sehr stark zum Spirituellen hingezogen. Seine Mutter kannte Sai Baba und war häufig in Puttaparti zu Gast. Er selbst fuhr erst später dorthin.

Für mich bot sich die Gelegenheit, selbst nach Puttaparti zu fahren, als ich mein Studium der Wirtschaftswissenschaften beendet hatte und kein Student mehr war. Ich befand mich in dieser philosophischen Stimmung, in der man sich Gedanken über die Wahrheit macht, und strebte nach einem substanzielleren Wissen über diese Welt. Dies waren die Fragen, die mich damals bewegten. Ich suchte Trost und einen erwachten Menschen, der mich leiten könnte. So fuhr ich 1956 zu Baba. ... Damals hatte er viel mehr Zeit, sich um jeden einzelnen zu kümmern. Es gab sehr wenige Jünger und so einen kleinen, ärmlichen, einfachen Mandir. Ja, man kann sich tatsächlich gar nicht mehr vorstellen, wie es damals in Puttaparti aussah, wenn man es heute sieht. Damals gab es nur das Haupthaus, nur ein einfacher Block, wie Sie vielleicht auf alten Fotos gesehen haben, und nur ein paar kleine Hütten und wenige Jünger, und Swami besuchte fast jeden Jünger in seinem Quartier. Man bekam also individuelle Aufmerksamkeit und Führung.

Hatte er die Materialisierungen schon bei seinem ersten Besuch in Puttaparti beobachtet?

Ja, die Wunder existierten. Aber ich war seit Beginn meiner Studienzeit so etwas wie ein Jünger Ramakrishna Paramahansas gewesen und ich war ein treuer Bewunderer Vivekanandas ... In der Literatur der Ramakrishna-Bewegung hatte ich gelesen, daß Wunder im spirituellen Bereich nicht von besonderem Wert sind. Ich kam also mit diesem Hintergrund zu Baba und maß den Wundern keine große Bedeutung bei; und ich wußte, daß Baba diese Tatsache akzeptierte.

Produzierte und verschenkte Baba damals Talismane?

Er produzierte von Anfang an Asche, Talismane, Eßbares und was nicht alles – das ist nicht weniger geworden. Das ist noch genauso. Aber die Dimension, in der er sich manifestiert hat, hat sich seither beträchtlich vergrößert. Seine Präsenz wurde inzwischen an so vielen Plätzen der Erde wahrgenommen. Seine Aktivität wirkt sich überall aus, seine Aktivitäten im Erziehungs-, Krankenhaus- und Sozialwesen sind enorm. Aber Baba hatte die ganze Zeit angekündigt, daß dies geschehen würde.

Wie verhielt es sich mit den materiellen Wundern, dem Hervorbringen von Vibuti, Talismanen und so weiter?

Das war immer das gleiche, die ganze Zeit. Der einzige Unterschied ist, daß er bestimmte Aktivitäten freiwillig eingestellt hat, wie zum Beispiel an Shivaratri. Früher produzierte er dann viel mehr Vibuti während des *Abhishekam* [eine religiöse Zermonie], damals ließ Baba Vibuti auf die Statue von Shirdi Baba niederregnen, bis sie über und über davon bedeckt war. Während des Shivaratri-Festes brachte Baba oft Shiva-Lingams aus seinem eigenen göttlichen Körper hervor.

Produzierte er auch Früchte?

Ja, Früchte, Eßbares, Juwelen, Ringe, Talismane, Halsketten, auch Früchte außerhalb der Saison oder Dinge, die hier nicht vorkamen. Er hebt beispielsweise ein Steinstückchen auf, einen kleinen Stein, und im nächsten Moment ist es ein Stück Kandiszucker. Ich erinnere mich, gesehen zu haben, wie er einen kleinen Granatapfel pflückte und ihn nur einmal anblies, während er ihn in der Hand hielt, und dann verwandelte er sich in einen gewöhnlichen Apfel. Es gab unzählige solcher Vorfälle. Vier von uns saßen beispielsweise zu seinen Füßen, und Baba war in dieser Stimmung und gab den Leuten heilige Namen, Mantras, man nennt das Einweihung. Er rollte also das Papier, das er in der Hand hielt, zusammen, bis es fast so dünn wie eine Nadel war und blies es nur an, und es verwandelte sich in eine schöne Elfenbeinnadel, die an einem Ende spitz zulief und an deren anderem Ende sich ein flötespielender Krishna befand, natürlich stehend. Und damit schrieb er die verschiedenen Namen (Mantras), die er uns Vieren gab, auf unsere Zungen. Dann flüsterte er sie uns noch ins Ohr, denn das ist der Brauch in Indien. Ein spirituelles Mantra soll nicht laut ausgesprochen werden, besonders nicht in dem Moment, in dem es vom Guru an den Schüler weitergegeben wird. Damals verwandelte er ein Stück Papier in eine Elfenbeinnadel. Später schenkte er sie mir.

Mr. Reddy beschrieb Babas Trancen.

Das war so üblich bei Baba, heute geschieht es allerdings nicht mehr. Immer wenn irgendein Jünger in Schwierigkeiten war oder wenn Jünger Unfälle hatten oder ähnliches, verließ er seinen sterblichen Körper. Es begann damit, daß er so einen Laut von sich gab, wie »ah«. Er nahm seine Umgebung dann überhaupt nicht mehr wahr, so als ob er ins Leere starrte. Dann wußten wir, daß er kurz davor war, in Trance zu fallen, und wir stellten uns darauf ein, ihn zu halten, denn sobald er den Körper verließ, fiel er zu Boden, und es war unsere Pflicht, ihn zu schützen – ihn davor zu schützen hinzufallen und sich zu verletzen. Und er wurde sehr steif und starr, es war fast wie eine Totenstarre. Und manchmal hörte auch das Atmen fast ganz auf. Das konnte beispielsweise eine Minute, zwei Minuten, fünf oder sogar zehn Minuten dauern, je nachdem, was er zu tun hatte; kaum länger, meistens nur ein paar Minuten. Dann kam er zurück und sein Körper entspannte sich und funktionierte wieder normal. Wir fragten ihn dann, was ihm widerfahren sei. Er erzählte uns dann genau, was geschehen war, warum er dorthin gehen mußte und so weiter. Es kam vor, daß er Blutflecken an den Händen hatte.

Er hatte ein paar Schrammen an Babas Hand gesehen, nachdem dieser zurückgekehrt war.

Ja, Blutflecken, rote Flecken, die er nie gehabt hatte, bevor er in Trance ging. Er erklärte dann: So-und-so wurde beinahe von einer Axt getroffen (oder etwas Ähnliches), und ich mußte ihn retten.
Er hatte die Angewohnheit, sich während der Trance Haare auszureißen, und er steckte sie in den Mund. Einmal rupfte er sich eine ganze Menge Haare aus und verschluckte sie. Während er in Trance war, bat er um etwas Trinkwasser, das ich ihm brachte, und so schluckte er das ganze Haarbüschel hinunter wie ein Tablette. Wenn man ihn später fragte, sagte er, diese Handbewegungen seien nur Reflexe. Anfangs war ich mir dessen nicht bewußt. Also ließ ich ihn die Haare ausrupfen und schlucken. Dann erlangte er wieder das Bewußtsein, sozusagen, und fragte, ob irgend etwas geschehen sei. Ich sagte: »Baba, du hast das und das getan ... und du wolltest obendrein noch Wasser nachtrinken. Ich

habe es dir gegeben, damit du das Haar schlucken konntest.« Er sagte, ich hätte nicht zulassen dürfen, daß er das tat. Ich hätte seine Hand von seinem Haar fernhalten sollen. Und dann, nach einer Pause, öffnete er den oberen Knopf seiner Robe und zog das Haarbüschel langsam direkt aus seiner Brust heraus. Er war ganz naß, ein Büschel langer Haare, das er durch die Haut aus seiner Brust herauszog.

Hatte man versucht, solche Fälle nachzuprüfen, in denen Baba angeblich den Körper verlassen und sich an weit entfernten Orten aufgehalten hatte?

In einigen Fällen gab es Bestätigungen, ja. Wir bekamen manchmal Briefe von Unfallopfern oder Jüngern... .

Er erinnerte sich an eine besondere Begebenheit, die seine Mutter betraf.

Sie befand sich mit einer kleinen Gruppe auf einer Pilgerreise und war mit dem Zug unterwegs vom Süden nach Kashi (Benares). Wir hielten uns zu dieser Zeit gerade in Kodaikanal in Tamil Nadu auf. Baba war dort in einem Zeltlager. Meine Mutter, die sich irgendwo auf ihrem Weg nach Norden befand, hatte Fieber, fühlte sich ein bißchen krank, und sie betrat die Toilette des fahrenden Zuges. Durch das Fieber und die Bewegungen des Zuges kam sie ins Wanken und sie stürzte fast hin. Zu diesem Zeitpunkt sagte Baba in Kodaikanal zu mir: »Deine Mutter ist mit dem Zug nach so-und-so unterwegs. Sie fühlt sich fiebrig und wäre beinahe in die Toilette gefallen. Ich half ihr und es geht ihr jetzt besser, sie hat jetzt keine Schwierigkeiten mehr.« Ich ließ mir diesen Vorfall von meiner Mutter nach ihrer Rückkehr bestätigen. Sie sagte, dieser Zwischenfall habe sich tatsächlich ereignet. Durch Babas Gnade konnte sie den Sturz vermeiden.

Wie konnte sie wissen, daß es Babas Gnade war, die ihr half, den Sturz zu vermeiden?

Sie verlor gerade das Gleichgewicht und der Sturz, der normalerweise ganz sicher erfolgt wäre, wurde durch ein wunderbares Eingreifen verhütet, und deshalb fiel sie nicht hin. Sie fühlte, daß der Sturz durch Babas Gegenwart verhindert wurde. Ähnliche Dinge geschahen vielen Menschen.

Wie kann er, da er nicht mehr in Trance fällt, seinen Jüngern helfen, so wie es von ihm berichtet wurde?

Die Antwort darauf lautet, daß er es nicht mehr nötig hat, den Körper zu verlassen. Selbst während er sich im Körper befindet und seinen verschiedenen Aktivitäten nachgeht, kann er an anderer Stelle, von seinem Körper entfernt, aktiv sein. Auch viele Ausländer und Leute im Norden erfuhren schon seine Hilfe über eine Entfernung hinweg. Wenn er heutzutage wegen jedem Zwischenfall in Trance gehen müßte, dann hätten wir Baba nicht mehr in seinem normalen Zustand unter uns.

Viele behaupten, Erlebnisse gehabt zu haben, die man als »Erfahrungen mit Babas Präsenz über eine Entfernung hinweg« bezeichnen könnte: Visionen seiner Person, Vibuti, das in ihren Häusern erschien. Mr. Reddy bemerkte hierzu:

Ja, das gibt es auch, aber ich persönlich gebe nicht viel auf Visionen. Ich betrachte das von einem vedischen Standpunkt. Ich bemühe mich, die gewöhnliche Ebene des Verstandes zu überschreiten. Ich weiß, daß diese Visionen noch zur Verstandesebene gehören, warum sollte ich ihnen also Bedeutung beimessen? Ich lege mehr Wert auf Frieden, inneren Frieden, innere Seligkeit. Ich habe sehr viel Wert auf Meditation gelegt. Ich erlebte diesen Zustand der Glückseligkeit sehr oft, während ich bei Baba war. Ich erlebte ihn sogar schon bevor ich ihn traf. Diese spirituellen Erfahrungen sind es, die für mich zählen. Selbst die Erinnerung daran erfüllt mich mit Seligkeit. Wissen Sie, wir ringen unablässig darum, über die Ebene des Verstandes hinaus zu dem vorzudringen, was *wirklich* ist. Es ist jenseits unserer Gedanken. Wir denken an so viele Dinge, so viele Gedanken kommen und lenken uns ab. Was tut man in der Meditation? Man hält sich von den Gedanken fern, das ist das Prinzip der Meditation. Einfach ein stiller See, dessen Wasser nicht vom kleinsten Steinchen eines Gedankens gekräuselt wird, so daß sich das Höchste klar darin spiegeln kann. Das ist der Sinn der Meditation.

Während eines früheren Interviews hatte Mr. Reddy einmal gesagt, daß Menschen, die dem Swami sehr nahestehen, nicht nur sein Licht, sondern auch sein Feuer bemerken. Er erklärte dies:

Sie kennen vielleicht, bestenfalls, eine Seite von Baba, die angenehmere oder menschlichere Seite. Und Sie erinnern sich an seine Reden. Das ist also das Licht, das Sie sehen. Aber wenn man wirklich mit ihm lebt und Tag und Nacht bei ihm ist, dann wird man mit der wirklichen

Aufgabe konfrontiert. Er ist ein Perfektionist, und er kann jede Bewegung deines Verstandes verfolgen. Natürlich sind wir menschlich. Es gehen so viele Gedanken durch unsere Köpfe, und er reagiert entsprechend. Er heißt unangenehme Gedanken, an denen du festhältst, nicht willkommen. Du spürst dann eine Distanz. Das habe ich mit »Feuer« gemeint.

Wenn du einfach bei ihm bist, spürst du, daß er deine Gedanken liest, und zwar so sehr, daß du stets achtsam bist und versuchst, deinen Verstand rein zu halten. Das ist eine der höchsten Formen von »Sadhana«. Wenn das nicht Meditation ist, was dann? Und nicht viele können längere Zeit dabei bleiben, das ist zumindest meine Erfahrung, aber auch die anderer Leute. Das ist schon eine Aufgabe. Ohne seine Gnade ist es sehr schwer, längere Zeit bei ihm zu sein. Gleichzeitig ist er auch wieder sehr mitfühlend; er läßt dir eine lange, lange, lange Leine, um Fehler zu machen. Er korrigiert dich; es gibt verschiedene Arten, die Dinge in Ordnung zu bringen. Dies ist eine sehr hohe Form von »Sadhana«.

Was hielt er von den Behauptungen bezüglich der wunderbaren Heilungen? Ich glaube, sie sind völlig korrekt.
Er wußte von einigen Beispielen.

Die Tante meiner Frau wurde von Krebs geheilt. Dann noch ein anderer Fall, der sich erst vor kurzem, im Mai 1981, ereignete. Es handelte sich um einen hochbegabten jungen Mann, knapp dreißig Jahre alt, der eine vielversprechende Karriere vor sich hatte. Er bekam Krebs, er hatte einen Knoten in der Leistengegend. Und die Ärzte stellten die Diagnose – ich habe die genaue Bezeichnung des Krebses vergessen, aber man sagte, es sei ein unheilbarer bösartiger Tumor. Die Ärzte, ausgezeichnete Spezialisten, gaben ihm noch neun Monate zu leben. Er hat eine Familie, zwei kleine Kinder, und alle waren deprimiert. Man machte eine Biopsie und gab ihm Chemotherapeutika. Sie wissen ja, die Chemotherapie hat sehr schlimme Nebenwirkungen, wie zum Beispiel Haarausfall und schwere Durchfälle und so weiter. Dieser junge Mann glaubte nicht an Sri Sathya Sai Baba, aber als er von dieser Krankheit niedergestreckt wurde, besuchte er Baba hier in Dharmakshetra in Bombay. Baba, in seiner unendlichen Gnade, materialisierte heilige Asche: »Nichts kann dir etwas anhaben, du wirst wieder gesund, mach' dir keine Sorgen,« sagte er. Er unterzog sich der Behandlung, hatte gar keinen Haarausfall, nicht die geringste Reaktion, kein Durchfall, nichts. Er sieht viel besser aus.

Und die Tests nach der Biopsie fielen absolut negativ aus – und zwar mehrmals hintereinander. Die Ärzte sagen, es sei ein Wunder, ein solches Ergebnis sei eigentlich unmöglich. Wenn diese Krankheit einmal ausgebrochen ist, kann der Test niemals negativ ausfallen. Das ist das Urteil der Medizin. Er ist jetzt ein völlig ergebener Jünger Babas, und seine ganze Familie singt Bhajans. So eine wunderbare Wandlung. Das ist nur einer von vielen, vielen Fällen.

Wie steht es mit den Fällen, in denen Swami sagte, jemand würde gesund werden, und der Betreffende dann nicht geheilt wurde?

Es gibt auch solche Fälle. Deshalb ist Baba von unserem Standpunkt aus gesehen in gewisser Weise eine widersprüchliche Persönlichkeit. Wir müssen hier sehr genau differenzieren, es gibt einige Faktoren, die wir von allen Seiten genau betrachten müssen. Baba wäre zum Beispiel der letzte, der zu irgendeinem Menschen sagen würde, er würde sterben, er würde nicht geheilt werden. Niemand soll ihn unglücklich verlassen, nachdem er den ganzen Weg dorthin machte, in all seiner Angst, seiner Hoffnung und seinem Unglück. Ihn in einem unglücklichen Zustand zu lassen ist etwas ganz und gar nicht Göttliches. Baba würde es von diesem Standpunkt aus sehen, selbst wenn dieser Mensch ihn mißversteht, ihn beschimpft, nicht an ihn glaubt, macht das gar nichts.

Abschließend Mr. Reddys Antwort auf die Frage, weshalb er so sicher sei, daß Baba seine Objekte nicht durch Taschenspielertricks hervorbrachte.

Man muß davon ausgehen, daß ein Objekt, das durch einen Zaubertrick hervorgebracht werden soll, so klein und kompakt sein muß, daß man es im Ärmel oder zwischen den Fingern versteckt halten kann, bevor man es tatsächlich hervorzaubert. In Bhagavan Babas Fall sind solche betrügerischen Machenschaften völlig ausgeschlossen. Es war auf unserer Fahrt nach Dwaraka, ganz zu Anfang der siebziger Jahre, wenn ich mich recht entsinne. Baba und wir anderen stiegen aus den Autos und machten uns auf den Weg zum Sandstrand, der ein paar Meter entfernt war, und wir kletterten über einen kleinen Hügel, um dorthin zu gelangen. Wie es Seine Gewohnheit ist, bat Baba Selbst [die Großschreibung wurde von Raja Reddy gewünscht] uns darum, einen Platz auszusuchen, wo wir zusammensitzen könnten. Und dort, als alle Augen auf ihn gerichtet waren, schob Er seine Ärmel unaufgefordert bis zu den Ellbogen hinauf und brachte direkt aus dem Sand einen wunderschönen, glänzenden, flötespielenden Krishna hervor – wunderbar – eine Statue aus massivem Gold von etwa dreißig Zentimeter Höhe!! Darf ich den ungläubigen Thomas fragen, mit welchem Zaubertrick man dieses Phänomen erklären könnte?

Bis vor ein paar Jahren brachte Bhagavan beim Shivaratri-Fest oft Shiva-Lingams, manchmal so groß wie Enteneier, aus seinem Mund hervor, vor Zehntausenden von Menschen. Auch haben ich und viele andere echte Perlen gesehen – vielmehr gesammelt – die aus Seinen Lotosfüßen herausrollten, während [Er] über die Sanddünen in Kanyakumari ging. Dies sind reine Manifestationen Seines Willens und haben mit Taschenspielerei jeglicher Art nicht das geringste zu tun. Wir waren jahrelang, tagein, tagaus Zeugen solcher und anderer Taten; und wir sind im allgemeinen nicht weniger skeptisch als die meisten anderen.

Die Realität enthüllt sich, aber wir sehen und spüren Sie [Baba] nicht, bis wir den richtigen Blickwinkel, die erforderliche Intelligenz und die entsprechende Erfahrung haben.

Ein »Europäer« in Indien: Dr. Roerich

Dr. Svetoslav Roerich wurde im Jahre 1904 im zaristischen Rußland geboren. Er studierte später in den Vereinigten Staaten – an der Columbia University und der Graduate School of Architecture (Hochschule für Architektur) von Harvard. Nach seinem Studium ließ er sich mit seinen Eltern in Indien, im schönen Himalaya nieder. Wie sein Vater, Nicholas Roerich, erlangte er internationale Anerkennung als Landschafts- und Porträtmaler. Er erhielt viele Ehrungen und Preise aus verschiedenen Ländern, wurde beispielsweise vom indischen Präsidenten mit dem höchsten indischen Künstlerpreis ausgezeichnet und zum Ehrenmitglied der Akademie der schönen Künste der UdSSR gewählt. Seine Frau, Madame Devika Rani, ist eine Verwandte des großen bengalischen Dichters Rabindranath Tagore und war in Indien eine berühmte Filmschauspielerin. Sie luden uns auf ihren Landsitz in der Nähe von Bangalore ein. Hier folgt nun Dr. Roerichs Schilderung seiner ersten Begegnung mit Baba.

Meine Frau besuchte Puttaparti im Jahre 1968 und erwähnte ihm gegenüber, daß ich entweder von selbst zu ihm kommen oder daß sie mich zu ihm bringen würde. Aber Baba sagte: »Nein, ich werde ihn besuchen. Ich möchte ihm meine Achtung erweisen.«
Er setzte dann einen Termin fest. Als er uns besuchte, brachte er einige Leute mit, darunter Dr. Gokak, den damaligen Vizekanzler der Universität von Bangalore und Mrs. Indira Devi. Zur selben Zeit besuchte uns Major Talwar mit seiner Frau und seinen beiden Töchtern Renu und Pramilla, die damals beide noch unverheiratet waren. Außerdem hatten die Bewohner der umliegenden Dörfer irgendwie erfahren, daß Sai Baba kommen würde, und so hatten sie sich alle hier draußen versammelt, um ein Darshan zu bekommen. Es waren sehr viele Leute da; ich kann Ihnen heute nicht mehr genau sagen, wieviele es waren, aber es waren sicher ein paar Hundert.
Wir waren in meinem Atelier, und Baba drückte den Wunsch aus, einige meiner Gemälde zu sehen. So zeigte ich ihm ein paar Bilder, und er sprach ausführlich darüber, versuchte ihre Bedeutung zu erklären, und ich muß sagen, daß seine Deutungen der Motive sehr exakt waren. Das dauerte geraume Zeit. Dann wurde der Tee im Atelier serviert. Meine Frau fragte Baba, ob er Kaffee oder Tee trinken wolle. Aber er sagte:

»Ich trinke keinen Kaffee, und Tee mag ich überhaupt nicht.« Aber meine Frau ließ nicht locker: »In meinem Haus müssen Sie etwas zu sich nehmen, was möchten Sie also?« Darauf sagte er: »Nun gut, ich werde etwas Milch nehmen, und Sie können sie mir in dem silbernen Becher servieren – den Sie für mich bereitgestellt haben.«

Dr. Roerichs Frau hatte einen silbernen Becher, den sie schon seit ihrer Kindheit besaß; sie achtete darauf, daß er stets perfekt geputzt wurde, und außer ihr durfte niemand daraus trinken. Zwei Tage vor Babas Besuch hatte sie einem der Bediensteten aufgetragen, diesen Becher auszukochen und zu putzen, denn sie hatte beschlossen, daß sie, falls Baba nach Milch verlangen sollte, ihm diese in diesem Becher servieren würde. Aber niemand hatte mit Baba über diesen Becher gesprochen, bevor er ihn selbst erwähnt hatte. – Dr. Roerich fuhr fort:

Während meine Frau draußen war und sich um die Bediensteten kümmerte, machte Baba ein Handbewegung (ich saß neben ihm) und produzierte eine Handvoll einer Leckerei, genannt Halwa. Es war frisch und ziemlich heiß, so heiß, daß das Ghee sich sofort über das Papier ausbreitete, auf das ich ein Stück der Süßigkeit gelegt hatte. Baba schüttete die ganzen Süßigkeiten in meine Hand und ich verteilte sie unter den Anwesenden, etwa fünfzehn bis zwanzig Personen. Es war genug für alle da, aber es blieb auch nichts übrig.
Als meine Frau zurückkam, erzählte ich ihr, daß Baba uns Halwa gegeben hatte, während sie draußen war. Da schalt sie mit Baba: »Warum haben Sie mir nichts gegeben? Sie geben es den anderen und mir haben Sie nichts gegeben!« Er sagte: »Ja, hier,« und bereitwillig produzierte er noch einmal die gleiche Süßigkeit, und in der gleichen Menge, so daß sie etwas davon essen konnte und andere noch eine zweite Portion bekamen.

Als die Gruppe das Haus verließ, bemerkten sie, daß sich viele Dorfbewohner im Garten unter dem riesigen Banyan-Baum versammelt hatten. Madame Devika Rani erzählte uns, sie habe dann zu Sai Baba gesagt: »Sai, Sie müssen etwas für diese Leute tun; sie erwarten etwas von Ihnen.« Daraufhin streckte Baba seine Hand aus und Vibuti strömte heraus. Mehrere Leute kamen auf ihn zu und hielten ihm ihre zu Gefäßen geformten Hände hin, um die Asche darin zu empfangen, und verteilten sie dann an die Menge. Baba fuhr geraume Zeit fort, einen Strom von Vibuti zu erzeugen, und jeder Einzelne in der Menge erhielt etwas, obwohl es Hunderte von Menschen waren.

Dr. Roerich:

Unter unserem Banyan-Baum gibt es einen kleinen Munishwara-Tempel (oder besser gesagt, einen Schrein), der von einem *Pujari* (Brahmanenpriester) betreut wird. Da es begann, dunkel zu werden, bat Baba Madame Devika Rani, ihm eine helle Lampe zu bringen. Baba ging auf den Pujari zu, der unter dem Baum stand und ihn grüßte. Da trat meine Frau neben Baba und sagte: »Bitte geben Sie ihm etwas, so daß er Sie in Erinnerung behält.« Baba war einverstanden und fragte den Pujari: »Wen verehrst du am meisten?» »Ich bin ein Priester der Shivaiten,« antwortete er, »aber ich persönlich verehre Ganesh.« Also machte Baba seine üblichen Handbewegungen und brachte einen wunderschönen silbernen Ring hervor, auf dem ein sehr großes Bild Ganeshs eingraviert war. Er gab dem Mann den Ring, und er paßte perfekt. Dann fiel der Pujari Baba zu Füßen.

Später sang Baba viele schöne Bhajan-Lieder. Beim Abschied sagte er: »Ich werde wiederkommen, und nächstes Mal werde ich auf den anderen Hügel auf der anderen Seite des Sees gehen. Dieser Hügel befindet sich zwar tatsächlich auf unserem Land, aber man kann ihn weder vom Haus noch vom Garten aus sehen. Er verbrachte den ganzen Nachmittag mit uns, und das waren die Wunder, die er vollbrachte.

Etwa zehn Jahre später hatte Dr. Roerich eine zweite Begegnung mit dem Swami. Im November 1978 besuchte ihn eine hohe Politikerin aus einem osteuropäischen Land, die stark an seiner Arbeit interessiert war. Aus politischen Gründen schien es uns ratsam, die Identität der Ministerin nicht preiszugeben. Dr. Roerich schilderte folgende Begebenheit:

Ich dachte, es wäre vielleicht interessant für sie [die Ministerin], Sai Baba kennenzulernen, und so fuhren wir alle zusammen nach Puttaparti, ich mit meiner Frau und sie mit vier oder fünf Mitgliedern ihres Stabes. Natürlich hatten wir unseren Besuch in Puttaparti angekündigt, und so war alles vorbereitet, als wir ankamen. Sai Baba lud uns dann in sein Empfangszimmer ein, das ziemlich klein ist. Wir setzten uns alle auf den Fußboden – die Ministerin und ihr Stab, meine Frau, zwei unserer Freunde und ich. Baba sprach in einer sehr freundlichen und ungezwungenen Art, so, wie er oft spricht. Er berührte dann mit der Handfläche den Teppich und begann, mit seiner Hand Kreise über dem Teppich zu beschreiben. Während sich seine Hand bewegte, konnte ich sehen, wie sie – die Handfläche – sich in der Mitte wölbte, so, als ob sich darunter etwas formte. Er schloß die Hand, drehte sie um und öffnete sie zu uns hin. In der Hand befand sich ein großer goldener Ring, den er der Ministerin überreichte. Der Ring paßte ihr perfekt und er war mit einem großen, geschliffenen Topas von mindestens vierzig bis sechzig Karat geschmückt.

Danach sagte Baba zu Madame [der Ministerin], er wolle ihr etwas sagen, und führte sie in das hintere Zimmer, wo er ziemlich lange mit ihr sprach. Als sie wieder in das Empfangszimmer kamen, schenkte Baba jedem Mitglied ihres Stabes (außer einer Person) ein silbernes Medaillon von etwa zweieinhalb Zentimeter Durchmesser. Er produzierte sie in seiner Hand, eines nach dem anderen. Auf der einen Seite dieser Medaillons war er abgebildet, aber ich weiß nicht mehr, was auf der anderen Seite war. Dann sagte meine Frau zu Baba: »Wie kommt es, daß du all diesen Leuten ein Medaillon geschenkt hast und ihm nicht?« (Sie meinte das eine Mitglied des Stabes, das von Swami übergangen worden war.) Baba sagte: »Ihm gebe ich Vibuti.« Und er produzierte ein wenig davon. Dann sagte Baba zu der Ministerin: »Wenn Sie mit mir in Verbindung treten möchten, dann konzentrieren Sie sich auf den Stein in diesem Ring. Ich weiß dann, daß Sie an mich denken, und ich werde mich auf irgendeine Weise offenbaren.«

Dr. Roerich beobachtete:

Wenn wir uns Indien heute betrachten, ist Sai Baba zweifellos das bedeutendste Phänomen. Darüber gibt es keinen Zweifel; er hat Millionen von Anhängern. Von welchem Blickwinkel aus man es auch betrachtet – es ist eine positive Bewegung, denn er hat Hunderten und Tausenden von Menschen Glück gebracht und einen Glauben gegeben. Auch andere sollten versuchen, dafür zu sorgen, daß dieser Glaube gestärkt wird, denn die Welt braucht ihn dringend in der einen oder anderen Form.

Ob Sie die Überzeugung, daß Babas Phänomene notwendig sind, teilen oder nicht, ist nicht so wichtig. Ich erkenne die Notwendigkeit der Phänomene an, denn von seinem Standpunkt aus gesehen ist dies der schnellste Weg, Menschen anzuziehen. Ein Lehrer, der diese Phänomene nicht einsetzt, würde die Leute nicht stark genug beeindrucken. Es kann heute kein Zweifel daran bestehen, daß Baba ein bedeutende Erscheinung ist.

Dieser Besuch in Puttaparti war schön, weil alle glücklich waren: jeder hatte auf die eine oder andere Art etwas von Baba bekommen, und die Besucher kehrten mit schönen Andenken an diese Begegnung in ihr Land zurück.

Zweiter Teil

Die Kritiker

Während sich Sai Babas Ruhm als Wundertäter in Indien mehr und mehr verbreitete, blieb er dennoch nicht unangefochten. Im Jahre 1976 gab es eine interessante Episode, die im ganzen Land eine der meistbeachteten Kontroversen des Jahres auslöste und zum Gegenstand hitziger Debatten in der breiten Öffentlichkeit wurde.

Es begann an der Universität von Bangalore. Dr. H. Narasimhaiah, der damalige Vizekanzler, bildete ein zwölfköpfiges Komitee »zur rationalen und wissenschaftlichen Untersuchung von Wundern und anderem überprüfbarem Aberglauben«. Ein oder zwei Mitglieder des Komitees waren, wie mir gesagt wurde, Anhänger Sai Babas. Das Komitee wurde am 27. April 1976 gegründet, und das Protokoll der ersten Zusammenkunft lautete (auszugsweise) folgendermaßen:

»Es ist deshalb notwendig, alle geeigneten Schritte zu unternehmen, um den in unserer Bevölkerung herrschenden Aberglauben auszurotten. Der Aberglaube wird in großem Umfang besonders durch folgende Phänomene gefördert: 1. Übernatürliche Phänomene, wie zum Beispiel »Neam«, ein Baum, der angeblich Milch hervorbringt, 2. Wunder, zum Beispiel Menschen, die Dinge materialisieren.«

Das Komitee hatte sich zur Aufgabe gemacht, einige der angeblichen Wunder zu untersuchen und in der breiten Masse der Bevölkerung eine wissenschaftlichere Haltung zu fördern (der letzte Teil dieser Erklärung war fast wörtlich aus der Verfassung der Indischen Republik übernommen worden). Im Auftrag des Komitees schickte Dr. Narasimhaiah einen höflichen Brief an Sai Baba, in dem er unter anderem schrieb, daß er sehr dankbar wäre, »wenn Sie mir und den anderen Mitgliedern des Komitees Gelegenheit geben würden, Sie zu treffen und diese Punkte [Wunder und Aberglauben] mit Ihnen zu erörtern, und uns gestatteten, diese Phänomene anhand bewährter wissenschaftlicher Methoden und unter kontrollierten Bedingungen zu untersuchen.« Sai Baba antwortete weder auf diesen, noch auf zwei weitere Briefe des Komitees, die in weiten Teilen des Landes veröffentlicht wurden.

In der Zwischenzeit untersuchten die Komiteemitglieder einen Jungen, Sai Krishna, von dem berichtet worden war, er könne Vibuti materialisieren, und ertappten ihn bei dreisten Betrügereien.

Es war zuvor behauptet worden, Sai Baba habe die »Kräfte« dieses

Jungen als echt bezeichnet, aber es konnte nie ganz geklärt werden, ob er diese Erklärung tatsächlich abgegeben hatte. Wie dem auch sei, der Fall erlangte jedenfalls große Publizität und warf ein schlechtes Licht auf Sai Baba, obwohl dieser später dementierte, je irgendeine Erklärung über den Jungen abgegeben zu haben.

Im Mai 1977 kündigte das Komitee seine Absicht an, Brindavan einen Besuch abzustatten, in der Hoffnung, Baba würde sie empfangen. So fuhren sie also los, zwei Busladungen voller Leute, unter denen sich neben den Komiteemitgliedern auch Journalisten, Fotografen und einige andere Interessierte befanden. Am Eingangstor von Brindavan verwehrten die Wächter der Gruppe das Betreten des Grundstücks, mit der Ausnahme zweier Frauen des Komitees, Dr. Vinoda Murthy (heute Vorsitzende der Abteilung für Psychologie an der Universität von Bangalore) und Dr. Anupama Niranjana. Aber sie wollten nicht hineingehen, solange dies nicht allen Mitgliedern des Komitees gestattet würde. Dr. Sundar Rao, ein alter Jünger Sai Babas, teilte dem Komitee mit, daß Baba den Wächtern Anweisung gegeben hatte, sie und ihre Begleiter nicht hineinzulassen, und daß er nicht aus seinem Haus kommen würde, bis das Komitee abgereist sei.

Es wurde niemals eine Untersuchung durchgeführt. Die einzige offizielle Herausforderung aus den wissenschaftlichen Kreisen Indiens endete in einer Sackgasse. Vielleicht war es nicht sehr weise gewesen, so laut ins Horn zu stoßen, um sich Sai Babas Kooperationsbereitschaft zu versichern. Die negative Haltung des Komitees war offensichtlich, aber Baba hätte seine Teilnahme an Untersuchungen vielleicht ohnehin verweigert, ganz gleich, wie man sich ihm genähert hätte. Diese Episode löste eine in großem Stil veröffentlichte Kontroverse aus, die mehrere Monate lang durch die indischen Gazetten tobte. Selbst die angesehene *Times of India* druckte am 25. Juli 1976 unter dem Titel »No Miracles« (keine Wunder) einen Leitartikel über die Kontroverse ab. Falls Baba zuvor noch nicht im ganzen Land bekannt gewesen war, war er es nun und mit ihm Dr. Narasimhaiah.

Man erzählt, Baba habe, als jemand ihm gegenüber die Affaire erwähnte, barsch reagiert, indem er ein altes kannadaisches Sprichwort zitierte: »Den Himmel bewegt es nicht, wenn ein Hund bellt.« Was darauf folgte, war von besonderem Interesse für uns. Das Komitee erhielt eine enorme Anzahl von Briefen. Mr. Shivapur, damals Hilfsarchivar der Universität, hatte die Briefe abgeheftet und schätzt, daß etwa 1.000 Briefe eingingen. Ich führte zwei Interviews mit Dr. Narasimhaiah durch, das erste im November 1980 und das zweite im Oktober 1981. Im Jahre 1983 trafen wir uns noch einmal kurz. Dr. Narasimhaiah sagte, er habe alle Briefe gelesen und nichts Brauchbares darin gefunden. Ein Mann hatte geschrieben, Sai Baba habe ihn beim Kauf eines Grundstücks in der Nähe von Whitefield betrogen und dieser Fall sei außergerichtlich beigelegt worden. Einige Leute bezichtigten Baba des Betruges, der Unzuverlässigkeit und Scharlatanerie; andere behaupteten, er sei wahrhaftig Gott, klagten das Komitee an und schrieben, es sei nicht richtig, was hier geschehe. In einigen Briefen wurde Baba vorgeworfen, Heilungen versprochen zu haben, die nie eingetreten seien. Dann gab es wiederum eine ganze Anzahl von Briefen, in denen Leute behaupteten, Baba habe ihnen das Leben gerettet, oder darauf bestanden, daß er Gott sei und über göttliche Kräfte verfüge oder andere sehr erstaunliche Behauptungen aufstellten. »Das Übliche«, sagte Dr. Narasimhaiah. »Ich glaube nicht, daß hier irgend etwas Wesentliches zu finden ist, andernfalls hätte ich das Material ganz sicher verwendet [gegen Sai Baba].« Laut Dr. Narasimhaiah waren in den Briefen keine Hinweise auf tatsächliche Betrügereien Babas zu finden.

Dr. Narasimhaiah erwarb im Jahre 1960 seinen Doktorgrad in Kernphysik an der Ohio State University. Seither widmet er sich hauptsächlich der Lehrtätigkeit. Er wirkt ein wenig wie eine Gandhi-Figur, zumindest auf Ausländer, denn er führt ein sehr einfaches Leben, wohnt in einem kleinen Zimmer in einem der Studentenwohnheime von Bangalore und trägt nur einfache, traditionelle indische Kleidung. Als er Vizekanzler der Universität von Bangalore wurde, wollte er das ihm zustehende Gehalt nicht annehmen und gab es der Universität zurück. Das Auto, das ihm gestellt wurde, benutzte er strikt nur für dienstliche Zwecke; zuerst wollte er es überhaupt nicht benutzen. Nur auf den Druck der Universitätsleitung hin zog er in die Dienstwohnung des Vizekanzlers ein. Er gab die Stellung im Jahre 1977 auf.

Dr. Narasimhaiah wurde in Indien sehr bekannt für sein Engagement in Wissenschaft und Erziehung. Er ist Präsident der National Education Society (Nationale Gesellschaft für Erziehung), die mehrere Ausbildungsstätten von der Krankenpflegeschule bis hin zum College unterhält. Er organisierte und förderte viele Programme für Studenten und die gebildete Schicht, unter anderem Fortbildungskurse für Lehrer, in denen neue Erkenntnisse der Wissenschaft vermittelt werden, Forschungsprogramme und Vortragsreihen über die Wissenschaften, Wettbewerbe zwischen den Colleges, Diskussionsrunden für Studenten und Vorträge von führenden Experten verschiedener Sparten. Er ist ein starker Befürworter der wissenschaftlichen Ausbildung und ein großer Redner, der besonders für seine offene, unverblümte Ausdrucksweise bekannt ist. Die indische Zentralregierung hat ihn als (nichtgewähltes) Mitglied des Unterhauses des

Karnataka-Parlaments ernannt, obwohl er, soweit bekannt ist, kein Mitglied irgendeiner politischen Partei ist.
Als wir ihn über die Gründe befragten, die ihn dazu veranlaßt hatten, das Wunderkomitee ins Leben zu rufen, antwortete er:

Das Ganze wurde hauptsächlich von einem Mann betrieben – von mir. Niemand war interessiert. Es ist meine tiefe Überzeugung, daß wir absolut nichts akzeptieren sollten, ohne es zu hinterfragen, ohne es zu untersuchen. Das ist meine Einstellung, ganz gleich, ob es sich um den sozialen, wirtschaftlichen oder religiösen Bereich handelt. Zu jener Zeit hatte Indira Gandhi gerade den Ausnahmezustand über unser Land verhängt. Es gab keinen Senat, keinen akademischen Rat; alle Universitätskörperschaften waren für eine gewisse Zeit abgeschafft. Als Vizekanzler hatte ich daher volle Machtbefugnis über die Angelegenheiten der Universität und so gründete ich das Komitee. Ich glaube, unter anderen Umständen hätte ich nicht die Möglichkeit gehabt, dieses Komitee ins Leben zu rufen, denn die meisten Universitätsangehörigen hätten sich wahrscheinlich gegen eine solche Aktivität, gegen eine solche Untersuchung gestellt.

War Dr. Narasimhaiah Sai Baba jemals persönlich begegnet?

Ich traf ihn einmal im Jahre 1973. Sein Schüler Dr. Gokak schrieb mir einen Brief und bat mich, die Einführungsansprache bei einer gesamtindischen spirituellen Konferenz zu halten. Ich hatte nichts dagegen, spirituell oder nicht, und so nahm ich an und hielt die Ansprache. Natürlich kritisierte ich Sai Baba nicht direkt, aber ich sagte, es sei verhängnisvoll, daß in diesem Zeitalter der Wissenschaft und Technik viele gebildete Menschen – Wissenschaftler – demütig wie die Schafe einer Person folgten, die angeblich über wunderbare Kräfte verfüge. Bhagavantam war da, Gokak war da und Sai Baba saß auf dem großen Podium neben mir. Ich erklärte, wir müßten eine wissenschaftliche Haltung annehmen; ich sagte natürlich beiläufig, daß ich der Meinung sei, Sai Baba leiste gute Arbeit, indem er Ausbildungsstätten leite.
Niemand klatschte am Ende meiner Rede. Es herrschte Grabesstille. Wahrscheinlich hatte sie keinem der nahezu tausend Anhänger, die dort vor mir saßen, gefallen. Am Ende meiner Ansprache wechselten Baba und ich ein paar Worte darüber, daß ich Telugu spreche, und dann sagte er, ich solle noch einmal nach Whitefield kommen. Später wurde mir berichtet, er habe Dr. Gokak dafür getadelt, daß er mich eingeladen hatte, aber wenn er Gott ist (wie seine Jünger behaupten), hätte er ja

eigentlich schon bevor ich kam wissen müssen, daß ich eingeladen worden war.

Es fand nie eine wissenschaftliche Untersuchung Babas statt, und Dr. Narasimhaiah sah ihn niemals ein Objekt hervorbringen oder irgendeine andere seiner wunderbaren Kräfte anwenden. Aber Dr. Narasimhaiahs Haltung war eindeutig: »Ich bin überzeugt, daß er ein Betrüger ist. Ich hege absolut nicht den geringsten Zweifel.«
Weshalb kam er zu dem Schluß, daß Sai Baba ein Betrüger ist?

Erstens antwortete er nicht auf meine Briefe. Zweitens gewährte er mir kein Gespräch. Wenn er sich seiner Kräfte so sicher ist, hätte er hier Gelegenheit gehabt, sie öffentlich zu demonstrieren und allen Skeptikern den Wind aus den Segeln zu nehmen. Außerdem hege ich Zweifel, weil alle Objekte, die er »kreiert«, stets kleiner sind als seine Faust. Und all diese Dinge existieren schon auf der Erde; sie sind nichts Neues.

Ich erzählte Dr. Narasimhaiah, daß meine Versuche, die Post, die das Komitee erhalten hatte, zu inspizieren, erfolglos geblieben waren. Er sagte, ich würde sie wohl nie zu Gesicht bekommen, da der gegenwärtige Vizekanzler ein überzeugter Jünger Sai Babas sei und niemals etwas tun würde, von dem er glaubte, es könne seinem Meister schaden. Das Komitee löste sich auf, als Dr. Narasimhaiah sein Amt als Vizekanzler im August 1977 niederlegte.

Ich versuchte mehrmals, mir Zugang zu den Briefen zu verschaffen, die das Komitee erhalten hatte. Ich wandte mich an einige leitende Universitätsangestellte – jedoch ohne Erfolg. Als jeder andere Weg versperrt schien, bekam ich im November 1981 einen Gesprächstermin bei dem gegenwärtigen Vizekanzler Dr. M. N. Viswanathaiah. Ich bat ihn um Erlaubnis, die Briefe, die das Komitee erhalten hatte, zu lesen. Er war sehr freundlich, telefonierte mit jemandem und bat ihn, die Briefe herüberzubringen.

Kurz darauf brachte man mir einen dicken Packen Akten und sagte mir, ich könne sie zurückbringen, nachdem ich sie durchgesehen hätte. Ich inspizierte dieses Material in meinem Hotelzimmer und entdeckte, daß die Aktenordner nur offizielle Aufzeichnungen enthielten, Protokolle der Komiteesitzungen und andere Dokumente, aber nicht einen einzigen Brief aus der Bevölkerung. Ich stand kurz vor meiner Abreise aus Bangalore und mußte daher weitere Versuche aufgeben an diese Post, von der ich mir einige interessante Informationen über Sai Baba erhofft hatte, heranzukommen.

Ich hatte zuvor noch einen anderen hohen Universitätsangestellten getroffen, dessen Namen ich an dieser Stelle wohl nicht erwähnen sollte und der eine ähnliche Meinung zu vertreten schien wie Dr. Narasimhaiah. Er hatte damals die meisten der Briefe gelesen und nichts darin gefunden, was Aufschluß darüber geben könnte, wie Baba seine Materialisierungen zuwege bringt. In den meisten Briefen, in denen Baba kritisiert wurde, ging es um die Nichterfüllung von Heilungsversprechen oder darum, daß er es unterlassen hatte, medizinische Behandlung anzuraten, was in einigen Fällen zum Tode des Patienten geführt haben soll. In einem der Briefe ging es um Geldstreitigkeiten mit Baba (wegen eines Grundstückskaufs), die später außergerichtlich beigelegt wurden. In einem anderen Brief wurde er der Homosexualität bezichtigt. Es gab auch zahlreiche Briefe, in denen er gepriesen, ja sogar als »Gott« bezeichnet wurde, aber mein Informant sagte, diese positiven Briefe seien nicht abgeheftet worden.

Die Diskussion drehte sich nicht allein darum, ob Baba wirklich Wunder vollbringen könne. Für viele Menschen lautete die eigentliche Frage »ist er Gott«? Selbst das in Kalkutta herausgegebene populäre Wochenblatt *Sunday* veröffentlichte einen langen Artikel über diese Kontroverse unter dem Titel »Herausforderung für Sai Baba, ist er Gott?« Die Inder bezeichnen ihre angeblichen Heiligen und Wundertäter oft als Gott-Menschen. Dieses Denken hat seine Wurzeln im populären Hinduismus, besonders in der Vedantaphilosophie. Der Vedantismus besagt, daß alles, was wirklich existiert, Gott oder Brahman ist. Diese Realität ist die Essenz aller Dinge und die Basis unserer Existenz, aber wir sind uns ihrer nicht bewußt, da wir in Maya, der großen Illusion, untergetaucht sind. Ein wahrer Heiliger ist ein Mensch, der sich mehr oder weniger über diese Illusion erhoben hat und sich der wahren Natur der Dinge, des Brahman, bewußt geworden ist. Er ist, zumindest zu einem gewissen Grad, mit dem Göttlichen verschmolzen und hat seine eigene wahre göttliche Natur und die Einheit aller Dinge und geistigen Formen erkannt. Sai Baba antwortet beispielsweise auf die Frage, ob er Gott sei, oft: »Du bist auch Gott, aber du bist dir dessen nicht bewußt.« Diese Denkweise veranschaulichte er, laut Thakur, mit einem Gleichnis: »Nimm' eine Tasse Wasser, auf deren Boden sich Zucker befindet. Du trinkst das Wasser und es ist geschmacklos. Aber wenn du es mit einem Löffel umrührst, wird es zu Sirup. Du kannst dir nun das Herz als eine Tasse vorstellen, auf deren Boden die Göttlichkeit liegt.« Wie man den Zucker aufrührt, um den Sirup zu bekommen – das sollen angeblich die religiösen Führer und die Heiligen wissen; und wenn es ihnen für ihre eigene Person gelungen ist, sind sie, gemäß der populären hinduistischen Lehre, zu Gott-Menschen geworden. Der große Ramakrishna und auch Ramana Maharishi, die beide in unserer Zeit lebten, werden von vielen Hindus als göttliche Menschen angesehen.

Man findet solche Vorstellungen auch im Westen. In der griechisch-römischen Ära formulierten Plato und der Neoplatonist Plotinus ähnliche Ideen. Appolonius von Tyana, der etwa zur Zeit Christi lebte, wurde als Heiliger und Wundertäter verehrt und als göttlicher Mensch, vergleichbar mit Christus, betrachtet. Die christliche Vorstellung, daß Jesus Christus der Sohn Gottes oder eins mit dem Vater ist, ähnelt dem hinduistischen Konzept des Gott-Menschen. Nach Ansicht des Harvard-Theologen H. Cox bedeutete das Wort Christus, wie Jesus sich nennen ließ, »Gesalbter des Herrn« und bezeichnete »einen besonderen Vertreter Gottes unter gewöhnlichen Menschen« – eine Vorstellung, die der des Avatar nicht unähnlich ist (Cox 1977, S. 123-124 ff).

Während die Kontroverse um Sai Baba noch in vollem Gange war, schlugen sich einige Zeitungen auf Babas Seite. Eine davon war die einflußreiche linksgerichtete Volkszeitung *Blitz*, die Baba bis dahin stets äußerst kritisch gegenüber gestanden hatte. Mr. R. K. Karanjia, der Verleger, fuhr nach Puttaparti. Baba lud ihn zu einem Gespräch ein, das Karanjia später in Form einer fünf Artikel umfassenden Serie (31. Juli bis 2. Oktober 1976) in seinem vielgelesenen Wochenblatt abdruckte. Danach wurde aus dem linksgerichteten, pro-sowjetischen und äußerst kritischen Zeitungsmagnaten ein Bewunderer, wenn nicht gar Anhänger des Propheten von Puttaparti. Ich überzeugte mich in einem Interview mit Karanjia, daß dies wirklich der Fall war.

Ein Mann jedoch zeigte keine Anzeichen einer entspannteren Haltung in bezug auf das scheinbar Übernatürliche, obwohl er Baba nicht länger öffentlich herausfordern konnte. Dr. Narasimhaiah, der nun Mitglied der gesetzgebenden Versammlung von Karnataka war, gründete im Jahre 1980 unter seinem Vorsitz ein neues Komitee zur Untersuchung der Ausübung von Hexenkünsten in einigen ländlichen Gegenden (und zwar besonders durch solche Personen, die absichtlich die Angst der Leute vor Hexerei schüren und diese dann zu ihrem persönlichen Vorteil ausnutzen). Dr. Narasimhaiahs Komitee drängte die Regierung, ein Gesetz zu erlassen, das eine Bestrafung dieser Leute ermöglichen sollte. Dieses Gesuch wurde mit der Begründung abgelehnt, »die bestehenden gesetzlichen Vorkehrungen seien ausreichend, mit solchen Personen angemessen zu verfahren« (*Deccan Herald* vom 23. August 1981).

Was steckt dahinter?
Eine genauere Betrachtung

In einer ganzen Reihe von Kapiteln vermittelten nun Wissenschafler und Laien, Anhänger und Ex-Jünger, Sympathisanten und Kritiker ihre Eindrücke von Sathya Sai Baba und berichteten über ihre persönlichen Erfahrungen mit ihm. Ich brauche nicht zu erwähnen, daß das Material ausgereicht hätte, um mehrere Bände zu füllen. Die hier wiedergegebene Auswahl kann als repräsentativer Querschnitt betrachtet werden.

Welche Schlüsse kann man nun aus all diesen Zeugenaussagen ziehen? Welche Beweise haben wir für oder gegen die Echtheit oder paranormale Natur der außergewöhnlichen Phänomene, die Sai Baba von so vielen Menschen zugeschrieben werden? Da diese Phänomene unter verschiedene Kategorien fallen, scheint es angebracht, jede Hauptkategorie einzeln zu betrachten.

Das angebliche Auftauchen (oder »Materialisieren«) von Objekten ist wohl der auffallendste und verblüffendste Aspekt seines Repertoires, obwohl er diese Schöpfungen häufig als »Nebensächlichkeiten« bezeichnet. Vielleicht sollten wir unsere Bewertung damit beginnen, das Beweismaterial für verschiedene alternative Hypothesen zu prüfen, die diese Phänomene erklären könnten.

Zunächst könnte man noch einiges zur »Hypnose-Theorie« hinzufügen, die in einem der vorangegangenen Kapitel bereits erörtert wurde – nämlich die Vermutung, Sai Baba hypnotisiere die Menschen, so daß sie nicht mehr in der Lage seien zu erkennen, woher er das »produzierte« Objekt tatsächlich nimmt. Diese Hypothese geht von der Vorstellung aus, alle Menschen seien leicht hypnotisierbar und könnten mühelos visuelle Halluzinationen produzieren. Diese Annahme wird von der Hypnoseforschung nicht bestätigt. Sheehan und Perry, bekannte Autoritäten auf dem Gebiet der Hypnose, stellen fest: »Menschen sprechen in sehr unterschiedlichen Graden auf hypnotische Suggestionen an, und die individuell variierende Hypnosebereitschaft zählt zu den gesichertsten Fakten der Hypnoseforschung.« (1976, S. 50). Hilgard, eine weitere führende Kapazität auf diesem Gebiet, erklärt, daß: »bei einem nicht selektierten Querschnitt von Collegestudenten die Anzahl der außergewöhnlich gut hypnotisierbaren Personen wahrscheinlich unter 5 Prozent beträgt und vielleicht nicht einmal über einem Prozent liegt.« (1977, S. 13). Die Mehrzahl der Menschen spricht nur schwach auf Hypnose an, und eine ansehnliche

Minderheit scheint völlig unempfänglich dafür zu sein. Außerdem ist normalerweise irgendeine Art von Induktion nötig, um den hypnotischen Zustand hervorzurufen – eine Methode, die Sai Baba nicht anzuwenden scheint. Das ausführliche Filmmaterial über Sai Baba liefert keinen Beweis, der die »Hypnose-Theorie« als Erklärung für die Materialisierungsphänomene unterstützen könnte. Diese Hypothese kann daher mit Sicherheit verworfen werden.

Als nächstes erhebt sich die Frage, ob Sai Baba Komplizen hat. Während der vierzig Jahre seines aktiven Wirkens als religiöser Führer und angeblicher Wundertäter war er von vielen ergebenen Helfern und engen Vertrauten umgeben. Diese Personen wechselten im Laufe der Jahre aus verschiedenen Gründen sehr häufig. Heute ist keiner der Helfer aus den vierziger oder fünfziger Jahren mehr bei ihm. Professor Kasturi steht ihm zwar noch nahe, aber er ist nicht täglich in Sai Babas Nähe, sondern trifft sich nur gelegentlich mit ihm. Falls Sai Baba tatsächlich Komplizen hat, die ihm helfen, Objekte durch Zaubertricks erscheinen zu lassen, so müßte ihre Anzahl im Laufe der letzten vierzig Jahre beträchtlich gewesen sein. Außerdem ist gewöhnlich keiner seiner engen Vertrauten oder Helfer bei den Einzel- oder Gruppenaudienzen anwesend – jenen Gelegenheiten also, während derer er die meisten der Objekte »produziert«. Würde Sai Baba tatsächlich Zaubertricks anwenden, wäre er nicht nur auf Komplizen angewiesen, die ihm die Objekte bringen und ihm eventuell bei der Vorbereitung der Kunststücke helfen müßten, sondern auch auf Juweliere und Goldschmiede als Lieferanten. Außerdem müßte jemand die Schmuckstücke oder Gegenstände vom Juwelier oder Goldschmied zu Sai Babas Aufenthaltsort transportieren.

Falls Sai Baba tatsächlich Komplizen haben sollte, wären diese in der Lage, enormen Druck auf ihn auszuüben, denn seine Bewegung, die in Indien und im Ausland zusammengenommen mindestens eine Million Anhänger hat, würde zweifellos einen schweren Schlag erleiden, falls einer dieser Komplizen sein Geheimnis lüftete.

Einige seiner früheren engen Vertrauten kehrten ihm später den Rücken. Es ist eher unwahrscheinlich, daß diese Männer ihre Komplizenschaft an einem Betrug solchen Ausmaßes – falls er tatsächlich stattgefunden haben sollte – weiterhin geheimhalten würden. Denken wir an Krishna, der von Baba enttäuscht war und ihn nun stark kritisiert. Dennoch gibt auch er freimütig zu, daß er niemals irgend etwas bemerkte, was ihn die Echtheit der paranormalen Phänomene anzweifeln ließ, und er bestätigte, daß auch er keine plausible Erklärung für diese Phänomene hat.

In Indien existieren tatsächlich Gerüchte, denenzufolge Sai Baba von Juwelieren mit Schmuckstücken beliefert wird. Drei Männer (alle Sympathisanten oder Jünger Sai Babas), drückten mir gegenüber ihre Vermutung aus, Juweliere aus Bangalore und vielleicht auch aus Anantapur und Mangalore belieferten Baba möglicherweise mit seinen Geschenken. Falls dies wahr sei, so sagten sie, seien die Juweliere gewiß aus finanziellen Gründen nicht bereit, ihre Komplizenschaft offenzulegen. Gemäß ihrer Theorie würden die Stücke an einem sicheren Ort aufbewahrt, von wo Baba sie dann dorthin bringen würde, wo er gerade ein bestimmtes Stück benötigte. Sie konnten jedoch weder einen brauchbaren Hinweis noch einen Beweis liefern, der ihre Vermutung rechtfertigte, daher scheint ihre Theorie auf bloßem Hörensagen zu beruhen, für das ich keine Bestätigung finden konnte.

Ein in Bangalore lebender Bekannter von mir, Mr. Bharat Reddy (ein ehemaliger Jünger, der Sai Baba hauptsächlich deshalb verließ, weil er dessen Anspruch, ein Avatar zu sein, nicht akzeptieren konnte) stellte mich einem guten Freund und früheren Klassenkameraden, Mr. Narayan Chetty, vor, der die Firma Krishnaja Chetty and Sons Ltd., den größten Juwelenhandel der Stadt, leitet. Mr. Chetty erklärte, er habe einige der von Baba »hervorgezauberten« Schmuckstücke gesehen und bestätigte, daß diese mit absoluter Sicherheit nicht von seiner Firma stammten.

Außer ihm versicherte mir der Besitzer eines weiteren renommierten Juweliergeschäftes, daß er keinerlei Geschäftsbeziehungen zu Sai Baba unterhalte. Er erzählte mir, eine Anhängerin Sai Babas habe einmal Silberzeug in seinem Geschäft gekauft; wahrscheinlich für seinen Haushalt in Whitefield. Ein anderes Mal hatte sie einige Schmuckstücke gekauft, von denen jedoch keines Sai Babas oder Shirdi Babas Foto oder Gravur getragen habe. Ob diese Frau die Schmuckstücke für sich selbst oder für jemand anderes gekauft hatte, konnte der Händler nicht sagen. Wie dem auch sei, diese wenigen Stücke hätten in keinem Fall ausgereicht, Sai Babas großen Bedarf zu decken. Keiner der beiden Juweliere, mit denen ich in Bangalore gesprochen habe, war Sai Baba in irgendeiner Form ergeben. Falls sie allerdings tatsächlich Geschäfte mit ihm machten, hätten sie mir natürlich nichts davon erzählt.

Die meisten Menschen, die zum erstenmal sehen, wie Sai Baba einen Gegenstand hervorbringt, glauben, er tue es mit Hilfe von Zaubertricks; sie denken, er hole das Objekt aus seinen Ärmeln, seinem buschigen Haar oder einem anderen Versteck hervor, ohne daß sie es bemerkten. Gewöhnliche Zauberkünstler arbeiten auf diese Weise, und sie sind normalerweise so geschickt, daß sie ihr Publikum täuschen können.

Holt er die Gegenstände aus seinem Haar hervor? Ich habe Sai Baba beim Darshan, einer Gelegenheit, bei der er häufig Vibuti produziert, ausgiebig gefilmt und auf Videoband aufgenommen. In diesen mehrstündigen Filmen sieht man ihn kaum jemals sein Haar berühren oder die Hand zum Kopf ausstrecken. Bei anderen Gelegenheiten, während der Darshans und auch bei den Interviews, stellte ich ebenfalls fest, daß er nur selten sein Haar berührt. Sai Babas Kleidung ist für indische Verhältnisse ungewöhnlich: er trägt eine einteilige, bis zu den Knöcheln reichende Robe, die auf beiden Seiten bis zur Mitte der Wade geschlitzt ist. Die Ärmel reichen bis zu den Handgelenken, und die Halsöffnung wird von zwei goldenen Knöpfen lose zusammengehalten. Darüber hinaus sieht man keine weiteren Knöpfe und Öffnungen. Er besitzt mehrere solcher Roben, alle vom gleichen Schnitt, die aus dünnem Synthetikmaterial hergestellt sind und offensichtlich keine Taschen oder Falten haben. Darunter trägt er, wie ich von seinen früheren Dienern erfuhr, nur einen Dhoti (Lendentuch) oder Shorts. In Indien ist es sehr heiß, und die Leute tragen einfache, dünne Kleidung – so auch Sai Baba.

Ein Schneider in Whitefield näht Sai Babas Roben, und zwar normalerweise gleich mehrere auf einmal, denn Sai Baba verschenkt sie, nachdem er sie eine Weile getragen hat, häufig an seine Jünger. Ich habe den Schneider besucht und die Roben gesehen, die er in Arbeit hatte. Ich sah auch einige der Roben, die er an Jünger verschenkt hatte. Nirgends fand ich Taschen oder Falten oder andere Möglichkeiten zum Verstecken von Gegenständen. Man kann sich natürlich fragen, ob diese Kleidungsstücke speziell zum Vorzeigen angefertigt wurden und sich von denen, die er normalerweise trägt, unterscheiden, aber es gibt keine Beweise, die diese Vermutung belegen könnten. In seinen jüngeren Jahren geschah es häufig, daß seine Anhänger ihm neue Roben oder Kleidungsstücke brachten, die er dann eine Zeitlang trug. Offenbar fiel es ihm damals, als er diese Kleidungsstücke trug, ebenso leicht, Gegenstände zu produzieren, wie heute.

Ich hatte niemals die Möglichkeit, Kleidungsstücke zu untersuchen, die Sai Baba tatsächlich gerade getragen hatte, aber ich kenne einige Leute, die diese Gelegenheit hatten. In einem der vorangegangenen Kapitel erwähnte ich eine Begebenheit, die mir von Dr. D.K. Banerjee und seiner Frau und Dr. Bhattacharya berichtet wurde. Dieser Vorfall ereignete sich, als Sai Baba eines Tages ganz unerwartet die Familie Banerjee besuchte und einige Dinge »materialisierte«. Sai Baba bat Mrs. Banerjee, seine Robe zu waschen, so daß sie am nächsten Morgen wieder frisch sei, und Dr. Bhattacharya und die Banerjees nutzten die Gelegenheit, die Robe sorgfältig zu untersuchen. Sie fanden keine Taschen oder sonstige Verstecke.

Babas Roben sind aus dünnem Stoff, ähnlich dem lichtdurchlässigen Material, aus dem Herrenhemden hergestellt werden. Weder wenn die

Sonne durch das Fenster seines Empfangszimmer schien, noch wenn ich mich im Freien in seiner Nähe aufhielt, konnte ich je irgendeinen Schatten entdecken, der die Vermutung nahegelegt hätte, er habe einen Gegenstand unter seiner Kleidung versteckt. Wenn Baba sich im Freien aufhält, kann es vorkommen, daß seine Robe sich durch den Wind eng an seinen Körper anlegt. Auch bei diesen Gelegenheiten konnte weder ich noch eine der Personen, mit denen ich gesprochen habe, irgendeine Wölbung entdecken, die einen unter seiner Kleidung verborgenen Gegenstand angedeutet hätte.

Für skeptische Beobachter schiebt Baba manchmal seine Ärmel weit nach oben, bevor er Gegenstände »hervorzuzaubern«. Einige Male saß ich sehr nahe bei ihm und konnte in die ziemlich weiten, knopflosen Ärmel seiner Robe sehen – aber auch hierbei entdeckte ich nie etwas Verdächtiges.

Kurz, ich fand keinerlei Beweise oder Anhaltspunkte dafür, daß seine Kleidungsstücke mit verborgenen Taschen oder anderem, von einem Zauberkünstler benötigtem Beiwerk ausgestattet waren, die ihm als Verstecke für seine Objekte hätten dienen können und die zum Ausführen von Zaubertricks wahrscheinlich unentbehrlich gewesen wären.

Ich unternahm acht Reisen nach Indien. Während dieser Aufenthalte interviewte ich Dutzende von Menschen ausführlich, führte mit einer noch größeren Anzahl beiläufige Gespräche, prüfte zahlreiche Gerüchte auf ihren Wahrheitsgehalt und fand bei all dem niemals einen stichhaltigen Beweis für die »Zaubertrick-Hypothese«.

Da Baba seine Colleges in Whitefield und Puttaparti gegründet hat, kommen hauptsächlich Studenten zu seinen Vorträgen. Einige haben ihn später verlassen, überlicherweise nachdem ihr Vertrauen in seine Behauptung, ein Avatar zu sein, geschwunden war. Wenn dies geschieht, neigen einige dazu, gleichzeitig die Echtheit der paranormalen Phänomene anzuzweifeln, denn für viele scheint beides untrennbar zusammenzugehören. Einige dieser abtrünnigen Studenten teilten mir mit, sie glaubten, Sai Baba stelle in seinem Badezimmer kleine Kugeln aus Vibuti her, indem er die Asche leicht anfeuchte und trocknen lasse; diese Kügelchen halte er dann vermutlich zwischen den Fingern verborgen und zerreibe sie, wenn er Vibuti benötige. Ich sollte hinzufügen, daß keiner der Studenten behauptet, Baba beim Herstellen der Kügelchen beobachtet zu haben. Für jene Gelegenheiten, bei denen Baba auf Wunsch große Mengen Vibuti produziert, wie zum Beispiel bei seinem Besuch bei den Roerichs, wo er etliche Handvoll davon produzierte, haben diese Studenten keine plausible Erklärung. Das von ihnen gelieferte Beweismaterial erscheint unbedeutend. Mir scheint, daß ihre Mutmaßungen auf einem psychischen

Bedürfnis beruhen, die Sai Baba zugeschriebenen Wunder zu rationalisieren, nachdem sie ihr Vertrauen in seine Göttlichkeit verloren hatten. Wie dem auch sei, diese Äußerungen, so unbedeutend sie sein mögen, sollten Grund genug für uns sein, wachsam zu bleiben, solange Sai Baba keinen wissenschaftlichen Beweis dafür erbracht hat, daß es sich bei seinen »Materialisierungen« tatsächlich um echte paranormale Phänomene handelt.

Ich möchte nun noch einen weiteren Vorfall dieser Art schildern. Er ereignete sich nur drei Monate bevor Captain Hartmanprit Sing Sidhu, Adjutant des Gouverneurs von Karnataka, und seine Frau ihn Dr. Thalbourne berichteten, der die beiden in meinem Auftrag im Oktober 1981 in Bangalore interviewte. Captain Sidhu und seine Frau lernten Sai Baba im Jahre 1978 kennen. Drei Jahre später bekamen sie ein Kind, und Baba bot an, ihm einen Namen zu geben. Im Juli 1981 fuhren die Sidhus mit einigen Verwandten nach Puttaparti, um das Kind von Baba segnen zu lassen, und Baba hielt die Namenszeremonie (*Namkaran*) ohne die für solche Gelegenheiten übliche vorherige Ankündigung ab.

Nach altem Brauch soll es Glück bringen, wenn nach einem Namkaran Süßigkeiten verteilt werden. Nachdem er das Medaillon »produziert« hatte (einen goldenen Anhänger mit einem Kettchen für das Baby), rief Baba meine Frau zu sich und sagte: »Laßt uns ein paar Süßigkeiten essen.« Er bat sie, ihre Handflächen zu einem Gefäß zu formen. Baba rieb seine Handflächen über ihren aneinander und füllte ihre Hände mit einer pulverisierten Süßigkeit, die bei uns zerriebene Laddus heißt. Es dauerte nur ein paar Sekunden, und die Substanz rieselte aus seinen Händen wie Wasser. Das Pulverhäufchen wuchs in den Händen meiner Frau an, bis es vielleicht zwei Zentimeter höher war als ihre Handflächen. Baba ging herum und verteilte die Süßigkeit auch unter den anderen fünf oder sechs Anwesenden. Es gab genug für jeden und noch etwas mehr. Als er wieder zu meiner Frau kam, sagte er: »Schau, eine doppelte Portion für dich.« Es schmeckte sehr gut.

Ich möchte hier noch erwähnen, daß ich drei weitere Inder, die angeblich über paranormale Kräfte verfügen, untersucht habe. Zwei von ihnen waren ebenfalls Swamis und besaßen einen gewissen Ruf für die »Materialisierung« von Gegenständen. Trotz ihrer minimalen Kooperationsbereitschaft fand ich bei ihnen eindeutige Beweise für Taschenspielerei. Die dritte Person war eine interessante Frau in Kalkutta, die angeblich in Trance Vibuti und manchmal kleine Statuen »materialisierte«. In diesem Fall konnte ich keine Anzeichen eines Betruges entdecken, und in der einzigen Sitzung, bei der ein gewisses Maß an Kontrolle möglich war, produzierte sie tatsächlich Vibuti und eine Statuette. Seitdem konnte ich sie nicht mehr dazu bewegen, mit mir zusammenzuarbeiten, um diese Untersuchungen weiterzuführen. Kürzlich teilte mir einer ihrer engen Vertrauten mit, daß sie nicht mehr über diese Kräfte verfügt.

In der Literatur zur Psi-Forschung ist über Sai Baba außer Dr. Osis', Dr. Charis und meinen eigenen Beiträgen kaum etwas zu finden. Daher war es sehr interessant, die folgenden Sätze in einem kürzlich erschienenen Buch von D. S. Rogo (einem bekannten Autor auf dem Gebiet der Psi-Phänomene) zu lesen:

> Es gibt ... gewisse Anzeichen, daß Sai Baba seine scheinbaren Wunder häufig vorsätzlich fälscht. (Wenn man die Filme, die von einigen seiner Darbietungen aufgenommen wurden, langsam abspielt, wird offensichtlich, daß er ein Experte der Taschenspielerei ist.)
> (Rogo 1982, S. 90)

Ich bat Rogo in einem Brief um weitere Einzelheiten; ganz besonders interessierte mich, auf welche Filme er sich bezog. Er antwortete, er habe einige Gespräche mit Dr. Edwin C. May geführt (Dr. May ist Physiker am renommierten SRI Institut bei San Francisco), der Sai Baba beim »Materialisieren« von Gegenständen gefilmt habe. Laut Rogo hatte Dr. May erklärt, die Taschenspielertricks seien klar zu erkennen, wenn man die Filme langsam abspulte und jedes einzelne Bild genau betrachtete. Rogo erklärte weiterhin, er habe diese Filme zwar selbst nie gesehen, aber er habe sich auf Dr. Mays Wort verlassen. Er schlug mir vor, an Dr. May zu schreiben.

Außerdem fügte Rogo noch hinzu, er habe einige Filme im Sai-Baba-Zentrum von Los Angeles gesehen, auf denen der Betrug seiner Meinung nach ganz offensichtlich sei. Rogo folgerte, daß einige der produzierten Gegenstände in Babas Afro-Haartracht verborgen gewesen seien, da es ihm schien, als habe Baba »sein Haar bei verschiedenen Gelegenheiten flüchtig berührt, bevor er seine kleinen Gegenstände hervorbrachte.«

Ich schrieb an Dr. May, der mich einige Tage später anrief und mir mitteilte, er sei Sai Baba niemals begegnet; daher habe er auch keine Filmaufnahmen von ihm gemacht, und er habe nie einen Film über Baba gesehen. Er hatte eine Frau in Bombay gefilmt, von der eine kleine Gruppe von Anhängern behauptet hatte, sie könne mit Hilfe ihrer paranormalen Fähigkeiten Kumkum materialisieren. Er hatte eindeutig festgestellt, daß sie eine Betrügerin war. Vielleicht hatte Rogo sich auf diesen Film bezogen. Ich erinnerte mich daran: Dr. May hatte ihn 1975 auf dem

Kongreß der Parapsychologischen Gesellschaft, der an der University of California in Santa Barbara stattfand, gezeigt. Ich war anwesend, als er über seine Nachforschungen berichtete.

Mr. Doug Henning, der berühmte amerikanische Magier, gilt heute zweifellos als einer der intelligentesten Zauberer der Welt. Er gab ausgezeichnete Vorstellungen am Broadway und in vielen Großstädten innerhalb und außerhalb der Vereinigten Staaten. In New York betrachtete er gemeinsam mit Dr. Osis die zur Zeit verfügbaren Filme über Sai Baba (wahrscheinlich handelt es sich um die gleichen Filme, die Rogo gesehen hatte, denn sowohl er als auch Dr. Osis hatten die Filme von Sai-Baba-Zentren bekommen). Sie kamen zu dem Schluß, daß die Filme zu ungenau sind, um irgendeinen Beweis für oder gegen die Zaubertrick-Hypothese zu liefern. Dies stimmt mit meinen eigenen Schlußfolgerungen überein, zu denen ich gelangt war, nachdem ich meine eigenen sowie die von anderen gedrehten Filme eingehend überprüft hatte. Außerdem konnten weder Mr. Henning noch Dr. Osis noch ich selbst auf diesen Filmaufnahmen beobachten, daß Sai Baba »bei mehreren Gelegenheiten flüchtig sein Haar berührte, bevor er seine kleinen Gegenstände hervorbrachte«. Letztlich entpuppten sich Rogos Feststellungen als bloße Vermutungen.

Ich bin nicht der einzige, der keinen Beweis für betrügerische Tricks finden kann. Sai Babas indische Kritiker, zum Beispiel Dr. Narasimhaiah und das »Wunderkomitee« (siehe Kapitel »Die Kritiker«, Seite 201), konnten ebenfalls nichts entdecken, was man als klaren Beweis für einen Betrug deuten könnte. Wobei man hinzufügen muß, daß es sicher in ihrem Interesse gewesen wäre, einen solchen Beweis zu finden. Allerdings haben wir auch keinen direkten, wissenschaftlichen Beweis dafür, daß diese Materialisierungsphänomene echt sind. Nur eine sorgfältig durchgeführte Untersuchung, bei der neben der gründlichen Überprüfung von Sai Babas Körper noch andere Kontrollen eingesetzt werden müßten, könnte diesen Beweis erbringen. Ein umfangreiches, indirektes Beweismaterial mag zwar verlockend sein, aber es kann niemals die gleiche Sicherheit bieten, wie ein sorgfältig durchgeführtes Experiment, besonders wenn das Experiment von mehreren qualifizierten Wissenschaftlern erfolgreich wiederholt wurde. Bedauerlicherweise hat sich Sai Baba bisher geweigert, an einer solchen Untersuchung teilzunehmen.

Die Frage bleibt jedoch nicht nur durch den mangelnden Nachweis eines Betruges offen. Vor einigen Jahren zeigte Dr. Osis Doug Henning Filme von Sai Baba. Mr. Henning sagte, er sei – nach entsprechender Vorbereitung – in der Lage, alle im Film gezeigten Phänomene zu wiederholen. Aber als Dr. Osis jenen Vorfall schilderte, bei dem der emaillierte Stein mit Sai Babas Bild von Dr. Osis' Ring verschwand, erklärte

Mr. Henning, dies gehe eindeutig über die Möglichkeiten eines Magiers hinaus. Er bemerkte außerdem, daß Sai Baba, falls er Objekte auf Verlangen produzieren könne, in der Tat ein Kunststück vollbringe, zu dem kein Magier imstande sei.

Welche Beweise haben wir – nach all unseren Interviews und Nachforschungen – daß Sai Baba tatsächlich Objekte auf Verlangen hervorbringt? Es scheint für Baba nicht ungewöhnlich, ein Objekt als Antwort auf eine bestimmte Situation hervorzubringen. Die Hypothese, Baba produziere die Objekte nach vorheriger Vorbereitung, kann durch einen Fall, wie er im Kapitel über die Roerichs beschrieben wird, möglicherweise ausgeschlossen werden. Baba fragte den Pujari: »Wen verehrst du am meisten?« Und als dieser antwortete: »Ganesh«, produzierte Baba einen silbernen Ring, auf dem eine Abbildung Ganeshs eingraviert war. Man könnte noch viele solcher Beispiele anführen.

Manchmal geschah es, daß Baba etwas produzierte und anscheinend restlos unter einer Gruppe von Leuten aufteilte. Falls eine Person später dazu kam oder aus Versehen übergangen worden war und um eine Portion bat, produzierte Baba sofort mehr davon. Dr. Osis und ich erfuhren von einem solchen Fall in unserem Interview mit dem indischen Vizepräsidenten, und auch die Roerichs berichteten in einem Interview über eine solche Begebenheit. Auch haben wir in den vorangegangenen Kapiteln mehrere solcher Vorfälle beschrieben.

Selbst Mr. Krishna, einer der heftigsten Kritiker Babas, berichtete über mehrere solcher Fälle. Als sie einmal gemeinsam reisten, bat er Baba um einen Apfel. Baba ging zu einer nahen Tamarinde und pflückte einen Apfel von diesem Baum. Außerdem berichtete uns Mr. Krishna von seiner Vorliebe für die indische Süßigkeit Kova, die es jedoch in Puttaparti nicht gab. Er habe Baba manchmal um diese Süßigkeit gebeten, und dieser hatte sie stets für ihn »produziert«. Der Radscha von Venkatagiri berichtete, er habe erlebt, daß Baba einige Anhänger aufforderte, sich jede beliebige Frucht zu wünschen, und daß jeder die Frucht, die er sich gewünscht hatte, von einem in der Nähe stehenden Tamarindenbaum erhielt. Mrs. Radhakrishna und ihre Tochter Vijaya Hemchand berichteten von noch verblüffenderen Begebenheiten, zum Beispiel jener, als Baba Blätter in ihre Hände legte und sie aufforderte, an etwas zu denken, das sie sich wünschten (wie zum Beispiel Schokolade, eine Frucht oder eine kleine Statue). Als sie ihre Fäuste öffneten, fanden sie das Gewünschte auf der Handfläche.

Es scheint also, daß Sai Baba tatsächlich Ojekte auf Verlangen hervorgebracht hat. Die Glaubwürdigkeit dieser Phänomene wird dadurch bekräftigt, daß in einigen Fällen zwei oder mehr Zeugen anwesend waren.

Man könnte natürlich einwenden, einige dieser Behauptungen beruhten vielleicht auf Übertreibungen oder auf falscher Erinnerung oder seien sogar erfunden. Angesichts der Häufigkeit dieser Behauptungen scheinen solche Interpretationen jedoch von zweifelhaftem Wert, obgleich sie im Prinzip niemals völlig ausgeschlossen werden können.

Andere »Materialisierungen« Babas würden einen gewöhnlichen Zauberkünstler vor ganz erhebliche Schwierigkeiten stellen, wenn nicht gar Unmögliches von ihm verlangen – besonders in Indien, wo man in einem abgelegenen Dorf unmöglich spezielle Requisiten bekommen könnte. Es wurde oft berichtet, er habe heißes Essen produziert, das manchmal sogar kochend heiß gewesen sei, selbst wenn er sein Quartier schon vor mehr als einer Stunde verlassen hatte. Solche Begebenheiten, die von Amarendra Kumar, Lakshmanan und Dr. Roerich berichtet wurden, habe ich bereits in den vorangegangenen Kapiteln beschrieben. Amarendra Kumar berichtete beispielsweise, einige der von Baba produzierten Gerichte seien »wie frisch aus dem Ofen und zu verdammt heiß gewesen«, tatsächlich zu heiß, »so als ob man sie gerade aus der Bratpfanne genommen hätte.« Außer ihm bezeugten noch viele andere Personen, daß sie solche Phänomene persönlich beobachtet hatten. Die meisten dieser Vorfälle ereigneten sich am Ufer des Chitravati-Flusses, wo Baba angeblich heißes Essen aus dem Sand genommen haben soll. Wäre es ein Trick gewesen, hätte man das Essen mitsamt einer Heizplatte im Sand vergraben müssen, bevor Sai Baba mit seinen Begleitern erschien. Das wäre in den vierziger und fünfziger Jahren vermutlich sehr schwierig gewesen, denn zu jener Zeit gab es in Puttaparti noch keinen Strom. Auf jeden Fall aber hätten solche Vorbereitungen einen beträchtlichen Aufwand erfordert. Außerdem wurde mir oft berichtet, daß er auf Reisen heißes Essen produziert hatte, wenn sich die Gruppe am Straßenrand zu einer Rast niederließ.

Andere Beispiele, die noch weniger erklärbar sind, finden wir in den vielen Berichten über »Materialisierungen« von Früchten außerhalb ihrer jeweiligen Saison. In einem Land, in dem es Kühlschränke und leistungsfähige Transportsysteme gibt und viel Obst importiert wird, mag ein solches Kunststück kein großes Problem darstellen. Im unterentwickelten Indien jedoch, das in den vierziger und fünfziger Jahren weder über Elektrizität noch über viele für Motorfahrzeuge passierbare Straßen verfügte, sieht die Sache ganz anders aus. Selbst heute findet man in indischen Geschäften kein importiertes Obst. Die angebotenen Früchte stammen aus lokalen Anbaugebieten. Einige Zeugen (Amarendra Kumar, Krishna Kumar und Krishnamurti sowie viele andere, die Informationen für einen Übersichtsbericht lieferten, der in einem späteren Kapitel noch behandelt wird), behaupten, von Sai Baba Früchte bekommen zu haben, die zu jener

Zeit gerade nicht wuchsen, und, laut ihrer Aussage, in ganz Indien nicht erhältlich waren.

Baba produziert auch Flüssigkeiten in seinen Händen, zum Beispiel Öle oder medizinische Mittel, und gibt sie den Leuten oder reibt jemanden damit ein. Einen Augenblick später scheinen seine Hände jedoch völlig trocken zu sein, obwohl er nichts berührt hatte, um sie abzutrocknen. Ich selbst beobachtete einmal einen solchen Vorgang aus unmittelbarer Nähe.

Schließlich wird über Sai Baba noch berichtet, er »materialisiere« Objekte, die in der Natur entweder ganz selten oder überhaupt nicht vorkommen. Mir wurden drei derartige Fälle von Leuten berichtet, die diese Phänomene unmittelbar beobachtet haben wollen. Leider wurden die fraglichen Objekte nicht aufbewahrt, was den Wert der Berichte natürlich beträchtlich schmälert. Das folgende Beispiel ist typisch für alle drei Fälle: Eine Botanikerin aus Guindy Madras, Mrs. Leelamma, kennt Baba seit den vierziger Jahren. Während eines Interviews im Jahre 1977 erzählte sie mir, Sai Baba habe sie einst in Puttaparti aufgefordert, einen Apfel von einem Tamarindenbaum zu pflücken. Sie entdeckte den Apfel an jenem Baum und schnitt, mit Babas Erlaubnis, den Teil des Astes ab, an dem sich sowohl der Apfel als auch Blätter der Tamarinde befanden. Sie bewahrte dieses Exemplar einige Zeit in Formaldehyd auf. Irgend-wann fiel der Apfel dann von dem Aststück ab, und danach glaubte ihr niemand mehr, daß beides früher miteinander verbunden gewesen war. Schließlich warf sie das Exemplar fort.

Zu welchem Schluß gelangen wir nun also hinsichtlich der Materialisie-rungsphänomene? Aufgrund der mangelnden wissenschaftlichen Beweise können wir nur vorsichtige Aussagen machen, obwohl das auf Zeugen-aussagen beruhende Material sehr umfangreich ist und kontinuierlich über vier Jahrzehnte zurückreicht. Wir können heute nicht mit Sicherheit sagen, ob Sai Baba in verschiedenen Phasen seines Lebens einige der produzierten Objekte durch Taschenspielerei hervorbrachte oder nicht. Was wir jedoch mit gutem Gewissen behaupten können, ist, daß wir trotz unserer langdauernden und gründlichen Bemühungen nicht einen einzigen direkten Beweis für einen Betrug fanden.

Einige bemerkenswerte Darbietungen

Während meines Indienaufenthaltes im Jahre 1983 teilte ich einen 104 Fragen umfassenden multiple-choice Fragebogen an neunundzwanzig Personen aus, die einen repräsentativen Querschnitt darstellten und Gelegenheit gehabt hatten, Sai Baba lange und ausgiebig zu beobachten. Einundzwanzig dieser Personen kannten ihn seit zwanzig bis vierzig Jahren, vier seit zehn bis neunzehn Jahren und nur vier kannten ihn weniger als zehn Jahre. Außerdem hatten alle außer zwei der Personen über fünfzig persönliche Gespräche mit ihm gehabt (»über 50« war die höchstmögliche Angabe auf dem Fragebogen). Die Mehrzahl dieser Personen hatte zusammengenommen mehrere Jahre in Puttaparti gelebt; nur drei von ihnen hatten im ganzen weniger als ein Jahr dort verbracht. Vierundzwanzig der neunundzwanzig Personen waren Männer; zwanzig hatten ein College besucht. Das Durchschnittsalter lag etwa bei Sai Babas Alter oder betrug 56 Jahre; der Älteste war 73, der Jüngste 29 Jahre alt, aber die meisten waren in den Fünfzigern oder Sechzigern. Außer drei Personen sprachen alle Sai Babas Muttersprache Telugu.

Mit drei Ausnahmen – Mrs. Radhakrishna, Raja Reddy (die ich 1983 nicht treffen konnte) und Dr. Roerich (der Sai Baba nur zweimal begegnet war) – wurden neben anderen Anhängern und Ex-Jüngern alle wichtigen, in diesem Buch präsentierten Interviewpartner in die Umfrage einbezogen. Unter den Befragten befinden sich sieben ehemalige Jünger. Ich bemühte mich besonders darum, sie aufzuspüren, denn bei ihnen schien die Gefahr von Übertreibungen bezüglich Babas angeblicher Wunderkräfte geringer als bei jenen, die ihm noch ergeben waren (obwohl sie vielleicht Vorurteile gegen ihn hegten, und zwar hauptsächlich aus religiösen Gründen).

Man darf nicht vergessen, daß es sich hier nicht um objektivierbare Tatsachen, sondern um persönliche Berichte und Behauptungen handelt. Unter diesem Vorbehalt wollen wir uns nun als erstes einer Frage über die materialisierten Objekte zuwenden (Dr. Chari schlug vor, die Begriffe »Materialisierungen« oder »stoffliche Aktualisierungen« dafür zu verwenden). »Wie oft beobachteten Sie Sai Baba bei der Materialisierung eines der folgenden Objekte?« Nachstehend die Ergebnisse unserer Umfrage:

	Nie	Einmal	2–5	6–10	11–50	öfter als 50 Mal
Vibuti						29
Ringe			3	1	6	19
Medaillons			1	2	1	25
Süßigkeiten			3		2	24
Früchte	7	4	4	1	3	10

Viele der Informanten antworteten, sie hätten Baba nicht nur »öfter als 50 Mal«, sondern unzählige Male beim Hervorbringen des fraglichen Objektes (besonders der ersten vier auf der Liste) beobachtet. Besonders interessant ist die Tatsache, daß 22 der Befragten angaben, von Baba Süßigkeiten erhalten zu haben, die zu jener Zeit in Puttaparti oder der näheren Umgebung nicht erhältlich waren; 19 dieser 22 behaupteten, solche Süßigkeiten öfter als 50 Mal erhalten zu haben. Vierzehn Personen gaben an, Früchte außerhalb der jeweiligen Saison erhalten zu haben; in dieser Zahl sind vier der sieben Ex-Jünger enthalten (57% gegenüber 45% der Jünger). Zehn Informanten behaupteten, öfter als 50 Mal Früchte außerhalb der jeweiligen Saison erhalten zu haben.

Wie stand es mit dem Hervorbringen heißer Eßwaren? Fünfundzwanzig Personen (einschließlich vier Ex-Jüngern) gaben an, dies beobachtet zu haben, und drei behaupteten, sie hätten es öfter als 50 Mal gesehen. Meistens produzierte er Mysore Pak oder Laddu, aber es wurden außerdem noch neun andere Süßigkeiten und Gerichte erwähnt, unter anderem auch Dosas (eine Art Pfannkuchen). Viele Informanten betonten, die Gerichte seien so heiß gewesen, daß man sie kaum in der Hand halten konnte, aber andere meinten, sie seien nur warm oder lauwarm gewesen. In fast allen Fällen hatten die Beobachtenden die materialisierten Eßwaren auch verzehrt.

Nahezu alle Befragten (27, einschließlich fünf Ex-Jünger) gaben an, beobachtet zu haben, wie Baba ölige oder flüssige Nahrung hervorbrachte. Auch hier wurden wieder elf verschiedene Substanzen angegeben, wobei Amrith und Mysore Pak am häufigsten vorkamen.

Von großem Interesse war auch die Frage, wie oft Baba Objekte auf Verlangen produzierte. Siebzehn Personen (einschließlich vier aus der Gruppe der kritischen Ex-Jünger) gaben an, gesehen zu haben, wie er Objekte auf Verlangen hervorbrachte (manche von ihnen viele Male). Acht hatten beobachtet, wie er auf Wunsch Nahrungsmittel hervorbrachte. Gopal Krishna von Venkatagiri war einer von ihnen. Er fügte hinzu: »Die meisten von ihnen [die Jünger] hatten nicht den Mut, ihn um etwas Bestimmtes zu bitten, wenn er sie fragte, was sie sich wünschten.

Aber ich tat es, und gewöhnlich gab er mir das, worum ich gebeten hatte.«

Sechs Personen berichteten, daß sie gesehen hatten, wie Baba ganze Mahlzeiten für mehrere oder sogar viele Leute produzierte. Das Essen soll gewöhnlich in leeren Gefäßen erschienen sein. Ein ähnliches Phänomen, von dem in einigen Interviews in den vorhergehenden Kapiteln berichtet wurde, ist die Vermehrung von Nahrungsmitteln.

Ich möchte noch eine Begebenheit schildern, von der nur zwei Ex-Jünger unabhängig voneinander erzählten – Mr. Bharat Reddy und sein Vater, Mr. Srinivasa Reddy, die beide in Bangalore leben. Sie sind nicht mehr Jünger Sai Babas, weil sie seinen Anspruch, ein Avatar zu sein, nicht akzeptieren konnten. Der folgende Vorfall ereignete sich in den späten fünfziger oder frühen sechziger Jahren. Bharat Reddy berichtet:

Damals wie heute kam Baba manchmal nach Bangalore. Jedesmal wenn er nach Puttaparti zurückkehrte, begleiteten ihn einige Leute in ihren Autos bis vor die Stadt, wo sie dann hielten und parkten. Eines Tages, als er Bangalore verließ, begann es schon dunkel zu werden. Als er außerhalb der Stadt anhielt, sagte er plötzlich, er würde jetzt nicht zurück nach Puttaparti fahren, sondern erst in ein paar Tagen. Wir wollten gerade umkehren, als er sagte: »Warum setzt ihr euch nicht hin. Laßt uns zusammen zu Abend essen.« Aber wie konnten wir zu Abend essen, wenn wir gar nichts Eßbares dabei hatten? Babas Gastgeber hatte nur eine kleine Mahlzeit in einem Tiffin-Behälter[1] vorbereiten lassen, die als Wegzehrung für Baba und die ein oder zwei Leute, die ihn nach Puttaparti begleiteten, gedacht war. Baba sagte, es sei kein Problem, und wir fuhren auf einen ehemaligen Flugplatz neben der Straße und setzten uns auf den Boden. Er forderte uns auf, ein paar Blätter zu pflücken, die wir als Teller für unsere Mahlzeit benutzen sollten. Wir waren, soweit ich mich erinnere, dreißig bis vierzig Leute, fünf bis sieben Autos voll. Baba begann uns das Essen aus diesem kleinen, zweiteiligen Tiffin-Behälter zu servieren. Der eine Behälter enthielt Curry-Reis, der andere Reis mit Yoghurt. Er fuhr fort, uns zu bedienen, sogar noch ein zweites und drittes Mal. Wir hatten alle volle Bäuche. Manche Leute waren darauf erpicht, ihn zu testen: kann er noch mehr produzieren? So aßen wir soviel wir konnten, und jeder bekam soviel er wollte.

Srinivasa Reddys Bericht enthielt mehr Einzelheiten. Es gab einige Widersprüche zwischen seiner Aussage und der seines Sohnes, aber da dieser Vorfall zwanzig Jahre zurücklag, konnte man mit gewissen Abweichungen rechnen. Die Schilderung der wesentlichen Phänomene stimmte jedoch in beiden Berichten überein.

Sai Baba war hier in Bangalore zu Gast bei einem Mr. Venkataramon. Wenn Swami nach Bangalore kam, wohnte er gewöhnlich bei ihm und hielt auf einem freien Platz vor Venkataramons Haus Bhajans ab, an denen gewöhnlich so um die hundert Leute teilnahmen. Nach vier oder fünf Tagen sagte er [Sai Baba], daß er etwa um drei oder vier Uhr nachmittags abreisen würde, aber er wurde noch bis fünf Uhr aufgehalten. Der Gastgeber, der damit rechnete, daß er [Baba] spät wegkommen würde, hatte für ihn eine vegetarische Mahlzeit in einem mittelgroßen Behälter vorbereitet, genug für ihn und die zwei Leute, die ihn in seinem Wagen begleiteten. Um 17.30 Uhr fuhr er schließlich ab. Wie es der Brauch war, folgten wir ihm mit fünf oder sechs Wagen bis etwa zwölf Meilen vor die Stadt, wo er dann anhalten und sich von allen verabschieden würde. Wir hielten neben dem ehemaligen Flugfeld von Yalanka, das direkt an der Straße liegt. Er sagte dann: »Laßt uns ein paar Bhajans singen, und dann wollen wir uns verabschieden. Wir sangen bis 20.00 Uhr Bhajans. Der Gastgeber machte den Vorschlag, Swami solle nach Bangalore zurückfahren und sich erst am nächsten Morgen auf den Weg nach Puttaparti machen. Dann baten ihn einige der älteren Damen: »Gib' uns etwas zu essen!« Er sagte: »Wartet, wartet«, und begann noch ein Lied zu singen. Nach diesem Lied sagte er, sie müßten wohl alle hungrig sein, und sie erwiderten: »Ja, Swami, wir sind alle sehr hungrig, laß' uns nach Bangalore zurückkehren.« Er fragte, ob es ein Dorf in der Nähe gebe, und es gab eines. Ein Mann wurde dorthin geschickt, um dreißig Blätter zu kaufen, von denen wir essen sollten (als Teller benutzen). Um neun Uhr kam der Mann zurück und Baba bat uns, die Autos auf das verlassene Flugfeld zu fahren. Wir parkten sie im Kreis, mit der Vorderseite nach innen, und ließen das Standlicht brennen, so daß wir eine gute Beleuchtung hatten. Innerhalb dieses Kreises setzten wir uns in einer Runde nieder. Ein Mann verteilte die Blätter, und Swami begab sich auf den freien Platz in der Mitte des Kreises, so daß wir ihn alle gut sehen konnten. Mit dem Swami waren wir siebenundzwanzig oder achtundzwanzig Personen. Ich habe sie gezählt. Sai Baba bat den Gastgeber, den Essensbehälter zu bringen. Baba stand allein innerhalb unseres Kreises, ging von einem zum anderen und teilte jedem einzelnen von uns das Essen mit der bloßen Hand aus, so wie es in Indien Sitte ist. Aus dem ersten Behälter verteilte er Gemüsecurry – nicht sehr viel für jeden. Danach brachte er den Sambar-Reis und servierte jedem eine normale Portion. Er gab uns noch eine zweite Portion Reis. Er teilte mindestens zehnmal soviel Reis aus, wie sich in dem Gefäß befunden haben konnte. Die normale Portion für eine Person ist etwa eine dreiviertel Tasse voll. Er gab denjenigen, die mehr wollten, noch einmal die gleiche Menge. Danach servierte er die gleiche Menge Yoghurt-Reis (Yoghurt mit Reis vermischt) und gab jedem auch hiervon eine zweite Portion. Zum Schluß erhielt jeder von uns eine Tasse voll einer flüssigen Süßigkeit, genannt Payasam. – Er servierte das ganze Essen aus dem Tiffin-Behälter. Dieser Behälter war für drei Personen berechnet und konnte nicht viel mehr enthalten haben.

Srinivasa Reddy erzählte mir, Baba habe während der gesamten Dauer der Mahlzeit innerhalb des Kreises vor ihnen gestanden und habe den Kreis nicht verlassen, bis sie die Mahlzeit beendet hatten. Es war also ausgeschlossen, daß ihm jemand etwas gebracht hatte.

Srinivasa Reddy hatte nicht nur beobachtet, wie Baba Nahrung vermehrte, sondern auch, wie er Steine in Eßbares verwandelte:

Auf den Horseley Hills [ein Ort in den Bergen Südindiens] gab Baba mir am hellichten Tag einen flachen, ungleichmäßig geformten Stein in die Hand und forderte mich auf, ihn in die Luft zu werfen. Ich warf ihn hoch in die Luft, und er sagte, ich solle ihn auffangen. Ich befürchtete, der Stein könnte meine Hände verletzen. Als ich ihn dann auffing, war es ein Apfel. Ich reichte Swami den Apfel, und er nahm ein Messer und schnitt ihn in Stücke. Jeder der Anwesenden erhielt ein Stück von der Größe, in die wir normalerweise Äpfel schneiden. Er teilte diesen einen Apfel unter fünfundzwanzig Leuten auf. Es war ein mittelgroßer Apfel, der normalerweise vielleicht für acht bis zehn Personen ausgereicht hätte.

Bharat Reddy, der diesen Vorfall beobachtet hatte, erwähnte mir gegenüber zunächst nur die erste Hälfte der Begebenheit – wie der Stein in die Luft geworfen und als Apfel wieder aufgefangen wurde. Da ich ihn nach dem Interview mit seinem Vater nicht mehr traf, schrieb ich ihm einen Brief und fragte ihn deswegen. Er antwortete, er habe auch den zweiten Teil des Vorfalls beobachtet.

Srinivasa berichtete von einer anderen Begebenheit, die sich während dieses Aufenthalts in Horseley Hills (in den fünfziger Jahren) ereignet hatte. Am Morgen nach dem oben beschriebenen Vorfall machte Baba mit einigen Leuten einen Spaziergang. Plötzlich sagte Baba: »Schaut euch diesen Stein an.« Es war ein ungleichmäßiger harter Granitstein von etwa zwölf Zentimeter Länge, der in ihrer Nähe am Boden lag. Er warf ein Handtuch darüber und forderte jemanden auf, das Handtuch aufzuheben. Unter dem Handtuch erblickten sie ein Stück Kandiszucker, das eine andere Form hatte als der Stein. Der Stein war verschwunden.

Falls wir den Berichten der Augenzeugen glauben schenken können, sind Dematerialisierungen von Objekten bei Baba nichts Ungewöhnliches. Bei einem dieser Fälle geht es um einen Mann, der Baba in der Anfangszeit seines Wirkens ganz besonders nahestand. Ich kann seinen Namen aus Gründen, die jedem einleuchten werden, der das Folgende liest, nicht nennen. Wie wir wissen, werden in Indien Hochzeiten im allgemeinen von den Eltern arrangiert. Die jungen Leute haben in dieser Angelegenheit wenig zu sagen und kennen sich kaum, wenn sie verheiratet werden. Oft wird die Eheschließung hauptsächlich von Kastenzugehörigkeit, gesellschaftlichem Status oder Geschäftsbeziehungen bestimmt. Dr. Osis und ich erfuhren nur nach und nach die ganze Geschichte. Daher werde ich sie in meinen eigenen Worten wiedergeben:

Baba hatte einem jungen Mann einen wunderschönen, ganz besonderen Ring geschenkt. Dieser Mann war sehr jung verheiratet worden und war offensichtlich nicht glücklich in dieser Ehe. Später traf er ein anderes Mädchen, sie verliebten sich und begannen eine leidenschaftliche, heimliche Liebesaffäre. Eines Tages sprach Baba mit diesem jungen Mann über die Affäre; er beschrieb das Mädchen, wie sie sich heimlich getroffen hatten, wie sie sich geliebt hatten, »alles – so genau, als hätte er alles selbst erlebt.« Baba forderte ihn auf, das Verhältnis zu beenden; er warnte ihn und sagte, er solle das Mädchen nie mehr treffen. Einige Zeit später konnte der junge Mann trotz aller guten Vorsätze der Versuchung, seine Geliebte zu treffen, nicht widerstehen. Als er am nächsten Morgen neben ihr aufwachte, war der Ring, den Baba ihm geschenkt hatte und den er stets am Finger trug, verschwunden. Seiner Meinung nach konnte es keinen Zweifel geben: Baba hatte ihm den Ring weggenommen. Der junge Mann fand den Ring nicht wieder, Baba gab ihn ihm nie zurück, aber er traf auch seine Geliebte nie mehr wieder.

Etwas mehr als die Hälfte (16) unserer Informanten gab an, beobachtet zu haben, wie Baba ein bestimmtes Objekt in etwas anderes verwandelte, zum Beispiel Blätter oder Kieselsteine in Pralinen oder Medaillons, Wasser in süße Flüssigkeiten, Kaffee in Milch, Sand in Laddu, ein Stück Granit in Kandiszucker oder einen Stein in einen Apfel. Noch häufiger wurde sogar berichtet, er habe Objekte, die er selbst vorher produziert hatte, verwandelt, indem er beispielsweise ihre Größe veränderte oder ein Metall in ein anderes verwandelte. Dreiundzwanzig Personen hatten dieses Phänomen beobachtet.

Nach Aussagen einiger der Befragten benutzte Baba seine angeblichen Wunderkräfte manchmal für praktische Zwecke. Fünf Personen behaupteten, beobachtet zu haben, wie er Wasser in Benzin verwandelte – für ein Auto, in dem er gerade unterwegs war. Amarendras Bericht, der in einem der vorangegangenen Kapitel wiedergegeben wurde, ist der ausführlichste und detaillierteste. Krishna Kumar, Vijaya und Leelamma behaupten ebenfalls, mit Baba in einem Auto unterwegs gewesen zu sein, dessen Tank nur mit Wasser gefüllt war. Nagaratna Mudeliers Bruder Parthasarathy behauptete dies in einem Gespräch, das wir 1975 mit ihm führten, ebenfalls. Diese Vorfälle ereigneten sich alle in den vierziger oder fünfziger Jahren. Fünf der an dieser Umfrage beteiligten Personen berichteten, gesehen zu haben, daß Baba bei manchen Gelegenheiten plötzlich die Farbe seiner Robe verwandelte.

Bei einigen Vorfällen ging es um Filme und Fotoaufnahmen, gegen die Baba in seinen jüngeren Jahren anscheinend eine Abneigung hatte. Nagaratna Mudelier (der heute etwa siebzig Jahre alt und kein aktiver Jünger mehr ist) berichtete, wie ihm einmal, als er Baba und einige andere Leute (mit Babas Erlaubnis) fotografierte, der Film ausging. Baba, der wollte, daß mehr Aufnahmen gemacht wurden, brachte mit einer Handbewegung zwei Filme hervor. Es waren Filme der damals gewöhnlich in Boxkameras verwendeten Art. Varadu berichtete, daß er einst beobachtete, wie Baba entweder für Nagaratna oder seinen Bruder Parthasarathy, die häufig in Puttaparti und Madras mit Baba zusammen waren, eine Filmrolle hervorbrachte (er war der Meinung, es sei ein Schmalfilm gewesen.) Ich weiß nicht, ob es sich hier um denselben Vorfall handelt. Ein dritter Teilnehmer unserer Umfrage, Krishnaswamy Ravel, berichtete ebenfalls, daß Baba einmal mit einer Handbewegung eine neue Rolle Agfafilm für ihn produziert hatte, als er sie benötigte.

Zweiundzwanzig der Befragten gaben an, beobachtet zu haben, wie Baba Fotografien hervorbrachte. Meistens waren es Aufnahmen von ihm selbst, aber manchmal waren es auch Bilder von Shirdi Baba oder sogar von beiden gemeinsam, wie zum Beispiel eines, auf dem Baba von Puttaparti mit einem Porträt von Shirdi Baba auf der Brust zu sehen ist. Die Fotografien variierten zwischen Briefmarken- und Postkartengröße. Manche Fotos zeigten bestimmte Gottheiten. Berichte, denen zufolge Baba Fotografien hervorbrachte, die zum Zeitpunkt der Materialisierung aufgenommen zu sein schienen, bekam ich nicht von unmittelbaren Augenzeugen. Ich hörte gerüchteweise, daß Baba solche Fotos produziert haben soll, zum Beispiel eines, auf dem ein Jünger beim Rauchen zu sehen sein soll (Baba ist ein Gegner des Rauchens), aber es war mir nicht möglich, diese Gerüchte nachzuprüfen. Ich könnte noch hinzufügen (obwohl diese

Frage auf dem Fragebogen nicht gestellt wurde), daß sowohl Varadu als auch Eswar, der Sohn Suseelammas, berichteten, sie hätten entweder leere oder völlig überbelichtete Fotos erhalten, wenn sie versuchten, Baba ohne seine Erlaubnis zu fotografieren. Eswar gab an, er habe etwa vierzig bis fünfzig Aufnahmen dieser Art auf zehn bis fünfzehn Filmen (jenes Typs, der in den alten Boxkameras verwendet wird) gemacht.

Zwei der Befragten (Ramesh Kumar und Mrs. Leelamma) berichteten unabhängig voneinander, daß sie gesehen hatten, wie Baba ein Foto von einem Verstorbenen für dessen Witwe produzierte, die keine Fotografie von ihm besaß. Laut der Aussage von Leelamma war der Mann gestorben, bevor Baba geboren wurde.

Einige der Kritiker Babas hatten behauptet, er produziere nur solche Objekte, die er in seiner Hand verstecken könne. Was war das größte Objekt, bei dessen Materialisierung unsere Informanten ihn beobachtet hatten? Die meisten berichteten von der Materialisierung von Statuen, deren Größe zwischen zehn und dreißig Zentimeter schwankte. Die größte angeblich von Baba hervorgebrachte Statue, die ich sah, maß 12,5 Zentimeter. Fotografien, die Baba mit der Krishna-Statue zeigen, die er an der Küste von Gujarat produziert hatte, deuten darauf hin, daß diese Statue zwischen zwanzig und dreißig Zentimeter groß ist.

Wie oft produzierte Baba nach Schätzung der Befragten an einem durchschnittlichen Tag Objekte und Vibuti, während er von vielen Menschen umgeben war? Die Anzahl der Objekte schwankte nach Meinung von fünf der Befragten so stark, daß sie noch nicht einmal versuchen wollten, sie zu schätzen. Fünf schätzten die Häufigkeit dieses Phänomens auf zwei- bis fünfmal pro Tag, acht schätzten sie auf sechs- bis zehnmal und elf meinten, er produziere an einem durchschnittlichen Tag zwischen elf und zwanzig Objekte. Was das Vibuti betraf, schätzten sie, daß er es noch häufiger produzierte: zwölf gaben eine Häufigkeit von elf- bis zwanzigmal pro Tag an, dreizehn waren der Meinung, er produziere an einem durchschnittlichen Tag öfter als zwanzigmal Vibuti. Zwei Drittel derjenigen Teilnehmer unserer Umfrage, die definitive Angaben machten, schätzten, daß Sai Baba an einem durchschnittlichen Tag nicht weniger als siebenundzwanzigmal Vibuti oder Objekte produziere.

Die Informanten wurden gefragt: »Von welcher Substanz sahen Sie Sai Baba bei einer bestimmten Gelegenheit die größte Menge hervorbringen?« Die meisten von ihnen hatten beobachtet, daß Baba eine größere Menge von Vibuti als von irgend etwas anderem produziert hatte. Sieben Personen behaupteten, gesehen zu haben, wie er bei einer Gelegenheit fünf bis zehn Kilo davon produzierte; eine andere Person schätze die Menge auf zwei volle Zementsäcke. Diese Vorfälle ereigneten sich während des

Dasara-Festivals, wenn Baba gewöhnlich ein paar Leute anwies, ein Gefäß mit der Öffnung nach unten über eine sechzig bis neunzig Zentimeter große, silberne Statue Shirdi Babas zu halten, die unter einem Gerüst stand. Er steckte dann eine Hand in das Gefäß hinein und bewegte sie im Kreis, worauf Vibuti auf die Statue niederregnete, bis sie teilweise oder fast ganz bedeckt war. Fünf Personen gaben an, das Gefäß sei leer gewesen, aber zwei Personen (Leelamma und Krishna) sagten, es habe, zumindest manchmal, eine bestimmte Menge von gepreßtem, getrocknetem Vibuti enthalten, das Baba mit der Hand gelockert habe, so daß es auf die Statue oder auf den Boden fallen konnte. (Weder Krishna noch Leelamma betrachteten dies als Betrug, da diejenigen, die Baba nahestanden, darüber Bescheid wußten und Baba keinen Versuch machte, es zu verbergen). Leelamma behauptete, es sei viel mehr Vibuti aus dem Gefäß herausgefallen als in gepreßter Form darin enthalten gewesen sein könnte.

Fünf Personen gaben an, die Substanz, von der Baba bei einer bestimmten Gelegenheit die größte Menge produziert habe, sei Essen gewesen.

Baba brachte nicht nur aus seinen Händen Dinge hervor. Siebenundzwanzig der Befragten hatten beobachtet, wie er Objekte (Lingams) aus seinem Mund hervorbrachte, und zweiundzwanzig hatten verschiedene Substanzen auf seiner Stirn erscheinen sehen. Fünf Personen hatten gesehen, wie etwas (normalerweise Vibuti, aber manchmal auch Amrith) auf seinen Füßen erschien oder aus seinen Füßen herauskam. Eine Person berichtete, daß einmal, als Baba seine Füße auf ein Tuch gestellt und dann wieder weggenommen hatte, ein gelber Fußabdruck auf dem Tuch zurückgeblieben war.

Die Frage, wie Baba die Dinge, die er hervorbringt, produziert, ist unweigerlich Gegenstand ausgiebiger Diskussionen, sowohl bei seinen Jüngern als auch unter jenen, die ihm noch nie begegnet sind. Produziert er sie aus dem Nichts, teleportiert er sie von irgendwoher, oder ist es so, daß er sie manchmal aus dem Nichts erschafft und manchmal teleportiert, oder ist er einfach ein musterhafter Taschenspieler?

Zwei Personen, die an unserer Umfrage teilnahmen, glaubten, daß Baba mit Zaubertricks arbeitete: einer war ein ehemaliger Schüler Babas, und der andere hatte eine Zeitlang in einem von Babas Colleges unterrichtet. In beiden Fällen handelte es sich um junge Männer, die eine relativ oberflächliche Beziehung zu Baba hatten und auch das nur in den letzten Jahren. Alle anderen (27) waren überzeugt, daß seine Objekte übernatürlicher Art seien. Welcher Art? Vier sagten, sie wüßten es nicht. Zweiundzwanzig meinten, er kreiere die Objekte aus dem Nichts. Sieben dieser zweiundzwanzig hielten es für möglich, daß er manchmal Dinge teleportierte. Eine Person glaubte, daß alle von ihm hervorgebrachten Dinge teleportiert wurden (mit anderen Worten, daß diese Dinge irgendwo existierten und daß Baba aufgrund einer bestimmten übernatürlichen Fähigkeit in der Lage war, sie von jenem Ort verschwinden und in seiner Hand – oder wo immer er wollte – auftauchen zu lassen).

Unter den Menschen um Baba kursiert die Redensart, er sei »allmächtig, allwissend und allgegenwärtig«. Diese in der Tat außergewöhnlichen Kräfte, so wurde mir in Indien gesagt, werden als göttliche Eigenschaften betrachtet – ebenso wie im Christentum. Wir fragten unsere Informanten: »Glauben Sie, daß Baba allmächtig ist? Auf diese Frage antworteten 19 (65 Prozent) mit ja, sechs mit nein, und vier waren sich nicht sicher, wußten es nicht oder wollten nicht antworten. Bei den Fragen nach seiner Allwissenheit oder Allgegenwart erhielten wir ein ähnliches Resultat: zwanzig der Befragten waren davon überzeugt, sechs wiesen diese Vorstellung zurück, und drei waren unentschieden.

Ich möchte dieses Kapitel mit den Antworten der Informanten auf folgende Frage abschließen: »Betrachten Sie Baba (a) als gewöhnlichen Menschen; (b) einen Menschen mit außergewöhnlichen übersinnlichen Fähigkeiten (Siddhis); (c) einen Heiligen; oder (d) einen Avatar? Aus der Gruppe der sieben Ex-Jünger betrachteten ihn zwei (die jüngsten der Gruppe) als einen gewöhnlichen Menschen ohne paranormale Fähigkeiten, drei betrachteten ihn als einen Menschen mit außergewöhnlichen übersinnlichen Fähigkeiten, einer sah in ihm einen Avatar und einer der Ex-Jünger war nur mit der Bezeichnung »übermenschlich« zufrieden.

Von der Gruppe der Befragten betrachteten zwei Baba als gewöhnlichen Menschen, drei sahen ihn als Medium mit übersinnlichen Fähigkeiten, aber die Mehrzahl der Informanten (19) war überzeugt, daß er ein Avatar ist, obwohl fünf mit keiner der auf dem Fragebogen vorgegebenen möglichen Antworten zufrieden waren und meinten, man müsse ihn als »übermenschlich« bezeichnen. Keiner fand die Bezeichnung »Heiliger« ausreichend oder angemessen. Die Antworten auf andere Punkte unseres Fragebogens werden in den folgenden Kapiteln ausgewertet.

Anmerkung zu Seite 223:
1. Tiffin-Behälter sind in Indien weit verbreitet und in verschiedenen Größen erhältlich. Sie bestehen gewöhnlich aus drei oder vier runden, topfartigen Gefäßen, die je etwa einen halben bis einen Liter fassen. Die einzelnen Gefäße werden durch zwei Metallstäbe zusammengehalten, die durch die Ösen, die sich jeweils auf beiden Seiten des Gefäßes befinden, geführt werden; am oberen Ende vereinigen sich die Metallstäbe zu einem Haltegriff, der ein bequemes Tragen des Behälters ermöglicht. Diese Behälter fassen Mahlzeiten für zwei bis vier Personen.

Einige Parallelen

Sai Babas Phänomene erinnern, so wie sie uns geschildert werden, nur entfernt an jene, die den westlichen Medien des neunzehnten und frühen zwanzigsten Jahrhunderts zugeschrieben wurden. Das bekannteste Medium war der Amerikaner schottischer Abstammung D. D. Home, der von zahlreichen Komitees und Wissenschaftlern seiner Zeit untersucht und niemals bei einem Betrug ertappt wurde.charakteristisch für seine Seancen, die oft am hellichten Tag stattfanden, waren Klopfzeichen und das Bewegen von Tischen und anderen Objekten ohne sichtbare Ursache. Manchmal wurden sogar Levitationen seines Körper beobachtet. Bei dem isländischen Medium Indridi Indridason traten ähnliche Phänomene auf. Im Zusammenhang mit den Seancen dieser Medien wurde oft von Materialisierungen berichtet, die jedoch häufig in Form menschlicher Körper oder Körperteile auftraten, wie zum Beispiel abgetrennte Hände, die man Dinge bewegen oder manipulieren sah und die nach ein paar Sekunden oder Minuten wieder verschwanden.

Einige Berichte aus dem neunzehnten Jahrhundert erwähnen Objekte, die während der spiritistischen Sitzungen erschienen. Unter anderem finden wir interessante Beobachtungen des berühmten englischen Biologen Alfred Russel Wallace, der vom plötzlichen Erscheinen frischer Blumen und Früchte in Gegenwart des Mediums Mrs. Guppy berichtete. Es wird berichtet, daß diese Objekte sogar auf Verlangen und während das Medium genau beobachtet und seine Hände von den Forschern festgehalten wurden, erschienen. Im Zusammenhang mit den Medien Charles Bailey, Carlo Centurione Scotto und Eusapia Palladino wurde auch von Teleportationen berichtet. Das deutsche Trancemedium Heinrich Melzer aus Dresden, das in Berlin von Schröder und in London von den McKenzies vom College of Psychic Science (College der paranormalen Wissenschaften) untersucht wurde, soll angeblich während seiner Trancen ungeschliffene Steine und Blumen hervorgebracht haben. Während des letzten Experiments, das in London unter scharfen Kontrollen, zu denen auch eine rigorose Leibesvisitation gehörte, durchgeführt wurde, ertappte man ihn jedoch bei einem Betrug: man fand kleine Steine von der Sorte, die er »teleportierte«, mit fleischfarbenem Pflaster auf der Rückseite seiner Ohren festgeklebt. Ein anderes Medium, das Objekte teleportierte und in den zwanziger Jahren in England untersucht wurde, war T. Lynn. Seine Seancen fanden in einem halbdunklen Raum statt. McKenzie und Major Mowbray, die die Experimente durchführten, wandten sehr strikte Kontrollen an: das Medium wurde vor und nach der Sitzung völlig entkleidet, mit frischen Kleidungsstücken bekleidet und in einen Sack aus schwarzem Material gesteckt, der am Hals enganliegend verschlossen wurde. Manchmal wurden die Hände des Mediums fest an seine Knie gebunden, und dennoch erschienen einige einfache, kleine Objekte auf einem vor ihm stehenden Teller, die mit Hilfe von Blitzlicht-kameras fotografiert wurden. Während dieser Experimente wurden keine betrügerischen Machenschaften entdeckt, aber fast wünscht man sich, die moderne Technik der kontinuierlichen Infrarotaufzeichnung hätte damals schon existiert.

Als diese Experimente durchgeführt wurden, war Lynn erst seit etwa drei Jahren Medium. Im Jahre 1936 wollte Nandor Fodor eine weitere Untersuchung mit Lynn durchführen, doch dieser war inzwischen schwer erkrankt und nicht mehr in der Lage, als Medium zu fungieren.

Vor kurzem erschien ein Artikel, der für unsere Fragestellung von Bedeutung sein könnte, in der wissenschaftlichen Zeitschrift *Zitran Zazhi* (Natur-Journal) in der Volksrepublik China. In diesem Artikel werden verschiedene Arten von Experimenten beschrieben, »in deren Verlauf es jugendlichen Personen gelang, stoffliche Objekte ohne Anwendung von direkten physischen Mitteln von einem Ort zu einem anderen zu bewegen« (Heft 1987, S. 399). Die dreizehn Autoren dieses Artikels arbeiten für verschiedene Wissenschafts- und Lehrinstitute in China, unter anderem für die National Defense Science Commission (Wissenschaftliche Kommission zur Nationalen Verteidigung).

Bei einigen der Experimente wurde ein Minisender in die Tasche der Versuchsperson (eines Mädchens) gesteckt oder an ihrem Körper befestigt, dessen Signale ständig aufgezeichnet wurden. In Gegenwart von Beobachtern brachte das Mädchen das Objekt dazu, sich an einen anderen Ort zu bewegen.

In anderen Experimenten wurde ein lichtempfindlicher Film, der sich in einem lichtgeschützten Beutel befand, durch den Raum in einen anderen lichtgeschützten Beutel »teleportiert«. Als man den Film später entwickelte, stellte man fest, daß er nicht dem Licht ausgesetzt gewesen war. Objekte wie eine Metallmutter in einer versiegelten Filmkassette oder ein kleines Stück Aluminium in einem versiegelten Stoffbeutel wurden erfolgreich teleportiert (oder »übertragen«, wie es in der englischen Version des Artikels heißt).

In diesem Artikel wurde erwähnt, daß die einzige Funktion einiger der Beobachter darin bestand, genauestens jede Bewegung des oder der

230

Mädchen (offenbar Teenager), die die Versuchspersonen dieser außergewöhnlichen Experimente waren, zu registrieren. Zu welchem Schluß kamen diese mutigen chinesischen Wissenschaftler? »Einige mit ›Ausnahmefunktionen‹ ausgestatteten Personen,« wie die Chinesen sie nennen, »können Substanzen in einen außergewöhnlichen Zustand versetzen, der als ›Ausnahmezustand‹ bezeichnet wird. Wenn sich die Substanzen im ›Ausnahmezustand‹ befinden, können sie von gewöhnlichen Menschen oder den üblichen Detektoren nicht wahrgenommen werden,« und sie »können physische Hindernisse des Raums überwinden« (Shuhuang et al. 1983, 18-19 ff,). Die Wissenschaftler sind auch der Meinung, »daß es noch sehr schwierig ist, diesen Prozeß mit Hilfe der gegenwärtig verfügbaren wissenschaftlichen Theorien zu erklären« (ebenda, S. 19). Schließlich möchten sie »betonen, daß unsere Resultate vorläufige Ergebnisse darstellen. Reproduzierbarkeit und Genauigkeit der Experimente waren nicht perfekt. Darüber hinaus bedarf es einer weiteren Verbesserung der experimentellen Methoden« (ebenda, S. 19).

Die jahrhundertealten Bemühungen der Psi-Forschung konnten keine stichhaltigen, annehmbaren Beweise dafür erbringen, daß stoffliche Substanzen oder Objekte »aus dem Nichts« erscheinen und weiterexistieren können. Angebliche Teleportationen und Materialisationen erwiesen sich häufig als Betrügereien. Es mag jedoch vereinzelte Fälle geben (wie zum Beispiel einige der oben erwähnten), die man vorläufig als echt bezeichnen könnte. Hasted (1981) erwähnt solche Vorfälle, aber auch hier wirkt das Beweismaterial dürftig.

Finden wir in der religiösen Literatur Hinweise auf Phänomene jener Art, die für Sai Baba charakteristisch sind? Es gibt wahrscheinlich keine religiöse Schrift, in der mehr Wunder beschrieben werden, als im Neuen Testament. In seinem klassischen Buch über die Wunder Jesu zählt Trench dreiunddreißig solcher Vorfälle auf, von denen etwa die Hälfte in mehreren kanonischen Evangelien erscheint. Die apokryphen Evangelien über die Kindheit und Jugendzeit Jesu, die nicht im Neuen Testament enthalten sind, berichten von einer noch größeren Anzahl von Wundern: »Zu sagen, die Wunder stünden darin im Vordergrund, würde den Tatbestand nur sehr ungenügend ausdrücken. Sie sind alles« (Trench 1949, S. 27).

Selbst die historischen Studien über die biblischen Schriften kamen bezüglich der übernatürlichen Phänomene zu keiner Übereinstimmung und ließen viele Fragen offen. Und doch ist es verlockend, sich einmal einige Spekulationen zu erlauben, indem man die Wunder, die der historischen Figur Jesus zugeschrieben werden, mit denen des modernen Wundertäters Sai Baba vergleicht, ohne sich im Moment Gedanken über ihre

Echtheit zu machen. Wie Dr. Chari einst weise feststellte: »In Anbetracht unserer abgrundtiefen Unwissenheit über diese Phänomene sind spekulative und imaginative Höhenflüge harmlos, vorausgesetzt, wir kehren stets auf festen Boden zurück« (1982, S. 258).

Zwei Drittel der dreiunddreißig Wunder, die Jesus im Neuen Testament zugeschrieben werden, beziehen sich auf Heilungen. Heilungen trugen sicherlich auch zu Sai Babas Ruf bei, aber ich habe den Eindruck, daß sie bei seinen Aktivitäten keine so hervortretende Rolle spielen, wie das bei Jesus der Fall ist.

Eines der Jesus zugeschriebenen Wunder, die Stillung des Sturmes (Matthäus 8:23-7, Markus 4:35-41, Lukas 8:22-25) weist auf eine außergewöhnliche Kontrolle über die Außenwelt hin; seinen Gang über das Wasser könnte man vielleicht ebenfalls in diese Kategorie einordnen (Matthäus 14:22-23, Markus 6:45-52, Johannes 6:14-21), obwohl auch andere Interpretationen möglich wären, wie zum Beispiel die, daß Jesus sein Körpergewicht veränderte. Zweimal (Lukas 5:1-11, Johannes 21:1-23) wird ihm ein übernatürlicher Fischzug zugeschrieben. Keines dieser Wunder wird von Sai Baba berichtet, obwohl einige der ihm zugeschriebenen Phänomene ähnlich scheinen (wie zum Beispiel die Kontrolle über den Regen, die von Varadu geschilderte Levitation und vielleicht auch sein plötzliches Verschwinden und fast unmittelbares Erscheinen an einem anderen Ort).

Dann ist da noch dieses seltsame und für manche vielleicht ein wenig peinlich wirkende Wunder, das Jesus vollbrachte, als er den unfruchtbaren Feigenbaum verfluchte: Eines Morgens kam er an einem Feigenbaum vorüber, und da er hungrig war und keine einzige Frucht darauf fand, »sagte er zu ihm: auf dir soll hinfort keine Frucht mehr wachsen, bis in alle Ewigkeit. Und der Feigenbaum verdorrte augenblicklich« (Matthäus 21:18-22. Siehe auch Markus 11:12-14, 20-24). Einige Schilderungen in den apokryphen Evangelien, die verschiedene der von Jesus in seiner Jugendzeit vollbrachten Wunder beschreiben, zeigen ihn hauptsächlich als Wundertäter, der manchmal auch Launen und menschliche Schwächen offenbarte.

Schließlich kommen wir zu jenen Wundern Jesu, die auch häufig von Sai Baba berichtet werden. Das erste im Neuen Testament erwähnte Wunder dreht sich um das Verwandeln von Wasser in Wein bei der Hochzeit in Kana (Johannes 2:1-11). Ich berichtete bereits an anderer Stelle dieses Buches über die Aussagen einiger Zeugen, die angaben, Baba habe Wasser in ein anderes Getränk oder sogar in Benzin verwandelt.

Über Jesus wird zweimal berichtet, daß er Nahrung vermehrte und große Menschenmengen mit wenigen Fischen oder ein paar Broten speiste (die wunderbare Speisung der Fünftausend ‹Matthäus 14:15-21, Markus

6:34-44, Lukas 9:12-17, Johannes 6:5-14‹ und die wunderbare Speisung der Viertausend ‹Matthäus 15:32-39, Markus 8:1-9›). Es gibt einige ähnliche Berichte über Sai Baba. So soll er bei verschiedenen Gelegenheiten auf paranormalem Wege eine komplette Mahlzeit für große Menschenmengen produziert haben. Es wurde auch von Begebenheiten berichtet, bei denen er eine ganz bestimmte Art von Nahrung produziert haben soll, wie zum Beispiel Süßigkeiten oder Amrith, die er dann an viele Menschen verteilte. In den vorangegangenen Kapiteln wird dieses Phänomen von verschiedenen Zeugen geschildert. Andere Zeugen, deren Aussagen nicht in diesem Buch veröffentlicht wurden, berichteten ebenfalls von solchen Beobachtungen.

Zur Zeit des Dasara-Festivals pflegte Baba Amrith an alle Anwesenden zu verteilen. Manche Zeugen behaupten, manchmal sei kein Amrith in dem kleinen Gefäß gewesen, aus dem es normalerweise verteilt wurde, oder das Amrith habe sich stetig vermehrt, während Baba an jeden einzelnen der Hunderte von Wartenden je einen Löffel voll verteilte.

Die Gelegenheiten, bei denen Baba eine Portion Süßigkeiten oder anderes Eßbares – heiß oder kalt, fest oder flüssig, hausgemacht oder sogar industriell hergestellt – für eine oder mehrere Personen gleichzeitig produzierte, sind in der Tat ungezählt. Solche Vorfälle werden praktisch von allen, die auch nur ein paar Tage bei ihm verbrachten oder ihm ein paarmal persönlich begegneten, geschildert. Ich selbst habe dieses hervorbringen von Eßbarem mehrmals beobachtet und auch ein paarmal selbst davon gekostet. Obwohl sich die Berichte über Materialisierungen und Vermehrung von Nahrung bei Jesus und Sai Baba ähneln, kommt dieses Phänomen bei Sai Baba wesentlich häufiger vor.

Sowohl in der frühen als auch in der neueren Geschichte des Christentums finden wir mehrere Berichte über andere Personen, die angeblich Nahrung vermehrt haben. Thurston führt einige solcher Berichte über katholische Heilige und Geistliche an, denen dieses Phänomen zugeschrieben wurde, und St. Gregor der Große, Papst der Katholischen Kirche (540? bis 604) beschreibt in seinen »Dialogen« mehrere Fälle von Nahrungsvermehrung.

Ich möchte hier nicht den Versuch unternehmen, den Wahrheitsgehalt dieser Berichte zu bewerten, von denen einige anläßlich von Heiligsprechungen zusammengetragen und geprüft wurden, aber ich bin der Meinung, daß sie interessante Parallelen zu den über Sai Baba aufgestellten Behauptungen darstellen. Ich habe mich nicht darum bemüht, Berichte über solche Phänomene in anderen großen Religionen aufzufinden. Ein indischer Gelehrter und Experte der Sanskritliteratur sagte mir, daß in den Schriften über das Leben Krishnas einige Beschreibungen von Wundern existieren. Seiner Meinung nach sind die dort beschriebenen Wunder jedoch im allgemeinen von anderer Art, da sie sehr viel phantastischer erscheinen als die von Sai Baba oder Jesus berichteten. (Es gibt zum Beispiel eine Schilderung, nach der Krishna eines Tages, als er in seinem Triumphwagen fuhr, angegriffen wurde. Ein Feind warf eine Waffe nach ihm, und es heißt, der Erdboden unter dem Triumphwagen sei so weit eingesunken, daß der Wagen aus dem Bereich der gutgezielten Waffe verschwand.)

Manifestationen religiöser
Mythen und Symbole

Den Berichten langjähriger Beobachter Sai Babas zufolge erscheinen
Objekte oder Substanzen nicht nur in seinen Händen auf unerklärliche
Weise, sondern kommen auch auf ebenso geheimnisvolle Weise aus seiner
Stirn, seinem Mund und seinen Füßen hervor – insbesondere die sakramentale Substanz Vibuti. Diese Phänomene wurden häufig von vielen
Personen beobachtet. Darüber hinaus gibt es Hinweise darauf, daß auch
in einiger Entfernung von ihm Objekte erscheinen (zum Beispiel als er
zu einer Person sagte, sie solle einen Apfel von einem in der Nähe
stehenden Tamarindenbaum pflücken, und diese Person angeblich an
einem Ast dieses Baumes einen Apfel findet).

Es gibt zahlreiche Berichte, denen zufolge Vibuti an verschiedenen
Orten erschienen ist, wie zum Beispiel auf Fotografien in den Häusern
und Wohnungen verschiedener Menschen. Manche Leute schrieben das
Erscheinen der Vibuti-Asche Sai Baba zu, obwohl er selbst dies in einigen
Fällen – nicht in allen – dementierte. Ich besuchte etwa zwanzig solcher
Orte in verschiedenen Teilen Indiens sowie einen in London und einen
in New York und hörte von vielen weiteren, aber ich hatte niemals
Gelegenheit, das tatsächliche Erscheinen der Asche zu untersuchen, noch
konnte ich es jemals persönlich beobachten. Das Auftauchen von Vibuti
schien in den siebziger Jahren epidemische Ausmaße anzunehmen, als
solche Phänomene in mehreren Häusern jeder Stadt, die ich zu der Zeit
besuchte – und es waren einige –, auftraten.

Bei meiner Umfrage bat ich die Informanten um Angaben über das
Erscheinen von Vibuti (oder Amrith) in ihren Häusern: zwölf von ihnen
oder 41 Prozent gaben an, daß in ihren Wohnungen auf mysteriöse Weise
Vibuti erschienen war, und einige berichteten dies auch von Amrith. Wie
viele hatten dieses Phänomen an anderen Orten beobachtet? 79 Prozent
der Befragten (23 Personen) hatten es an irgendeinem Ort außerhalb ihrer
Wohnung beobachtet. Leider wurde dieses Phänomen nicht gründlich
untersucht. Da es leicht vorgetäuscht werden kann, sind die diesbezüglichen Berichte so lange nicht völlig überzeugend, bis die Substanz unter
kontrollierten Bedingungen und der genauen Beobachtung von Wissenschaftlern auf Objekten erschienen ist.

In den meisten Fällen erscheint das Vibuti auf Fotografien, die an
Wänden hängen oder auf Tischen stehen. In einem Fall entdeckten

Dr. Osis und ich Vibuti zwischen einem Foto Sai Babas und dem Glas, von dem es bedeckt war. Man berichtete uns, daß aus diesem Foto seit Monaten immer wieder Vibuti herausströmte. Es hing hoch oben über der Tür des Wartezimmers von Dr. P. B. Menon in Calicut in Kerala. In Bangalore besuchten Dr. Osis und ich Mr. Kupanna, einen pensionierten Beamten, der inzwischen verstorben ist. In seinem Zimmer (in dem jeden Donnerstagabend Bhajans gehalten wurden) sahen wir viele Fotos von Sai Baba, große und kleine, an den Wänden hängen, auf denen sich, ebenso wie auf dem Fußboden, große Mengen von Vibuti angesammelt hatten. Alle paar Wochen wischte Mr. Kupanna das ganze Vibuti weg, aber man sagte uns, es erscheine nach und nach wieder. Dr. Bhattacharya, den wir bereits an anderer Stelle erwähnten, ein Freund Mr. Kupannas, war beeindruckt von den Phänomenen, und auch von Mr. Kupanna, der anscheinend von allen Menschen seiner Umgebung sehr geachtet wurde.

Einmal hatte Dr. Bhattacharya Besuch von einem Kollegen, Professor Kundu, Direktor des Saha Instituts für Kernphysik in Kalkutta, der an einem wissenschaftlichen Kongreß in Bangalore teilnahm. Eines Abends nahm Dr. Bhattacharya Dr. Kundu mit hinüber in Mr. Kupannas Zimmer, das sich in einem Haus in der Nachbarschaft befand. Dr. Bhattacharya hatte gehört, daß manchmal Vibuti auf Fotos, die von Gästen mitgebracht wurden, erschien, während sie sich in diesem Zimmer aufhielten. Die beiden Wissenschaftler brachten eine Fotografie mit und legten sie flach vor sich auf den Boden. Es wurde Puja gehalten, und sie nahmen daran teil. Als es vorüber war, sahen sie, daß ein kleiner Fleck, offensichtlich Vibuti, auf dem Foto erschienen war, das die ganze Zeit direkt vor ihnen gelegen hatte. Der Fleck war jedoch ziemlich klein, und sie konnten nicht ausschließen, daß er aus der Luft auf das Bild heruntergefallen war, obwohl sie das nicht für sehr wahrscheinlich hielten.

Dr. Joop Houtkooper und ich interviewten Dr. Kundu im Januar 1980 in Kalkutta über diesen Vorfall. Bei dieser Gelegenheit erzählte er uns von einem ähnlichen Phänomen, das im Jahre 1975 oder 1976 aufgetreten war und das er sich nicht erklären konnte. In dem kleinen Tagebuch, das er in seiner Brieftasche aufbewahrte, hatte er ein paar Fotos von indischen Heiligen und Philosophen, wie zum Beispiel Ramakrishna, den er achtete und schätzte. Eines Tages fügte er diesen Fotos eines von Sai Baba hinzu, obwohl er diesem niemals persönlich begegnet war. Als er dieses Foto zu einem späteren Zeitpunkt herausnahm, entdeckte er auf seiner Oberfläche eine pulverförmige Substanz, eine Art grau-weißer Staub, der auch über das darunterliegende Foto verschmiert war. Es sah eher wie Vibuti aus denn wie gewöhnlicher Staub. Warum war es nur auf diesem einen Foto und nicht auch an anderen Stellen in seinem Tagebuch erschienen? Dieses Phänomen setzte sich einige Zeit fort und blieb ein Rätsel für Dr. Kundu.

Schauen wir uns nun einige von Babas Materialisierungsphänomenen noch einmal genauer an. Jede der von mir interviewten Personen, die in den vierziger und fünfziger Jahren an den Dasara-Festivals in Puttaparti teilgenommen hatte, gab an gesehen zu haben, wie während der Prozession Vibuti, Kumkum und Sandelholzpaste auf Sai Babas Stirn erschien, obwohl vor der Prozession nichts auf seiner Stirn zu sehen war. Die Prozessionen fanden gewöhnlich bei Nacht statt, und die Sänfte, in der Baba saß, war von hellen Lampen beleuchtet. Viele dieser Zeugenaussagen wurden bereits an anderer Stelle dieses Buches wiedergegeben; auch viele andere Personen, die nicht in diesem Buch erwähnt wurden, berichteten mir die gleichen Einzelheiten bezüglich dieses Phänomens. Darüber hinaus hatten zweiundzwanzig der neunundzwanzig Befragten aus unserer Umfrage beobachtet, wie Vibuti und/oder andere Substanzen auf Babas Stirn erschienen waren, und zwar hauptsächlich während der Festivals und Prozessionen, aber auch bei einigen anderen Gelegenheiten, wie zum Beispiel während der Bhajans oder während seiner Trancen. In Indien begegnet man manchmal orthodoxen Hindus, die drei grau-weiße Vibutistreifen quer über der Stirn tragen. Dies zeigt, daß sie Shiva verehren. Ein anderes Zeichen, das aus Kumkum und Sandelholzpaste besteht, weist sie als Anhänger Vishnus aus. Die drei Vibutistreifen, die auf Babas Stirn erschienen, waren von jener Art, wie man sie auf den traditionellen Bildnissen Shivas sieht, jener religiösen Figur des Hinduismus, mit der Baba sich am stärksten zu identifizieren scheint. Oft berichteten die Zeugen jedoch auch von Begebenheiten, bei denen das Vibuti nicht in bestimmter Form auf Babas Stirn erschien, sondern einfach die ganze Stirn bedeckte.

Sai Baba scheint am stärksten mit den religiösen Vorstellungsinhalten, Symbolen, Mythen und Schriften des Hinduismus vertraut zu sein. Sie liefern ihm die Formen für seinen religiösen Ausdruck. Diese Vorstellungsinhalte scheinen während der Festivals eine physische, fast somatische Form angenommen zu haben, wenn man einmal davon ausgeht, daß die Erscheinungen auf seiner Stirn echt waren. In der christlichen Tradition sind uns Fälle von Personen bekannt, auf deren Körper die Wundmale Christi in Form von Stigmata erscheinen. Es gibt sehr viele Berichte über religiöse Stigmata sowohl bei christlichen Heiligen als auch bei Laien. Franz von Assisi war der erste christliche Heilige, bei dem sich den Überlieferungen zufolge solche Wunden zeigten, aber es wurden bis in unsere Zeit sporadisch auch immer wieder andere Fälle beobachtet und aufgezeichnet. Die bekanntesten Fälle von Stigmatisierungen in jüngster

Zeit waren Theresa Neumann aus Konnersreuth und der italienische Mönch Pater Pio (der, nebenbei bemerkt, auch über außerordentliche paranormale Fähigkeiten verfügt haben soll, die in mancher Hinsicht an die Sai Babas erinnern, obwohl eine genauere Überprüfung noch aussteht). Die psychosomatischen oder psychophysischen Auswirkungen, die man bei solchen Stigmatisierungen beobachten kann, scheinen durch die Identifikation des Betreffenden mit dem Bild Christi hervorgerufen zu werden. Möglicherweise spielen sich bei Sai Baba ähnliche Prozesse ab, wenn auch in anderer Form und innerhalb eines anderen religiösen Zusammenhangs. Bei den christlichen Stigmatisierungen bewirkt der tiefe religiöse Glaube sichtbare Veränderungen im Körpergewebe, während in Babas Fall offensichtlich körperfremde Substanzen die entsprechenden religiösen Symbole auf seinem Körper bilden. Obwohl sich die Formen unterscheiden, erschienen die religiösen Symbole sowohl bei den christlichen Stigmatisierten als auch bei Sai Baba an den »richtigen« Körperstellen.

Es gibt noch ein anderes, vielleicht verwandtes Phänomen. In unserer Umfrage gaben siebenundzwanzig der Befragten an, gesehen zu haben, wie Baba Objekte aus seinem Mund hervorbrachte. Über dreißig Jahre – jedesmal auf dem Höhepunkt des Shivratri-Festes – beobachtete eine große Menschenmenge, wie Baba offensichtlich unter Schmerzen ein fast hühnereigroßes, längliches glasartiges Objekt (wahrscheinlich aus einem Edelstein) aus seinem Mund hervorbrachte, das bei den Hindus Lingam genannt wird. Manchmal erschienen bei ein und derselben Gelegenheit zwei oder drei Lingams. Dieses Hervorbringen von Lingams aus dem Mund ist die Darstellung eines altbekannten hinduistischen Shiva-Mythos.

Bei einer Gelegenheit sahen mehrere Zeugen Vibuti und gleichzeitig kleine goldene Blätter, auf denen einer der Namen Gottes eingraviert war, aus Babas Mund hervorströmen. (Das Kapitel »Der Radscha von Venkatagiri« enthält eine genaue Schilderung dieser Begebenheit.) Einige andere Personen berichteten, daß auch bei anderen Gelegenheiten, zum Beispiel während seiner Trancen, Vibuti aus seinem Mund herausströmte. Varadu berichtete, daß einmal, als Baba in Trance gefallen war, ein große Menge Vibuti aus der Sohle seines rechten Fußes hervorquoll. Der Radscha von Venkatagiri erwähnte einen ähnlichen Vorfall. In diesen Fällen ist mir, bei meinem begrenzten Wissen über den Hinduismus, keine religiöse Interpretation des Phänomens bekannt.

Ein anderes, von mehreren Zeugen erwähntes Phänomen ist die plötzliche Manifestation wunderbarer Düfte, die von verschiedenen Personen in Babas Nähe wahrgenommen wurden. Ich führte keine systematische Umfrage über dieses Phänomen durch, aber es wurde mir von mehreren

Personen geschildert, unter anderem von Krishna Kumar, den Sängern Raman und Lakshmanan, Gopal Krishna von Venkatagiri und erst kürzlich von einem Mr. V. Srinivasan aus Madras. Krishna Kumar beschrieb es folgendermaßen:

Es kommt ganz plötzlich, hält ein paar Minuten an und verschwindet dann wieder. Meistens war es Sandelholz- oder Moschusduft. Es geschah oft zu Beginn der Bhajans. Ich half ihm gewöhnlich beim Bad. Manchmal roch er nach seinem Morgenbad für ein paar Minuten nach Parfüm. Zumindest damals benutzte er weder Puder noch Parfüm, und doch roch er manchmal nach diesen wundervollen Düften.

Gopal Krishna bemerkte:

Zuweilen ging von dem Swami ein wunderbarer Duft aus, der manchmal schnell verflog, manchmal aber auch länger anhielt. Wir fragten ihn: »Was ist das, Swami?« Er sagte: »Dies ist ein göttlicher Duft.« Manchmal nahmen wir diesen Duft auch in seiner Abwesenheit wahr.

Der »Duft der Heiligkeit« oder der göttliche Duft ist ein Phänomen, das auch in den Biographien vieler katholischer Heiliger oder Mystiker auftaucht, und es scheint genügend Beweismaterial für seine Echtheit zu geben. Ich möchte hier ein Beispiel der heiligen Marie Francesca delle Cinque Piaghe anführen, einer Franziskanernonne, die 1791 in Neapel starb. Es ist ihrer Biographie entnommen, die, laut Herbert Thurston, auf einem sorgfältigen Studium des während ihrer Heiligsprechung gesammelten Materials basiert.

Kaum einer der Zeugen, dessen Aussage im Summarium festgehalten ist, der nicht ausdrücklich diesen Duft erwähnt, und, daß kein Zweifel bestehen möge, daß ihr diese Gnade von ihrer Mutter Maria und ihrem göttlichen Bräutigam zuteil wurde, konnte man regelmäßig beobachten, daß sich dieses Phänomen besonders intensiv an den großen Feiertagen zu Ehren unserer lieben Frau und an jenen Freitagen im März manifestierte, an denen sie auf geheimnisvolle Weise an den Leiden Christi teilnahm.

Ähnliche Beobachtungen machte man bei dem berühmten 1968 verstorbenen Kapuzinerpater Pio, in dessen Gegenwart häufig der »Duft der Heiligkeit« wahrgenommen wurde.

Einige Fälle der plötzlichen Manifestation von Düften finden wir auch in den Berichten über den Spiritualismus des neunzehnten Jahrhunderts. Dies zeigte sich besonders deutlich im Falle des Mediums Stainton Moses, einem hochangesehenen Geistlichen und Universitätsprofessor, von dem, um Thurston zu zitieren, »alle, die ihn näher kannten, mit aufrichtiger Hochachtung sprachen« (1952, S. 42).

Auch hier findet ein Sai Baba zugeschriebenes Phänomen einige Parallelen in westlichen Quellen, besonders in den religiösen Schriften.

Auferweckung von Toten?

Obwohl Heilungen in der Szenerie übersinnlicher Ereignisse um Baba keine herausragende Rolle spielen, ist die Anzahl der Berichte über angebliche Heilungen doch beträchtlich. Bei unserer Umfrage behaupteten zweiundzwanzig (76 %) der Befragten, persönlich einen Menschen gekannt zu haben, der von Sai Baba auf wunderbare Weise geheilt wurde. Elf von ihnen gaben an, selbst geheilt worden zu sein; dreizehn berichteten über die Heilung einer anderen Person. Einige Beispiele solcher Schilderungen angeblich übernatürlicher Heilungen wurden bereits in vorhergehenden Kapiteln wiedergegeben.

Wir sprechen normalerweise dann von einer übernatürlichen Heilung, wenn die Genesung in einem Tempo und Ausmaß fortschreitet, das den normalen Heilungsprozeß auf verblüffende Weise übersteigt und von der gegenwärtigen medizinischen Wissenschaft nicht erklärt werden kann. Es ist jedoch sowohl für Laien als auch für Ärzte sehr schwer, mit einiger Sicherheit zu bestimmen, was als übernatürliche Heilung betrachtet werden kann und was nicht. In seltenen Fällen können sogenannte unheilbare Krankheiten spontane Remissionen erfahren. Sehr häufig ist es selbst für einen Spezialisten schwierig, eine genaue Prognose für eine Krankheit zu stellen. Es gibt Fälle, in denen die Patienten die Diagnose nicht genau kennen oder die Krankheit falsch diagnostiziert wurde. Da ich keine medizinische Ausbildung besitze und mir über die mannigfachen Fallgruben und Schwierigkeiten einer Untersuchung übernatürlicher Heilungen bewußt war, unternahm ich keinen Versuch, die diesbezüglichen Behauptungen über Sai Baba nachzuprüfen. Einige dieser Behauptungen und Berichte mögen jedoch eine solche Untersuchung durch einen kompetenten Mediziner rechtfertigen – zum Beispiel jener Fall, bei dem, wie mir von Dr. Chari berichtet wurde, ein blaues Baby* (offener Ductus arteriosus) durch die von Baba produzierte Medizin geheilt wurde (Chari 1978).

In Puttaparti sieht man zur Darshan-Zeit gewöhnlich eine Reihe von Menschen in Rollstühlen. Manchmal wendet Baba sich einem oder mehreren dieser Patienten zu und spricht mit ihnen, aber ich beobachtete bei

---

*Kind mit ausgeprägter Blausucht bei angeborenem Herzfehler

keinem von ihnen je Anzeichen einer plötzlichen Heilung. Um indische Swamis und heilige Männer gedeihen Legenden besonders gut und verbreiten sich schnell. Einigen dieser Männer mögen solche Legenden willkommen sein oder sie mögen sie unwidersprochen hinnehmen, da sie zu ihrem Ruhm und Prestige beitragen können. Oft sind jedoch eher die Jünger für die Entstehung und Verbreitung von Gerüchten verantwortlich, die dann unkritisch als Fakten akzeptiert werden. Die Auferweckung eines Toten – falls tatsächlich geschehen – müßte man sicherlich als einen extremen Fall von Heilung bezeichnen. In zwei Fällen wurde behauptet, Sai Baba habe Tote wieder zum Leben erweckt. Ich versuchte, das Beweismaterial zu überprüfen.

Der erste Fall betrifft Mr. Walter Cowan, einen wohlhabenden Kalifornier und Jünger Sai Babas. Dieser Vorfall wurde in zahlreichen Artikeln und Büchern über Sai Baba publiziert, und in vielen dieser Veröffentlichungen wurde behauptet, Baba habe Walter Cowan zum Leben erweckt, wie Jesus Lazarus von den Toten auferweckt hatte. Walter Cowans Frau Elsie bat Dr. Jack Hislop, einen amerikanischen Jünger Babas, (einen früheren Professor für Handelsrecht und leitenden Angestellten), einen Bericht über die Erfahrung ihres Mannes niederzuschreiben, da er »fast während der ganzen Ereignisse anwesend war« (Cowan 1976, S. 236). Dr. Hislop schrieb seinen Bericht ein paar Monate nach dem Vorfall. Er beginnt mit einer kurzen Einleitung von Mrs. Cowan und wurde unter ihrem Namen veröffentlicht. Am Ende dieses Artikels gibt Walter Cowan einen »kurzen Bericht seiner Wiedererweckung« (ebenda, S. 244-245). Zunächst werde ich einige Abschnitte aus Dr. Hislops Darstellung wiedergeben (S. 237-239 ff.):

Am Morgen des fünfundzwanzigsten Dezember 1971 verbreitete sich mit Windeseile die Nachricht, ein älterer Amerikaner habe einen tödlichen Herzanfall erlitten. Sofort nachdem wir das Gerücht vernommen hatten, machten sich meine Frau und ich auf den Weg zu Ihrem (Mrs. Cowans) Hotel. Sie, Elsie Cowan, bestätigten die Nachricht und erzählten uns, wie der Anfall Walter im Hotelzimmer niedergestreckt hatte. Sie hatten zu Sathya Baba gebetet und ihn um Hilfe gebeten...

Irgend jemand rief einen Krankenwagen, der Walter in die Klinik bringen sollte, aber Sie wußten, daß Walter in Ihren Armen gestorben war, kurz nachdem man ihn vom Boden aufgehoben und auf das Bett gelegt hatte, und Sie waren so erschöpft, daß Sie den nun leblosen Körper nicht zum Krankenwagen begleiten konnten. Dieser Vorfall ereignete sich in den frühen Morgenstunden des fünfundzwanzigsten Dezember. Gegen sieben Uhr waren Sie dann wieder soweit hergestellt, daß Sie mit Mrs. Ratan Lal zu Babas Haus gehen, ihm die Nachricht bringen und ihn um Rat und Beistand bitten konnten. Baba sagte, er würde gegen zehn Uhr ins Krankenhaus gehen.

Um zehn Uhr wurden Sie von Mrs. Ratan Lal zum Krankenhaus begleitet, aber dort teilte man Ihnen mit, daß Baba schon dagewesen und kurz vor Ihrer Ankunft gegangen sei. Als Sie ins Krankenhaus kamen, war Walter am Leben. Daß Walter am fünfundzwanzigsten Dezember um zehn Uhr morgens lebte, ist sicher.

Aber was hatte es mit seinem Tod auf sich? ...

Um diesen Punkt zu klären, befragte Richter Damodar Rao aus Madras auf meine Bitte hin den Arzt, der Walter bei seiner Einlieferung ins Krankenhaus betreut hatte. ... Der Arzt bestätigte Richter Rao, daß Walter tatsächlich tot gewesen sei, als er ihn, kurz nachdem er mit dem Krankenwagen gebracht worden war, untersucht hatte. ...

Aber für die Jünger Babas ist die Aussage eines Mediziners nicht von besonderer Bedeutung. Für sie ist nur das wahr, was Er über Mr. Cowan sagte.

Ich besuchte Baba in Seinem Haus, nachdem er aus dem Krankenhaus zurückgekehrt war. Er erzählte mir und den anderen, die sich in Hörweite befanden, daß Walter Cowan gestorben war, daß das Krankenhauspersonal ihm Baumwolle in Ohren und Nase gestopft, ihn mit einem Laken bedeckt und in einen separaten Raum gebracht hatte. Baba sagte, er habe Walter wieder zum Leben erweckt.

Dr.O.G.C. Vaz, Allgemeinmediziner in Madras und Hausarzt des Connemara-Hotels, eines der feinsten Hotels von Madras, erinnerte sich gut an Mr. Cowan; er hatte ihn sechs oder sieben Jahre vor unserem ersten Interview (im Jahre 1977) zwei Wochen lang behandelt. Dr. Vaz sagte, er sei eines Nachts gegen Mitternacht ins Connemara-Hotel gerufen worden. Mr. Cowan war sehr krank und mußte in ein Krankenhaus gebracht werden (Lady Willingdon's Nursing Home, eine Privatklinik in Madras). Dr. Vaz erinnerte sich nicht mehr genau an die Art der Krankheit, aber er meinte, es sei eine Herzkrankheit gewesen. Er hatte einen Facharzt hinzugezogen, Dr. Rajagopalam, einen Herzspezialisten. Dr. Vaz berichtete, Mr. Cowan sei sehr schwer krank gewesen, aber es sei nicht wahr, daß er gestorben sei. Er wurde für zwei Wochen stationär aufgenommen – mit hohem Fieber und anderen Symptomen, aber alle Lebensfunktionen waren stets vorhanden. Er blieb bis zu seiner Genesung im Krankenhaus. Er war manchmal etwas benommen, aber er hatte zu keiner Zeit während der Dauer seiner stationären Behandlung das Bewußtsein verloren.

Dr. Rajagopalam ist ein angesehener Herzspezialist in Madras. Er erzählte mir im wesentlichen dasselbe wie Dr. Vaz – soweit er wußte, war Walter Cowan im Verlauf dieser Krankheit nicht gestorben.

Gemäß den Unterlagen des Lady Willingdon's Nursing Home wurde Mr. Cowan am fünfundzwanzigsten Dezember 1971 eingeliefert und am fünfzehnten Januar 1972 entlassen. Die Oberschwester, die bei meinem Besuch im Krankenhaus Dienst hatte, erinnerte sich sehr gut an Mr. Cowan, er war ein besonders angenehmer und freundlicher Patient gewesen. Auch ihr war nichts davon bekannt, daß er gestorben oder fast gestorben war.

Dr. Krishna Rao, der Leiter des Lady Willingdon's Nursing Home, schaute auf meine Bitte hin in den ärztlichen Unterlagen nach. Walter Cowan war lebend in das Krankenhaus eingeliefert worden. Man hätte dort einen Toten gar nicht aufgenommen, denn das Krankenhaus hat keine Leichenhalle, wie mir Dr. Vaz schon gesagt hatte. Wie die beiden anderen Ärzte bestätigte mir auch Dr. Krishna Rao, daß Cowan während seines Krankenhausaufenthalts nicht gestorben war. Keiner der obengenannten Informanten schien Vorbehalte gegen Sai Baba zu haben; Dr. Rajagopalam zeigte sogar ernsthaftes Interesse an Babas Person. Dr. Vaz hingegen schien durch die Gerüchte über Mr. Cowans Auferstehung vom Tode irritiert, da sogar Fernsehteams anrückten, um ihn über diesen Fall zu interviewen. Dr. Rajagopalam befreundete sich mit Walter Cowan und besuchte die Cowans einige Zeit später in ihrem Heim in Kalifornien.

Walter Cowan starb zwei Jahre nach diesem Vorfall. Ich hatte keine Gelegenheit, ihn zu treffen. Er hatte jedoch kurz nach dem betreffenden Vorfall eine Erklärung über seine Begegnung mit dem Tode abgegeben und auf Tonband aufgenommen. Mr. Richard Bock, ein Anhänger Sai Babas aus Los Angeles, war so freundlich, mir eine Kopie des Tonbandes zu schicken. Der Hislop/Cowan-Artikel schließt mit einer Erklärung Walter Cowans, die im wesentlichen mit der auf Band aufgenommenen übereinstimmt. Ich gebe sie hier auszugsweise wieder (ebenda, S. 244-245 ff.):

Während meines Aufenthalts im Connemara-Hotel in Madras bekam ich, zwei Tage nach unserer Ankunft, eine schwere Lungenentzündung und lag im Bett. Während ich nach Luft rang, spürte ich plötzlich, daß der Kampf des Körpers vorbei war und ich starb. Ich war sehr ruhig, in einem wundervollen Zustand der Seligkeit, und der Herr, Sai Baba, war an meiner Seite. Obwohl mein Körper tot auf dem Bett lag, funktionierte mein Geist ununterbrochen weiter, bis Baba mich wieder zurückholte. Ich spürte keine Angst oder Furcht, sondern ein außerordentlich starkes Gefühl von Wohlbefinden, denn ich hatte jegliche Angst vor dem Tode verloren.

Walter schildert weiterhin , wie Baba ihn in eine große Halle brachte, wo die Unterlagen mit den Aufzeichnungen seiner früheren Leben aufbewahrt wurden. Dort wurden vor dem »Gerichtshof« die Aufzeichnungen verlesen, und Baba sagte, er [Walter] habe die Aufgabe, zu deren Erfüllung er geboren worden war, noch nicht vollständig erfüllt. Baba bat den Richter, Walter ihm [Baba] zu übergeben und Walters Seele wieder mit seinem Körper zu vereinen. »Der Richter sagte: 'So sei es'. Die Akte wurde geschlossen und ich [Walter] ging mit Baba, um in meinen Körper zurückzukehren« (ebenda, S. 244-245ff.).

Es gibt leider keine unmittelbare Aussage Walter Cowans, aus der hervorgeht, wann er das Bewußtsein wieder erlangte – ob es im Hotel, im Auto, auf dem Weg zum Krankenhaus oder nach seiner Ankunft dort geschah. In der auf Tonband aufgezeichneten Erklärung beschreibt er lediglich seine subjektive Erfahrung während der Zeit, da er sich seiner physischen Umwelt nicht bewußt war, und er berichtet, daß er »später mit Baba darüber sprach: und Er sagte, es sei keine Einbildung von mir gewesen, sondern eine authentische Erfahrung« (ebenda, S. 245).

Im November 1980 traf ich in Indien seine Witwe, Elsie Cowan. Sie und Walter waren hoch in den Siebzigern, als sich der fragliche Zwischenfall Weihnachten 1971 ereignete. Gegen elf Uhr abends, nachdem sie zu Bett gegangen waren, hatte sie gehört, wie ihr Mann ins Badezimmer ging und plötzlich zu Boden stürzte. Sie rief die Diener, die ihn zurück ins Bett trugen, wo er sich dann wieder erholte. Als er etwa eine Stunde später zum zweitenmal aufstand, brach er wieder zusammen und verlor das Bewußtsein. Man rief einen Arzt. Als dieser [Dr. Vaz] zwanzig Minuten später eintraf, untersuchte er Mr. Cowan und erklärte ihn für tot, wie mir Mrs. Cowan berichtete. Über diesen letzten Punkt gehen die Meinungen von Mrs. Cowan und Dr. Vaz radikal auseinander.

Alle vier Mitglieder des Krankenhausteams geben an, daß Walter Cowan bei seiner Einlieferung ins Krankenhaus lebte und während der Behandlung nicht starb. Dr. Vaz und Dr. Krishna erzählten mir, daß Sai Baba Walter Cowan am Tage nach seiner Einlieferung vormittags besucht hatte. Laut Dr. Vaz, der sich nach eigener Angabe zu dieser Zeit im Krankenhaus aufgehalten hatte, war Cowan zu diesem Zeitpunkt wach. Sai Baba hatte mit Cowan gesprochen und ihm Vibuti gegeben. »Es ist möglich, daß dies seinen psychischen Zustand verbessert hat, aber er hätte sich auch ohne Sai Babas Besuch wieder erholt«, sagte Dr. Vaz zu mir.

Elsie Cowan berichtete, sie habe Sai Baba am selben Morgen, noch bevor er ins Krankenhaus gegangen sei, in seinem Zimmer in Madras besucht. Als sie und Mrs. Ratan Lal, die sie begleitete, das Zimmer betraten, sagte Baba: »Walter lebt.«

Mrs. Ratan Lal, eine Jüngerin Sai Babas und Freundin der Cowans, wohnte ebenfalls im Connemara-Hotel. Ich traf Mrs. Ratan Lal vor einigen Jahren in Indien, aber ich hatte keine Gelegenheit mehr, sie zu treffen, nachdem ich mit der Untersuchung dieses Falles begonnen hatte. Auch Sai Baba stellte ich keine Fragen zu diesem Fall. Der Vorfall ereignete sich zu dem Zeitpunkt, als eine Konferenz von Sai-Jüngern (die achte gesamt-indische Konferenz der Sri Sathya Sai Seva Wohlfahrtsorganisationen) in Madras stattfand. Sai Baba wohnte im Hause des inzwischen verstorbenen Mr. Venkatamuni und dessen Frau Suseelamma. Ihr Sohn Mr. Eswar erzählte mir, daß Mrs. Ratan Lal ziemlich früh am Morgen, nachdem Mr. Cowan zusammengebrochen war, allein in ihrem Haus erschienen sei und sich mit Sai Baba getroffen hatte. Man konnte mit ziemlicher Sicherheit annehmen, daß sie ihm die Nachricht von Walter Cowans Zusammen-bruch überbracht hatte. Mrs. Cowan kam anscheinend später am selben Morgen, um Baba zu besuchen, und noch später ging Baba dann ins Krankenhaus. Ich fragte (telefonisch) Richter Damodar Rao, einen über-zeugten Jünger, welche Rolle er in dem Fall gespielt hatte, da Dr. Hislop in seinem Bericht erwähnte, Richter Rao habe Cowans Arzt befragt. Er dementierte, jemals eine Untersuchung in diesem Fall angestellt zu ha-ben. Während unseres Indienaufenthaltes im Jahre 1975 erwähnte Mr. Eswar gegenüber Dr. Osis, daß Sai Baba ihn gebeten hatte, »den Fall herunterzuspielen«. Außerdem ist interessant, daß Kasturi in der offiziel-len Biographie Sai Babas nur kurz auf diesen Vorfall eingeht; er zitiert, ohne jeglichen Kommentar, lediglich ein paar Sätze Elsie und Walter Cowans (1980, S.23).

Die Schilderung von Walter Cowans Erfahrung erinnert an einige Be-richte über »Erfahrungen in Todesnähe«. Laut Elsie Cowan hatte ihr Mann ihr später erzählt, er habe gespürt, daß er aus dem Körper heraus-getreten sei und er habe auf seinen Körper herabgeschaut, als er im Auto zum Krankenhaus gefahren wurde. »Jedesmal, wenn das Auto durch ein Schlagloch fuhr oder anhalten mußte, rutsche mein Körper herunter. und ich versuchte, wieder hineinzukommen.« Dies scheint darauf hinzudeu-ten, daß er auf dem Weg zum Krankenhaus, zumindest zeitweise, halb bei Bewußtsein war.

Es gibt noch einen anderen, weniger publizierten Fall, bei dem Sai Baba angeblich einen Toten zum Leben erweckt haben soll. Dieser Fall betraf Mr. Radhakrishna und wurde Dr. Osis und mir im Jahre 1975 von seiner Witwe folgendermaßen geschildert.

Während eines Aufenthaltes in Puttaparti in den frühen fünfziger Jahren war Mr. Radhakrishna schwer am Magen erkrankt, konnte keinen Urin lassen und hatte noch andere Beschwerden. Am zweiten Tag verlor er halb das Bewußtsein, und sein Zustand war sehr kritisch. Am darauffolgenden Morgen um 11.00 Uhr verlor er vollends das Bewußtsein. Laut Mrs. Radhakrishna konnte man keine Lebenszeichen, wie Atmung und Puls, mehr feststellen und die Mitglieder seiner Familie, die zugegen waren (sie selbst und Mr. und Mrs. Hemchand) glaubten fest, daß er gestorben war.

Am nächsten Morgen war der Körper kalt geworden und hatte seit über zwanzig Stunden keine wahrnehmbaren Lebenszeichen mehr von sich gegeben. Aber Baba sagte ihnen, sie sollten sich nicht sorgen, es sei nichts geschehen. Als er (Baba) schließlich aus seinem Zimmer kam, bat er sie alle, den Raum, in dem Mr. Radhakrishna lag, zu verlassen; dann schloß er die Tür und blieb eine oder zwei Minuten mit ihm allein. Als er die Tür wieder öffnete sahen die Außenstehenden Mr. Radhakrishna im Bett sitzen. »Alle waren so überwältigt, daß sie ihm (Baba) zu Füßen fielen.« Das war die orientalische Art, in der Mrs. Radhakrishna ihren Bericht schloß. Mr. Radhakrishna erholte sich bei dieser Gelegenheit, starb aber ein paar Jahre später, offenbar an derselben Krankheit.

Der gegenwärtige Radscha von Venkatagiri hielt sich damals gerade in Puttaparti auf. Als ich ihn über diesen Vorfall befragte, sagte er, daß er sich sehr gut daran erinnere. Er war gerade bei Baba, als Mr. Radhakrishnas Verwandte kam, um dem Swami mitzuteilen, daß jener im Sterben lag. Etwa ein Stunde nach dem angeblichen Tod von Mr. Radhakrishna kam der Swami endlich aus seinem Zimmer zu ihnen herunter und sagte: »Habt keine Angst, es ist nichts geschehen.« Sie warteten vor dem Krankenzimmer, während Swami hineinging. Als er die Tür öffnete und sie rief, sahen sie, daß Mr. Radhakrishna lebte und langsam sprach. Der Radscha hatte Mr. Radhakrishna nicht gesehen, als dieser angeblich tot war.

Kein Arzt war zugegen, um Mr. Radhakrishna zu untersuchen, noch war eine klare Diagnose seiner Krankheit erstellt worden. Außerdem lag der Vorfall zu dem Zeitpunkt, da ich mit meiner Untersuchung begann, inzwischen über zwanzig Jahre zurück. Es gibt jedoch eine zeitgenössische Aufzeichnung der Begebenheit, und zwar im Tagebuch von Mr. Radhakrishnas Tochter Vijaya Hemchand, die mir freundlicherweise erlaubte, die wichtigen Passagen zu fotografieren und die englische Übersetzung dieser Textstellen zu veröffentlichen. Die Aufzeichnungen sind in dem blumigen Stil gehalten, der in Indien allgemein üblich ist:

Letzte Nacht gaben wir alle die Hoffnung auf, was unseren Vater betraf. Es war eine schreckliche, erschreckende Nacht, wie die einer kosmischen Auflösung (Tod). Unser Vater stieß die Namen Verstorbener hervor und sagte, auch er würde nun bald bei ihnen sein. Er sprach unzusammenhängend und war auch nicht mehr bei vollem Bewußtsein. Er hatte [schon seit längerer Zeit] keine Nahrung zu sich genommen. Wir fingen alle an zu weinen. Angesichts dieser Bedrohung seines Lebens von Schmerz überwältigt, nahmen wir Zuflucht bei unserem Herrn Sai. Wir behielten das Bild seiner Füße fest vor unserem geistigen Auge und hatten starkes Vertrauen zu ihm. In dem Augenblick, da wir sein schönes, bezauberndes Gesicht sahen, vergaßen wir all unser Leid und wurden von Seligkeit erfüllt.

Er kam dann herunter und schloß die Türen des Zimmers. Er blieb etwa zehn Minuten darin. Ich konnte meinen Schmerz nicht unterdrükken. Ich hatte Angst davor, was die anderen denken könnten. Alle, die sich im Tempel ‹Prashanti Nilayam› aufhielten, verharrten bewegungslos und warteten ängstlich gespannt auf den Ausgang. Nach zehn Minuten öffnete er die Tür .... kam heraus, rieb sich die Hände, sah meine Mutter und sagte zu ihr: »Ich habe deinem Mann das Leben zurückgegeben. Ich habe es ihm gegeben. Diese Hürde ist genommen, die Zeit der Angst ist vorbei.« Während er diese Worte sprach, hielten wir seine Füße und benetzten sie mit unseren Tränen. »Nun denn, meine unschuldige Mutter! Sie hat Angst!« Dabei schaute er in unsere Gesichter und sagte: »Keiner von euch hatte Vertrauen und glaubte, daß er überleben würde, nicht wahr? Geht hinein und seht selbst.« Unser Vater, der drei Tage lang bewußtlos, ohne zu sprechen oder zu sehen, dagelegen hatte, schaute jeden einzelnen von uns an und lächelte.

Vijaya machte in ihrem Tagebuch keine genauen Angaben darüber, wie lange Mr. Radhakrishna ohne die normalen Lebenszeichen dagelegen hatte oder ob er sogar, nach Ansicht der Anwesenden, tatsächlich gestorben war.

Das strahlende Licht

Jene Begebenheiten, bei denen Sai Baba auf einem Hügel nahe Puttaparti ein blendend helles Licht erzeugte, zählen unter den vielen unerklärlichen Vorkommnissen, die mit ihm in Verbindung gebracht werden, zu den verblüffendsten und verdienen besondere Erwähnung. Ich machte zehn Zeugen ausfindig, die dieses Lichtphänomen beobachtet hatten, und interviewte jeden einzelnen. Die meisten von ihnen wurden bereits an anderer Stelle dieses Buches erwähnt. Sie stimmten alle darin überein, daß sich diese Phänomene nur in den späten vierziger Jahren – wahrscheinlich 1947 – und nur einige wenige Male ereignet hatten. Diesen Vorfällen, die sich den Berichten zufolge gewöhnlich in der Abenddämmerung, bevor es dunkel wurde, ereigneten, ging stets Babas plötzliches Verschwinden aus der Gruppe von Jüngern voraus. Dies und sein plötzliches Wiedererscheinen nach dem Ereignis, welches sich auf einer nahegelegenen Hügelkuppel abspielte, wird als wahrhaft unvermittelt und blitzartig beschrieben. Obwohl die Schilderungen etwas voneinander abweichen, kann man wahrscheinlich mit gutem Gewissen sagen, daß klar beobachtet wurde, wie er von einem Licht umgeben war oder selbst Licht ausstrahlte.

Es ist an dieser Stelle vielleicht angebracht, kurz auf Sai Babas Interpretation dieser Lichterscheinung einzugehen. Laut Suseelamma hatte Baba zu einer Gruppe von Jüngern gesagt, er habe ihnen die Erscheinung (*Viswarupa*) gezeigt, die Lord Krishna Arjuna gezeigt hatte, kurz bevor dieser in die Schlacht zog (eine Geschichte, die in der *Bhagavad Gita* geschildert wird). Baba fügte hinzu, sie hätten die Vision, die Arjuna gesehen hatte, nicht einmal zu einem Drittel aushalten können – einige seien schon ohnmächtig geworden. Der Unterschied zwischen ihnen und Arjuna bestand, wie Baba ihnen erklärte, darin, daß Arjuna im Gegensatz zu ihnen die spirituelle Kraft hatte, diese Vision in voller Intensität zu ertragen.

Es sind nun etwa 35 Jahre vergangen, seit die Lichtphänomene auftraten. Obwohl die Aussagen derjenigen, die diese Erscheinungen persönlich beobachteten, variieren, wird das eigentliche Phänomen von allen übereinstimmend beschrieben; daher scheint es keinen Grund zu geben, daran zu zweifeln, daß auf jenem Hügel in der Dämmerung ein Licht klar zu erkennen war. Die Frage ist nur – was war es? Da niemand bei ihm auf dem Hügel war, wird man es niemals ganz genau wissen. Die

Schilderungen unterscheiden sich geringfügig in bestimmten Einzelheiten, zum Beispiel darin, welche Ereignisse dem Phänomen vorangingen, wie hell das Licht gewesen war und ob das Licht so grell war, daß die Beobachtenden davon geblendet wurden. Einige der Abweichungen werden vielleicht verständlich, wenn man davon ausgeht, daß das Phänomen bei mindestens zwei verschiedenen Gelegenheiten auftrat und einige der Beobachter nur bei einer dieser Begebenheiten anwesend waren. Andere Unterschiede in den Aussagen erklären sich vielleicht durch Gedächtnislücken, die im Laufe der Zeit auftreten. Und schließlich wissen wir inzwischen aus Untersuchungen auf dem Gebiet der Gedächtnis- und Augenzeugenforschung, daß die Berichte von verschiedenen Zeugen über ein bestimmtes Ereignis – selbst wenn sie dieses unmittelbar zuvor beobachtet hatten – stets gewisse Abweichungen aufweisen.

Einer der Berichte ist jedoch zeitgenössisch: Vijaya Hemchand beschrieb den Vorfall in ihrem Tagebuch, wahrscheinlich am selben oder am folgenden Tag. Sie erlaubte mir, diese Textstelle zu fotografieren, die ich dann übersetzen ließ:

Alle Jünger hatten sich am Fuße des Hügels versammelt und beobachteten ihn. Die Sonne war schon untergegangen... Alle konnten Sai Baba von dort aus sehen. Hinter seinem Kopf schienen helle, rote Strahlen, ähnlich wie die Strahlen einer untergehenden Sonne. Nach einiger Zeit verschwanden sie, und an ihrer Stelle erschien ein starkes, strahlendhelles Licht, das *Crores* [zig-Millionen] von blendenden Sonnenstrahlen aussandte und wie ein Diamant auf dem Kopf einer Schlange funkelte [eine indische Metapher]. Zwei Leute, die in das Licht blickten und die Helligkeit nicht ertragen konnten, fielen zu Boden. Alle starrten mit weit offenen Augen und waren von Freude überwältigt. Ganz plötzlich verschwand das Licht und ließ pechschwarze Dunkelheit zurück. Durch den plötzlichen Wechsel von sehr hellem Licht zu völliger Dunkelheit waren unsere Augen geblendet, aber nach einigen Augenblicken konnten wir wieder sehen. Noch bevor wir unsere Augen öffnen konnten, war Sai Baba wieder mitten unter uns und lachte laut. Unsere Herzen waren voller Freude. Er ging zu den Leuten, die ohnmächtig geworden waren und rieb ihnen Vibuti, das er in seiner Hand materialisiert hatte, auf die Stirn. Sie kamen wieder zu sich und grüßten ihn.

Nach meiner Schätzung beträgt die Entfernung von der Hügelkuppe bis zum Ufer des Chitravati-Flusses etwa 200 Meter. Vom Licht einer Fackel könnte man in der Dämmerung über eine solche Entfernung hinweg nicht geblendet werden, schon gar nicht so stark, daß man ohnmächtig wird. Daher bleibt dieses Phänomen eines von Sai Babas Rätseln.

In der Literatur der Psi-Forschung fand ich keine Hinweise auf Lichterscheinungen ähnlicher Größenordnung. In den Untersuchungsberichten über verschiedene Medien werden einige Lichtphänomene beschrieben. Im allgemeinen handelt es sich dabei um ein Licht oder ein Leuchten, das während einer Seance ein bestimmtes Objekt umgibt (Teleportationen oder materialisierte menschliche Körperteile, wie zum Beispiel eine Hand oder ein Kopf) und während der Sitzung wieder verschwindet. Der berühmte französische Psi-Forscher Gustav Geley berichtete von verschiedenen Lichtphänomenen, die bei seinen Experimenten mit dem polnischen Medium Franek Kluski auftraten. Im Falle D. D. Homes wurde manchmal von leuchtenden Funken oder Nebeln berichtet, die um den Körper, die Hände oder den Kopf des Mediums herum erschienen. In der religiösen Literatur finden wir viele Berichte über Heilige und andere religiöse Figuren, die Licht ausstrahlten. Im Neuen Testament gibt es eine berühmte Geschichte dieser Art (Matthäus 17: 1-2):

Nach sechs Tagen nahm Jesus den Petrus, Jakobus und dessen Bruder Johannes mit sich und führte sie abseits auf einen hohen Berg.
Da wurde er vor ihnen verwandelt; sein Angesicht glänzte wie die Sonne, seine Kleider aber wurden hell wie das Licht.

Ähnliches wird über den russischen Heiligen Seraphim von Sarov (1759-1833) berichtet, der von manchen als der größte Heilige der östlichen orthodoxen Kirche betrachtet wird.

In seinem klassischen Buch über die physikalischen Phänomene im Mystizismus widmet Herbert Thurston dem Beweismaterial über Lichtphänomene bei katholischen Heiligen ein ganzes Kapitel. Einige Berichte über Lichtphänomene wurden von der Kirche bei Untersuchungen im Zusammenhang mit Heiligsprechungen eingehend überprüft. Dies geschah zum Beispiel im Fall des heiligen Bernadino Realino, der 1616 in Lecce, Italien, starb. Thurston ist ein hochangesehener Jesuitengelehrter, der in seinen Schriften gewöhnlich eine vorsichtige Haltung einnimmt. Er kommt in diesem Fall zu folgendem Resümee:

Man mag zögern, das Beweismaterial als völlig zufriedenstellend zu betrachten, aber man darf nicht außer acht lassen, daß der außergewöhnliche Lichtschein, der Pater Bernadinos Antlitz von Zeit zu Zeit verwandelte, von einer recht großen Anzahl von Zeugen wahrgenommen wurde. ... Einige gaben an, gesehen zu haben, wie überall aus seinem Körper wie aus einem Feuer Funken hervorsprühten. ... Andere behaupteten , der Lichtschein, der von seinem Gesicht ausging, sei bei ein oder zwei Gelegenheiten so intensiv gewesen, daß sie seine Gestalt nicht mehr klar erkennen konnten und ihre Augen abwenden mußten (Thurston, 1952, S. 165).

Thurston berichtet von einem anderen Verfahren der Heiligsprechung, der »des heiligen Franziskanerbruders, des gesegneten Thomas da Cori«, in dessen Verlauf von Zeugen berichtet wurde, daß »an einem dunklen Morgen die ganze Kirche von dem Leuchten erhellt wurde, das von des Paters Antlitz ausging (ebenda, S. 169). So wie sie von Thurston geschildert werden, ähneln die Lichtphänomene, die bei Heiligen auftraten, in ihrer Intensität schon eher einigen der Lichterscheinungen, die von Baba berichtet werden, wie zum Beispiel der von Vijaya Hemchand geschilderten. Die Lichtphänomene, die bei Medien auftraten, scheinen im Vergleich dazu von geringerer Intensität zu sein. Offensichtlich gibt es aber auch zwischen Babas Lichtphänomenen und denen der Heiligen noch einen Unterschied, denn Baba erzeugte das Leuchten willentlich, während es bei den christlichen Heiligen durch Gebete oder religiöse Ekstase ausgelöst wurde. (Seraphim von Sarov ist vielleicht eine Ausnahme). Die obengenannten Berichte aus christlichen und anderen Quellen weisen jedoch darauf hin, daß die Lichtphänomene Sai Babas – falls echt – nicht ohne Parallelen sind, wie außergewöhnlich sie auch erscheinen mögen.

Teleportation –
schnelle Bewegungen oder was?

Eines der verblüffendsten Phänomene, das Sai Baba zugeschrieben wird, ist seine angebliche Fähigkeit, seinen Aufenthaltsort plötzlich oder unmittelbar zu wechseln. Einige Jünger, die in den frühen Jahren seines Wirkens, besonders in den späten vierziger Jahren, bei ihm waren, behaupteten, gesehen zu haben, wir er plötzlich von einem Ort verschwand und innerhalb von Sekunden an einem anderen Ort auftauchte. Ich gab bisher vier Interviews mit Personen wieder, die berichteten, dieses plötzliche »Verschwinden« Babas persönlich beobachtet zu haben – Mrs. Radhakrishna, Vijaya Hemchand, Amarendra Kumar und Krishna Kumar. Ich habe auch noch einige andere Personen zu diesem Thema interviewt. Sie alle waren in den vierziger Jahren bei Baba und stimmen darin überein, daß diese Phänomene, welcher Art sie auch gewesen sein mochten, ab einem bestimmten Zeitpunkt nicht mehr auftraten.

Es war nicht leicht, diese zusätzlichen Informanten aufzuspüren. Erstens war die Anzahl der um Baba Versammelten in den vierziger Jahren noch relativ klein und zweitens sind inzwischen viele von ihnen verstorben oder heute nicht mehr aufzufinden. Mr. Nagaratna Mudelier ist einer der alten Jünger, die ich schließlich ausfindig machen konnte. Er beschreibt, was er beobachtete:

Wir standen gewöhnlich am Fuße des Hügels, am Ufer des Chitravati. Ich selbst brauche einige Minuten, um von dort zur Kuppe des Hügels zu gelangen. Aber für ihn [Baba] ... er ist einfach im Nu oben, wie ein Blitz. Innerhalb eines Augenzwinkerns ist er dort, es dauert nur ein paar Sekunden. Während wir dasitzen und schwatzen.

Im Jahre 1975 interviewten Dr. Osis und ich Mr. Parthasarathy (erst viel später erfuhr ich, daß er Nagaratna Mudeliers Bruder ist). Er erzählte uns, daß Baba einmal, als sie unten am Flußufer waren, sagte, er würde nun auf den Hügel gehen. Mr. Parthasarathy trug eine Armbanduhr, und Baba bat ihn , sich die Zeit zu merken, die er brauchte, um auf die Hügelkuppe zu gelangen. Sie standen nahe beisammen. Mr. Parthasarathy schaute auf die Uhr und Baba verschwand unmittelbar. Mr. Parthasarathy sagte, er habe seinen Blick noch kaum auf die Uhr gerichtet, als er Baba vom Hügel her rufen hörte und ihn, als er aufschaute, auf der Kuppe des Hügels stehen sah. »Der Zeiger hatte sich noch nicht einmal eine Sekunde weiterbewegt«, berichtete er. Als wir Mr. Parthasarathy fragten, ob irgend jemand Baba den Hügel hinaufklettern oder schnell hinauflaufen sah, antwortete er: »Niemand sah ihn, aber er war im Bruchteil einer Sekunde dort [auf der Hügelkuppe]«. Mr. Parthasarathy beobachtete dieses Phänomen anscheinend nur einmal. Eine andere Augenzeugin, M. L. Leelamma von Guindy, heute Professorin für Botanik in Madras, verbrachte in den vierziger Jahren viel Zeit in Puttaparti. Sie beschrieb dieses Phänomen wie die meisten der bereits zitierten Personen: er gelangte »wie der Blitz« auf den Hügel. Sie erzählte auch von einem Spiel, das sie gespielt hatten: die Umstehenden versuchten, ihn zu berühren, aber gerade in dem Moment, da jemand die Hand nach ihm ausstreckte, verschwand er und tauchte an einem anderen Platz in der Nähe wieder auf. Mrs. V.S.Sundaramma aus Bangalore erzählte uns, daß Baba sich »wie ein Blitz« den Hügel hinauf- und hinunterbewegte.

Im Zusammenhang mit den Berichten über Babas mysteriöse, plötzliche Ortswechsel gibt es noch einen besonders verblüffenden Punkt. Venkamma, Babas Schwester, die offenbar häufig in seiner Nähe war, konnte sich bei unserem Interview nicht daran erinnern, dieses Phänomen jemals beobachtet zu haben.

In diesem Fall ist es vielleicht lohnend, eine Ausnahme zu machen und einige Aussagen aus zweiter Hand wiederzugeben. Varadu zufolge hatte seine Mutter Babas Verschwinden/Erscheinen in den vierziger Jahren beobachtet. Der Radscha von Venkatagiri erzählte mir, daß einige der alten, inzwischen verstorbenen Jünger (wie zum Beispiel Mrs. Chandran, Mrs. Purniya und Seshagiri Rao) oft darüber sprachen, daß sie beobachtet hatten, wie Baba plötzlich aus dem Blickfeld verschwand und fast augenblicklich an einem anderen Ort wieder auftauchte.

Wie soll man nun diese Berichte über Babas scheinbare Teleportation bewerten? Einige Zeugen scheinen der festen Überzeugung, daß sie authentische Ereignisse erlebten. Man kann sich kaum vorstellen, daß Baba sich auf normale Art und Weise aus dem Blickfeld der Umstehenden davongemacht haben könnte,denn er stand damals wie heute stets im Mittelpunkt der Aufmerksamkeit. Könnte es sein, daß diese Darstellungen auf getrübter Erinnerung und später hinzugefügten Übertreibungen beruhten? Auch diese Erklärung ist unbefriedigend. Es wäre sicher eine lohnende Aufgabe für indische Psychologen, einmal die Entstehung von Geschichten und Mythen in den Gruppen um einflußreiche Gurus zu untersuchen. Solche Hintergrundinformationen wären dringend vonnöten bei jedem Versuch, den Wahrheitsgehalt von Darstellungen, wie der in diesem Buch wiedergegebenen, einzuschätzen.

Finden wir in den Journalen der Psi-Forschung Berichte über plötzliche Ortswechsel von menschlichen Körpern? Was jene mit ausreichender Beweisführung betrifft, lautet die Antwort mit Sicherheit *nein*, obwohl N. Fodor in seinem Artikel über dieses Thema feststellt: »Die Teleportation menschlicher Körper durch geschlossene Türen und über Entfernungen ist ein vergleichsweise seltenes, aber dennoch ziemlich gesichertes Phänomen« (Fodor 1966, S. 392). Teleportationsphänomene – falls sie echt sind – setzen sich zusammen aus Apporten und Levitationen, und für die letzten beiden gibt es hinreichend gesichertes Beweismaterial. Von dem berühmten D.D. Home wurde berichtet, er habe sich bei mehreren Gelegenheiten in die Luft erhoben und sei einmal, mitten durch die Luft schwebend, aus einem Fenster im zweiten Stock hinausgeglitten und durch ein anderes auf die gleiche Weise wieder hereingekommen. Das hervorragende Medium Indridi Indridason erhob sich anscheinend ebenfalls bei mehreren Gelegenheiten in die Luft – einmal in Gegenwart von etwa sechzig Leuten.

Das Phänomen der Teleportation scheint Levitation und Apporte von Objekten (in diesem Fall des menschlichen Körpers) einzuschließen. Apporte wurden bereits in einem vorhergehenden Kapitel erörtert. Die authentischsten Berichte über Levitationen finden wir in der Literatur über einen katholischen Heiligen, Joseph von Copertino (1603-1663), der sehr häufig bei Levitationen beobachtet wurde und sich zum Beispiel über dem Altar seiner Kirche hoch in die Luft erhob. Im Zusammenhang mit seiner Heiligsprechung wurden viele Aussagen von Augenzeugen gesammelt. Darüber hinaus gibt es einen Augenzeugenbericht von einem lutheranischen deutschen Adeligen, der Schirmherr und Arbeitgeber des berühmten deutschen Philosophen Leibniz war.

Aber das Phänomen der Levitation unterscheidet sich von den plötzlichen Ortswechseln Sai Babas. Babas Bewegungen werden stets als abrupt beschrieben; er wurde nie – wie es oft bei St. Joseph der Fall war – minutenlang in der Luft schwebend gesehen. (Varadus Bericht über den Vorfall, bei dem Baba liegend in der Luft schwebte, stellt hier vielleicht eine Ausnahme dar). Außerdem scheint Baba sein Verschwinden und Erscheinen stets willentlich hervorgerufen zu haben, während die Levitationen St. Josephs den Berichten zufolge zumindest in den meisten Fällen unwillkürlich geschahen.

Bilokation?

Die Wunder von Puttaparti erschöpfen sich nicht mit den Berichten über Sai Babas Verschwinden von einem Ort und seinem unmittelbaren Erscheinen an einem anderen. Es gibt sogar Leute, die aus – wie sie glauben – guten Gründen der festen Überzeugung sind, daß er sich gleichzeitig an zwei verschiedenen Orten aufhalten kann. Dieses Phänomen wird als Bilokation bezeichnet. Es handelt sich nur um wenige Fälle, die wir aber einmal genauer betrachten sollten.

Da sind zunächst jene Begebenheiten, bei denen Baba angeblich einer oder mehreren Personen an einem entfernten Ort für ein paar Sekunden oder Minuten erschienen war. Zweitens hörten wir von zwei Fällen, in denen mehrere Leute Baba anscheinend länger als eine Stunde auf normale Art und Weise im physischen Körper gesehen, gehört und mit ihm Kontakt aufgenommen hatten, während er sich angeblich physisch an einem anderen Ort aufhielt.[1] Wenn eine Person für kurze Zeit an einem entfernten Ort erscheint, wird dieses Phänomen in der Parapsychologie als Apparition bezeichnet, wobei es keine Rolle spielt, ob es sich bei der Person um einen Verstorbenen oder Lebenden handelt. Jemand glaubt, in seiner Nähe eine Person physisch wahrgenommen zu haben, aber diese Person verschwindet sehr schnell wieder. Dem Wahrnehmenden wird daraufhin bewußt, daß die betreffende Person physisch gar nicht anwesend sein konnte. Umfragen in der allgemeinen Bevölkerung ergaben, daß viele Menschen in ihrem Leben eine solche Erfahrung machen.

Die Baba betreffenden Fälle variieren hinsichtlich der Fülle der Details. Einige sind ziemlich dürftig, wie die Erfahrung Mr. Guptas in Meerut. Mr. Gupta, der in Nordindien lebte, glaubt, daß Baba, der sich zu diesem Zeitpunkt in Südindien aufgehalten haben soll, einst zu ihm sprach und ihm einen Rat gab, der sein ganzes Leben veränderte. Mr. Gupta sah Baba bei dieser Gelegenheit jedoch nicht; er dachte damals noch nicht einmal daran, daß es Baba war, der zu ihm sprach.

Vijaya Hemchand und ihr Mann schilderten einen ähnlichen Vorfall, bei dem, wie schon berichtet, wesentlich mehr Einzelheiten wahrgenommen wurden. Ein Dieb, der in ihr Haus eingedrungen war, wurde von einer Gestalt verjagt. Sie bestanden darauf, daß die Beschreibung, die der Dieb von dieser Person gab, auf Sai Baba zutraf, und waren daher überzeugt, daß der Dieb Sai Baba gesehen hatte.

Ganz gleich, welche Maßstäbe man ansetzt, es ist offensichtlich, daß das Beweismaterial in beiden Fällen sehr dürftig ist. Es gibt andere Fälle, die uns noch mehr Rätsel aufgeben. Fast zufällig erfuhren wir über folgende Begebenheit, als wir einen anderen Fall in Kerala untersuchten.

Der Calicut-Fall: Sai Baba erscheint in einer Augenklinik.

Dieser Vorfall ereignete sich am 30. August 1970 in der Gitta-Augenklinik in Calicut im Staate Kerala, etwa 340 Meilen südöstlich von Babas Ashram in Puttaparti. Diese kleine Klinik ist im Besitz von Dr. P.B. Menon, einem Augenchirurgen, der sie auch leitet und der einzige Arzt im Team ist. Dr. Osis und ich interviewten Dr. Menon und einen weiteren Zeugen der Apparition, M.P. Moosad, einen medizinischen Assistenten, der die Patienten auf die Eingriffe vorbereitet und Dr. Menon während der Operationen assistiert. Man zeigte uns die Krankenhausunterlagen, in denen die Namen der Patienten und die Daten der Eingriffe aufgezeichnet wurden. Dr. Osis interviewte die zweite Augenzeugin, der Sai Baba angeblich erschienen war, allein. Es war die Patientin Mutu Lakshmi Ammal, eine Frau in den Siebzigern, die in Alleppey, 130 Meilen südlich von Calicut lebt.

Diese Frau, eine Witwe, hatte sich darauf spezialisiert, bei Gottesdiensten Bhajans vorzutragen. Ihre Auftritte, so sagte man uns, wurden in Alleppey und den umliegenden Städten geschätzt, und sie ist eine glühende Verehrerin Sai Babas. Mutu Lakshmi Ammal erzählte uns, daß sie vor der Operation eine Pilgerfahrt nach Puttaparti unternommen hatte. Sie saß mit Hunderten von Menschen auf der Erde und wartete auf Baba. Als sie bittend »Swami« rief, blieb er stehen und sagte: »Ich weiß. Auf dem einen Auge hast du den grauen Star, und das andere ist auch nicht in Ordnung. Da ist auch ein Druck auf den Augen. ... Mach' dir keine Sorgen, ich werde während der Operation bei dir sein, mach' also weiter (damit).« Mutu Lakshmi Ammal sagte, sie sei am 30. August um 8.00 Uhr in der Klinik eingetroffen und habe mit Dr. Menon gesprochen. Sie erzählte ihm, daß Baba versprochen hatte, während der Operation »anwesend« zu sein. Dr. Menon glaubte damals nicht an Erscheinungen, aber er diskutierte nicht darüber und dachte: »Wenn alles vorbei ist, werde ich sie fragen: 'Wo war dein Baba?'« Dann übernahm M.P. Moosad die Patientin, wusch sie und träufelte Medizin in ihre Augen, um sie auf die Operation vorzubereiten. Sowohl Moosad als auch Dr. Menon gaben an, daß Moosad nicht über Babas Versprechen, bei der Operation »zugegen« zu sein, informiert worden war. Ammal bereitete Moosad offensichtlich

Schwierigkeiten. Sie erzählte uns, daß man ihr gesagt hatte, sie solle sich ganz ruhig verhalten, aber zu Dr. Osis sagte sie, sie habe statt dessen voller »Liebe und Inbrunst« ein Sai-Baba-Bhajan gesungen. Später sang sie ununterbrochen den Namen ihres Herrn vor sich hin: »Sai Ram, Sai Ram, Sai Ram ...« Sie erzählte, daß Moosad sie schalt und ihr sagte, sie solle mit diesem Lärm aufhören. Er erklärte ihr, daß er ihr um 9.30 Uhr ein weiteres Mal Medizin geben würde. Moosad ließ die auf einer Pritsche liegende Patientin allein, um die Medizin zu holen. Kurze Zeit später hörte Ammal Schritte, spürte eine Berührung, öffnete plötzlich die Augen, sah Baba neben sich stehen und stand von der Pritsche auf. Die Tür öffnete sich und Moosad kam herein. Er war ärgerlich und schalt, weil sie aufgestanden war. Laut Ammals Aussage war Moosad bestürzt, als er Babas Anwesenheit bemerkte, und stand wie vom Donner gerührt da. Sie erinnerte sich, daß Baba seine übliche rote Robe getragen und mit seiner Hand eine segnende Geste gemacht hatte (die sie uns demonstrierte). Er blieb nur »sehr kurze Zeit« da. Sie hatte nicht gesehen, wie er das Zimmer betreten hatte, da ihre Augen geschlossen waren. Er ging nicht fort – er verschwand nach »ungefähr einer Minute« einfach aus ihrem Blickfeld. Sie empfand, daß sie eine »große Gnade« von Baba empfangen hatte.

Die Operation verlief sehr gut. »Am nächsten Morgen«, so sagte sie, »konnte man nicht einmal mehr Spuren der Operation sehen, keine Verfärbung«, und ihre Augen waren klar. Als wir sie drängten, uns zu erklären, warum sie glaubte, es habe sich bei der Erscheinung um Baba und nicht um jemand anderen gehandelt, betonte sie, daß sie ihn bei vielen Gelegenheiten persönlich gesehen hatte. Er habe genauso ausgesehen, wie sie ihn aus Puttaparti kannte – sein Gesicht, seine Größe, sein Haar, seine Robe. Seine Gestalt hatte in keiner Weise transparent gewirkt.

Moosad berichtete, daß er bei seinem Eintreten Sai Baba still bei der Pritsche stehen sah. Baba sah genauso aus wie später, als er ihn in Puttaparti sah. Moosad konnte Babas Verschwinden nicht beobachten. Da er nicht darauf gefaßt war, ihn dort im Vorbereitungszimmer zu sehen, erschrak er so sehr, daß er ohnmächtig wurde. Als er wieder zu sich kam, war Baba nicht mehr da. Moosad konnte sich nicht erinnern, wie lange er ohne Bewußtsein gewesen war, aber er meinte, es habe wohl ein paar Minuten lang gedauert. Als wir ihn 1973 interviewten, schien ihm sein Ohnmachtsanfall noch immer peinlich zu sein. Moosad war Baba vor diesem Zwischenfall noch nicht persönlich begegnet, er hatte nur Fotos von ihm gesehen.

Dr. Menon war während Babas Erscheinen (Apparition) nicht anwesend. Er erinnerte sich an Ammal als eine Witwe aus der Brahmanenkaste. Sie hatte ihm von Babas Versprechen, während der Staroperation bei ihr zu sein, erzählt. »Ich glaubte es nicht«, sagte Dr. Menon, »aber sie hatte absolutes Vertrauen. Direkt bevor ich mit der Operation begann, fragte ich sie, ob der Swami gekommen sei. Sie sagte: »Ja, ich hatte einen Darshan.« Zwei oder drei Stunden später hörte Dr. Menon seine Assistenten miteinander flüstern, und als er bemerkte, daß Moosad offensichtlich in Verlegenheit war, verlangte er eine Erklärung. Moosad erzählte ihm dann, was vorgefallen war. So wie Dr. Menon sich an die Schilderung erinnert, hatte der Assistent mit der Medizin in der Hand den Raum betreten und Baba neben der Pritsche der Patientin stehen sehen. Sie (die Patientin) saß aufrecht mit gefalteten Händen da, und Baba hatte ihr das Gesicht zugewandt. Moosad war überwältigt. »Er ließ vor Schreck einfach die Flasche und alles fallen und fiel in Ohnmacht.« Moosad arbeitet noch heute für Dr. Menon, der uns gegenüber erwähnte, daß er ihn als sehr guten Assistenten schätze. Er fügte hinzu: »Er ist jetzt ein Jünger Babas, aber er hat schreckliche Angst, in seine Nähe zu kommen. Selbst wenn er nach Puttaparti fährt, hält er immer großen Abstand von ihm. Aber er genießt es, ihn zu sehen. Für ihn war dieser Zwischenfall so etwas wie eine traumatische Erfahrung.«

Mutu Lakshmi Ammal machte keine widersprüchlichen Angaben und schien sich sehr klar an den Vorfall zu erinnern. Moosad fiel uns als bescheidener Mann auf und antwortete offen und klar auf unsere Fragen. Die Zeugen wurden unabhängig voneinander interviewt – Ammal in Alleppey und Moosad in Calicut.

Dr. Menon, ein prominenter Arzt in Kerala, ist heute ebenfalls ein Anhänger Sai Babas.

Wir befragten auch Baba über diesen Vorfall. Er schenkte uns ein strahlendes Lächeln, sagte, er erinnere sich gut an Ammal und bestätigte, daß er sich vor ihr in die Augenklinik projiziert habe.

Beide Zeugen stimmten in ihren Angaben über Ort und Zeit des Zwischenfalls überein. Beide waren überzeugt, daß es sich bei der Erscheinung unverwechselbar um Baba handelte, da sie ihn bei dieser Gelegenheit persönlich gesehen und erkannt hatten. Ammal beschrieb außerdem seine Robe, sein buschiges Haar, seine Gestalt und seine Stimme. Sie erinnerte sich nicht daran, daß Moosad ohnmächtig geworden war, aber sie war möglicherweise durch Babas Gegenwart so in Anspruch genommen, daß sie nichts anderes wahrnahm. Wir tendieren dazu, Moosads Version zu akzeptieren, und zwar nicht nur deshalb, weil er zwei Stunden später Dr. Menon berichtete, was vorgefallen war, sondern auch, weil ihm selbst im Gespräch mit uns sein Ohnmachtsanfall noch immer peinlich zu sein schien. Könnte es sein, daß die Zeugen unter einer Decke steckten? Die Entfernung von 130 Meilen zwischen ihren Wohnorten spricht, besonders in Indien, gegen diese Annahme, außerdem schienen sie keinerlei gesellschaftlichen Kontakt miteinander zu pflegen. Und zudem schien Ammal noch immer einen Groll gegen Moosad zu hegen, da er ihren Lobgesang auf den Namen des Herrn als »diesen Lärm« bezeichnet hatte.

Wir versuchten herauszufinden, welche Möglichkeiten bestanden hatten, daß jemand (zum Beispiel Baba) physisch in die Klinik eindringen konnte. Die Klinik befindet sich in einem Gebäude hinter hohen Mauern, und laut Dr. Menon kann niemand das Grundstück unbemerkt betreten. Das plötzliche Verschwinden eines mutmaßlichen Eindringlings ist schwer zu erklären.

Baba ist eine sehr auffällige Persönlichkeit. Durch sein Gewand, sein buschiges Haar und seine auffallenden Gesichtszüge ist es sehr unwahrscheinlich, daß er sich unerkannt bewegen kann. Die Bemerkung, die 1973 einer der höchsten Polizeibeamten Delhis uns gegenüber machte, verdeutlicht das Ausmaß von Babas Popularität: »Seine Erscheinung löst Verkehrsstauungen aus, die den Verkehr für zwei Stunden lahmlegen und nur noch von Indira Gandhi übertroffen werden.« Die Begleitumstände dieser Erscheinung Sai Babas erinnern an westliche Berichte über Apparitionen: die Erscheinung war kurz, etwa eine Minute lang, zu sehen; sie war hauptsächlich visuell (die Person sprach nicht, machte nur Geräusche beim Gehen und vermittelte ein Gefühl der Berührung), und sie ging nicht fort, sondern verschwand einfach ohne die geringste Spur zu hinterlassen.

Der Manjeri-Fall: Sai Baba erscheint mehreren Personen

Manjeri ist eine kleine Stadt im Staate Kerala und liegt etwa 25 Meilen südöstlich von Calicut. Die Bevölkerung setzt sich aus Hindus, Moslems und Christen zusammen. Am 13. Dezember und noch einmal am 24. Dezember 1964 erschien Baba, so wird berichtet, im Hause Mr. Ram Mohan Raos, eines Ingenieurs und Rektors einer technischen Fachschule. Dr. Osis und ich besuchten die Familie Rao und ihre damaligen Nachbarn im Dezember 1973 und ein zweites Mal im Januar 1975, neun und zehn Jahre nachdem sich die betreffenden Vorfälle ereignet hatten. Die zehn Zeugen schienen sich zu dieser Zeit zwar noch an die hauptsächlichen Ereignisse zu erinnern, aber kleinere Einzelheiten waren nicht mehr klar in ihrem Gedächtnis. Glücklicherweise fanden sich jedoch einige zeitgenössische Aufzeichnungen. Ram Mohan Rao zeigte uns den Durchschlag eines Briefes, den er etwa einen Monat, nachdem Baba zum zweitenmal erschienen war, an Professor Kasturi geschrieben hatte. Wir interviewten auch zwei Männer, die aus der Umgebung stammten und einige Monate nach den Vorfällen auf der Bildfläche erschienen waren, um den Fall zu untersuchen. Diese Forscher bestätigten bis zu einem gewissen Grade den Bericht der Hauptzeugen, der Familie Rao. Im Gegensatz zu dem Vorfall von Calicut weist der Manjeri-Fall viele Begleitumstände auf, die atypisch für westliche Fälle von Apparitionen sind, so die lange Dauer und das lebensgetreue Verhalten (wie zum Beispiel Sprechen, Singen, Essen, das Umgehen mit Gegenständen, das Mitbringen von Geschenken, Heilungen) der Erscheinung.

Ich gebe diesen Fall wieder, ohne die Interpretationsmöglichkeiten im voraus zu bewerten. So nenne ich zum Beispiel den Besucher Sai Baba, während ich mir der Möglichkeit bewußt bin, daß es sich auch um jemand anderen gehandelt haben könnte. Die folgende Schilderung gibt wieder, was sich während der beiden angeblich paranormalen Erscheinungen Sai Babas anscheinend zugetragen hat. Unsere Analyse des in diesen Interviews gesammelten Materials folgt an anderer Stelle.

Die Familie Ram Mohan Raos bestand damals aus Mr. und Mrs. Rao und ihrer Tochter Sailaja, die zu dem betreffenden Zeitpunkt etwa acht Jahre alt war. Am 12. Dezember wurde Mr. Rao ins Krankenhaus eingeliefert, nachdem er im Labor seiner Schule einen schweren elektrischen Schlag erlitten hatte. Er wurde noch am gleichen Abend entlassen, aber er fühlte sich immer noch schlecht. Sailaja, seine Tochter, lag zu Hause krank im Bett. Laut der Aussage von allen drei Mitgliedern der Familie Rao war ihr Bein durch eine Art Geschwulst vom Knöchel bis zum Knie angeschwollen und von einem Ekzem bedeckt. Es war sehr schmerzhaft, und sie hatte Fieber. Sie war von einem ortsansässigen Arzt behandelt und später in ein christliches Krankenhaus in einer anderen Stadt gebracht worden. Keine der Behandlungen schlug an. Man hatte auch einen ayurvedischen Arzt [2] konsultiert. Er behandelte das kranke Bein mit indischen Naturheilmitteln, die jedoch keine Besserung brachten. Sailaja war wegen dieser Krankheit vom Unterricht ausgeschlossen worden. Nachbarn hatten angeboten, sie nach Puttaparti zu bringen, aber Mr. Rao hatte dies abgelehnt. Die Nachbarn brachten jedoch etwas Vibuti mit, das Sai Baba ihnen gegeben hatte. Man trug es auf das Bein auf, aber es zeigte keine bemerkenswerte Wirkung. Sailaja erzählte uns, daß sie in der Nacht des 12. Dezember Schmerzen und Fieber hatte. Ihre Eltern waren mit Mr. Raos Verletzung beschäftigt und sie war sehr deprimiert. Da sie nicht schlafen konnte, ging sie in den Puja-Raum, weinte vor Babas Bild und betete zu ihm um Hilfe. Mr. und Mrs. Rao hatten nichts darüber berichtet, an diesem Tag eine besondere Bitte um Hilfe an Baba gerichtet zu haben.

Früh am nächsten Morgen, dem 13. Dezember, erschien ein Fremder in einer gelben Robe an der Haustüre der Familie Rao und chantete: »Om«. Laut Mrs. Rao, die ihn einließ, sagte er: »Erschrick' nicht. Ich bin hier, um dich, deinen Mann und dein Kind zu beschützen.« Dann fragte er nach Sailaja und ging zu dem Platz auf der Veranda, wo sie lag. Sailaja erzählte uns, daß er auf Malayalam (der Landessprache von Kerala) mit ihr geprochen und gesagt hatte: »Du hast mich gestern nacht gerufen, und nun bin ich am Morgen gekommen und werde dich heilen.« Dann bat der Besucher, im Puja-Raum sitzen zu dürfen anstatt im Vorzimmer, wo man ihm einen Platz angeboten hatte. Er ging in den Puja-Raum und setzte sich unter ein Porträt Sai Babas, das dort zwischen den Bildern einiger anderer Gottheiten und Heiliger hing. Mrs. Rao verglich die Erscheinung des Besuchers mit Babas Bild und fand, daß sie einander ähnelten. Mr. Rao und Sailaja kamen ebenfalls herein. Baba machte seine typische Handbewegung, produzierte Vibuti, trug es auf das unförmig gewordene Bein des Mädchens auf und sagte, sie würde in drei Tagen geheilt sein. Er war sehr warmherzig und beruhigte alle drei hinsichtlich ihrer Probleme. Er hielt die kleine Sailaja auf dem Schoß und forderte sie auf, ein paar Sai-Baba-Lieder zu singen. Da sie keine solchen Lieder kannte, brachte er ihr einige der Lieder bei, die in seinem Ashram gesungen werden. Mit seiner charakteristischen Handbewegung brachte er ein Liederbuch hervor, das eine Sai-Baba-Gemeinschaft auf Malayalam herausgegeben hatte, das aber, wie uns gesagt wurde, in dieser Gegend damals noch nicht erhältlich war. Sai Baba forderte sie auf, ihre Nachbarn einzuladen. Einige kamen und alle sangen gemeinsam mit ihm Bhajans. Einige der Zeugen, mit denen wir sprachen, sagten, diese Einladung habe bei Babas zweitem Besuch stattgefunden; wieder andere behaupteten, sie seien bei beiden Begebenheiten zugegen gewesen. Wie dem auch sei, die Nachbarn erinnerten sich jedenfalls daran, an einer von Baba geleiteten Zeremonie teilgenommen zu haben, bei der er versuchte, zwei der Anwesenden zu heilen. Eine dieser beiden Personen war Mrs. Madhavan Nair, die Frau eines Grundbesitzers und Herausgebers einer Lokalzeitung, die an Diabetes litt. Laut ihrer Tochter, Mrs. Janaki B. Nair, pflegte sie zu klagen: »Ich besitze all diese Reisfelder und kann nicht ein einziges Reiskorn essen.« Baba machte anscheinend wieder seine Handbewegung, materialisierte etwas Medizin in einem Glas und gab ihr Anweisungen, wie sie die Medizin nehmen sollte. Laut der Aussage ihrer Tochter verbesserte sich Mrs. Nairs Zustand vorübergehend, was durch die Urinprobe und dadurch, daß sie wieder Reis vertrug, bewiesen wurde. Sie hatte jedoch einen Rückfall und starb acht Jahre später an ihrem Diabetes. Bei dem anderen Patienten handelte es sich um Thalajur B. Moosad, einen

Grundbesitzer, von dem auch die Raos ihr Haus gemietet hatten. Sein Bein war von weißlichen Wucherungen entstellt, die Mr. Moosad uns gegenüber als Krebs bezeichnete, die von den Raos aber als Lepra angesehen wurden. Wie die Raos uns erzählten, hatte Baba Mr. Moosad anscheinend gesagt, er könne aufgrund von Moosads Karma (seiner früheren Taten) nicht viel für ihn tun, aber er hatte ihm Vibuti gegeben, welches dieser mit nach Hause genommen und seiner Frau gezeigt hatte. In der darauffolgenden Woche begab sich Mr. Moosad ins Krankenhaus, um sich einer Operation zu unterziehen; er starb kurze Zeit nach dem Eingriff. Als sie nach den Bhajans unter sich waren, schenkte Baba Mr. Rao und seiner Frau Halsketten aus Muscheln. Sailaja gab er ein seidenes Tuch und einen Trinkbecher. Er erzählte ihnen aus seinem Leben, sagte die Ankunft von Mr. Raos Vater voraus, der innerhalb einer Woche eintreffen würde, um eine bestimmte hinduistische Zeremonie zur Reinwaschung von Sünden abzuhalten, und sprach mit ihnen über spirituelle Dinge. Er sprach mit jedem einzelnen in seiner jeweiligen Muttersprache: tamilisch mit Mr. Rao, kanaresisch (ein Dialekt aus dem Gebiet um Mysore) mit Mrs. Rao und gebrochenes Malayalam mit Sailaja und den Nachbarn. Er aß mit den Raos zu Mittag und bestand auf einfachen Mahlzeiten. Nach drei Stunden war der Besuch zu Ende. Baba fragte Sailaja, ob sie ihre Geographielektionen gelernt hätte, und er erklärte, daß man ihn in einer weit entfernten Stadt namens Kalahasti erwartete (etwa 80 Meilen nordwestlich von Madras auf der anderen Seite der indischen Halbinsel).

Sailaja bat Baba flehentlich wiederzukommen, und er versprach, daß er sie noch einmal besuchen würde. Er bat sie, ihm nicht zu folgen, schritt durch das Gartentor und verschwand hinter der Gartenmauer.

Niemand schien daran zu zweifeln, daß der Besucher wirklich dagewesen war, aber in der Nachbarschaft entstand eine Kontroverse über seine Identität. Einige waren überzeugt, andere bezweifelten, daß es sich tatsächlich um Baba handelte, der 1964 schon berühmt war. Zwei der Zeugen erzählten, er sei mit dem Bus gekommen – was ein berühmter Mann in Indien niemals tun würde. Wie von Baba vorausgesagt, kam Mr. Raos Vater überrraschend zu Besuch und führte das von Baba angekündigte besondere Reinigungsritual aus. Trotz der offensichtlich korrekten Vorhersagen konnte der alte Herr, ein Hindu, nicht glauben, daß Baba, ein berühmter religiöser Führer, einfach vorbeischauen würde, um das Gebet eines kleinen Mädchens zu erfüllen. Er äußerte den Verdacht, daß jemand einen Einbruch plante, und schärfte seiner Schwiegertochter ein, die Tür zu verriegeln, falls der Besucher wiederkäme. Um die Sache zu klären, nahm er Sailaja mit nach Mangalore (etwa 160 Meilen nördlich von Manjeri), um einen gewissen Mr. Dixit, der Baba persönlich kannte, um Rat zu fragen.

Elf Tage später ereignete sich der zweite Vorfall. Da sie sich ohne Sailaja ein wenig einsam fühlten, verließen Mr. und Mrs. Rao am 24. Dezember gegen 17.30 Uhr ihr Haus, um einen Spaziergang zu machen. Es war noch hell, und sie hatten noch kein Licht im Haus angemacht. Als sie etwa eine Stunde später zurückkehrten, bemerkten sie Licht im Haus und befürchteten, daß ein Einbrecher am Werk sei. Sie versuchten zunächst, durch die Hintertür ins Haus zu gelangen, fanden diese aber von innen verriegelt. Dann, nachdem sie die vordere Haustür aufgeschlossen hatten und hineingegangen waren, fanden sie Baba im Hause vor, der gerade mit den Vorbereitungen für die Bhajans und eine Arathi-Zeremonie (ein hinduistischer Brauch, bei dem man einer Gottheit ein Feueropfer aus brennendem Kampfer darbringt) beschäftigt war.

Der Besucher fragte sie, ob sie sich gefürchtet hätten, und offenbarte eine offensichtlich übernatürliche Kenntnis ihrer Situation. Er sagte, er wüßte, daß sie sich einsam und traurig fühlten und sei gekommen, die Nacht bei ihnen zu verbringen, da Sailaja fort sei. Er erklärte, er habe die Vorbereitungen für die Bhajans – eine Aufgabe, die normalerweise jeden Donnerstag von Sailaja übernommen wurde – selbst in die Hand genommen, da sich niemand darum gekümmert habe. Dann wurden Bhajans gehalten. Es ist nicht ganz klar, ob außer den Raos und Baba noch jemand an der Zeremonie teilnahm, obwohl ein Nachbar behauptete, dabeigewesen zu sein.

Mr. Rao wollte, daß die Arathi-Zeremonie vor Baba oder unter seinem Bild abgehalten wurde, aber dieser Vorschlag gefiel Baba nicht. Er nahm sein Porträt von der Wand, ging damit hinaus und hing es in Sailajas Zimmer. Die Raos behaupten, daß sich seit dieser Zeit immer wieder Vibuti auf dem Foto bilde.

Nachdem sie gemeinsam ein einfaches Abendessen eingenommen hatten, unterhielten sich die drei über spirituelle Fragen, bis sie gegen 1.00 Uhr zu Bett gingen. Baba stand früh um vier auf und nahm ein kaltes Bad. Die Raos hörten ihn chanten. Später bat er um Kaffee und nahm gemeinsam mit ihnen das Frühstück ein. Man lud die Nachbarn zu einer Bhajanstunde ein; danach wurde *Prasad* (sakramentale Nahrung) gereicht. Baba, an dessen Verhalten ganz und gar nichts an einen Einbrecher erinnerte, verteilte wieder Geschenke (einen goldenen Ring und eine Halskette) an die Raos. Diese Geschenke brachte er, laut Mr. und Mrs. Rao, durch eine Handbewegung hervor. Er produzierte auch ein Medaillon und ein goldenes Blatt. Auf das Blatt zeichnete er das Bild Subramaniams, einer in Südindien verehrten Gottheit. Nach einem leichten Mittagessen und einer

Ruhepause erklärte Baba, er würde von Jüngern erwartet, und verließ, nachdem er deutlich gemacht hatte, daß ihm niemand folgen solle, das Haus gegen drei oder vier Uhr nachmittags. So wurden die Ereignisse von den Raos geschildert. Sie wurden zum Gegenstand einer heftigen Kontroverse in der gesamten Nachbarschaft. Einige Nachbarn wurden daraufhin Anhänger Sai Babas. Andere argumentierten, Baba würde nie ohne Begleitung reisen (normalerweise eine Eskorte von mehreren Autos) und er würde niemals »wie ein Dieb kommen« und in ein verschlossenes Haus eindringen. Einige fragten sich sogar, wie die Ehefrau eines Hindu (Mrs. Rao) mit Anstand eine Halskette tragen konnte, die ihr »ein anderer Mann geschenkt hatte«. Die Raos regten sich darüber so sehr auf, daß ihnen der Gedanke an diesen Vorfall noch nach zehn Jahren unangenehm war. Sie waren überzeugt davon, daß ihr Besucher Baba gewesen war, denn er hatte große Ähnlichkeit mit Babas Foto, verfügte augenscheinlich über paranormale Kräfte und war sehr vertraut mit Babas Lebensstil. Dennoch wollten sie die Sache klären. Am 21. Januar, ein paar Wochen nach dem Vorfall, schrieb Mr. Rao an Professor Kasturi, der ein enger Vertrauter Babas ist. In seinem Brief gab Mr. Rao eine kurze Darstellung des Vorfalls.

Die einzige schriftliche Aufzeichnung, die Mr. Rao finden konnte, war ein Durchschlag seines Briefes an Professor Kasturi. Mr. Rao zeigte uns diesen Durchschlag nicht freiwillig, sondern erst, nachdem wir ihn mehrmals darum gebeten hatten. Da wir unangemeldet bei den Raos aufgetaucht waren, war es ausgeschlossen, daß sie dieses Dokument erst vor unserer Ankunft angefertigt hatten, um uns zu beeindrucken. Wir können also davon ausgehen, daß wir den Originaldurchschlag des Briefes zu sehen bekamen. Der Brief war mit Hilfe von Mr. Raos Vater (der inzwischen verstorben ist) verfaßt worden, daher enthielt er unnötig viele Einzelheiten über dessen Aktivitäten, die mit dem eigentlichen Vorfall nicht viel zu tun hatten. Auch blieben einige wichtige Details, wie zum Beispiel Sailajas Heilung, unerwähnt. Mrs. Rao schrieb einen weiteren Brief an Professor Kasturi, von dem jedoch keine Kopie vorhanden war.

Professor Kasturi widmet diesem Fall in seinem 1973 erschienenen Buch über Sai Baba sieben Seiten. Seine Beschreibung basiert auf Mr. Raos Brief und der Untersuchung, die er selbst aufgrund dieses Briefes einleitete. Wir entdeckten außerdem noch den nur eine Seite langen Bericht eines P. Appukutta Menon, eines ortsansässigen Osteopathen, der in Palghat, Kerala, lebte. Professor Kasturi hatte Menon gebeten, den Fall zu untersuchen, aber er war mit dessen erstem, kurzen Bericht nicht zufrieden gewesen. Um eine bessere Dokumentation des Falles zu erhalten, sandte er Menon eine Liste mit 80 Fragen, die von Zeugen beantwortet werden sollten, und bat ihn, noch einen zweiten Forscher hinzuzuziehen. Daraufhin führte Dr. Menon die Untersuchung gemeinsam mit P. K. Panikker fort. Bei seinen Zeugenbefragungen, die er im Frühjahr 1963 durchführte, inszenierte Panikker sogar einen Erkennungstest. Er erzählte Dr. Osis, daß er sich an die Tochter T. B. Moosads (des Vermieters der Familie Rao) gewandt hatte. Sie war Schülerin der achten Klasse und soll an den Bhajans in Raos Haus teilgenommen haben, nachdem sie aus der Schule nach Hause gekommen war. Panikker zeigte ihr Babas Foto und fragte sie: »Hast du diesen Mann schon einmal irgendwo gesehen?« Als sie bejahte, fragte er sie, wo sie ihn gesehen habe. »In diesem Haus«, sagte sie und zeigte auf das Haus. »Er sang Bhajans, und wir nahmen alle daran teil. Panikker sagte, er habe ihr vorher nicht verraten, daß es sich um ein Bild Babas handelte. Er habe ihr das Foto einfach gezeigt und sie gefragt, ob sie den Mann schon einmal irgendwo gesehen habe.

Menon und Panikker schickten ihren gemeinsam verfaßten Bericht an Professor Kasturi, aber trotz unserer wiederholten Anfragen war dieser Bericht nicht aufzufinden. Es könnte sein, daß er verlorengegangen ist, denn die Berichte oder Aufzeichnungen über Babas paranormale Phänomene scheinen nicht systematisch gesammelt worden zu sein.

Menon und Panikker wurden einzeln von Dr. Osis interviewt. Sie bestätigten Professor Kasturis Darstellung, aber sie waren nicht in der Lage, uns irgendwelche schriftlichen Aufzeichnungen zu zeigen. Es gelang uns, sieben Nachbarn der Raos zu interviewen, die uns versicherten, den geheimnisvollen Besucher gesehen zu haben: Mrs. Thalayur B. Moosad, die Witwe von Raos früherem Vermieter; Padmanabhan Nair, Moosads Diener; Mrs. Sarojina Amma, eine Nachbarin und Nichte Mrs. Madhavan Nairs (jener Witwe, die der Besucher angeblich von ihrem Diabetes heilte); Venu Gopal, Sarojina Ammas Sohn, der zum Zeitpunkt des Vorfalls neun Jahre alt war; Mrs. Janaki B. Nair, eine Nachbarin und Tochter Mrs. Madhavan Nairs; K. Madhavan Kutty, Janaki Nairs Sohn, der damals ebenfalls neun Jahre alt war, und K. Lakshmi Kutty Amma, Janaki Nairs Cousine. Die anderen Personen, die an der Zeremonie teilgenommen haben sollen, waren nicht mehr aufzufinden. Einige waren umgezogen, andere waren gestorben.

Außerdem interviewten wir noch folgende Personen, die nicht persönlich anwesend waren, als sich der Vorfall ereignete: P. Appukutta Menon und P. K. Panikker, die den Fall ein paar Monate später untersuchten; Dr. P. B. Menon, der Madhavan Nair behandelt hatte; K. Bhaskaran, die Verwandte, mit der Madhavan Nair zusammenlebte; Mrs. Valsala Madhavan und Mrs. Indira Patti, Collegelehrerinnen und Töchter von T. B. Moosad; Devada Moosad, Rechtsanwalt und Sohn T. B. Moosads.

Für unsere Interviews standen uns vier Dolmetscher zur Verfügung: N.A.N. Nayar, R.R. Netar, P. Appukutta Menon und Devada Moosad. Wir befragten auch Baba in Puttaparti über den Manjeri-Fall. Er antwortete sehr kurz und bestätigte, daß er – außerhalb des Körpers – zweimal bei den Raos gewesen sei. Die Zeugen schienen sich noch ziemlich gut an die wesentlichen Dinge zu erinnern, Babas Robe[3] und Afro-Frisur, seinen Gesang und seine Heilungsversuche. Mit der Zeit verblaßte allerdings ihre Erinnerung an kleinere Einzelheiten; so wußten sie zum Beispiel nicht mehr genau, zu welcher Tageszeit und bei welchem der beiden Besuche sie an den Bhajans teilgenommen hatten. Mr. Rao beklagte sich mehrmals über sein Gedächtnis und erzählte uns, daß er bei seiner Arbeit immer häufiger auf Notizen zurückgreifen mußte. Bei unserem zweiten Interview stand er offensichtlich unter Streß, denn durch einen Streik der an seiner Schule angestellten Lehrkräfte hatte es Schwierigkeiten gegeben, die ihm noch zu schaffen machten.

Um einen Überblick über die beobachteten Ereignisse zu geben, haben wir die wesentlichen Angaben in den Tabellen 1 (Seiten 272/273) und 2 (Seiten 274/275) zusammengefaßt. Wir hoffen, durch diese Darstellung deutlich machen zu können, wie übereinstimmend jede Begebenheit von den vielen Zeugen berichtet wird. Der Hauptgrund für Babas angebliches Erscheinen in Manjeri war der Besuch bei der Familie Rao. Er wurde jedoch auch außerhalb des Hauses von zwei Nachbarn gesehen; fünf weitere, die gekommen waren, um geheilt zu werden oder um ihm ihre Verehrung zu zeigen, erlebten ihn zeitweise während seines Besuchs. Obwohl einige Ereignisse sowohl von der Familie Rao als auch von ihren Nachbarn beobachtet wurden (Tabelle 1), verbrachte Baba doch die meiste Zeit ausschließlich mit der Familie Rao (Tabelle 2). Als wir unsere Untersuchung durchführten, lag der Fall neun beziehungsweise zehn Jahre zurück. Glücklicherweise wurden die Ereignisse schon sehr bald (einige Monate nach dem Vorfall) schriftlich festgehalten (Raos Brief an Kasturi und Menons und Panikkers Umfragen); diese Informationen wurden in die Tabellen 1 und 2 einbezogen. Sie können bis zu einem gewissen Grad etwaige Gedächtnislücken der Augenzeugen ausgleichen. Allerdings war es, wie bereits erwähnt, nicht möglich, den Menon/Panikker-Report aufzuspüren, deshalb mußten wir uns in diesem Fall auf die Erinnerung der Zeugen verlassen.

Der Hauptgegenstand der Untersuchung: Die Identität des Besuchers

Anfang 1965 berichteten die Raos Professor Kasturi, Menon und Panikker, daß sie jeweils am 13. und 24. Dezember einen Besucher empfangen hatten, den sie als Sai Baba identifizierten. In unseren Interviews fanden wir heraus, daß alle zehn Zeugen sich über die Ankunft des geheimnisvollen Mannes im Mönchsgewand einig waren. Es herrschte jedoch keine einhellige Meinung über seine Identität. Die Kernfrage unserer Untersuchung lautete daher: Wieviel Beweismaterial spricht dafür, daß Sai Baba der Besucher war, und falls es sich um Sai Baba handelte – erschien er als außerkörperliche Projektion oder tatsächlich in Fleisch und Blut?

In Tabelle 1 sind die Feststellungen der zehn Zeugen zusammengefaßt. Im Hinblick auf die hervorstechendsten Merkmale von Babas Erscheinung kann man in diesen Beobachtungen eine klare Übereinstimmung erkennen: seine gut gebügelte, seidene Robe in der Farbe, die er gewöhnlich trug. Fast alle Zeugen beschrieben die äußere Aufmachung als charakteristisch für Sai Baba und bezeichneten sie als untypisch für einen traditionellen Sadhu, der gewöhnlich in schäbiger Kleidung reist. Sieben der neun Zeugen, die sich dazu äußerten, erinnerten sich daran, daß er das Haar im Afrostil trug, der für Baba charakteristisch ist, aber ansonsten in Indien kaum getragen wird. K. M. Kutty, der damals neun Jahre alt war, erinnerte sich daran, daß der Besucher kurzes Haar hatte, und sagte, es sei nicht Sai Baba gewesen. Seine Mutter, Janaki Nair, meinte, sein Haar sei von einem Tuch bedeckt gewesen, aber alle anderen Zeugen widersprachen dieser Erinnerung. Zuerst sagte sie, der Besucher sei nicht Sai Baba gewesen, aber dann besann sie sich anders und meinte, er sei es doch gewesen. Alle Zeugen, die sich dazu geäußert hatten, gaben an, der Besucher sei von gleicher Statur wie Baba gewesen, das heißt, klein. Die wenigen Informationen, die wir über seine Stimme und seine Hautfarbe haben, stimmen mit Sai Babas überein. Unter Berücksichtigung einiger Gedächtnislücken der Zeugen können wir sagen, daß die meisten von ihnen besonders die Kleidung und physische Erscheinung des Besuchers als die für Sai Baba typische identifizierten. Die kurz nach dem Vorfall gemachten Aufzeichnungen unterstützen diese Schlußfolgerung.

In Anbetracht der anscheinend paranormalen Kräfte und offensichtlichen Fähigkeiten als spiritueller Führer, die der Besucher offenbarte, wäre es für einen reisenden Sadhu sicherlich sehr schwierig gewesen, Sai Baba zu verkörpern. Im krassen Gegensatz zu den reisenden Mönchen bittet Sai Baba beispielsweise nicht um Almosen oder Gefälligkeiten, sondern ist dafür bekannt, daß er anderen hilft und großzügig Geschenke verteilt, die er gewöhnlich »mit einer Bewegung seiner Hand« hervorbringt. Wir untersuchten die Verhaltensweisen des geheimnisvollen Besuchers sorgfältig auf Parallelen zu Babas Verhalten. Der Besucher bat nicht um Almosen, Essen oder Gefälligkeiten. Statt dessen regte er Gespräche über spirituelle Themen an. Wie Baba versuchte er Kranke zu heilen, kümmerte sich um Familienprobleme und machte Vorhersagen, die laut Aussage der Zeugen tatsächlich eintraten.

Das erstaunlichste der angeblichen paranormalen Phänomene war seine anscheinend unmittelbare Reaktion auf die Bitte eines Kindes. Sailaja sagte, sie habe in der Nacht des 12. Dezember verzweifelt vor Babas Bild geweint. Baba erschien früh am Morgen des 13. und fragte nach ihr. Selbst wenn Baba, auf eine telepathische Bitte hin, Sailaja persönlich hätte besuchen wollen, hätte er in dieser kurzen Zeit nicht mit dem Auto über die schlechten indischen Straßen von Puttaparti nach Manjeri fahren können. Eine so weite Reise in so kurzer Zeit mit dem Bus zu machen, wäre in Indien schon ganz und gar unmöglich.

Eine Erklärungsmöglichkeit bietet sich an: falls Baba sich gerade in der Gegend um Calicut aufgehalten hätte, hätte er einfach die kurze Fahrt mit dem Bus hinüber nach Manjeri machen können. Glücklicherweise gelang es uns, herauszufinden, wo Baba sich zur fraglichen Zeit aufgehalten hatte. Wir erfuhren, daß er zu Gast im Palast von Venkatagiri war, der im Staate Andhra weit entfernt auf der anderen Seite der indischen Halbinsel (etwa 100 Meilen nördlich von Madras) liegt. Dr. Osis interviewte den Radscha von Venkatagiri in Madras. Am nächsten Tag brachten Gopal Krishna und sein Cousin Madana Gopal Dr. Osis zum Palast. Madana Gopal hatte ein Tagebuch geführt, und nachdem er darin nachgeschaut hatte, teilte er uns mit, daß Baba an den fraglichen Tagen in Venkatagiri gewesen war. Außerdem zeigte uns der Palastverwalter die Palastprotokolle, die bestätigten, daß Baba am 12. Dezember 1964 dort angekommen und am 17. nach Kalahasti weitergereist war. Er zeigte uns außerdem eine gedruckte Ankündigung einer Feier, bei der Baba am 13. Dezember im Palast eine öffentliche Rede gehalten hatte. Die Aufzeichnungen waren auf Telugu, aber wir konnten die Daten lesen, die auf englisch abgedruckt waren. (Kalahasti liegt etwa 25 Meilen von Venkatagiri entfernt und ist die nächste große Stadt im Umkreis von Venkatagiri. Als der Besucher der Raos sagte, er würde in Kalahasti erwartet, hatte er den Ort vielleicht deshalb angegeben, weil er bekannter ist als Venkatagiri.) Es ist also ziemlich gut belegt, wo Baba sich am 13. Dezember aufhielt. Wir sprachen außerdem mit Miss Hilda Charlton, einer Amerikanerin, die im Jahre 1964 bei Baba war. Sie erzählte uns, daß sie sich in einer Gruppe von Jüngern befunden hatte, die Baba 1964 auf einer Reise durch Andhra begleitete. Sie erinnert sich, daß die Gruppe am 24. Dezember nach Brindavan, Babas Residenz in Bangalore, zurückgekehrt war – gerade rechtzeitig, um Weihnachten zu feiern.

Falls Baba den Besuch am 13. nicht persönlich gemacht haben konnte, hätte er am 24. Dezember persönlich erscheinen können? Alle Zeugen, die den Besucher bei beiden Gelegenheiten sahen, stimmten darin überein, daß es sich definitiv um die gleiche Person handelte.

Außer seinem Erscheinen auf Sailajas Hilferuf hin und ihrer Heilung demonstrierte der Besucher noch viele andere anscheinend paranormale Kräfte. Laut Aussage der Raos schien Baba alle Familienmitglieder gekannt und in ihrer jeweiligen Muttersprache angesprochen zu haben, so daß er also in drei verschiedenen Sprachen mit ihnen kommunizierte. Sie erhielten von ihm insgesamt acht Geschenke, die er auf die für Sai Baba übliche Art und Weise hervorbrachte. Es ist nicht klar, ob er alle oder nur einige der Geschenke durch Handbewegungen hervorbrachte, da wir diese Frage bei einigen Interviews nicht stellten. Das Vibuti und die Medizin für Mrs. Nair wurden jedoch auf jeden Fall auf diese, für Sai Baba typische Art und Weise produziert. Die Familie Rao zeigte die Geschenke, die sie erhalten hatte, im Jahre 1965 den ersten Untersuchern des Falles und uns im Jahre 1973. Die vier Vorhersagen, die Baba machte, scheinen korrekt zu sein: daß Mr. Raos Vater nach Manjeri kommen würde; daß er während seines Aufenthaltes ein Reinigungsritual durchführen würde; daß Mr. Menon ihnen aus Palghat noch zwei Liederbücher in malayalamischer Sprache mitbringen würde (Baba hatte bereits eines mit einer Handbewegung hervorgebracht); und daß die Raos einen Sohn bekommen würden (obwohl Mrs. Rao schon einige Fehlgeburten hinter sich hatte). Und zu guter Letzt drang Baba, wie uns berichtet wurde, in ein verschlossenes Haus ein.

Diese Anzeichen übernatürlicher Kräfte scheinen die Raos davon überzeugt zu haben, daß ihr Besucher tatsächlich Baba war. Diese Überzeugung wurde noch dadurch bekräftigt, daß Baba sie wiedererkannte, als sie ihn Jahre später mit ihrem neugeborenen Sohn in seinem Ashram besuchten. Mr. Rao erzählte uns: »Er [Baba] erwähnte in Puttaparti, worüber man in Manjeri gesprochen hatte, und daher muß [er] derselbe Mann sein.« Die Raos und einige der Zeugen waren auch beeindruckt von der Tatsache, daß nach seinem zweiten Besuch, laut ihrer Aussage, wiederholt Vibuti auf Babas Foto erschien. Sie schienen es als eine Art »Siegel der Bestätigung« durch den Meister zu betrachten.

Zwei Männer, die angaben, gesehen zu haben, wie das Vibuti auf dem Bild erschien, waren keine Jünger Babas: Mr. Bhaskaran, der der ganzen Sache ziemlich negativ gegenüberstand und den Besucher als »Halunken«

bezeichnete, und Devada Moosad, der an diesem Fall nicht interessiert war.

Könnte es sein, daß dies alles ein Schwindel war – von Babas Jüngern zu Publicityzwecken inszeniert? Weder die Raos noch ihre Nachbarn, die an den Interviews teilnahmen, waren, laut eigener Aussage, zu dem Zeitpunkt, als sich die Vorfälle ereigneten, Jünger Sai Babas. Die Familie Rao betete zu Hindu-Gottheiten und verehrte ganz besonders Shirdi Baba. Da Sathya Sai Baba behauptet, der wiederverkörperte Shirdi Baba zu sein, hatten die Raos sein Bild neben die anderen Bilder in ihrem Andachtsraum aufgehängt. Sie gehörten jedoch damals noch nicht seiner Organisation an und kannten seine Lieder nicht. Erst nach seinen Besuchen wurden sie glühende Anhänger Sai Babas. Es hätte wahrscheinlich ein ziemliche hohes Risiko bedeutet, diese Leute, die damals bestenfalls ein schwaches Interesse an Baba hatten, an einem abgekarteten Betrug teilnehmen zu lassen.

Eine andere mögliche Erklärung wäre, daß die Aussage der Zeugen von Venkatagiri, Baba sei am 13. Dezember 1964 dort gewesen, falsch war. Als wir den Radscha von Venkatagiri interviewten, erteilte er uns zunächst eine Abfuhr und erklärte protestierend, neun Jahre seien eine zu lange Zeit, um sich noch an genaue Daten zu erinnern. Er und seine Angestellten erinnerten sich vage daran, daß Baba in dem fraglichen Jahr irgendwann im Dezember zu Besuch gewesen sei, aber er hatte recht mit seiner Bemerkung, daß ein ungefähres Datum für unsere Zwecke nicht ausreichen würde. Später, als seine Angestellten den Vorschlag machten, die Palastprotokolle zu überprüfen, willigte er ein, in diesen Unterlagen nachzuschauen. Professor Kasturi erwähnte diese Protokolle in seinem Buch nicht. Wir sind der Meinung, daß die Protokolle, hätte man sie für Publicityzwecke »präpariert«, sicherlich schon vor unserem Besuch benutzt worden wären.

Wenn von einer Person behauptet wird, sie habe sich physisch gleichzeitig an zwei verschiedenen Orten aufgehalten, bezeichnet man dieses Phänomen als Bilokation. Daß so etwas in der Tat möglich sein soll, übersteigt ganz sicher das Fassungsvermögen der meisten Menschen. Wir finden jedoch sowohl in der altertümlichen als auch in der modernen Literatur Beschreibungen solcher Fälle. Iamblicus (gestorben ca. 330 v. Chr.), der hellenistische Philosoph, der ein Buch über das Leben Pythagoras' schrieb, stellt fest, daß Pythagoras' frühere Biographen (deren Schriften nicht mehr existieren)

voller Überzeugung behaupten, daß er sich an ein und demselben Tag in Metapontum, Italien, und in Tauromenium, Sizilien, aufhielt und an

TABELLE 1

Ereignisse, die von den Raos und ihren Nachbarn beobachtet wurden, und Aufzeichnungen

Besucher	R. M. Rao	Mrs. Rao	Sailaja	Mrs. T. Moosad
A: Ähnlichkeit mit Sai Babas physischem Erscheinungsbild				
1. Beobachteten ihn im Freien (x); Im Hause der Raos (xx)	xx	xx	xx	x
2. Sah aus wie Sai Baba (xx); eine gewisse Ähnlichkeit (x); keine (–)	xx	xx	xx	
3. Buschiges Haar wie Sai Baba (x); andere Frisur (–)	x	x	x	
4. Trug eine Robe wie Sai Baba (x) eine anderes Gewand (–)	x	x	x	x
5. Farbe der Robe: rot, gelb, orange, rosa				
Erster Besuch: (R, G, O, Ro)	G	G	O	G
Zweiter Besuch: (R, G, O, Ro)	Ro	R		
6. Material der Robe: fein (x); grob (–)	x	x	x	
7. Robe: gebügelt (x); zerknittert (–)				
8. Gleiche Statur wie Sai Baba (x); anders (–)	x	x	x	
9. Hautfarbe wie Sai Baba (x); anders (–)	x	x		
10. Stimme wie Sai Baba (x); anders (–)	x	x	x	
11. Sai Babas Bild in „Erkennungs-test" identifiziert				
B: Ähnlichkeiten mit Sai Babas Verhaltensweisen				
1. Setzte sich in den Bhajan-Raum (x); unter Sai Babas Foto (xx)	xx	x	x	
2. Sang Bhajan-Lieder (x) Sai Baba-Lieder (xx); lehrte Lieder (xxx)	xx xxx	x xxx	xx xxx	x
3. Sprach welche Sprachen? Malayam (M); kanaresisch (K); tamilisch (T)	T K M	T K		
4. Segnete und verteilte sakra-mentale Nahrung (Prasad) (x)	x	x		x
5. Versuchte Nair (N); Sailaja (S) und Moosad (M) zu heilen	S M	S N M	S	M
6. Verteilte Vibuti (V); Medizin (M)	x		x	x
7. „Kreierte" oder materialisierte sie mit einer Handbwegung (x)	x	x		
8. Verteilte Geschenke an die Raos (x)	x	x	x	
9. Almosen oder Gefälligkeiten: erbeten (x); nicht erwähnt (–)	–	–	–	–
C: Einzelheiten über den Ablauf der Besuche und die Teilnahme an Bhajans				
1. Erster Besuch: Sah Sai Baba ankommen (x); nahm an Bhajans teil (xx); weiß nicht, bei welchem Besuch (–)	xx	xx	xx	x
2. Zweiter Besuch: vormittags (a), nachmittags (p); sah Sai Baba (x); nahm an Bhajans teil (xx)	xx p	xx p und a		
3. Hörte lediglich vom zweiten Besuch von Mr. und Mrs. Rao (x)			x	
4. Anzahl der Personen, die an den Bhajans teilnahmen	50	50		

Janaki Nair	Saro- jina Amma	Venu Gopal	K. M. Kutty	K. Lakshmi Kutty	Padma- nabhan Nair	Aufzeichnungen	
						P. A. Menon	P. K. Paniker
x		x	x		x		
xx	x	xx	xx	xx	xx		
−x	xx	xx	−	xx	xx	xx	xx
bedeckt		x	−	x	x	x	x
x		x	x	x	x	x	x
G		G	O	O	O	R	R
				x	x		x
			x	x	x		
x			x		x		
x							
							x
xx				x	xx	xx	
x			xx	x		xx xxx	xx
M			M		T K M	T K M	T K M
					x		x
N S							S
		M					
x		x	x	x			x
x			x	x			x
x			x			x	x
−	−	−	−	−	−	−	−
xx	x	x xx	xx	xx	x xx	vormit- tags	vormit- tags
P			vv (?) P		x	nachmit- tags	nach- mittags vormit- tags
		viele			40	40 25–30	

Tabelle 2

Ereignisse, die nur von den Raos beobachtet wurden

	Aufzeichnungen					
	Mr. R.	Mrs. R.	Sailaja	Brief	Paniker	Menon
A. Allgemeine Aktivitäten Sai Babas						
1. sprach, chantete, sang	x	x	x	x	x	x
2. hielt eine religiöse Zeremonie ab	x	x	x	x	x	x
3. hing Bild auf		x				x
4. aß	x	x	x	x	x	x
5. badete	x	x		x		
6. ruhte sich aus	x	x		x	x	x
B. Geschenke, die überreicht wurden (ü) oder erschienen (e)						
1. Liederbuch in malayalamischer Sprache	e		ü		ü	e
2. Ein Stück schöner Kleiderstoff für Sailaja	ü	ü	ü	e		ü
3. Medaillon		ü				e
4. Ring	e	ü			Janaki	e
5. Goldenes Blatt	ü	ü				e
6. Becher	e	ü	ü	e		e
7. Rudraksha Perlen	e	ü	ü	e	ü	e
8. Perlmutkügelchen	e	ü	ü	ü	ü	e
9. Vibuti	e	e	ü		ü	e
C. Aktivitäten, die auf Sai Babas Identität oder seine übersinnliche Kräfte deuten						
1. Fragte beim ersten Erscheinen sofort nach Sailaja	x		x			
2. Sagte, er käme aufgrund von Sailajas Gebet oder Bhakta	x	x	x	x		x
3. Bat darum, in Puja-Raum empfangen zu werden	x	x	x	x	x	
4. Heilte Sailaja von chronischer Krankheit innerhalb von drei Tagen	x	x	x		x	x

5. Sprach mit jedem in seiner Muttersprache: tamilisch, kanaresisch, malayalam	x	x		x	x	x	x
6. Sagte den Besuch von Raos Vater voraus	x	x		x	x	x	
7. Sagte voraus, daß der Vater ein Reinigungsritual abhalten würde	x			x			
8. Prophezeite die Geburt eines Sohnes (trotz der mehreren Fehlgeburten nach Sailajas Geburt)	x	x			x		x
9. Prophezeite (nach dem er durch eine Handbewegung ein Buch hervorgebracht hatte) daß A. Menon ähnliche Bücher mitbringen würde	x	x					
10. Zweiter Besuch: erschien in einem verschlossenen Haus	x	x			x	x	x
11. Haus war beleuchtet (keine Heimlichkeit)	x	x			x	x	x
12. wußte, wohin Sailaja gefahren war	x	x			x	x	x
13. Sagte, er würde die Vorbereitungen für die Bhajanstunde an Sailajas Stelle übernehmen		x			x	x	
14. Interpretierte die Stimmung der Raos richtig und kannte die Familienprobleme	x	x			x	x	x
15. Bestand auf einfachen Mahlzeiten	x	x			x	x	x
16. Zeigte gründliche Kenntnis von Sai Babas persönlichem Hintergrund	x	x					
17. Sprach hauptsächlich über spirituelle Dinge	x	x			x	x	
18. Erkannte die Raos, als sie später nach Puttaparti kamen	x						
19. Erwähnte in Puttaparti Dinge, über die sie damals in Manjeri gesprochen hatten	x						
20. Die Bemerkung, er würde in Kalahesti erwartet, erwies sich später als korrekt	x	x		x		x	x
21. Nach Sai Babas Besuch kam Vibuti aus Sai Babas Foto	x	x auch Janaki			x	x	x

beiden Orten vor seinen Schülern Diskurse hielt, obwohl diese Städte durch weite Gebiete, zu Land und zu Wasser, voneinander getrennt sind, die nur in vielen Tagereisen durchquert werden können.

Die interessantesten Berichte über Bilokation in der Neuzeit betreffen den italienischen Mönch Pater Pio, von dem auch zahlreiche andere Wunder berichtet werden. Das Verfahren zu seiner Heiligsprechung wurde im Jahre 1969 eingeleitet. Es würde den Rahmen des Buches sprengen, hier ausführlich all diese Fälle wiederzugeben, aber ich erwähne sie, da sie einige Ähnlichkeit zu Sai Babas Phänomenen aufweisen. Sie bleiben ein Rätsel für alle, die sich näher damit beschäftigen.

Anmerkungen zu den Seiten 256, 261 und 270:
1. Einen großen Teil des in diesem Kapitel wiedergegebenen Materials verdanke ich Dr. Osis.
2. Ein ayurvedischer Arzt ist ein Allgemeinmediziner, der auch in den Methoden der indischen Natur- und Volksheilkunde ausgebildet ist.
3. Babas Robe ist selbst für indische Verhältnisse einzigartig. Auf unseren weiten Reisen ist uns nie jemand begegnet, der ein ähnliches Gewand trug.

ASW (Außersinnliche Wahrnehmung)

Eine Seite Babas wurde bisher nicht besonders hervorgehoben: seine angebliche Fähigkeit der außersinnlichen Wahrnehmung, die von den Indern als Zeichen seiner Allwissenheit gedeutet wird. Kann er tatsächlich Gedanken lesen? Offenbarte er sein Wissen um Ereignisse, die sich an weit entfernten Orten zutrugen oder noch in der Zukunft liegen? Es gibt viele diesbezügliche Informationen und Behauptungen, wie man aus einigen vorhergehenden Kapiteln entnehmen kann. Unsere im kleinen Rahmen durchgeführte Umfrage zeichnete ein ähnliches Bild von ihm.

Die Interviewpartner wurden gefragt: »Welches paranormale Phänomen nahmen Sie als erstes in Babas Gegenwart wahr?« Zwanzig Prozent der Personen, die sich an ihre erste Beobachtung erinnerten, nannten das Gedankenlesen, während fünfundsiebzig Prozent angaben, als erstes eine Materialisation beobachtet zu haben. Dieses Verhältnis scheint wiederzuspiegeln, mit welchem Erfolg Baba die gebildeteren Leute von seinen zweifachen paranormalen Fähigkeiten, dem »Gedankenlesen« und dem »Geist über Materie«-Phänomen, ASW und Psychokinese, überzeugt – die physikalischen Phänomene stehen im Vordergrund.

Zweifellos »liest« Baba häufig die Gedanken von Menschen, die ihm begegnen. Zu Anfang des Buches wurden einige Beispiele aufgeführt, wie der Fall Varadus. Die Frage ist nur, inwieweit er wirklich imstande ist, auf paranormale Weise Gedanken zu lesen? Ist es mehr als nur schlaues Raten oder die scharfsichtige Menschenkenntnis, die er unleugbar besitzt?

Sechsundzwanzig der neunundzwanzig Interviewten gaben an, daß Baba an ihnen selbst Gedankenlesen praktiziert hatte. Neunzehn berichteten, er habe völlig korrekte Angaben gemacht, fünf gaben an, die Aussagen hätten nur teilweise zugetroffen, und die zwei Ex-Jünger betrachteten seine Bemühungen als nichts anderes denn schlaues Raten.

Es gibt keinen Zweifel darüber, daß die Feststellungen, die Baba aufgrund von Gedankenlesen macht, manchmal unzutreffend sind. Ich erinnere mich an eine Australierin, nach meiner Schätzung Ende Dreißig, die ich vor ein paar Jahren in Puttaparti traf. Eines Tages beim Darshan sprach Baba kurz mit ihr und sagte: »Sie sollten heiraten.« Sie war aber tatsächlich bereits verheiratet, und als ich sie direkt nach dem Darshan traf, war sie gerade auf dem Weg zum Bus nach Bangalore, wo sie ihren Mann vom Flughafen abholen wollte. Baba kannte diese Frau nicht, hatte sie nur ein paarmal gesehen. Sie war recht unattraktiv und schien auf ihr Aussehen und ihre Kleidung keinen Wert zu legen. Vielleicht hatte Baba daraus geschlossen, daß sie unverheiratet war.

Es gibt viele Gelegenheiten, bei denen Baba besser abschnitt als im Fall der Australierin. Einmal teilte ich während eines überfüllten Festivals in Puttaparti für ein paar Tage ein Zimmer mit einem New York Geschäftsmann, Mr. Harry Patterson, Fabrikant wertvoller, teurer Teppiche. Er beeindruckte mich damals als ein nachdenklicher, zuverlässiger Mann mit wachem, forschendem Verstand, und dieser erste Eindruck blieb auch bei mehreren nachfolgenden Treffen erhalten: Mr. Patterson berichtete:

Am 7. Dezember 1977 hatte ich ein Gespräch mit dem Swami in Whitefield. Nachdem er eine Zeitlang zu mir gesprochen hatte, fragte er mich, ob ich irgendeine Frage hätte. Ich erklärte ihm, daß meine Tochter, die in Sydney, Australien, lebt, im November ein Baby erwartet hatte. Meine Frau hatte unser Heim im November verlassen, um bei unserer Tochter zu sein. Seitdem wußte ich nicht, wie es meiner Tochter ging, da ich durch Indien gereist war. Ich fragte den Swami deswegen, und er sagte: »Oh ja, ein Mädchen, vor zwei Tagen, der Mutter und dem Kind geht es gut.«
Später am selben Tag fuhr ich nach Bombay und flog direkt nach New York. Dort erfuhr ich, daß meine Tochter am 5. Dezember, zwei Tage vor meinem Gespräch mit dem Swami, ein gesundes Mädchen zur Welt gebracht hatte. Ich hatte absolut keinen Hinweis auf das Datum der Geburt. Das Baby hätte eigentlich schon Mitte November kommen sollen, und ich war ziemlich sicher gewesen, daß sie es um diese Zeit bekommen hatte.

Über diesen Fall existieren keine zeitgenössischen schriftlichen Aufzeichnungen.

Eine andere Frage in unserer Umfrage lautete: »Hat Sai Baba Ihnen jemals ein Ereignis geschildert, das sich zur gleichen Zeit an einem weit entfernten Ort zutrug?« Zehn der Befragten konnten sich nicht an eine solche Erfahrung erinnern, zwei erinnerten sich an Vorfälle, die sie zum fraglichen Zeitpunkt allerdings nicht nachprüfen konnten, aber siebzehn der Befragten gaben an, daß er ihnen tatsächlich solche Ereignisse geschildert hatte. In einem Fall erfuhr unser Informant später, daß Babas Schilderung falsch gewesen war, aber sechzehn behaupteten, seine Angaben seien völlig korrekt gewesen. Leider war keiner dieser Fälle angeblicher Hellsichtigkeit so gelagert, daß er eine Überprüfung anhand von unabhängigen Aussagen eines oder mehrerer Zeugen gestattet hätte.

Das umfangreiche anekdotenhafte Material deutet jedoch darauf hin, daß Baba tatsächlich die unheimliche Fähigkeit besitzen könnte, die geheimsten Gedanken der Menschen zu lesen oder daß er über Gefahrensituationen, die weit entfernt aufgetreten waren, Bescheid wußte. Diese Fälle erinnern in vieler Hinsicht an die Berichte über den berühmten Kapuzinerpater Pio.

Prophezeiungen nehmen bei Baba keine herausragende Stellung ein. Nur etwa die Hälfte aller Befragten bestätigten, daß er Vorhersagen über ihre Zukunft gemacht hatte. Bei neun Personen waren Babas Angaben völlig korrekt, aber bei vier anderen erwiesen sie sich als teilweise oder völlig falsch. Einer weiblichen Jüngerin, die sich ein Kind wünschte, hatte er prophezeit, daß sie eines bekommen würde – was sich niemals erfüllte. Er riet einem ihm sehr nahestehenden Jünger, dessen Bruder Arbeit suchte, diesen nach Delhi zu einem Vorstellungsgespräch zu schicken. Entgegen Babas Vorhersage bekam der Bruder die Stelle nicht.

In einer Hinsicht war Baba jedoch erstaunlich treffsicher mit seinen Prophezeiungen. Schon in frühester Jugend hatte er einige sehr zutreffende Vorhersagen über seine eigene Zukunft gemacht. Die meisten Personen, die vor 1959 einige Zeit mit ihm verbrachten, erinnerten sich genau an seine Vorhersage, daß riesige Menschenmassen (»Hunderttausende von Menschen«) kommen würden, um ihn zu besuchen, und daß die alten Jünger ihn nur noch aus der Ferne sehen könnten. Wir berichteten bereits in einigen der vorhergehenden Kapitel darüber. Er beschrieb auch die enorme Entwicklung von Prashanti Nilayam, das heute eine unabhängige Gemeinde mit vielen großen und imposanten Gebäuden ist. Zu Festivalzeiten verwandelt sie sich in eine farbenfrohe, geschäftige Stadt.

Mr. Eswar erzählte mir in diesem Zusammenhang eine Geschichte. Als in Puttaparti der neue Mandir gebaut wurde, fragte Eswars Vater Baba, warum er ihn so groß haben wollte. Baba antwortete, er würde in einiger Zeit schon wieder viel zu klein sein. Heute kann selbst an normalen Wochentagen, wenn kein Festival stattfindet, nur ein Teil der Besucher innerhalb der Mandirhalle an den Bhajans teilnehmen. Zu den Festivalzeiten faßt selbst die riesige Poorna-Chandra-Halle, die eine der größten Versammlungshallen in Asien sein soll, nur einen Teil der Besucher.

Babas frühe Prophezeiungen über sein zukünftiges Leben werden von zahlreichen Zeugen bestätigt und sind bemerkenswert, ganz gleich, wie sie interpretiert werden. Waren es echte Prophezeiungen oder die Anzeichen einer frühen Vision seines Ruhmes, die er so unerhört erfolgreich verwirklichte? Sah dieser arme Junge aus einem abgelegenen indischen Dorf seine eigene Zukunft voraus oder gestaltete er seine Zukunft nach

seiner damaligen Vision? Es ist nicht leicht, dem Leser hier das Außergewöhnliche dieser Laufbahn zu vermitteln, das Image und die Berühmt-
heit, die Baba in Indien erlangte, obwohl er natürlich auch in Frage
gestellt wird. Vielleicht wird es ein wenig deutlicher, wenn ich hinzufüge,
daß er häufig von den höchsten Amts- und Würdenträgern des Landes
besucht wird – von Ministern des Staates und der Zentralregierungen,
Gouverneuren, Mitgliedern des obersten Gerichtshofes, Generälen und
Befehlshabern der Streitkräfte. Die indischen VIPs scheinen stolz darauf
zu sein, in Babas Gesellschaft gesehen zu werden, halten Reden bei seinen
Festivals oder bei Einweihungsfeiern für seine Schulen und Colleges. Er
sagte dies schon vor dreißig bis vierzig Jahren, als Jugendlicher, voraus.
Kein Wunder, daß seine Dorfnachbarn dachten, er sei verrückt oder ein
schwerer Fall von Größenwahn.

Eine von Babas Prophezeiungen kann der Leser vielleicht zu gegebener
Zeit selbst überprüfen: er behauptete wiederholt, daß er 94 Jahre alt
werden, das heißt, im Jahre 2020 oder 2021 sterben würde.

Ein paar abschließende Worte

In einigen der ersten Kapitel beschrieb ich mehrere Interviews, die Dr. Osis und ich mit Sathya Sai Baba führten. Der Leser oder die Leserin mag fragen, was seither geschah. Ich hatte noch einige weitere Interviews mit Sai Baba, von denen ich besonders zwei erwähnen möchte: eines im Jahre 1976, als ich mit meinem Sohn Haraldur in Indien war, und ein sehr ausführliches im Jahre 1980. Obwohl die ihn umgebende Menschenmenge ständig größer wurde, kam er bei jedem meiner Besuche auf mich zu, sobald er mich erblickte, und wechselte ein paar freundliche Worte mit mir. Während dieser späteren Interviews produzierte er stets mehrere Gegenstände – einmal ganz spontan ein großes Stück Kandiszucker, als er erfuhr, daß ich noch am gleichen Tag abreisen würde.

Die Beobachtungen, die ich in diesen Interviews machte, erbrachten im Vergleich zu den früheren nichts grundsätzlich Neues. Baba war stets herzlich und zuvorkommend, aber sobald sich unser Gespräch dem Thema »Experimente« näherte, stieß ich auf stumme Ablehnung. Er wollte über Religion sprechen. Manchmal schien mir, als wolle er etwas tun, das für mich von Wert sein könnte, aber dann schien er sich offenbar nicht genau vorstellen zu können, was für mich, beziehungsweise meine Kollegen, brauchbares Beweismaterial darstellte.

Baba ist ein Mensch von beeindruckender und überraschender Spontaneität. In einem Interview im Jahre 1980 beschloß ich, ihn zur Abwechslung einmal nicht mit Bitten zu belästigen oder mit ihm über die Notwendigkeit kontrollierter Forschungsexperimente zu streiten. Da schien er irritiert und tadelte mich dafür, daß ich es nicht tat. Bei diesem Interview befanden sich einige Leute im Raum, denen ich zuvor noch nicht begegnet war. Offenbar in der Absicht, mir etwas Besonderes zu zeigen, bat Baba einen älteren Herrn um seinen Ring. Er nahm den Ring in die Hand, hielt ihn vor meinen Augen in die Höhe und sagte: »Schau, Wissenschaftler, ich werde innerhalb einer Minute die Form, Art und Größe dieses Ringes verändern.« Er reichte ihn mir, so daß ich ihn genau untersuchen konnte, nahm ihn wieder an sich, schloß die Hand um den Ring zur Faust, blies ein paarmal darüber und gab mir einen Ring zurück, der völlig anders aussah als der ursprüngliche. Dann rief er mit einem jungenhaften Lächeln und triumphierendem Gesichtsausdruck aus: »Wie kann die Wissenschaft das erklären?«

Jeder Zauberkünstler könnte nach entsprechender Vorbereitung ein solches Kunststück vollbringen, indem er die Ringe in seiner Hand vertauschte. Aber die bohrende Frage war: hatte er es wirklich auf diese Weise getan?

In einem Interview unter vier Augen, das auf diesen Vorfall folgte, stritten wir über den Wert der Wissenschaft, und ich mußte mir einen langen Monolog über die Bedeutung der Spiritualität anhören. Als ich ihm erzählte, daß ich gerade eine Reihe seiner älteren Anhänger interviewte und plante, ein Buch über ihn zu schreiben, drängte er mich, mit einigen der Studenten zu sprechen, die seine Schulen besuchten und in seiner Bewegung aktiv waren. (Später stellte ich fest, daß die Studenten wesentlich stärker zögerten, offen über ihn zu sprechen, als die älteren Anhänger, die nicht so nahe bei ihm waren.) Zum Schluß produzierte er ein Medaillon für meinen Sohn, der von unserem Aufenthalt im Jahre 1980 bereits zwei besaß. Ich schätze auch heute noch, daß er täglich im Durchschnitt zwanzig oder dreißig Gegenstände, oder sogar mehr, produziert.

Es ist nicht das Ziel dieses Buches, den Leser von der Echtheit der Phänomene oder dem Gegenteil zu überzeugen. Mein Hauptanliegen war, die Zeugenaussagen mehrerer Schlüsselpersonen zu veröffentlichen, die Gelegenheit hatten, Sai Baba intensiv oder über lange Zeiträume hinweg zu beobachten, so daß sich der Leser oder die Leserin ein eigenes Urteil bilden kann und vielleicht an das enorme Potential erinnert wird, das möglicherweise in jedem Menschen schlummert.

Der aufmerksame Leser wird vielleicht Widersprüche in den Beschreibungen der Zeugen oder sogar in ein und derselben Zeugenaussage entdecken. Wir haben nicht versucht, sie zu vertuschen. Jeder Zeuge brachte seine eigenen Meinungen und Vorurteile und seine persönliche Sichtweise mit.

Im Bereich der paranormalen Phänomene ist die Frage des »Beweises« stets problematisch. Ein Grund dafür ist die unter Wissenschaftlern weitverbreitete Ansicht, diese Phänomene verletzten einige der grundlegendsten, wissenschaftlich attestierten physikalischen Gesetze, die bisher aufgestellt wurden. Daher sind hier eindeutigere Beweise notwendig, als für die meisten anderen in der Natur auftretenden Phänomene gefordert werden. Der zweite Grund liegt in der Undurchsichtigkeit paranormaler Phänomene. Oft bieten sich für solche Vorfälle auch andere Erklärungsmöglichkeiten an, die sämtlich ausgeschlossen werden müssen, bevor wir uns der paranormalen Natur eines Phänomens ausreichend sicher sein können. Das gilt für wissenschaftliche Experimente, bei denen die Umgebung sorgfältig überwacht wird, aber in noch stärkerem Maße trifft es auf unmittelbare oder spontane Phänomene in der realen Situation zu.

In der Wissenschaft sind Experimente traditionsgemäß der ideale Weg, die Art oder Natur eines Phänomens mit Sicherheit zu bestimmen. Dieser Weg war uns bei unserer Untersuchung über Sai Baba versperrt. Nach diesen Kriterien gibt es also keinen Beweis für die Echtheit der Sai Baba zugeschriebenen paranormalen Phänomene.

Im täglichen Leben lösen wir die meisten Fragen über Wahrheit oder Unwahrheit, Realität oder Täuschung allerdings nicht auf der Basis wissenschaftlicher Experimente; und selbst bestimmte Zweige der Wissenschaft, wie zum Beispiel die Sozialwissenschaften, arbeiten mit Fall- und Feldstudien. Die *experimentelle* Wissenschaft ist *ein* Weg, sich der Wahrheit zu nähern, die *beschreibende* Wissenschaft ein anderer. Aus unseren Urteilssystemen entwickelten sich folgende Wege, Beweismaterial zu sammeln: die ausführliche Befragung von Zeugen und die Erhärtung ihrer Aussagen sowie das Studium einschlägiger zeitgenössischer Dokumente etc.

Wissenschaftler sind bei ihren Beobachtungen und Interpretationen ganz gewiß nicht immer frei von vorgefaßten Meinungen; die Zeugenaussage eines Menschen beruht jedoch auf persönlicher Wahrnehmung, die stets selektiv ist, und einem Erinnerungsvermögen, das bei weitem nicht an einen Computer heranreicht und noch dazu mit der Zeit schwächer wird. Erinnerungen und Wahrnehmungen können auch durch Erwartungen und Vorurteile gefärbt sein, und zwar nicht nur durch unsere eigenen, sondern auch die unserer Umwelt. Einige Psychologen mögen sogar einwenden, daß die Verläßlichkeit von Zeugenaussagen bei verschiedenen ethnischen oder kulturellen Gruppen ganz erheblich schwanken kann. (Ich denke dabei an einen indischen Kollegen und Freund, der über seine eigene ethnische Gruppe in dieser Hinsicht keine sehr hohe Meinung hatte.)

Die Gerichte begegnen diesen wohlbekannten Schwachstellen von Zeugenaussagen, indem sie ihrem Urteil hauptsächlich die Qualität und Quantität der Aussagen oder die Übereinstimmung der Zeugen zugrunde legen. So sind auch wir vorgegangen.

Zahlreiche Anhänger – und auch Kritiker – die Sai Baba lange Zeit sehr genau beobachteten, gelangen zu einem Konsens über die paranormale Natur der häufigen Erscheinungen von Objekten in seiner Gegenwart oder an seinem Körper.

Natürlich wird jeder wachsame Skeptiker auf die Zaubertrick-Hypothese verweisen. Ein Amateurzauberer, der sich kurz in Puttaparti aufhielt, beobachtete aus einiger Entfernung, wie Sai Baba mit einer Handbewegung Vibuti hervorbrachte. Eine so oberflächliche Beobachtung ge-

nügte ihm für seine Schlußfolgerung, Sai Baba arbeite mit Taschenspielerei, obwohl ein anderer geschickter Amateurzauberkünstler, Dr. Faribun-
da, der Sai Baba lange kennt, diese Hypothese als absurd betrachtet.

Eine so dürftige Beobachtung, wie die des zuerst erwähnten Zauber-
künstlers, beweist meiner Meinung nach überhaupt nichts. Dennoch hielt
er es, wie mir berichtet wurde, nicht für nötig, die Sache genauer zu
untersuchen. Dieses Beispiel zeigt, wie leicht wir zu einem vorschnellen,
oberflächlichen Urteil über eine Sache gelangen können, wenn wir nur
einen winzigen Auschnitt des verfügbaren Beweismaterials flüchtig betrachten.

Literaturverzeichnis

Einleitung

Einige Beschreibungen angeblicher paranormaler Phänomene, die bei Swamis und Yogis auftreten, finden Sie in:

Yogananda, P.: *Autobiography of a Yogi*. Los Angeles: Self-Realization Fellowship, 1946.

Dass, R.: *Miracle of Love*. Stories about Neem Karoli Baba. New York: E. P. Dutton, 1979.

Berichte von Indienreisenden:

Brunton, P.: *A Search in Secret India*. New York: E. P. Dutton, 1935.

Jacolliot, L.: *Occult Science in India*. New York: The Metaphysical Publishing Company, 1901. (Erste Ausgabe auf französisch im Jahre 1884).

Oman, J. C.: *The Mystics, Ascetics, and Saints of India*. London: T. Fisher Unwin, 1903.

Über westliche Medien wurden zahlreiche Bücher und wissenschaftliche Artikel geschrieben. Folgende Veröffentlichungen erschienen über D. D. Home, Indridi Indridason, Eusapia Palladino und Rudi Schneider:

Crookes, W.: *Researches in the Phenomena of Spiritualism*. London: J. Burns, 1874.

Jenkins, E.: *The Shadow and the Light: A Defence of Daniel Dunglas Home, the Medium*. London: Hamish Hamilton, 1982.

Hannesson, G.: Remarkable Phenomena in Iceland. *Journal of the American Society for Psychical Research* (1924): 239–272.

Carrington, H.: *Eusapia Palladino and Her Phenomena*. New York: B. W. Dodge, 1909.

Gregory, A.: *The Strange Case of Rudi Schneider*. Metuchen, N.J.: The Scarecrow Press, 1985.

Parapsychologische Forschungen über spontane übersinnliche Phänomene in Indien wurden hauptsächlich von Dr. C. T. K. Chari, Dr. Satwant Pasricha, Dr. Jamuna Prasad, Dr. Ramakrishna Rao und Dr. Ian Stevenson durchgeführt:

Chari, C. T. K.: Parapsychological Studies and Literature in India. *International Journal of Parapsychology* 2 (1) (1960): 24–36.

Chari, C. T. K.: Regurgitation, Mediumship and Yoga. *Journal of the Society for Psychical Research* 47 (1973): 156–172.

Prasad, J., und Stevenson, I.: A Survey of Spontaneous Psychical Experiences in School Children of Uttar Pradesh, India. *International Journal of Parapsychology* 10 (1968): 241–261.

Stevenson, I.: *Cases of the Reincarnation Type. Volume I. Ten Cases in India.* Charlottesville: University Press of Virginia, 1975.

Physiologische Forschungen über angebliche übernatürliche Fähigkeiten bei Yogis:

Anand, B. K., Chhina, G.S., und Singh, B.: Some Aspects of Electroencephalographic Studies in Yogis. *Electroencephalography und Clinical Neurophysiology* 13 (1961): 452–456.

Kolhari, C. K., Bordia, A., und Gupta, O. P.: Studies on a Yogi During an Eight Day Confinement in a Sealed Underground Pit. *Indien Journal of Medical Research* 61 (1973): 1645–1651.

Green, E. E., Green, A. M., und Walters, E. D.: *Biofeddback for Mind-Body Self-Regulation: Healing and Creativity.* Diese Schrift wurde auf dem Symposium „Varieties of Healing Experience", das 1971 im De Anza College in Cupertino, Kalifornien, stattfand, präsentiert.

Wenger, M. A., und Bagchi, B. K.: Studies of Autonomic Functions in Practitioners of Yoga in India. *Behavioral Science* 6 (1961): 312–323.

Kapitel 2

Neben Kasturis offizieller Biographie gibt es einige populäre Bücher über Sai Baba. Das erwähnenswerteste ist wahrscheinlich Howard Murphets erstes Buch: *Sai Baba, Man of Miracles,* sowie Arnold Schulmans: *Baba.* Die meisten dieser Bücher wurden aus der Sicht des Jüngers geschrieben und enthüllen, warum die Autoren von Baba fasziniert wurden. Brooke wendet sich in seinem Buch *The Lord of the Air* aus religiösen und moralischen Gründen gegen Baba, zweifelt aber nicht die Realität der Wunder an.

Kasturi, N.: *Sathyam, Shivam, Sundaram: The Life of Bhagavan Sri Sathya Sai Baba.* Vol. 1–4. Bangalore: Sri Sathya Sai Publication and Education Foundation, 1972–1980. Amerikanische Ausgaben, die von der Sai Baba Gesellschaft in Justin, Kalifornien, veröffentlicht wurden.

Murphet, H.: *Sai Baba: Man of Miracles.* London: Frederick Muller, 1971.

Schulman, A.: *Baba.* New York: Viking Press, 1971.

Sandweiss, S. H.: *Sai Baba: The Holy Man and the Psychiatrist.* San Diego: Birth Day Publishing Company, 1975.

Brooke, R. T.: *The Lord of the Air.* Berkhamsted, Herts: Lion Publishing, 1976.

Ruhela, S. P., und Robinson, D. (Hrsg.): *Sai Baba and His Message.* Ghaziabad: Tarang Paperbacks, 1976.

Murphet, H.: Sai Baba Avatar: *A New Journey into Power and Glory.* San Diego: Birth Day Publishing Company, 1977.

Balu, V.: *The Glory of Puttaparthi.* Bangalore: Shakuntalu Balu, 1980.

Fanibunda, E. B.: *Vision of the Divine*. Bombay: E. B. Fanibunda, 1980. (Erschien erstmals im Jahre 1976).

Balu, S.: *Living Divinity*. London: Sawbridge Enterprises, 1981.

Mason, P., und Laing, R.: *Sathya Sai Baba, the Embodiment of Love*. London: Sawbridge Enterprises, 1982.

N. Kasturi gab viele Bände von Vorträgen heraus, die Sai Baba bei verschiedenen Gelegenheiten hielt, wie zum Beispiel: *Sathya Sai Speaks, Discourses of Bhagavan Sri Sathya Sai Baba*. Band I–X, Bangalore und Delhi: Sri Satyha Sai Publication and Education Foundation, 1974–1980.

Kapitel 3

Dr. Osis und ich schrieben einige wissenschaftliche Artikel über unsere Untersuchung der Sai Baba Phänomene. Dr. Chari ging in einem der im folgenden aufgeführten Artikel auf eine unserer Abhandlungen ein.

Haraldsson, E., und Osis, K.: The Appearance and Disappearance of Objects by Sri Sathya Sai Baba. In J. D. Morris, W. G. Roll und R. L. Morris (Hrsg.) *Research in Parapsychology 1975*. Metuchen, N. J.: Scarecrow Press, 1976.

Haraldson, E., und Osis, K.: The Appearance and Disappearance of Objects in the Presence of Sri Sathya Sai Baba. *Journal of the American Society for Psychical Research* 71 (1977): 33–43.

Osis, K., und Haraldsson, E.: OOBEs in Indian Swamis: Sathya Sai Baba and Dadaji. In J. D. Morris, W. G. Roll und R. L. Morris (Hrsg.) *Research in Parapsychology 1975*. Metuchen, N. J.: Scarecrow Press, 1976.

Osis, K.; und Haraldsson, E.: Parapsychological Phenomena Associated with Sri Sathya Sai Baba. *The Christian Parapsychologist* 3 (1979): 159–63.

Chari, C. T. K.: Correspondence: on the phenomena of Sai Baba. *Journal of the American Society for Psychical Research* 72 (1978): 66–69.

Chari, C. T. K.: Some Questions about "Psi-Genetics." (Brief an den Herausgeber). *Parapsychological Journal of South Africa* 3 (1) (1982): 50–53.

Kapitel 4

Abbott, D. P.: *Behind the Scenes with Mediums*. Chicago: Open Court, 1908.

Carrington, H.: *The Physical Phenomena of Spiritualism*. (Zweite Ausgabe) New York: Dodd, Mead, 1920.

Fodor, N.: *Encyclopaedia of Psychic Science*. New York: University Books, 1966. (Erste Veröffentlichung 1933)

Gauld, A., und Cornell, A.D.: *Poltergeists*. London: Routledge and Kegan Paul, 1979.

Geley, G.: *Clairvoyance and Materialisation*. New York: George H. Doran, 1927. (Erste Veröffentlichung 1924 auf französisch.)

McKenzie, B.: An „Apport" Medium, Mr. T. Lynn. *Psychic Science*, 8 (1929): 129–137.

Owen, A. R. G.: *Can We Explain the Poltergeist?* New York: Garrett, 1964.

Richet, C.: *Thirty Years of Psychical Research*. (Übers. von S. de Brath.) New York: Macmillan, 1923. (Erste Veröffentlichung 1922 auf französisch.)

Roll, W. G.: *The Poltergeist*. New York: New American Library, 1974 (Erste Veröffentlichung 1972.)

Shuhuang, L., Zhungchi, Z., Weiyi, L., Yuzung, H., Pinghuei, Z., Hanli, Z., Jia, S., Zenwu, D., Shiung, D., Yu, Z., Xuekai, Z., Fang, Z., und Zexiang, Z.: Some Experiments with the Moving of Objects through »Exceptional Functions of the Human Body«. *Psi Research*, 2 (1) (1983): 4–24. (Übersetzung eines chinesischen Artikels in *Ziran Zazhi*, 4.9, 1981).

Wallace, A. R.: *Miracles and Modern Spiritualism*. London: George Redway, 1896. (Erstmals veröffentlicht im Jahre 1874.)

Die folgenden Veröffentlichungen behandeln Fragen der Hypnotisierbarkeit von Menschen:

Hilgard, E.: Divided Consciousness: *Multiple Controls in Human Thought and Action*. New York: John Wiley & Sons, 1977

Sheehan, P. W., und Perry, C. W.: *Methodologies of Hypnosis*. Hillsdale, N. J.: Lawrence Erlbaum Associates, 1976.

Kapitel 5

Arthur Osborne schrieb ein kurzes, interessantes Buch über Sai Baba von Shirdi: *The Incredible Sai Baba*. London: Rider, 1958.

Wissenschaftliche, aber sehr gut lesbare Bücher über den Hinduismus:

Smart, N.: *The Religious Experience of Mankind*. (Zweite Ausgabe) New York: Charles Scribners, 1976.

Organ, T. W.: *Hinduism: Its Historical Development*. New York: Barron's Educational Series, 1974.

Einige Bücher über indische Gurus und Heilige und ihre Kulte wurden für den westlichen Leser geschrieben. Das Spektrum dieser Bücher reicht von zutiefst ehrfurchtsvollen und unkritischen, wie Ram Dass' *Miracle of Love* (New York: Hutton 1979) bis hin zu Arthur Koestlers kritischem, fast zynischem *The Lotus and the Robot* (London, Hutchinson, 1960).

Kapitel 20

Narasimhaiah, H.: Letter to Sathya Sai Baba, *Sunday*, June 2, 1976, September 5, 1976.

Thakur, J.: Challenge to Sai Baba: Is he God? *Sunday* 4 (24) September 5, 1976, S. 6–13.

Philostratus: *Life of Apollonius.* (Übersetzt von C. P. Jones. Herausgegeben von G. W. Bowersock.) London: Penguin Books, 1970.

Cox, H.: *Turning East.* New York: Simon and Schuster, 1977.

Kapitel 21

Hilgard, E.: *Divided Consciousness: Multiple Controls in Human Thought and Action.* New York: John Wiley & Sons, 1977

Sheehan, P. W., und Perry, C.W.: *Methodologies of Hypnosis.* Hillsdale, N. J.: Lawrence Erlbaum Associates, 1976.

Rogo, D. S.: *Miracles: A Parascientific Inquiry into Wondrous Phenomena.* New York: Dial Press, 1982.

May, E. C., und Jahagirdar, K. T.: From Where Does the Kum-Kum Come? A Materialisation Attempt. In J. D. Morris, W. G. Roll und R. L. Morris, (Hrsg.) *Research in Parapsychology 1975.* Metuchen, N. J.: Scarecrow Press, 1976.

Kapitel 22

Cowan, E.: Sai Baba and the Resurrection of Walter Cowan. In Ruhela, S. P. und Robinson, D., *Sai Baba and His Message.* (Sechste Ausgabe) Ghaziabad, U. P. India: Vikas Publishing House, 1982.

Sandweiss, S. H.: *Sai Baba: The Holy Man and the Psychiatrist.* San Diego: Birth Day Publishing Company, 1975.

Kapitel 23

Veröffentlichungen über die bei Medien auftretenden physikalischen Phänomene:

Abbott, D. P.: *Behind the Scenes with Mediums.* Chicago: Open Court, 1908.

Crookes, W.: *Researches in the Phenomena of Spiritualism.* London: J. Burns, 1874.

Fodor, N.: *Encyclopaedia of Psychic Science.* New York: University Books, 1966. (Erste Ausgabe 1933.)

Geley, G.: La lumiere vivante metapsychique. *Revue metapsychique.* Nr. 4 (1922): 169–181.

Haft, L. L.: Abstracts of Chinese Reports on Parapsychology. *European Journal of Parapsychology* 4 (1982): 399–402.

Hannesson, G.: Remarkable Phenomena in Iceland. *Journal of the American Society for Psychical Research* 18 (1924): 239–272.

Jenkins, E.: *The Shadow and the Light: A Defence of Daniel Dunglas Home, the Medium.* London: Hamish Hamilton, 1982.

McKenzie, J. H.: Psychic Phenomena with Herr Melzer. *Psychic Science* 6 (1927): 17–29.

Nielsson, H.: Poltergeist Phenomena in Connection with a Medium, Observed for a Length of Time, Some of Them in Full Light. *Psychic Science* 4 (1925): 90–111.

Schrenck-Notzing, ‹A. F.› Baron von: *Phenomena of Materialisation*. (Zweite überarbeitete Auflage) New York: Dutton, 1920. (Erstmals 1914 in Deutschland veröffentlicht.)

Schroeder, C.: Herr Melzer of Dresden – an »Apport« Medium. *Psychic Science* 2 (1923): 154–159.

Wallace, A. R.: *Miracles and Modern Spiritualism*. London: George Redway, 1896. (Erste Ausgabe 1874.)
Berichte über in jüngerer Zeit aufgetretene physikalische Phänomene finden sich in:

Hasted, J.: *The Metal-Benders*. London: Routledge and Kegan Paul, 1981.

Shuhuang, L., Zhungchi, Z., Weiyi, L., Yuzung, H., Pinghuei, Z., Hanli, Z., Jia, S., Zenwu, D., Shiung, D., Yu, Z., Xuekai, Z., Fang, Z., und Zexiang, Z.: Some Experiments with the Moving of Objects through »Exceptional Functions of the Human Body«. *Psi Research*, 2 (1) (1983): 4–24. (Übersetzung eines chinesischen Artikels in der Zeitschrift Ziran Zazhi, 4.9, 1981).
Abhandlungen über angebliche paranormale Phänomene in religiösen Umfeldern finden sich in:

Thurston, H.: *The Physical Phenomena of Mysticism*. London: Burns Oates, 1952.

Trench, R. C.: *Notes on the Miracles of Our Lord*. Grand Rapids, Michigan: Baker Book House, 1949. (Frühest datierte Ausgabe 1849).

Saint Gregory the Great: *Dialogues*. (Übersetzt von O. J. Zimmerman) Washington, D.C.: Catholic University of America Press/Consortium Books, 1959.

Kapitel 24

Carty, C.: *Padre Pio the Stigmatist*. Rockford, Illinois: Tan, 1973.

Chari, C. T. K.: Regurgitation, Mediumship and Yoga. *Journal of the Society for Psychical Research* 47 (1973): 156–172.

Chari, C. T. K.: Psi-Phenomena and the World's Faiths. *Journal of Religion and Psychical Research* 8 1985: 138–146.

Polo, M.: *The Book of Ser Marco Polo*. (Übersetzung von Sir Henry Jule.) New York: Charles Scirbner's Sons, 1929.

Ruffin, C. B. Padre Pio: *The True Story*. Huntington, Indiana: Our Sunday Visitor, 1982.

Thurston, H.: *The Physical Phenomena of Mysticism*. London: Burns Oates, 1952.
Interessante Berichte über psychosomatische Auswirkungen im Zusammenhang mit Stigmatisierungen finden sich in:

Nanko, M. J.: A Report On The Case Investigation of Natuzza Evolo. *Journal of the South California Society for Psychical Research* 3 (1985): 6–19.

Price, H.: Some Account of the Poltergeist Phenomena of Eleonore Zugun. *Journal of the American Society for Psychical Research* 20 (1926): 449–471.

Price, H.: A Report on the Telekinetic and other Phenomena Witnessed Through Eleonore Zugun. *Journal of the American Society for Psychical Resarch* 21 (1927): 10–51.

Sudre, R.: Stigmatism and Ideoplastics. *Journal of the American Society for Psychical Research* 21 (1927): 2–10.

Osty, E.: Ce que la Medicine doit Attendre de l'Edude Experimentale des Proprietes Psychiques Paranormales de l'Homme. *Revue Metapsychique* Nr. 2 (1929): 79–148.

Kapitel 25

Solfin, J.: Mental healing. In Krippner, S., *Advances in Parapsychological Research*. Jefferson, N. C.: McFarland, 1984.

Nolen, W. A.: *Healing: A Doctor in Search of a Miracle*. New York: Random House, 1974.

Weste, D. J.: *Eleven Lourdes Miracles*. New York: Helix Press, 1957.

Chari, C. T. K.: Correspondence: On the phenomena of Sai Baba. *Journal of the American Society for Psychical Research* 72 (1978): 66–69.

Über den Fall Walter Cowan:

Cowan, E.: Sai Baba and the Resurrection of Walter Cowan. In Ruhela, S. P. und Robinson, D., *Sai Baba and His Message*. (Sechste Auflage) Ghaziabad, U. P. India: Vikas Publishing House, 1982.

Fanibunda, E. B.: *Vision of the Divine*. Bombay: E. B. Fanibunda, 1980 (Erste Ausgabe 1976).

Kapitel 26

Berichte über Lichtphänomene bei Medien finden sich in:

Dunraven, Earl of: Experiences in Spritualism with D. D. Home. *Proceedings of the Society for Psychical Research*, 35 (1924): 1–285. (Erste Ausgabe 1870), S. 161 und 195.

Geley, G.: La lumiere vivante metapsychique. *Revue metapsychique*, No. 4 (1922): 169–181.

Zimmer, C.: Bioluminenz: Leuchterscheinungen an Organismen und bei Medien. *Psychische Studien* 50 (1923): 193–210.

Berichte über Lichtphänomene bei katholischen Heiligen und bei Seraphim von Sarov:

Thurston, H.: *The Physical Phenomena of Mysticism*. London: Burns Oates, 1952.
Jones, F.: *The Spiritual Instructions of Saint Seraphim of Sarov*. Los Angeles: Dawn Horse Press, 1973.

Kapitel 27

Levitationen und Teleportationen von Medien:

Dunraven, Earl of.: Experiences in Spiritualism with D. D. Home. *Proceedings of the Society for Psychical Research*, 35 (1924): 1–185. (Erste Ausgabe 1870).
Nielsson, H.: Poltergeist Phenomena in Connection with a Medium, Observed for a Length of Time, Some of Them in Full Light. *Psychic Science* 4 (1925): 90–111.
Podmore, F.: *Mediums of the 19th Century*. (Zwei Bände) New York: University Books, 1963. (Erste Ausgabe 1902.). Beschreibung von Mrs. Guppys Teleportation S. 81–83.

Artikel über St. Copertino wurden veröffentlicht von Thurston (1952) und in:

Dingwall, E. J.: *Some Human Oddities: Studies in the Uncanny and the Fanatical*. London: Home and Van Thal, 1947.

Kapitel 28

Über Pater Pios angebliche Bilokationen siehe C. B. Ruffins unter »Kapitel 24« angegebenen Titel.

Iamblicus: *Life of Pythagoras*. London: John M. Watkins, 1965.

Bibliographie

Abbott, D. P.: *Behind the Scences with Mediums*. Chicago: Open Court, 1908.

Anand, B. K., Chhina, G. S., und Singh, B.: Some Aspects of Electroencephalographic Studies in Yogis. *Electroencephalography and Clinical Neurophysiology* 13 (1961): 452–456.

Balu, V.: *The Glory of Puttaparthi*. Bangalore: Shakuntala Balu, 1980.

Balu, S.: *Living Divinity*. London: Sawbridge Enterprises, 1981.

Brooke, R. T.: *The Lord of the Air*. Berkhamsted, Herts: Lion Publishing, 1976.

Brunton, P.: *A Search in Secret India*. New York: E. P. Dutton, 1935.

Carrington, H.: *Eusapia Palladino and Her Phenomena*. New York: B. W. Doge, 1909.

Carrington, H.: *The Physical Phenomena of Spiritualism*. (Zweite Auflage) New York: Dodd, Mead, 1920.

Carty, C.: *Padre Pio the Stigmatist*. Rockford, Illinois, Tan, 1973.

Chari, C. T. K.: Parapsychological Studies and Literature in India. *International Journal of Parapsychology* 2 (1) (1960): 24–36.

Chari, C. T. K.: Regurgitation, Mediumship and Yoga. *Journal of the Society for Psychical Research* 46 (1973): 156–172.

Chari, C. T. K.: Correspondence: On the phenomena of Sai Baba. *Journal of the American Society for Psychical Research* 72 (1978): 66–69.

Chari, C. T. K.: Some Questions about »Psi-Genetics«. (Brief an den Herausgeber). *Parapsychological Journal of South Africa* 3 (1) (1982): 50–53.

Chari, C. T. K.: Psi-Phenomena and the World's Faiths. *Journal of Religion and Psychical Research*, 8 (1985): 138–146.

Cowan, E.: Sai Baba and the Resurrection of Walter Cowan. In Ruhela, S. P., und Robinson, D.: *Sai Baba and His Message*. (Sechste Auflage) Ghaziabad, U. P. India: Vikas Publishing House, 1982.

Cox, H.: *Turning East*. New York: Simon and Schuster 1977.

Crookes, W.: *Researches in the Phenomena of Spiritualism*. London: J. Burns. 1874.

Dass, R.: *Miracle of Love. Stories about Neem Karoli Baba*. New York: E. P. Dutton, 1979.

Dingwall, E. J.: *Some Human Oddities: Studies in the Uncanny and the Fanatical*. London: Home and Van Thal, 1947.

Dunraven, Earl of: Experiences in Spiritualism with D. D. Home. *Proceedings of the Society for Psychical Research*, 35 (1924): 1–285. (Erste Ausgabe 1870).

Fanibunda, E. B.: *Vision of the Divine*. Bombay: E. B. Fanibunda, 1980. (Erste Ausgabe 1976.)

293

Fodor, N.: *Encyclopaedia of Psychic Science*. New York: Universtity Books, 1966. (Erste Ausgabe 1933.)

Gauld, A., und Cornell, A. D.: *Poltergeists*. London: Routledge and Kegan Paul, 1979.

Geley, G.: La lumiere vivante metapsychique. *Revue metapsychique*. Nr. 4 (1922): 169–181.

Geley, G.: *Clairvoyance and Materialisation*. New York: George H. Doran, 1927. (Erste Ausgabe auf französisch 1924.)

Green, E.E., und Green, A. M.: *Beyond biofeedback*. New York: Dell 1977.

Gregory, A.: *The Strange Case of Rudi Schneider*. Metuchen, N. J.: The Scarecrow Press, 1985.

Haft, L. L.: Abstracts of Chinese Reports on Parapsychology. *European Journal of Parapsychology* 4 (1982): 399–402.

Hannesson, G.: Remarkable Phenomena in Iceland. *Journal of the American Society for Psychical Research* 18 (1924): 239–272.

Haraldsson, E., und Osis, K.: The Appearance and Disappearance of Objects by Sri Sathya Sai Baba. In J. D. Morris, W. G. Roll und R. L. Morris (Hrsg.) *Research in Parapsychology 1975*. Metuchen, N. J.: Scarecrow Press, 1976.

Haraldsson, E., und Osis, K.: The Appearance and Disappearance of Objects in the Presence of Sri Sathya Sai Baba. *Journal of the American Society for Psychical Research* 71 (1977): 33–43.

Hasted, J.: *The Metal-Benders*. London: Routledge and Kegan Paul, 1981.

Hilgard, E.: *Divided Consciousness: Multiple Controls in Human Thought and Action*. New York: John Wiley & Sons, 1977.

Iamblicus: *Life of Pythagoras*. London: John M. Watkins, 1965.

Jacolliot, L.: *Occult Science in India*. New York: The Metaphysical Publishing Company, 1901. (Erste Ausgabe auf französisch 1884.)

Jenkins, E.: *The Shadow and the Light: A Defence of Daniel Dunglas Home, the Medium*. London: Hamish Hamilton, 1982.

Jones, F.: *The Spiritual Instructions of Saint Seraphim of Sarov*. Los Angeles: The Dawn Horse Press, 1973.

Kasturi, N.: *Sai Baba: The Life of Bhagavan Sri Sathya Sai Baba*. Part I (Zweite amerikanische Auflage.) Justin, California: Sai Baba Society, 1971.

Kasturi, N.: *Sathyam, Shivam, Sundaram: The Life of Bhagavan Sri Sathya Sai Baba*. Part II. Bangalore: Sri Sathya Sai Publication and Education Foundation, o.J. (etwa 1973).

Kasturi, N.: *Sathyam Sivam Sundaram*. Part III. Bangalore: Sri Sathya Sai Publication and Education Foundation, o.J. (etwa 1972).

Kasturi, N.: *Sathyam Sivam Sundaram*. Part IV. Andhra Pradesh: Sri Sathya Sai Books and Publications, 1980.

Kasturi, N.: *Sathya Sai Speaks: Discourses of Bhagavan Sri Sathya Sai Baba*. Vol I. Bangalore, 1974.

Kasturi, N.: *Sathya Sai Speaks: More Discourses given by Bhagavan Sri Sathya Sai Baba*. Vol. X. New Delhi, 1980.

Koestler, A.: *The Lotus and the Robot*. London: Hutchinson, 1960.

Koestler, A.: *The Lotus and the Robot*. London: Hutchinson, 1960.

Kolhari, C. K., Bordia, A., und Gupta, O. P.: Studies on a Yogi During an Eight Day Confinement in a Sealed Underground Pit. *Indian Journal of Medical Research* 61 (1973): 1645–1651.

McKenzie, B.: An »Apport« medium, Mr. T. Lynn. *Psychic Science*, 8 (1929): 129–137.

McKenzie, J. H.: Psychic Phenomena with Herr Melzer. Psychic Science, 6 (1927): 17–29.

Mason, P., und Laing, R.: *Sathya Sai Baba, the Embodiment of Love*. London: Sawbridge Enterprises, 1982.

May, E. C., und Jahagirdar, K. T.: From Where Does the Kum-Kum Come? A Materialization Attempt. In J. D. Morris, W. G. Roll und R. L. Morris (Hrsg.) *Research in Parapsychology 1975*. Metuchen, N. J.: Scarecrow Press, 1976.

Murphet, H.: *Sai Baba, Man of Miracles*. London: Frederick Muller, 1971.

Murphet, H.: *Sai Baba Avatar: A New Journey into Power and Glory*. San Diego: Birth Day Publishing Company, 1977.

Nanko, M. J.: A Report On The Case Investigation of Natuzza Evolo. *Journal of the South California Society for Psychical Research*, 3 (1985): 6–19.

Narasimhaiah, H.: Letter to Sathya Sai Baba, *Sunday* vom 2. Juni 1976 und 5. September 1976.

Nielsson, H.: Poltergeist Phenomena in Connection with a Medium, Observed for a Length of Time, Some of Them in Full Light. *Psychic Science* 4 (1925): 90–111.

Nolen, W. A.: *Healing: A Doctor in Search of a Miracle*. New York: Random House, 1974.

Oman, J. C.: *The Mystics, Ascetics, and Saints of India*. London: T. Fisher Unwin, 1903.

Organ, T. W.: *Hinduism: Its Historical Development*. New York: Barron's Educational Series, 1974.

Osborne, A.: *The Incredible Sai Baba*. London: Rider, 1958.

Osis, K., und Haraldsson, E.: OOBEs in Indian Swamis: Sathya Sai Baba and Dadaji. In: J. D. Morris, W. G. Roll und R. L. Morris (Hrsg.): *Research in Parapsychology 1975*. Metuchen, N. J.: Scarecrow Press, 1976.

Osis, K., und Haraldsson, E.: Parapsychological Phenomena Associated with Sri Sathya Sai Baba. *The Christian Parapsychologist* 3 (1979): 159–63.

Osty, E.: Ce que la Medicine doit Attendre de l'Edude Experimentale des Proprietes Psychiques Paranormales de l'Homme. *Revue Metapsychique* Nr. 2 (1929): 79–148.

Owen, A. R. G.: *Can We Explain the Poltergeist?* New York: Garrett, 1964.

Philostratus: *Life of Appolonius*. (Übersetzung von C. P. Jones. Herausgegeben von G. W. Bowzersock.) London: Penguin Books, 1970.

Podmore, F.: *Mediums of the 19th Century*. (zwei Bände) New York: University Books, 1963. (Erste Ausgabe 1902).

Polo, M.: *The Book of Ser Marco Polo*. (Übersetzung von Sir Henry Jule.) New York: Charles Scribner's Sons, 1929).

Prasad, J., und Stevenson, I.: A Survey of Spontaneous Psychical Experiences in School Children of Uttar Pradesh, India. *International Journal of Parapsychology* 10 (1968): 241–261.

Price, H.: Some Account of the Poltergeist Phenomena of Eleonore Zugun. *Journal of the American Society for Psychical Research* 20 (1926): 449–471.

Price, H.: A Report on the Telekinetic and other Phenomena Witnessed Through Eleonore Zugun. *Journal of the American Society for Psychical Research* 21 (1927): 10–51.

Richet, C.: *Thirty Years of Psychical Research*. (Übersetzt von S. de Brath). New York: Macmillan, 1923. (Erste Ausgabe auf französisch 1922).

Rogo, D. S.: *Miracles: A Parascientific Inquiry into Wondrous Phenomena,* New York: 44Dial Press, 1982.

Roll, W. G.: *The Poltergeist*. New York: New American Library, 1974. (Erste Ausgabe 1972.)

Ruhela, S. P., und Robinson, D. (Hrsg.): *Sai Baba and His Message*. Ghaziabad: Tarang Paperbacks, 1976.

Ruffin, C. B.: *Padre Pio: The True Story*. Huntington, Indiana: Our Sunday Visitor, 1982.

Saint Gregory the Great: *Dialogues*. (Übersetzt von J. Zimmermann) Washington, D. C.: Catholic University of America Press/Consortium Books, 1959.

Sandweiss, S. H.: *Sai Baba: The Holy Man and the Psychiatrist*. San Diego: Birth Day Publishing Company, 1975.

Schrenck-Notzing, A. F. Baron von: *Phenomena of Materialisation*. (Zweite überarbeitete Auflage) New York: Dutton, 1920. (Erste Ausgabe auf deutsch 1914).

Schroeder, C.: *Herr Melzer of Dresden – an »Apport« Medium*. Psychic Science 2 (1923): 154–159.

Shuhuang, L., Zhungchi, Z., Weiyi, L., Yuzung, H., Pinghuei, Z., Hanli, Z., Jia, S., Zenwu, D., Shiung, D., Yu, Z., Xuckai, Z., Fang, Z., und Zexiang, Z.: Some Experiments with the Moving of Objects through »Exceptional Functions of the Human Body«. *Psi Research,* 2 (1) (1983): 4–24. (Übersetzung eines chinesischen Artikels in der Zeitschrift Ziran Zazhi, 4.9, 1981).

Sheehan, P. W., und Perry, C. W.: *Methodologies of Hypnosis*. Hillsdale, N. J.: Lawrence Erlbaum Associates, 1976.

Schulman, A.: *Baba*. New York: Viking Press, 1971.

Smart, N.: *The Religious Experience of Mankind*. (Zweite Auflage) New York: Charles Scribners, 1976.

Solfin, J.: *Mental healing*. In Krippner, S., Advances in Parapsychological Research. Jefferson, N. C.: McFarland, 1984.

Stevenson, I.: *Cases of the Reincarnation Type. Band 1. Ten Cases in India*. Charlottesville: University Press of Virginia, 1975.

Sudre, R.: Stigmatism and Ideoplastics. *Journal of the American Society for Psychical Research* 21 (1927): 2–10.

Thakur, J.: Challenge to Sai Baba: Is he God? *Sunday* 4 (24) September 5, 1976, S. 6–13.

Thurston, H.: *The Physical Phenomena of Mysticism*. London Burns Oates, 1952.

Trench, R. C.: *Notes on the Miracles of Our Lord*. Grand Rapids, Michigan: Baker Book House, 1949. (Frühest datierte Ausgabe 1849).

Wallace, A. R.: *Miracles and Modern Spiritualism*. London: George Redway, 1896. (Erste Ausgabe 1874).

Wenger, M. A., und Bagchi, B. K.: Studies of Autonomic Functions in Practitioners of Yoga in India. *Behavioral Science* 6 (1961): 312–323.

West, D. J.: *Eleven Lourdes Miracles*. New York: Helix Press, 1957.

Yogananda, P.: *Autobiography of a Yogi*. Los Angeles: Self-Realization Fellowship, 1946.

Zimmer, C.: Bioluminenz: Leuchterscheinungen an Organismen und bei Medien. *Psychische Studien* 50 (1923): 193–210.

Hans-Dieter Leuenberger
Das ist Esoterik
Einführung in esoterisches Denken
6. Aufl.; 240 S.; kart.; ISBN 3-7626-0621-8

Dr. med. Chandrasekhar G. Thakkur
Das ist Ayurveda
Die indische Heil- und Lebenskunst
3. Aufl.; 368 S.; kart.; ISBN 3-7626-0635-8

Dion Fortune
Die mystische Kabbala
Ein praktisches System der spirituellen Entfaltung
3. Aufl.; 373 S.; kart.; ISBN 3-7626-0636-6

Tom Johanson
Zuerst heile den Geist
Möglichkeiten zur Heilung psychischer und
psychosomatischer Leiden
4. Aufl.; 228 S.; kart.; ISBN 3-7626-0620-X

Hans Sterneder
Tierkreisgeheimnis und Menschenleben
4. Aufl.; 432 S.; kart.; ISBN 3-7626-0602-1

Swami Vivekananda
Karma-Yoga und Bhakti-Yoga
Zwei wahre Perlen indischer Weisheit
2. Aufl.; 272 S.; kart.; ISBN 3-7626-0653-6

Verlag Hermann Bauer · Freiburg im Breisgau